高等院校精品课程系列教材

  普通高等教育"十一五"国家级规划教材
国家级精品资源共享课程、国家级一流本科课程配套教材
北京市高等教育精品教材、北京市高等教育精品教材立项教材

现代管理学
MODERN MANAGEMENT
|第3版|

张英奎 孙军 姚水洪 等编著

机械工业出版社
CHINA MACHINE PRESS

图书在版编目（CIP）数据

现代管理学 / 张英奎等编著. -- 3 版. -- 北京：机械工业出版社，2021.3（2024.3 重印）
（高等院校精品课程系列教材）
ISBN 978-7-111-67650-8

I. ①现… II. ①张… III. ①管理学 - 高等学校 - 教材 IV. ①C93

中国版本图书馆CIP数据核字（2021）第037457号

本书在第2版的基础上优化了内容和体系结构，密切结合我国的管理实际，注重吸收现代管理思想与理论，系统阐述了管理的一般原理和方法。本书主要内容包括：管理基础、管理思想、管理环境、计划与决策、组织与管理、领导与协调、管理控制、创新管理。本书第3版不仅对章节结构进行了调整，而且对案例素材做了大量的更新，融入了许多实践性较强的内容，以提高读者发现问题、分析问题和解决问题的实践能力。

本书既可作为高等学校经济管理类专业学生的教材，也可作为中高层管理人员的培训教材及学习参考资料。

出版发行：机械工业出版社（北京市西城区百万庄大街22号 邮政编码：100037）
责任编辑：施琳琳　丁小悦　　　　　　　责任校对：殷　虹
印　　刷：北京捷迅佳彩印刷有限公司　　版　　次：2024年3月第3版第7次印刷
开　　本：185mm×260mm　1/16　　　　印　　张：19
书　　号：ISBN 978-7-111-67650-8　　　定　　价：49.00元

客服电话：（010）88361066　68326294

版权所有·侵权必究
封底无防伪标均为盗版

前 言
PREFACE

管理是在特定环境下协调资源以有效实现组织目标的活动,研究管理活动的管理学则是近代史上发展最迅速、百余年来对社会经济发展影响最为深远的学科。随着社会经济的快速发展与科学技术的加速进步,人们在社会生活中的交往越来越频繁,管理与管理活动在人们生活中的重要性越来越高。进一步来说,对管理进行研究的管理学也越来越重要,成为与人类社会生活紧密关联的显学。

目前市面上的管理学书籍汗牛充栋,本土编写与海外翻译的管理学书籍版本众多。这些管理学书籍基本上都离不开以孔茨为代表的管理过程理论框架,大多按照职能模块组织书籍的内容编写。这些管理学书籍的特色在于,在管理五大职能基础上进行内容的组织,根据作者对管理的理解增加或删减相应的内容。本书也不例外,严格按照管理的五大职能板块组织管理学的基本内容,把21世纪管理学科在基本理论与基本方法方面的重要成果充分吸收进来,充分反映中国管理实践内容,显示出管理学的时代特征与本土特征。

本书以易于理解和掌握的方式,按照管理五大职能板块展开介绍当代管理的基本主题、方法和应用,分析企业在运营过程中如何创造性地应对挑战、把握机会和创造价值。本书力求在总结当代管理学研究前沿成果的基础上,探讨当代最佳管理实践的应用条件与效果,力争体现党的二十大报告提出的"讲好中国故事"等,为处理复杂的管理问题提供分析工具与对比标杆。本书的目的在于,为管理学相关专业的学生以及从事管理工作的专业人士提供一本反映管理学最新成果与本土化实践的管理学读本。

本书共分为两篇,分别为管理概述与管理过程。

第一篇是管理概述,包括管理基础、管理思想与管理环境三章内容。第1章是管理基础,主要介绍管理的必要性、管理的概念与特征、管理的基本问题与目标、管理的基本职能,并对管理主客体的内容进行分析,阐述管理学的研究对象、研究内容、学科性质与研究方法。这些是管理学最基础的内容,也是进一步了解管理过程的知识基础。第2章是管理思想,主要介绍百余年来管理思想的演变与发展,对古典管理阶段的科学管理理论、一般管理理论到行为管理科学阶段的人际关系学说、行为科学管理，再到现代管理丛林的 11 个流派与当代管理的 7 个流派进行了简要的介绍与分析。第 3 章是管理环境，简要介绍企业在运营过程中面临的内外部环境、经济全球化环境中的管理以及企业管理道德与企业社会责任等，同时还介绍了企业环境分析的一些基本方法。

第二篇是管理过程，按照管理的计划、组织、领导、控制、创新五大职能展开相应的内容，具体包括计划与决策、组织与管理、领导与协调、管理控制、创新管理五章。第 4 章是计划与决策，包括预测、计划与决策三个板块内容，主要介绍预测的分类与方法、计划的类型、计划体系、计划管理、计划编制、目标管理，以及管理决策的类型、过程与方法等基本内容。第 5 章是组织与管理，主要介绍组织结构的概念与类型、组织结构设计、组织资源整合以及组织变革的基本内容。第 6 章是领导与协调，包括领导、沟通、冲突管理、激励四个板块内容，主要介绍领导的内涵与内容、领导者的素质要求、领导的基本理论与实践、沟通的要素与过程、组织冲突与管理、激励的理论与实践等内容。第 7 章是管理控制，包括管理控制的相关内容，以及危机与公关管理两个板块，主要介绍管理控制的内涵与内容、管理控制系统、内外部控制的内容与方式、企业危机管理的理论与实践、企业的网络危机管理等基本内容。第 8 章是创新管理，包括技术创新与管理创新两个板块，主要介绍创新的含义与基本内容、创新的基本原理、创新的过程、创新能力、技术创新的战略选择与关键驱动因素、组织创新与商业模式创新等相关内容。

本书在每章开篇都列出了学习目标和本章知识结构，并搭配了与本章内容相关的引例；在每章末尾设置了本章小结与复习思考题，方便读者加深对重点概念的理解，加强对重要管理思想的把握，有利于提升自主学习的效果；除此之外，章末还配备了精选的总结案例，以帮助读者对所学知识进行思考和应用，提高学习兴趣。

本书在第 2 版的基础上，针对本科学生与管理实践工作者的知识结构，优化了原来教材的内容与体系结构，拓展了教材的理论宽度，以更加完整地表达管理学课程应包含的专业知识、分析方法与管理思维，突出本书的可读性与易读性。

本书由张英奎、孙军、姚水洪等编著。李想、孙月、宋子晟、王小健、范凡、丛迪、王希、邹丽娜、田军、李冬冬、徐晓萌、解静、邱添等老师直接参与了本书的资料收集与编写工作，并对教学过程中产生的问题进行了指正；研究生曹月莹、房柏莹等参与了本书的资料收集、整理工作。姚水洪负责全书的总纂与定稿工作。在本书编写过程中，编者广泛参阅了国内外相关专著、教材以及论文，在此特向这些文献的作者表示诚挚的感谢。

本书体现了编者在管理学的教学过程中对管理学的学习体会与理解，由于管理实践浩瀚丰富，加之编者的水平有限，书中难免存在错误与遗漏，敬请读者沟通指正，以便不断改进完善。

目 录
CONTENTS

前 言

第一篇 管理概述

第1章 管理基础 ·············· 2
引例 成功的艾柯卡 ············ 3
1.1 管理活动 ················ 3
 1.1.1 人类活动的特点与管理的必要性 ····· 3
 1.1.2 管理的概念与特征 ········ 6
 1.1.3 管理的基本问题与目标 ····· 10
 1.1.4 管理的基本职能 ········ 12
1.2 管理对象与管理者 ········ 14
 1.2.1 管理对象 ············ 14
 1.2.2 管理者的内涵与分类 ····· 16
 1.2.3 管理者的角色 ········· 18
 1.2.4 管理者的技能、能力结构与素质 ··· 20
1.3 管理学 ················ 23
 1.3.1 管理学的研究对象与研究内容 ··· 23
 1.3.2 管理学的学科性质与特征 ··· 24
 1.3.3 管理学的研究方法 ······ 25
本章小结 ···················· 26
复习思考题 ·················· 26
总结案例 张强的经理角色 ······ 27

第2章 管理思想 ·············· 28
引例 一日领导 ················ 29
2.1 古典管理理论 ············ 29
 2.1.1 科学管理理论 ········· 30
 2.1.2 一般管理理论 ········· 32
 2.1.3 行政组织理论 ········· 34
2.2 行为管理科学 ············ 35
 2.2.1 人际关系学说 ········· 35
 2.2.2 行为科学理论 ········· 37
2.3 现代管理丛林 ············ 43
2.4 当代管理理论 ············ 48
本章小结 ···················· 52
复习思考题 ·················· 52
总结案例 温德姆酒店的数字化创新
    提升了客户体验 ······ 53

第3章 管理环境 ·············· 55
引例 美生公司的管理环境 ······ 56
3.1 管理的内外部环境 ········ 56
 3.1.1 管理环境的分类 ········ 56

3.1.2　管理的外部环境 …………… 58
　　3.1.3　管理的内部环境 …………… 60
3.2　经济全球化环境中的管理 ………… 61
　　3.2.1　经济全球化的内涵与对管理的影响 … 61
　　3.2.2　多元化管理 ………………… 63
3.3　企业管理道德与企业社会责任 …… 65
　　3.3.1　企业管理道德的内涵与内容 …… 65
　　3.3.2　企业社会责任的内涵、类型、模型与具体体现 ………… 66
3.4　环境分析方法 ……………………… 70
　　3.4.1　宏观环境分析方法 …………… 70
　　3.4.2　微观环境分析方法 …………… 71
　　3.4.3　综合分析方法：SWOT 分析法 … 74
本章小结 …………………………………… 75
复习思考题 ………………………………… 75
总结案例　2019 年后，华为负重渡劫 …… 75

第二篇　管理过程

第 4 章　计划与决策 …………………… 78

引例　企业效率提升 ……………………… 79
4.1　预测 ………………………………… 79
　　4.1.1　预测的内涵、要素与分类 …… 79
　　4.1.2　预测的方法 ………………… 81
4.2　计划概述 …………………………… 84
　　4.2.1　组织为什么要制订计划 ……… 84
　　4.2.2　计划的类型、计划工作的性质和影响因素 ………………… 85
　　4.2.3　计划体系 …………………… 86
　　4.2.4　组织的计划管理 ……………… 87
4.3　计划的编制与实施 ………………… 89
　　4.3.1　计划的编制过程与编制方法 … 89
　　4.3.2　计划的实施：目标管理 ……… 91
4.4　决策 ………………………………… 96

　　4.4.1　决策概述 …………………… 96
　　4.4.2　决策的类型与过程 …………… 98
　　4.4.3　决策的方法 ………………… 100
　　4.4.4　决策支持系统、决策数据与数据挖掘 ………………… 109
本章小结 ………………………………… 114
复习思考题 ……………………………… 115
总结案例　范经理的决策会议 ………… 115

第 5 章　组织与管理 …………………… 117

引例　韩都衣舍的蚂蚁军团 …………… 118
5.1　组织与组织结构 …………………… 118
　　5.1.1　组织的含义、本质、职能与工作步骤 ………………… 118
　　5.1.2　组织结构的概念与类型 ……… 120
5.2　组织结构设计 ……………………… 125
　　5.2.1　组织结构设计的概念、原则与影响因素 ………………… 125
　　5.2.2　组织结构设计的内容 ………… 128
5.3　组织资源整合 ……………………… 133
　　5.3.1　组织权力整合 ………………… 133
　　5.3.2　组织文化整合 ………………… 139
　　5.3.3　主管人员配置 ………………… 145
5.4　组织变革 …………………………… 151
　　5.4.1　组织变革的内涵与原因、影响因素、动力与阻力 ………… 151
　　5.4.2　组织变革的过程与模型 ……… 153
本章小结 ………………………………… 157
复习思考题 ……………………………… 157
总结案例　刘氏糕点的抉择 …………… 157

第 6 章　领导与协调 …………………… 159

引例　美国 W 公司的领导问题 ………… 160
6.1　领导概述 …………………………… 160

6.1.1 领导的定义、内容、特点与职能 …… 160
6.1.2 领导与管理的辨识 …………… 163
6.1.3 领导者的素质与能力 ………… 165
6.2 领导的基本理论与实践 …………… 168
6.2.1 领导的基本理论 ……………… 168
6.2.2 领导艺术 ……………………… 178
6.3 沟通与冲突管理 …………………… 183
6.3.1 沟通概述 ……………………… 183
6.3.2 沟通的要素与过程 …………… 190
6.3.3 组织冲突与管理 ……………… 193
6.4 激励 ………………………………… 197
6.4.1 激励概述 ……………………… 197
6.4.2 激励理论 ……………………… 198
6.4.3 激励实践 ……………………… 203
本章小结 ………………………………… 206
复习思考题 ……………………………… 207
总结案例 物业公司的激励 …………… 207

第7章 管理控制 ……………………… 208

引例 星巴克公司的危机管理 ………… 209
7.1 管理控制概述 ……………………… 210
7.1.1 管理控制的内涵、内容、目标与特点 …………………………… 210
7.1.2 管理控制系统、管理控制的类型与过程 ………………………… 213
7.1.3 管理控制的策略 ……………… 220
7.2 内外部控制与组织绩效评价 ……… 223
7.2.1 外部控制 ……………………… 223
7.2.2 内部控制 ……………………… 227
7.2.3 管理者控制 …………………… 230
7.2.4 组织绩效评价 ………………… 231
7.3 控制的方法与手段 ………………… 235
7.3.1 预算控制 ……………………… 235
7.3.2 生产过程控制 ………………… 237

7.3.3 管理信息控制 ………………… 241
7.3.4 其他控制方法 ………………… 242
7.4 危机与公关管理 …………………… 244
7.4.1 危机管理概述 ………………… 244
7.4.2 企业危机管理的理论与实践 … 248
7.4.3 企业的网络危机管理 ………… 253
本章小结 ………………………………… 255
复习思考题 ……………………………… 255
总结案例 宏大公司的管理控制 ……… 255

第8章 创新管理 ……………………… 257

引例 比亚迪的蜕变 …………………… 258
8.1 创新概述 …………………………… 259
8.1.1 创新的含义、分类与基本内容 … 259
8.1.2 创新的基本原理 ……………… 264
8.1.3 创新的过程、创新活动的过程管理和组织管理 ……………… 267
8.1.4 创新能力及其培养 …………… 269
8.2 技术创新 …………………………… 272
8.2.1 技术创新的概念、内容、来源及战略选择 ……………………… 272
8.2.2 技术创新的关键驱动因素与类型 … 275
8.2.3 技术创新的不确定性与风险 … 277
8.3 管理创新 …………………………… 278
8.3.1 管理创新概述 ………………… 278
8.3.2 组织创新 ……………………… 282
8.3.3 商业模式创新 ………………… 284
8.3.4 互联网时代的管理创新 ……… 289
本章小结 ………………………………… 291
复习思考题 ……………………………… 291
总结案例 大疆:无人机行业的霸主 … 291

参考文献 ……………………………… 293

第一篇 PART 1

管理概述

第1章 管理基础
第2章 管理思想
第3章 管理环境

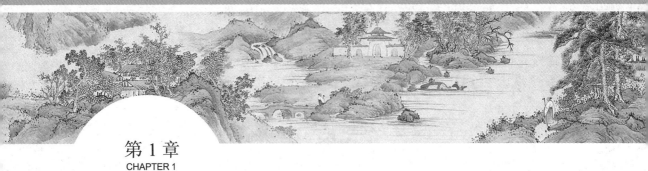

第 1 章
CHAPTER 1

管 理 基 础

§ **本章知识结构**

```
                              ┌ 人类活动的特点与管理的必要性
                              │ 管理的概念
                              │ 管理的特征
                   ┌ 管理活动 ┤ 管理的基本问题
                   │          │ 管理的目标
                   │          └ 管理的基本职能
                   │
                   │          ┌ 管理系统中的物的要素
                   │          │ 物的特性与物的管理任务
        管理基础 ┤ 管理对象 │ 管理者的内涵与分类
                   │ 与管理者 ┤ 管理者的角色
                   │          │ 管理者的技能
                   │          └ 管理者的能力结构与素质
                   │
                   │          ┌ 管理学的研究对象与研究内容
                   │          │ 管理学的学科性质
                   └ 管理学 ┤ 管理学的特征
                              └ 管理学的研究方法
```

§ 学习目标

- 了解人类活动的特点与管理的必要性。
- 理解管理的概念、特征、基本问题与目标。
- 掌握管理的基本职能。
- 掌握管理者的内涵、分类和角色。
- 掌握管理者的技能、能力结构与素质。
- 理解管理学的含义与特征。
- 了解管理学的研究对象、学科性质与研究方法。

§ 引例

成功的艾柯卡

艾柯卡就任美国克莱斯勒汽车公司总裁时，公司正处于一盘散沙的状态。他认为经营管理人员的全部职责就是动员员工来振兴公司。在公司最困难的日子里，艾柯卡主动降低自己的年薪，这种超乎寻常的牺牲精神在员工面前闪闪发光。榜样的力量是无穷的，很多员工因此深受感动，也都像艾柯卡一样，不计报酬，团结一致，自觉为公司勤奋工作。不到半年，克莱斯勒汽车公司就扭转了困境。当公司处于困境中时，老板要挺住，下属也要挺住，只有这样，公司才能走出困境；老板尤其要身先士卒，做好榜样，带给下属自信与保障。行动有时比语言更重要，领导的力量往往不是由语言，而是由行动体现出来的，聪明的领导者尤其了解这一点。

资料来源：根据 https://www.bsq.net/question/162584 改编。

1.1 管理活动

纵观人类发展与文明演变过程，一切社会现象都与管理活动密切相关。英国工业革命以来的近300年世界历史发展变化与演变过程充分表明了一点，即有效的管理活动是一个社会组织、地区、国家乃至区域联合体走向成功的关键因素之一。彼得·德鲁克说过："在人类历史上，几乎没有一种制度规范能像管理活动那样迅速兴起并产生巨大影响。自管理思想出现至今不到150年的时间里，管理活动已经改变了世界上所有发达国家的社会与经济结构。"戴维·B.赫尔茨认为："管理活动是由心智所驱使的唯一无处不在的人类活动。"

1.1.1 人类活动的特点与管理的必要性

1. 人类活动的特点

人类的管理活动与人类历史同样悠久。无论是人类的政治、军事、宗教、经济等一切的社会活动，还是人类个体的所有相关活动，都具有以下三个基本特点。

（1）目的性。人类是地球上唯一有智慧、能思考的动物，我们的一切活动都是经过大脑的思考，为了达到预期的目的而展开的。在自然界，蜜蜂和白蚁虽然也能营造非常精巧复杂的巢穴，但都只是一种自发、本能的活动，它们绝不会有意识地进行规划、设计和组织施工。人类却不同，每个人都在为自己的预期目的和理想而奋斗，并且还往往需要与其他人进行共同的努力。甚至可以说，人类正是在为实现预期目的的活动中，在不断地劳动、思考、谋划、设计和组织管理的过程中逐渐进化的。

（2）依存性。人类的目的性源于外部环境和人类自身的相互依存关系。人类为了生存和发展，必须通过适应和改造外部环境去取得必需的资源，必须通过个人或集体的劳动为自己或他人提供需要的产品和劳务。随着社会生产力的发展，人们之间形成了越来越细的社会分工，同时人们之间的相互依存关系也越来越紧密。尽管在人类发展的历史中，各个集团、阶级、民族、国家之间经常发生矛盾、冲突和斗争，但始终没有改变人类必须相互依存的特点。

（3）知识性。人类活动的另一个基本特点是能从自己过去的实践中学习，从前人的经验中学习，并能把学到的知识加以记忆、积累、分析和推理，从而形成人类独有的知识体系，包括各种科学理论、原理、方法和技艺。从另一方面看，尽管每个人掌握的知识千差万别，但每个人都根据自己的知识来认识世界和决定自己的行为。这使得人们能够逐步认识自然和社会的各种客观规律，包括处理人和自然以及人和人之间各种关系的规律。随着人类知识的逐步积累，对客观规律的认识逐步深化，人类社会的各种管理组织、制度和方法也日趋完善，人们终于有能力为达到各种目的而发展并建立起各种强大的社会组织。

人类活动的上述三个特点为人类的管理实践活动提供了客观条件，回答了管理实践活动与人类历史同样悠久的原因。

2. 管理的必要性

从原始社会开始，人类在从自然中获取物质以谋求发展以及与自然互动的漫长历史过程中逐步意识到管理活动的重要性。例如，在原始人的狩猎活动过程中如何通过集体的智慧与力量进行分工、捕猎和分配等，分封时代的领主或国王如何运用权力与资源确保民众为领主或国王的利益集团服务，帝制时代的皇族统治者及其关联的利益集团如何运用国家机器来治理国家、控制民众，等等。人类活动的目的在于社会利益与价值最大化，这必须通过管理活动来达成，体现出管理思想在社会实践中的不断应用与发展，以及管理活动的必要性。

管理活动的必要性可以从以下四个角度进行分析。

一是从资源有限性与欲望无限性矛盾的角度分析。世界上的任何资源都是有限的，而人类的欲望是无限的，管理活动与法律、战争、贸易、伦理道德等活动一样，都是协调与解决资源有限性与欲望无限性这一矛盾的手段和方法。管理活动可以使组织在资源有限的条件下获得最佳收益。

二是从管理活动的目标角度分析。管理活动以目标为出发点，获取和协调社会中各类组织的内外资源，并积极、有效地开发潜在资源，以目标为衡量依据，确认社会活动的有效性，以保障组织目标的顺利完成。

三是从管理活动的方法论角度分析。管理活动通过计划、组织、领导、控制等职能，保障组织各项活动的协调性、统一性，是组织开展社会活动的一种有效手段，并具有一定的科学性，人们可以学习、继承和发扬，并在创新的过程中不断得到升华。

四是从资源合理利用的角度分析。管理活动中的各种方法、工具、手段的终极目标都是追求资源的合理利用，立足社会实际，尽最大可能为社会创造有效价值。

由此，管理活动（以下简称管理）的必要性体现在以下几个方面。

（1）管理可有效协调分工。高度专业化分工是现代国家与企业建立的基础，把不同行业、不同专业、不同工种的人合理、有效地组织起来，协调他们之间的关系、他们与政府的关系，以及他们与各类资源的关系，从而调动各类要素的积极性，这需要依靠有效的管理才能做到。

（2）管理可有效配置资源。无论是社会组织还是整个社会，包括各类生产要素在内的资源稀缺是一种经济现象，这种稀缺是由资源有限性与欲望无限性矛盾导致的。管理是使各个生产要素有效组合，以及人们共同劳动、合理分工协作不可缺少的前提与重要因素。如何有效配置资源，使资源最大可能地形成有效的生产力，最大化地创造出社会价值，是宏观经济和微观经济管理都应该关注与解决的问题。

（3）管理可有效整合资源。组织内的资源需要有效整合才能形成合力，协同为组织创造最大价值，这就需要组织内的各类成员朝着共同的方向前进。如何把组织内千差万别的个体与局部目标引向组织目标，或者说如何让个体目标与组织目标协同，形成与组织发展方向一致的合力，这就需要管理。从企业运营角度来说，管理可以通过企业的愿景整合企业内外部资源，形成与企业战略方向一致的合力，从而促进企业快速发展。

（4）管理可促进技术转化。科学技术与管理都是生产力，这一观点已经为人们熟知，二者对生产力都有整合与控制的功能。科学技术对生产力的整合与控制功能首先体现在个体上，随后出现在群体与团队上，但管理一开始就体现在群体与团队上，并通过群体与团队推进社会生产的发展。很多学者认为，科学技术与管理是现代社会发展的两个轮子，缺一不可。

（5）管理可有效形成生产力。现代经济学认为，企业家是除劳动、资本与土地之外的第四个生产要素，能够直接创造社会财富，这里所说的企业家指的是企业家的管理才能，这种才能是能把劳动、资本与土地三个生产要素整合起来创造价值的能动资源。在20世纪六七十年代，许多经济学家采用实证的方法，测算了管理对国民生产总值与经济增长的贡献。实际上，管理不仅能创造出巨大的社会财富，从当下环境来看，管理还在不断改变人们的生活方式、生产方式，进而改变人们的意识与思维方式，推动社会文明向前发展。

1.1.2 管理的概念与特征

在漫长的管理理论和实践发展过程中，人们基于自己对管理的认识，对管理的概念做出了各种不同的描述。这不仅是因为管理的渊源太久，而且因为管理的内涵非常丰富。管理活动贯穿于人类的全部活动，但人们对管理的认识差异很大，至今对管理的概念都没有统一的认识。在汉语中，"管理"可以理解为"管辖"与"处理"，既是"管"，也是"理"；从英文"management"来看，管理可以解释为"经营"和"控制"。

以下列举管理学史上国外知名学者与专家对管理下的定义。

"科学管理之父"泰勒认为，管理就是要"确切知道要别人干什么，并要让他们用最好、最经济的方法去干"。

一般管理理论创始人亨利·法约尔认为，"管理就是实行计划、组织、指挥、协调和控制"，它是"一种分配于领导者与整个组织成员之间的职能"。

梅西认为，管理是"一个合作的群体将各种行动引向共同目标的过程"。

德鲁克认为，"管理是一种客观作用，应当把完成职责作为根本""管理不只是一门学问，还应是一种'文化'，它有自己的价值观、信仰和语言"。

布洛克特认为，"给管理下一个广义而又切实可行的定义，可把它看成这样的一种活动，即它发挥某些职能，以便有效地获取、分配和利用人的努力和物质资源，来实现某个目标"。

1978年诺贝尔经济学奖获得者赫伯特·西蒙认为，"管理就是决策"。

哈罗德·孔茨则认为："管理就是设计并保持一种良好的环境，使人在群体里高效率地完成既定目标的过程。这一定义需要展开为：作为管理人员，需完成计划、组织、人事、领导、控制等管理职能；管理适用于任何一个组织；管理适用于各级组织的管理人员；所有管理人员都有一个共同的目标，即创造盈余；管理关系到生产和效率。这个描述性定义不仅强调了管理的服务职能，而且指出了管理的过程、管理的性质和管理的目的。"

斯蒂芬·P. 罗宾斯认为："管理是一个协调工作活动的过程，以便能够有效率和有效果地同别人一起或通过别人实现组织的目标。"这个定义强调管理的实质是协调，在管理的过程中，协调处于核心地位，并提出了管理不仅要讲求效率，而且要讲求效果。

美国管理学家小詹姆斯·H. 唐纳利等人认为："管理就是由一个或更多的人来协调他人的活动，以便收到个人单独活动不能收到的效果而进行的各种活动。"

美国学者玛丽·帕克·福列特认为："管理是通过其他人来完成工作的艺术。"

美国学者弗里蒙特·H. 克卡斯特和詹姆斯·H. 罗森茨维克等人认为："管理就是计划、组织和控制等活动的过程，管理者可以将人、机器、材料、金钱、时间、场地等各种资源转变为一个有用的企业。从根本上来说，管理就是将上述这些互不相关的资源组合成一个达成目标的总系统的过程。"

我国管理理论的研究工作者也为管理下了一些定义。

南京大学周三多教授等人认为："管理是社会组织中，为了预期的目标，以人为中心进行的协调活动。"

中国人民大学杨文士教授等人认为:"管理是指一定组织中的管理者通过实施计划、组织、人员配备、指导与领导、控制等职能来协调他人的活动,使他人同自己一起实现既定目标的活动过程。"

其他中国学者的总体认识是:管理是管理者在复杂多变的环境下,设法运用各种资源来达到预定目标的各种活动与全部过程;管理是协调人际关系、激发人的积极性,以实现共同目标的一种活动;管理是由一个或更多的人来协调他人的活动,以便收到个体单独活动不能收到的效果而进行的各种活动;管理是为达到特定目标而联合并指导资源使用的工作;管理是指管理者为有效达成组织的目标,对组织资源和组织活动有意识、有组织且不断进行的协调活动。

| 管理聚焦 1-1 |

孔子的弟子冉求奉命担任某地方官吏,他到任以后时常弹琴自娱,看似不管政事,但是他管辖的地方井井有条,民兴业旺。这使之前那位卸任的官吏百思不得其解,因为他每天起早贪黑,从早忙到晚,也没有把地方治理好。于是他请教冉求:"为什么你能治理得这么好?"冉求回答说:"因为你只靠自己的力量去治理,所以十分辛苦,而我却是借助别人的力量来完成任务。"

以上对管理的界定从不同侧面、不同角度揭示出管理的某些特性,透过以上不同的说法,可以发现管理的许多特点。为了更好地理解管理的内涵,特强调以下几点。

(1)管理是一种社会文化现象。管理是人们在有组织的集体环境下从事的一种社会活动,是在人类共同劳动的实践中出现的。人类为达到一定的目标共同劳动,就需要管理来组织人们进行有效的劳动,因此管理是人类共同劳动的产物。

(2)管理的载体是组织。由两个或两个以上的人组成,为实现一定目标而进行协作活动的集体,就是组织。有效的协作需要组织,而且需要在组织中进行管理。任何组织都存在于一定的内外环境中,受环境约束与影响,管理活动必须注重组织的内外环境,适应环境与利用环境,并根据内外环境的变化不断创新。

(3)管理的目标就是有效实现组织目标。管理是一种有意识、有目标的活动,不能为管理而管理,有效管理的要求主要体现在两个方面:一是管理要有效率,从投入产出角度来说,就是要以最小的投入获得最大的产出;二是管理要有效果,管理活动必须符合组织的目标要求。管理的目标就是"做正确的事,正确地做事"。

(4)管理的本质是资源的整合。资源是组织运行的基础,也是管理开展的前提,传统意义上的资源主要是人、财、物、土地等资源,现代意义上的资源范围更为广泛,如组织的内部资源和外部资源、有形资源和无形资源、显性资源和隐性资源等。组织的管理工作就是把各类资源进行有效整合，以创造最大价值，实现组织目标。

（5）管理的范围极其广泛。管理适用于任何组织，因为任何组织都有其特定的目标，都需要进行资源配置以创造价值，实现组织目标，因而就出现了管理问题。当然，由于不同类型组织的目标与工作内容存在差异，因而管理的具体内容与手段不尽相同。

（6）管理的主体是管理者。管理者是指从事管理活动、实施管理行为、履行管理职能、对实现组织目标承担责任的人。管理者是一个组织的"统帅"，要更加努力地实现组织目标，他们的管理工作比其他业务工作都更加重要。因此，一个优秀的组织必须有一批优秀的管理者。

（7）管理的核心是处理人与人之间的关系。管理活动是一项社会活动，它需要推动别人和自己一道去实现组织目标，所以管理者在管理的过程中需要处理许多事务。实际上，处理事务就是处理人际关系，因为这些事务是由人来解决和处理的。管理的实质是协调，由于人是一切管理活动的主体，是构成组织的"基本细胞"，协调的主要对象当然就是人与人之间的关系，因此，管理的核心就是处理人际关系。

目前各学派对管理达成共识并体现管理的基本内涵的定义是，管理是一个过程，是让别人与自己一道去实现既定的目标，是一切有组织的集体活动不可缺少的要素。首先，管理是一个组织必需的一种特定的实践活动；其次，管理是人发挥主观能动性，采用一定的方式、方法作用于客体，以使主体规划的目标顺利实现的活动；最后，管理是有计划的、由一系列相关活动构成的动态过程。总结世界各国学者对管理的认识后，本书对管理的界定是，管理是组织中的管理者在不稳定的内外环境之下，为了达成组织目标而将管理职能作用于管理对象（客体）的社会活动过程。

管理定义中包含以下五个方面：

- 管理的主体。管理的主体就是管理者，管理者的素养与品质影响管理绩效。
- 管理的对象（客体）。管理的对象就是组织中的资源或要素，其中人是最重要的管理对象。
- 管理的职能。管理的职能就是计划、组织、领导、控制、创新等，管理过程就是由上述职能相互关联且连续进行的活动构成的。
- 管理的环境。管理的环境很多，包括内部环境与外部环境等，管理者必须依据环境状态与变化进行组织管理。
- 管理的目标。高效地实现或达成组织目标就是管理的目标。

| 管理聚焦1-2 |

南宋嘉熙年间，江西一带出现山民叛乱，身为吉州万安县令的黄炳，调集大批人马，严

加守备。一天黎明前,探子来报,叛军即将杀到。

黄炳立即派巡尉率兵迎敌。巡尉问道:"士兵还没吃饭怎么打仗?"黄炳却胸有成竹地说:"你们尽管出发,早饭随后送到。"黄炳并没有开"空头支票",他立刻带上一些差役,抬着竹箩木桶,沿着街市挨家挨户叫道:"知县老爷买饭来啦!"当时城内居民都在做早饭,听说知县亲自带人来买饭,便赶紧将刚烧好的饭端出来。黄炳命手下付足饭钱,将热气腾腾的米饭装进木桶就走。这样,士兵们既填饱了肚子,又不耽误进军,打了一个大胜仗。县令黄炳没有亲自捋袖做饭,也没有兴师动众劳民伤财,他只是借其他的人,烧自己的饭。

一个优秀的管理人员,不在于你多么会做具体的事务,因为一个人的力量毕竟有限,只有发动群众的力量才能战无不胜,攻无不克。管理人士尤其要注重加强培养自己驾驭人才的能力,知人善任,了解什么时候什么力量是自己能够利用以助自己取得成功的。

从管理的定义中可以抽象出管理的特征。

(1)管理的普遍性。管理的普遍性表现为管理活动遍布人类社会的每个角落,它与人们的社会活动、家庭活动以及各种组织活动息息相关。管理具有普遍性意味着在不同的层次、不同的机构、不同的组织甚至不同的国家,管理者从事的活动具有普遍性。管理不仅渗透于社会生活的各个方面,也与每个个体的切身利益相关联。管理的普遍性具体表现在以下几个方面:一是组织中不同层次的管理活动在本质上是相同或相似的;二是不同类型组织中的管理活动的本质基本一致;三是管理可模仿、学习和借鉴,如不同区域、国家的不同的团队、组织的管理可以相互学习、参照与借鉴,我国改革开放以来不仅从国外引进、吸收了大量科学技术方面的成就与成果,也学到了大量的管理方面的经验、方法与模式等。

(2)管理的动态性。管理的动态性特征直接与管理环境的动态性相关联。组织在发展过程中面临内外环境的不断变化,组织本身也处于不断变化的过程中,为了实现组织目标,需要对组织价值创造活动进行动态性管理,尽量消除组织在整合内外资源过程中的不确定性。

(3)管理的创造性。管理没有统一的模式,尽管管理的普遍性决定着不同组织在管理上可相互学习和借鉴,但不同组织面对的管理对象可能完全不同,也就意味着没有一种可以适应所有组织的一成不变的管理模式,管理必须随对象不同而不同,这显示出管理的创造性特征,也显示出管理活动的价值创造功能。管理的创造性会表现在管理方法、管理内容、管理手段和管理过程上,这种创造性根植于管理的动态性中,与管理的科学性、艺术性直接关联。正是由于管理的创造性特征,管理创新成为社会的必需。

(4)管理的经济性。任何资源配置都是需要成本的,因此管理就具有了经济性特征。管理的经济性首先表现在资源配置的机会成本上,管理者选择一种资源配置方式,必然会放弃其他的资源配置方式,这是选择的代价,也就是机会成本;其次,管理的经济性反映在管理方式方法的成本比较上,毕竟在众多可帮助进行资源配置的方式方法中,所需成本是不一样的,因此如何选择就面临着成本与经济性的问题;最后,管理是组织内外资源整合的过程,不同的资源整合方式和过程的成本是不一样的,这是管理的经济性的另一种表现。

（5）管理的科学性与艺术性。管理既是一门科学，也是一门艺术。管理的科学性表现在管理活动的过程可以通过管理活动的结果来衡量，同时它具有行之有效的研究方法和研究步骤来分析问题、解决问题。管理的艺术性表现在管理的实践性上，在实践中发挥管理人员的创造性，并因地制宜地采取措施，为有效地进行管理创造条件。管理是一门科学，以反映客观规律的管理理论和方法为指导，为组织提供一套分析问题、解决问题的科学方法论。但管理又是一门不精确的科学，主要因为管理是一门正在发展的科学，与数学、物理学等自然科学相比，管理科学的发展历史较短，还需要经历一个逐步完善的过程；另外，管理工作所处的环境和需处理的事务常常复杂多变，管理科学并不能为管理者提供一切问题的标准答案，管理者只有在管理实践中发挥积极性、主动性和创造性，因地制宜地将管理知识与具体的管理实践活动相结合，才能进行有效的管理，这决定了管理的艺术性。管理的艺术性强调管理者除了要掌握一定的理论与方法外，还要有灵活运用这些知识、技能的技巧，它强调了管理活动的实践性。

1.1.3 管理的基本问题与目标

1. 管理的基本问题

（1）资源的有限性。任何社会组织拥有的资源尽管在数量、质量、种类上不尽相同，但都是有限的。社会组织资源的有限性表现在两个方面：一是人类社会赖以生存发展的自然资源是有限的；二是人们从自然界获取资源后创造的财富相对人们的需求而言也是有限的。资源的有限性与人类认识能力的有限性决定了对社会与组织必须进行管理，约束人类的一些不切实际的需求的欲望，约束人们的行为方式与具体行为。

对于在资源有限条件下必须进行管理的问题，可以从以下几个方面进行认识。

①组织资源的有限性与过程管理影响组织目标的确定与实现。组织要事先确定目标有资源的支撑，组织目标的确定必须以组织的有限资源为出发点，以组织可调动的资源为限，并对整个目标实现过程进行管理。

②组织资源的有限性要求组织必须管理有限资源的利用，使之发挥最大的效用。有效利用组织内有限的资源实现组织目标，有两种基本管理方式：第一，在既定资源条件下，使组织目标更好地实现，也就是在投入资源既定的约束下使产出最大；第二，在既定组织目标下，尽量少地占用有限资源，也就是在产出既定的条件下使投入资源最少。

③组织资源的有限性导致在实现组织目标的具体管理活动安排方面会产生机会成本。现实中组织的资源有限，为了充分利用这些资源，管理活动的安排就不得不比较各种选择的成本与收益，以确定更合适的管理活动。管理是有成本的，本身要消耗一定的资源。如果对管理活动本身的资源消耗不重视，那么组织很有可能失去资源配置优势，最终丧失竞争优势。

组织资源配置实际上就是资源的管理，它有两个重要的要求：一是要有与产出物结构需求相匹配的资源配置结构,如果做不到这一点,有限的资源就会有滞存、浪费;二是有能力对资源的市场价格变化做出反应。

实现这两个重要要求的过程就是资源配置的过程,管理就是这一过程中的活动。可以比较组织内外资源配置两种方式,由此认识到管理在资源配置中的重要性。组织内资源的配置主要依赖行政机制。所谓配置资源的行政机制主要是指利用科层制的行政官僚机构,通过命令、执行、检查和监督等手段来保证资源配置的有效性。组织外资源配置可以由市场完成,即由市场价格机制来配置资源。组织内资源配置的行政机制与组织外资源配置的市场价格机制相比,有其独特的优点:

- 权威的存在保证了政令的畅通;
- 严格的科层等级式结构保证了组织目标的层级式分解,使分工协作更有效;
- 上下信息沟通方便,便于监督;
- 由于监督方便,可以减少偷懒行为,使资源配置更有效;
- 可以将资源集中起来使用,提高效率。

这些优点既与组织的具体构造有关,也与组织的运行规则设立有关,更与组织中运用行政机制配置资源的管理者有关。

(2)管理的有效性。管理工作的有效性在效率、效益、效果方面得到综合体现。管理的最终目标就是追求某种最大化的效益。在任何管理活动中,必须关注实际效果,以最小的投入和消耗创造出最大的经济效益或社会效益,效益是管理永恒的主题,效益的高低直接决定着组织的生存与发展。

管理定义上的"有效",指向两个方面:效果与效率(见图1-1)。管理的效果是指投入经过转换而产生的有用成果,是人们在社会活动过程中通过某种行为、力量、方式或因素而产生的结果,它强调这种结果符合目标性的程度,有正向效果和负向效果之分。效果涉及的是组织是否"做正确的事",这是组织活动的内容,是决定组织发展方向的问题。效率表明投入产出之间的关系,是指某个特定系统消耗的资源与收获的效果的比率,是实施管理后所得的收益与管理成本之间的比率。管理效率的高低能够用于测评管理者的工作绩效,是组织能否实现更佳效益的关键。

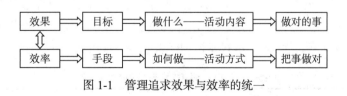

图1-1 管理追求效果与效率的统一

管理行为既讲效率,又关涉活动的效果。当管理人员实现了组织目标,就可认为其工作是有成效的。效率涉及手段,效果涉及目标,效率与效果相互关联。

2. 管理目标

管理目标就是组织目标，管理就是根据组织目标进行的管理，是组织采取行动实现组织目标的活动。由此可以看出，管理目标就是各项管理活动最终应达到的预期结果，是通过管理职能管理组织活动的过程，这个过程推进组织管理行为迈向预定目标。管理的任务是设计和维持一种环境，使在这一环境中工作的人们能够尽可能少地付出，实现既定的目标。当下企业运行过程中的管理目标包括组织绩效、员工个人发展与整体社会效益三个方面。管理目标的特点如下。

（1）综合性。管理目标是管理体系中各项管理活动的内在联系及其发展变化的综合反映与总体要求，管理既要实现组织效益最大化，同时也要在确保生态效益的前提下实现社会效益最大化，还要最大限度地确保员工个体发展。

（2）可分性。管理目标在规范管理行为和管理活动的过程中，可分解为各管理层次、各专业职能、各方面的具体管理目标与任务。组织总体目标的实现与各个子系统的努力直接关联。

（3）阶段性。管理目标的实现存在时序性，因各个时期不同的主客观条件制约而呈现出阶段性，分目标的实现是总目标实现的基础。

（4）客观性。管理目标本质上反映了管理客观必然性的要求，不以人们主观意愿为转移。组织要实现管理目标，就必须按客观规律办事。

对组织来说，管理目标的重要性在于：

- 明确管理目标可以抓住管理的本质；
- 明确管理目标也就明确了一切管理活动的出发点与预想的终点；
- 明确管理目标也就有了明确的考核管理活动的客观依据。

1.1.4 管理的基本职能

1. 管理职能的内容

管理职能就是管理者实施管理行为体现出来的具体功能和实施过程，管理学家对管理职能的认识和看法不一，不同学派有不同见解。最常见的有"三职能"论，即计划、组织和控制；也有"五职能"论，即在"三职能"论基础上增加指挥和协调两个职能；还有主张"七职能"论的，即再增加领导与人员配备两个职能。甚至即使所提出的职能个数相同，但对具体职能的称谓，不同管理学家也持不同观点（见表1-1）。

表 1-1 管理学家对管理职能的认识

年份	管理学家	计划	组织	指挥	协调	控制	激励	人事	整合资源	沟通
1916	法约尔	√	√	√	√	√				
1925	梅奥						√	√		√

(续)

年份	管理学家	计划	组织	指挥	协调	控制	激励	人事	整合资源	沟通
1934	戴维斯	√	√			√				
1937	古利克	√	√	√	√	√		√		√
1947	布朗	√	√	√		√			√	
1949	芭威克	√	√			√				
1951	纽曼	√	√	√		√		√		
1955	孔茨与奥唐奈	√	√			√		√		
1964	梅西	√	√			√				
1970	海曼与斯科特	√	√			√	√			
1972	特里	√	√		√	√				

注："√"表示各管理学家认可的管理职能的划分。

本书认为，表1-1中的指挥和协调两个职能由领导职能代替更为妥帖，现代社会经济发展演化出的决策职能与计划发生关联，该项职能糅合到计划职能中。组织中管理者所处的地位不同，管理的对象、内容和方式不同，但管理的实质性内容是一致的，都可以归纳到五种职能工作中，即计划、组织、领导、控制和创新（见图1-2）。

（1）计划。计划是指制定目标并确定为达成这些目标必须采取的行动，它是管理的首要职能。计划从明确目标着手，为实现组织目标提供保障；通过优化资源配置保证组织目标的实现；通过规划、政策程序等的制定保证组织目标的实现。

图1-2 管理职能之间的关联

（2）组织。组织是管理的一项重要职能，主要内容包括：根据组织目标，通过分工与协作，设置相应的职位与机构，使每一个职位的权责对应，以达成某种特定的目标；根据各部门的任务性质和管理要求，确定部门的工作标准、职权、职责，通过选拔、培训、开发等活动为组织各部门、各岗位配备合适人选；制定各部门之间的关系及联系方式和规范等。

（3）领导。组织目标的顺利实现，需要权威领导者指导人们的行为，传达信息，促进沟通，增强理解，激励每个成员自觉地为实现组织目标共同努力。领导职能是一门艺术，贯彻在整个管理活动中。有效的领导要求：在合理的制度环境中，利用优秀的素质，采用适当的方式，针对组织成员的需要和行为特点，采取一系列措施去提高和维持组织成员的工作积极性；富有想象力，能够预见未来，并使下属成员也具有这种想象力，授权下属去将想象变为现实。领导的实质是感召和追随，领导的主要作用是指挥、协调和激励。

（4）控制。为了保证目标及为此制订的计划得以实现，就需要控制职能。控制指管理者在对组织的运行状况以及战略计划和经营计划的实施情况进行监督的过程中，识别计划的结果与实际取得的结果之间的偏差并采取纠偏行动。纠偏行动可以是采取强有力的措施确保原计划的顺利实现，也可以是对原先计划进行调整以适应当前的形势，其实质就是使实践活动符合计划。

（5）创新。创新职能与上述各种管理职能不同，本身并没有某种特有的表现形式，而是在与其他管理职能的结合中体现其存在与价值。创新就是使组织的作业工作与管理工作不断有所革新、有所变化。管理界对于创新职能的重视始于20世纪60年代，因为当时的市场正面临急剧的变化，竞争日益激烈，许多企业感觉到如果不创新就难以生存下去，因此很多管理学者主张将创新作为管理的一项新职能。

2. 管理职能之间的关联与职能演变

理论上说，管理职能存在某种逻辑上的先后顺序关系，即这些职能通常按照"先计划，继而组织，再领导，后控制，创新贯穿于前四个职能中"的顺序发生。但从持续进行的管理活动过程来看，这些职能相互交叉。管理过程是各职能活动相互交叉、周而复始的不断反馈和循环的过程。

（1）不同的业务领域在管理职能内容上有所差别。低层次的管理工作与作业工作联系较为紧密，而高层次的管理工作与作业工作联系就相对少些。

（2）不同组织层次在管理职能重点上存在差别。不同层次花在管理工作上的时间比重不一样。就同一管理职能来说，不同层次管理者从事的具体管理工作的内涵也不完全相同。

（3）管理职能随社会经济环境的变化而不断深化。两个新的职能是决策和创新：①决策职能从20世纪50年代开始受到重视，管理实际上是由一系列决策串联形成的，从相当程度上来说"管理就是决策"；②创新使组织的作业和管理工作都不断有所革新、有所变化。

（4）协调也是管理的一项基本职能。管理工作就是设计和保持一种环境，使身处其中的人们能够在组织内愉悦地开展工作，从而有效地完成组织目标。有了协调，组织可以收到个人单独活动不能收到的良好效果，即"1+1＞2"的协同效果。

1.2 管理对象与管理者

从系统论观点来看，管理就是一个完整的系统。管理系统是指相互联系、相互作用的若干要素和子系统，按照整体功能和目标结合而成的有机整体。管理系统包含的具体含义有：第一，管理系统由若干要素构成；第二，管理系统具有层次结构；第三，管理系统具有整体性，发挥整体功能。管理系统的构成要素包括：管理目标、管理客体（管理对象）、管理主体（管理者）、管理媒介（机制与方法，或管理职能）与管理环境。本节主要了解管理系统的两个最主要的因素：管理客体与管理主体（管理对象与管理者）。

1.2.1 管理对象

管理对象包括人与物，其中的物作为管理对象又包括财、物、时间与信息四个方面。

1. 物是管理系统中的基本要素

（1）物的定义与分类。管理系统中的物是管理活动必需的物质成分、物质条件和物质基础的总和，主要分为两个方面：财与物。一般把财也看成物，即看成物的价值表现。除此之外，物还应包括：在管理系统的存在与发展过程中，管理活动赖以在其中展开的时间和空间，以及其他必需的介质或媒介，也就是时间与信息。这里讲的是一般管理的物，它不仅指经济管理中的物质生产资料、生活资料和生产力中的物的因素，也指在管理系统中除人之外的那些作为管理对象的一切物质成分，其中也包括已经物化了的和可以物化的技术。

（2）管理系统中的物的要素。尽管一个管理系统总是把某些特定的物质要素突出出来，但资金、物质材料与设施、时间和空间以及信息则是一切管理系统都必须重视的物质要素，同样是管理的对象。

①资金。资金是任何社会组织，特别是营利性经济组织的极为重要的资源，是管理对象的关键性要素。资金是管理的手段，同时也是管理的对象，管理系统作为一个社会系统，必然要以资金作为其运行的基础。

②物质材料与设施。物质材料与设施是社会组织开展职能活动及实现目标的物质条件与保证。通过科学的管理充分发挥物质材料与设施的作用，是管理者的一项经常性工作。物质材料与设施是比资金更为直接的物质前提，无论是改造自然的活动，还是改造社会的活动，都需要这样的物质条件。

③时间和空间。时间和空间被看作物质的客观特性和物质存在的基本形式，从管理学的角度看，时间和空间是非常重要的资源，它不仅意味着物质效益，而且对管理者来说，时间和空间本身就具有与其他物质要素同等重要的价值，是客观存在着的，是可以加以管理、支配和利用的。

④信息。在信息社会里，信息已成为极为重要的管理对象。现代管理者，特别是高层管理者，已越来越多地不再直接接触事物本身，而是同事物的信息打交道。信息既是组织运行、实施管理的必要手段，又是一种能带来效益的资源。

2. 物的特性与物的管理任务

（1）物的特性。物的管理需要根据物的特性进行，现代管理系统中的物的要素既保留了它在以往管理系统中的特性，又具有新的特性。

①客观性是物的因素的根本特性，任何时候这一特性都是不变的。也就是说，对管理活动而言，物的因素是一种客观存在着的现实条件，它有自己存在的方式和运动规律，是不以管理者的主观意志为转移的。

②复杂性是现代管理系统中物的要素的特性。在现代管理系统中，物的要素是一个极其复杂的综合体，不仅现代管理面对的物的数量非常庞大，而且物的种类与门类也越来越多。

（2）物的管理任务。物的管理是对管理系统存在与发展过程中必需的各种物质要素的供应、保管、使用、维护、处理等各项管理工作的总称。具体的物的管理任务如下：

①保证生产经营管理系统的正常运行。这是最为基本的任务，任何管理系统必需的物资都应当得到合理的管理和有序的安排，以使管理系统能够正常地发挥其管理的作用。

②提高管理效率。管理系统中物的管理不仅使物资供给得到保证，而且对物的合理管理和有序安排也是提高管理效率的有效途径。

③节约物资消耗。物的管理可以使物尽其用，使管理系统中已经拥有的物发挥出其应有的作用，同时对将要进入管理系统中的物加以过滤，保证那些必要的物资能进入管理系统，从而通过最小的物资消耗，取得最大的管理效益。

1.2.2 管理者的内涵与分类

| 管理聚焦 1-3 |

在一次宴会上，唐太宗对王珪说："你善于鉴别人才，尤其善于评论。你不妨从房玄龄等人开始，评价一下他们的优缺点，同时和他们互相比较一下，你在哪些方面比他们优秀？"

王珪回答说："孜孜不倦地办公，一心为国辛劳，凡事无不尽心尽力去做，在这方面我比不上房玄龄；常常留心于向皇上直言建议，认为如果因自己辅佐皇上不力，使皇上的能力德行比不上尧舜，自己会感到很丢面子，在这方面我比不上魏徵；文武全才，既可以在外带兵打仗做将军，又可以进朝廷搞管理任宰相，在这方面我比不上李靖；向皇上报告国家公务，详细明了，宣布皇上的命令或转达下属官员的汇报，能坚持做到公平公正，在这方面我不如温彦博；处理繁重的事务，解决难题，办事井井有条，在这方面我比不上戴胄。至于批评贪官污吏，表扬清正廉洁，疾恶如仇，好善喜乐，在这方面比起其他几位能人来说，我也有一日之长。"唐太宗非常赞同他的话，而大臣们也认为王珪完全道出了他们的心声，都说这些评论是正确的。

1. 管理者的内涵

管理者可以是各种身材、各种模样、各种肤色和不同性别的人，他们在各类组织中履行着自己的职责。问题是：谁是管理者，管理者做什么，以及为什么要花时间学习管理？

管理活动的主体是管理者，比如企业中的老板、学校中的校长以及各种组织中的各个职能部门的管理人员等。管理者是指从事管理活动，实施管理行为，履行管理职能，对实现组织目标承担责任的人。管理者是一个组织或一定领域中的"统帅"，负责管理其他员工及其他要素，以努力实现组织的方针与目标。

（1）管理者是有一定职位和相应权力的人。管理者的职权是管理者从事管理活动的资格，管理者的职位越高，其权力越大。韦伯认为管理者有三种权力：①传统权力，依传统惯例或世袭得来，比如帝王的世袭制；②超凡权力，源于别人的崇拜与追随，带有感情色彩并且是非理性的，不是依据规章制度而是依据以往树立的威信；③法定权力，即法律规定的权力，通过合法的程序拥有的权力，比如通过直接选举产生的总统。

实际上，在管理活动中，如果管理者仅拥有法定权力，是难以做好管理工作的，管理者在工作中应重视个人影响力，成为具有一定权威的管理者。所谓"权威"是指管理者在组织中的威信、威望，它是一种非强制性的影响力。权威不是法定的，不能靠别人授权。权威虽然与职位有一定的关系，但主要取决于管理者个人的品质、思想、知识、能力等的水平，取决于与同组织人员思想的共鸣、感情的沟通，取决于与同组织人员之间的理解、信赖和支持。

（2）管理者是负有一定责任的人。任何组织或团体的管理者，都具有一定的职位，都要运用和行使相应的权力，同时也要承担一定的责任。权力和责任是对立统一的，一定的权力总是与一定的责任相联系。当组织赋予管理者一定的职务和地位，从而形成了一定的权力时，相应地，管理者也就担负了对组织一定的责任。在组织中的各级管理人员中，责与权必须对称和明确，没有责任的权力，必然会导致管理者的用权不当，没有权力的责任是空泛的、难于承担的责任。有权无责或有责无权的人，都难以在工作中发挥应有的作用，都不能成为真正的管理者。

2. 管理者的分类

（1）按所处的管理层次进行分类。由于管理幅度的限制，每个组织都要形成若干个管理层次。可以把各种不同的管理层次抽象为三个基本的管理层次，即高层管理者、中层管理者和基层管理者（见图1-3）。

①高层管理者。他们是组织中居于顶层或接近于顶层的人。其主要任务是制定组织目标，并促进组织目标的实现；主要工作内容就是制定组织的战略计划和发展目标，同时要协调中层管理者的活动。高层管理者需要对组织负全责。

②中层管理者。他们是位于组织中的基层管理者和高层管理者之间的人。他们承上启下，主要职责是正确领会高层管理者的指示精神，创造性地结合本部门的工作实际，把高层管理者的战略计划转变为可执行的行动计划，同时协调基层管理者的活动。

图1-3 管理层次

③基层管理者。他们是那些在组织中直接负责非管理类员工日常活动的人。其主要职责是把中层管理者的计划变成具体的作业计划，同时直接指挥和监督现场作业人员，保证完成上级下达的各项计划和指令。

（2）按管理领域进行分类。按照管理的领域不同，管理者又可以分为综合管理者和专业管理者两大类。

①综合管理者。他们是负责管理组织中若干类乃至全部活动的管理者，如大型企业的事业部经理等。他们不是只负责一项活动或职能，而是统管包括生产、营销、财务、人事、研究与开发等在内的全部活动或至少是其中的几项活动。

②专业管理者。他们是组织中那些仅仅负责管理某类活动或职能的管理者。根据他们负责的具体专业领域还可细分为：生产管理者、营销管理者、财务管理者、人力资源管理者以及科研开发管理者等。

综合管理者必须有较强的整体意识，要善于抓主要矛盾，把握各阶段的工作重点，以点带面提高综合管理效率。专业管理者要狠练专业基本功，当好真正的业务内行，做好专家治理，同时又要注意与其他专业部门的密切配合，以推动组织整体目标的实现。

1.2.3 管理者的角色

20世纪60年代末期，亨利·明茨伯格对5位总经理的工作进行了一次仔细的研究，他对长期以来人们对管理者工作所持的看法提出了挑战。例如，当时人们普遍认为管理者是深思熟虑的思考者，在做决策之前，管理者总是仔细和系统地处理信息。明茨伯格发现，他观察的这5位总经理陷入了大量变化的、无固定模式的和短期的活动中，他们几乎没有时间静下心来思考，因为他们的工作经常被打断。有半数的管理者思考活动持续时间少于9分钟。在大量观察的基础上，明茨伯格提出了一个管理者究竟在做什么的分类纲要。明茨伯格的结论是，管理者同时扮演着10种不同但高度相关的角色。管理者角色这个术语指的是特定的管理行为范畴，这10种角色可以进一步归纳为3种角色：人际关系角色、信息传递角色和决策制定角色。

1. 人际关系角色

人际关系角色指所有的管理者都要履行礼仪性和象征性的义务。当工厂领班带领一群高中学生参观工厂时，这些领班便在扮演挂名首脑的角色。此外，所有的管理者都具有领导者的角色，这个角色包括雇用、培训、激励和惩戒雇员。管理者扮演的第三种人际关系角色是在人群中间充当联络员。明茨伯格认为这种角色大多与提供信息的来源接触，这些来源可能是组织内部或外部的个人或团体。销售经理从人事经理那里获得信息属于内部联络关系，而当这位销售经理通过市场营销协会与其他公司的销售执行经理接触时，他就有了外部联络关系。

- 挂名首脑：象征性的首脑，必须履行许多法律性的或社会性的例行义务，如迎接来访者或签署法律文件。
- 领导者：负责激励和动员下属，负责人员配备、培训和交往的职责，实际上从事所有的有下级参与的活动。

- 联络员：维护自行发展起来的外部接触和联系网络，向人们提供信息，发感谢信，从事外部委员会工作，从事其他有外部人员参加的活动。

2. 信息传递角色

信息传递角色指在某种程度上，所有的管理者都会从外部的组织或机构那里接受和收集信息。典型的情况是，通过阅读杂志和与他人谈话来了解公众趣味的变化，分析竞争对手的计划等，明茨伯格称此为监听者角色。另外，管理者还起着向组织成员传递信息的作用，即扮演着传播者的角色。当他们代表组织向外界表态时，管理者又扮演了发言人的角色。

- 监听者：寻求和获取各种特定的信息（其中许多是即时的），以便透彻地了解组织与环境；作为组织内部和外部信息的神经中枢阅读期刊和报告，保持私人接触。
- 传播者：将从外部人员和下级那里获得的信息传递给组织的其他成员，有些是关于事实的信息，有些是解释和总结组织内有影响的人物的各种价值观点，这些信息会通过举行信息交流会或用打电话的方式进行传达。
- 发言人：向外界发布有关组织的计划、政策、行动、结果等信息，如作为组织所在产业的专家举行新闻发布会，向媒体发布信息。

3. 决策制定角色

决策制定角色是对做出决策的个体的描述和定义，明茨伯格围绕决策制定又细化出4种角色：

- 作为企业家，管理者发起和监督那些将改进组织绩效的新项目；
- 作为故障排除者，管理者采取纠正行动应付那些未预料到的问题；
- 作为资源分配者，管理者负有分配人力、物质资源的责任；
- 当管理者为了自己组织的利益与其他团体议价和商定成交条件时，他们是在扮演谈判者的角色。

大量的后续研究试图检验明茨伯格的角色理论的有效性，这些研究涉及不同的组织和这些组织的不同的管理层次。研究证据一般支持这样一种观点，即不论何种类型的组织，也不论在组织的哪个层次上，管理者都扮演着相似的角色。但是，管理者角色的侧重点是随组织的等级层次变化的，特别是挂名首脑、联络员、传播者、发言人和谈判者角色，对于高层管理者要比低层管理者更重要。相反，领导者角色对于低层管理者要比中高层管理者更重要。

| 管理聚焦 1-4 |

某知名专栏记者去报社做总编，结果去了没几天便主动辞职了。这并不是他没有能力写稿子，而是他的确不懂怎样把报纸办得令读者叫好，他自己也感觉这比实地采访写报道还累。于是，这名记者继续不辞辛苦地实地走访写起了报道。

有的人适合搞科研，有的人适合做管理，有的人喜欢习文，有的人酷爱练武。一个优秀的领导，应该清楚地了解其下属所长，让他们各就各位，各司其职。如同那位记者，报纸没办好，既浪费了自己的时间，也为报纸带来了不必要的经济负担。在这种情况下，领导最理智的做法就是让这个人去他该去的地方，做他有能力做好的事情。

1.2.4 管理者的技能、能力结构与素质

1. 管理者的技能

（1）技术技能。它是指使用某个专业领域内有关的工作程序、技术和知识完成组织任务的能力。该技能对基层管理者最重要，对中层较重要，对高层相对不重要。其内容包括专业知识、经验、技术、技巧、程序、方法、操作与工具运用熟练程度等。

（2）人际技能。人际技能就是成功地与别人打交道并与别人沟通的能力，即理解、激励他人并与他人共事的能力。对所有层次的管理者来说，人际技能都非常重要，且重要性大体相同。其内容包括：观察人，理解人，掌握人的心理规律的能力；人际交往，融洽相处，拥有与人沟通的能力；了解并满足下属需要，进行有效激励的能力；善于团结他人，增强向心力、凝聚力的能力等。

（3）概念技能。概念技能就是纵观全局，认清为什么要做某事的能力，也即洞察组织与环境相互影响之复杂性的能力。具体来说，概念技能包括：理解事物的相互关联性从而找出关键影响因素的能力、确定协调各方面关系的能力、权衡不同方案内在风险的能力等。管理者所处层次越高，概念技能越重要。

各层次管理者所需的管理技能比例各不相同。不同层次的管理者对管理技能的需要具有差异性。上述三种技能，对任何层次的管理者来说，都是应当具备的。但不同层次的管理者，由于所处的地位、看问题的角度、在组织中发挥的作用不同，对三种技能的需要程度有明显的不同（见图1-4）。

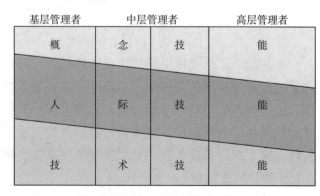

图1-4　各层次管理者对相关技能需求强度的示意图

| 管理聚焦 1-5 |

　　W 计算机公司是一家科技应用企业。公司创办时，董事会破格聘任曾在房产公司计算机服务部任职的优秀员工 L 为公司经理。理由是，L 在计算机应用及智能化工程实施方面的技术水平较高，是内行。L 上任三个月，工作积极、勤奋，带领员工刻苦钻研技术业务。但他不知道怎么经营和管理公司，公司经营处于停滞不前的状态。董事会决定将其撤掉，但若处理方法不当会挫伤 L，对其各方面产生负面影响。

　　对于如何做出平衡，董事们提出了各自的想法。最后，董事长 E（领导层的权威）的看法是："①L 是一个有技术的优秀员工，是我们企业的财富，是我们没有给他摆好位置，这是我们的失误；②L 正是公司最需要的专业人才，公司正要依靠这样一批技术尖子来发展，调走他会影响到公司的技术工作；③目前我们选定的经理 Z 虽有经营管理经验，但技术业务不太熟，需要 L 的帮助，增选 L 进董事会不合适，因为若他作为董事兼技术总负责而不是新任经理，那么他在领导工作中就会有难度；④若简单把他撤掉，会产生很大的负面影响，这个问题不宜简单化；⑤我的意见是设总经理，由我兼任。设两个总经理助理，即 Z 和 L，Z 负责公司日常的经营管理工作，L 兼任技术部经理，对年轻的优秀员工 L（24 岁）我们应采取积极培养的方针，通过传、帮、带，使他既在业务上保持高水平，又在经营管理方面有所突破。通过一段时间的运作，待建立一套稳定的、能力强的领导班子后，我就退出。"董事长 E 的意见得到大家一致认可后立即得到了实施，公司的经营状况有了起色，L 也依然积极勤奋。半年后，董事长 E 退位，Z 任总经理，L 任分管技术的副总经理，公司运转良好。

2. 管理者的能力结构

　　管理者必须具备一定的能力才可能完成管理活动，这种应具备的能力是各种能力的一个集合，是具有多种功能、多个层次的综合体，其内在构造可分为三个层次：核心能力、必要能力和增效能力。核心能力突出表现为创新能力；必要能力包括将创意转化为实际操作方案的能力，以及从事日常管理工作的各项能力；增效能力则是控制、协调、加快进展的各项能力。尽管作为管理者应具备各方面的能力，但关键是要具备创新能力、转化能力、应变能力和组织协调能力。

　　（1）创新能力。它是优秀管理者基于个人创新意识的最重要的能力。创新能力表现为管理者在组织或自己从事的管理领域中善于敏锐地观察事物的缺陷，准确地捕捉新事物的萌芽，提出大胆新颖的推测和设想（即创意），继而进行周密的论证，拿出可行的方案来付诸实施。管理者的管理创新能力是其内在心智模式和社会、组织等因素相互影响产生的一种效应。

　　（2）转化能力。它是优秀的管理者将创意转化为可操作的具体工作方案的能力。许多有创意的人具有创新的能力，但往往缺乏转化能力，从而不能成为管理者。管理者既是管理体制的发起者，又是管理创新的"工艺师"。转化能力与管理者的心智模式有很大的相关性，与管理者以往的工作经验和工作技能的掌握程度也有很大的相关性。

（3）应变能力。它是管理者能力结构中非常重要的一部分。管理本身就是应变的产物，没有应变，某些好的创意就不会产生，管理实施过程也会出现问题。应变是主观思维的一种快速反应能力，是管理者创造能力的集中表现。现代组织是在一个变化多端的复杂环境下运作，管理则在这样一个内外环境下运作。环境的变化导致管理在许多情况下是一个非程序性的问题，解决非程序性问题就要有创新，而这就是一种应变。

（4）组织协调能力。管理是一个过程，需要投入相当多的资源，由于管理成果难以用专利的方式进行保护，导致管理行为的外部性很严重。管理者只有具备较强的组织协调能力，才能够有效组织所需投入的资源，才能够改变原来的管理程式，推进新的管理范式，使企业这台机器或企业中的某些部门依然能够有序地运转，即便管理的某个新方案实践失败也不会造成过大的损失，进而有可能进行新的尝试。管理的基本任务是要协调人与人的关系、组织成员与组织目标的关系，创造有益于组织也有益于组织成员个人的环境，将管理系统的目标与组织成员个人的目标结合起来，充分调动起全体组织成员的积极性。

3. 管理者的素质

管理者的素质是指管理者与管理相关的内在基本属性与质量。管理者的基本素质主要表现为政治与文化素质、基本业务素质与身心素质（见表1-2）。

表 1-2 管理者的基本素质

基本素质	含义	内容
政治与文化素质	管理者的政治思想修养水平和文化基础	政治坚定性，敏感性，事业心、责任感，思想境界与品德情操，人文修养与广博的文化知识等
基本业务素质	管理者在其工作领域内的知识与能力	一般业务素质和专门业务素质
身心素质	管理者本人的身体状况与心理条件	健康的身体，坚强的意志，开朗、乐观的性格，广泛而健康的兴趣等

现代管理者素质的核心在于创新，创新素质主要体现在以下几方面。

（1）创新意识。管理者要树立创新观念，要真正认识到创新对组织生存与发展的决定性意义，并在管理实践中，事事、时时、处处坚持创新，有强烈的创新意识。

（2）创新精神。这是涉及创新态度和勇气的问题。管理者在工作实践中，不但要想到创新，更要敢于创新，有勇于突破常规、求新寻异、敢为天下先的大无畏精神。

（3）创新思维。管理者不但要敢于创新，还要善于通过科学的创新思维来完成创新构思。没有创新思维，不掌握越轨思维的方法与技巧，不采用科学可行的创造性技法，是很难实现管理上的突破与创新的。

（4）创新能力。在管理实践中，促使创新完成的能力是由相关的知识、经验、技能与创新思维综合形成的。

1.3 管理学

1.3.1 管理学的研究对象与研究内容

1. 管理学的研究对象

管理学是一门从管理实践中形成和发展起来的，系统研究管理活动及其基本规律与一般方法的科学，是在总结管理发展历史经验的基础上综合运用现代社会科学、自然科学以及先进科学技术的理论与方法，研究管理规律与方法，以指导管理实践活动的一门科学。

管理学有广义与狭义之分。狭义的管理学研究的是管理学的一般原理、原则和方法等，通常称为管理学原理或管理学基础，适用于任何类型的组织，包括工商企业、军队、学校、医院、科研机构、政府机关以及公益性社会组织等。广义的管理学则指学科群，从营利性组织的理论来看，管理学既包括市场管理学、财务管理学、运营管理、组织行为学、战略管理、管理信息系统、新产品开发、公共关系学等，也包括管理经济学、运筹学、比较管理学、公司法学等。本书主要探讨的是狭义管理学，着重点在于以下3个方面。

（1）基于管理的二重性，从三个方面研究管理学。管理活动总是在一定的社会生产方式之下进行，因此，狭义管理学的研究对象涉及社会生产力、生产关系与上层建筑三个属性。

①生产力属性的内容：主要研究如何合理配置组织内的资源以及整合组织外的资源，使各生产要素充分发挥作用；研究如何根据组织目标、社会需求，合理使用各类资源，以求取得最佳的经济效益、社会效益与生态效益。

②生产关系属性的内容：主要研究如何处理组织内外人与人之间相互关系的问题，研究如何根据市场情况完善组织结构和各种管理机制的问题，从而最大限度地调动各方面的积极性与创造性，为实现组织目标服务。

③上层建筑属性的内容：主要研究使组织内部环境与外部环境相适应的问题，研究如何使组织的意识形态（价值观、理念等）、规章制度与社会的政治、法律、道德等上层建筑保持一致的问题，从而维持正常的生产关系，促进生产力的发展。

（2）着重从历史方面研究管理实践、思想、理论的形成、演变、发展，知古鉴今。

（3）着重从管理者出发研究管理过程，主要包括：管理活动中有哪些职能；职能涉及哪些要素；执行职能应遵循哪些原理，采取哪些方法、程序、技术；执行职能会遇到哪些困难，要如何克服。

2. 管理学的研究内容

管理学是一门相对年轻的学科，但管理学研究的内容非常广泛。具体来说，管理学研究内容涉及以下几个方面。

（1）基础理论部分：介绍什么是管理、管理对象、管理者及其类型、管理者角色、管理的职能、管理者的能力素质与心智模式、管理学的特点、管理学与管理理论发展史等。从最一般意义上对管理学进行总体描述，为管理学的学习与研究构建基础。

（2）管理过程与管理职能部分：研究管理的计划与决策、组织与文化、领导与协调、控制与创新等各项职能，具体分析每个职能的内涵、地位、功能、过程与要求。从管理过程角度分析"管理是什么"的问题，建立起管理学学习与研究的世界观与方法论。

（3）管理原理部分：研究反映管理活动本质内容与必然联系的系统原理、人本原理、权变理论等基本管理原理，分析由这些原理派生的各项管理原则的内涵、要求和实现途径。从管理规律的角度阐明管理应遵循的各项原理与原则。

（4）管理方法部分：探讨管理者应如何根据管理环境、组织性质、人性等变量的综合分析，选择科学有效的管理方式与管理方法。从方法论的角度揭示各项管理方式的适应性问题。

1.3.2 管理学的学科性质与特征

1. 管理学的学科性质

（1）管理学的科学特质与人文特质。从科学的基本特征出发可以发现，管理学在某种程度上是具有一定的科学特质的。但是，具有这些科学特质并不意味着管理学已经成为一门真正的科学。首先，管理学的研究对象具有科学的特质；其次，管理学采用了科学的研究方法；最后，管理学的一些理论和原则在实践中产生，并指导了实践的发展，这说明管理理论在一定程度上说明并解释了世界。管理学通过科学化的努力可能会越来越像科学，却永远不会成为真正的科学，因为管理学中的一些问题，光靠科学是无法解释的，它还涉及了人文。

从人文的特征来考察管理学，可以发现管理学具有一定的人文特质，但如同管理学不是真正的科学一样，管理学也不会成为真正的人文学科。首先，管理学在很大程度上可以说是一门关于人的学问；其次，管理活动以及在此基础上建立起来的管理理论在一定程度上是关注人的尊严与价值的；最后，管理学离不开人的价值判断。管理学既具有一定的科学特质，又具有一定的人文特质，管理学是科学与人文的结合。

（2）管理学的学科属性定位。按照关于管理学研究对象的观点，不论是管理现象还是管理活动，无疑都是一种人类的社会活动或社会现象。管理学中具有科学特质的部分应该将其归入社会科学的范畴，而管理学中具有人文特质的部分则属于人文学科的范畴，因此，管理学的学科属性在学科频谱带上的位置就应该如图1-5所示，位于社会科学和人文学科之间。

将管理学定位在社会科学与人文学科之间，其本质是"人"这一要素在管理学中的地位使得管理学比社会科学更加偏离自然科学，而更加靠近人文学科。由于上述"人"的因素的引入，管理学研究面临着两个难点，即管理者的形象思维和管理情境，这两个难点使得逻辑思维和理性方法在管理学中的应用受到了一定的局限。

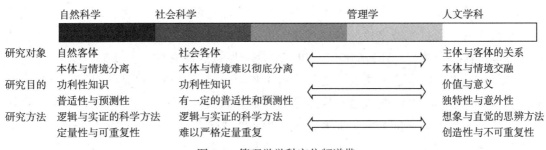

图 1-5 管理学学科定位频谱带

因而,管理学必定是社会科学与人文学科的混合体。正是由于"人"这一要素在管理学中的独特地位,管理学既无法成为真正的社会科学,也无法成为真正的人文学科。从这样的学科属性出发,管理学的发展也必然要兼顾科学与人文的根本特质,既探求人类管理活动的一般运动规律,又重视对"人"这一要素的关注。

2. 管理学的特征

管理学的学科特征包含以下五个方面。

(1)一般性。管理学是从一般原理、一般情况的角度对管理活动和管理规律进行研究,不涉及管理分支学科的业务与方法的研究;管理学是研究所有管理活动中的共性原理的基础理论科学,无论是宏观还是微观,都需要管理学的原理作为基础来加以学习和研究,管理学是各门具体的或专门的管理学科的共同基础。

(2)多科性或综合性。从管理内容上看,管理学涉及的领域十分广阔,它需要从不同类型的管理实践中抽象概括出具有普遍意义的管理思想、管理原理和管理方法;从影响管理活动的各种因素上看,除了生产力、生产关系、上层建筑这些基本因素外,还有自然因素、社会因素等;从管理学科与其他学科的相关性上看,它与经济学、社会学、心理学、数学、计算机科学等都有密切关系,是一门非常综合的学科。

(3)实践性。实践性也称实用性,管理学提供的理论与方法都是实践经验的总结与提炼,管理的理论与方法只有为实践服务,才能显示出管理理论与方法的强大生命力。

(4)社会性。构成管理过程主要因素的管理主体与管理客体,大多是社会最有生命力的人,这就决定了管理的社会性;同时,管理在很大程度上带有生产关系的特征,因此没有超阶级的管理学,这也体现了管理的社会性。

(5)历史性。管理学是对前人的管理实践、管理思想和管理理论的总结、扬弃与发展。割断历史,不了解管理历史和前人对管理经验的理论总结,就难以很好地理解、把握和运用管理学。

1.3.3 管理学的研究方法

管理学的研究方法有五种:理论联系实际的方法、试验法、比较研究法、案例分析法、定性与定量分析相结合的方法。

（1）理论联系实际的方法。理论联系实际的方法有两类：一是将管理理论与方法运用到实践中去，通过实践来检验这些理论与方法的正确性；二是通过管理实践，把实践经验加以概括和归纳，上升为理论，去补充和完善原有的理论与方法。

（2）试验法。试验法是指在一定的环境条件下，经过严格的设计与组织，对研究对象进行某种试验考察，再与未给予这些条件的对比试验的实际结果进行比较分析，寻找外加条件与试验结果之间的因果关系，从而揭示管理的规律、原则和方法。试验法的不足之处在于，管理中的许多问题由于外部环境与内部条件的性质的不同而表现得特别复杂，影响因素很多，要想进行人为的重复试验基本不可能。

（3）比较研究法。比较研究法主要通过历史的纵向比较和各个组织的横向比较来探索管理的一般规律。比较研究法一般有三步：一是找出同类现象与事物；二是按照比较的目的将同类现象编组做表；三是根据比较结果做进一步分析。比较研究法推动了管理科学与管理实践的迅速发展。

（4）案例分析法。案例分析法是指把管理工作中出现的问题作为案例，交给受训学员进行分析，培养学员们的分析能力、判断能力、解决问题及执行业务能力的培训方法。案例分析法对管理活动的典型案例进行全面分析，从而总结出管理的理论、经验与一般规律。

（5）定性与定量分析相结合的方法。定性分析是指管理者主要凭直觉、经验，分析对象过去与现在的延续情况及最新的信息资料，对对象的性质、特点与发展变化规律做出判断的一般方法。定量分析是指依据统计数据，建立数学模型，并用数学模型计算出分析对象的各种指标及其数值的一种方法。定性分析方法与定量分析方法是统一的、相互补充的。定性分析是定量分析的基本前提，定量是定性的具体化。定量分析是建立在定性预测基础上的分析，它应用数学工具分析，使定性更加科学、准确，它可以使定性分析得出广泛而深入的结论。

◆ 本章小结

本章从管理活动、管理对象与管理者、管理学三个部分进行了总体概述。首先，通过对人类活动特点的分析探讨管理的必要性，进而通过对管理概念的理解，明确管理的特征；通过对管理的基本问题的分析与管理目标的描述，明确管理的基本职能。其次，通过对管理系统的分析，明确管理对象中的物的特性、要素与管理任务，明确管理者的定义、分类以及管理者的角色、能力结构与素质。最后，从整体上明确管理学的研究对象与研究内容，了解管理学的学科性质与特征，以及管理学的研究方法。

◆ 复习思考题

1. 试述管理学的学科性质。
2. 简述管理者的技能、能力结构与素质。
3. 简述管理者的基本职能。

4. 简述人类管理活动的特点。
5. 简述管理者的角色。
6. 分析管理系统的物的要素以及物的管理方法。
7. 简述管理的基本问题与目标。
8. 分析管理学的研究对象与内容。
9. 试举例说明管理的科学性和人文性。
10. 简述提高管理者素质的方式。
11. 什么是组织？为什么管理者在组织中起着重要的作用？

总结案例

张强的经理角色

张强是一家互联网公司的项目部经理，由于工作颇有成就，深得公司领导赏识，从一线摸爬滚打到现在这个位子。他对工作要求特别严格，经常废寝忘食地全身心投入工作，甚至从来没有时间去谈恋爱。他希望他的员工也像他一样，全心全意投入公司事务，一心为公，敬业奉献。他的口头禅就是"公司的事再小也是大事，个人的事再大也是小事"。

他要求下属上班时间不得闲聊、不得接打私人电话、不得做与岗位工作无关的事情，所有时间都得用在工作上。他还要求下属养成"早到晚归"的习惯，让下属每天陪自己加班到夜里十一二点，即使下属无事可做，也不能早下班。假如下属没有养成这种习惯，那么加薪晋职的机会就很渺茫，而且很可能被他"冷藏"，再无出头之日，或者莫名接到调职或解雇的通知。另外，无论什么节假日，他都会为下属进行规划，以满足他工作的需要，根本没有周末、国家法定节假日可言。

在他的领导下，下属总有做不完的工作，即便有些工作没有任何意义。他的举措终于引起下属的不满与怨言，他们抱怨自己完全没有私人的空间，随时都被经理管理和监督，好像自己是被卖给了公司，身心受到严重的限制，他们快要疯掉了。一次其中一个下属在内部网站的BBS上牵头讨论加班要给加班费、工作应该劳逸结合的问题，被张强得知后，没几天这位员工就在绩效考评中被合理规范地"处理"掉了。随后在一个深夜召开的部门会议上，他的下属终于情绪爆发，显然下属被尊重的需求没有得到满足，张强的工作也因此陷入了被动，整个部门士气低落、效率下降、人员流失、管理混乱，不久他被撤职调离。

资料来源：根据十油八酒博客（http://sybj.blog.ceconlinebbs.com/？Rblogger）相关资料改编。

讨论题：
1. 张强被撤职调离的真正原因是什么？
2. 作为管理者，张强身上欠缺什么素质？
3. 管理者有哪些素质与技能要求？在组织中扮演哪些角色？张强有哪些角色做得不到位？

第 2 章
CHAPTER 2

管 理 思 想

§ 本章知识结构

```
                            ┌─ 科学管理理论
              ┌─ 古典管理理论 ┤─ 一般管理理论
              │             └─ 行政组织理论
              │                              ┌─ 需求层次理论
              │             ┌─ 人际关系学说   │─ 双因素理论
              ├─ 行为组织科学┤                │─ 期望理论
              │             └─ 行为科学理论   │─ 成就需要理论
              │                              │─ X-Y 理论
              │                              └─ 人性假说
              │             ┌─ 管理过程学派
              │             │─ 人际关系学派
              │             │─ 群体行为学派
              │             │─ 经验学派
              │             │─ 社会协作系统学派
管理思想 ─────┤─ 现代管理丛林 ┤─ 社会技术系统学派
              │             │─ 系统学派
              │             │─ 决策理论学派
              │             │─ 管理科学学派
              │             │─ 权变理论学派
              │             └─ 经理角色学派
              │             ┌─ 学习型组织
              │             │─ 企业再造理论
              │             │─ 核心竞争力理论
              └─ 当代管理理论┤─ 企业文化理论
                            │─ 战略管理理论
                            │─ 危机管理理论
                            └─ 知识管理理论
```

§ 学习目标

- 了解泰勒的科学管理理论的形成与基本观点。
- 了解法约尔对管理理论的主要贡献。
- 了解韦伯行政组织理论的基本观点。
- 了解霍桑实验与梅奥人际关系学说的基本观点。
- 掌握行为科学管理各派的主要思想。
- 掌握孔茨提出的现代管理丛林各派别的主要思想。
- 掌握当代相关管理派别的理论。

§ 引例

一日领导

日本精密机械株式会社实行了一项独特的管理制度，即让职工轮流当社长管理公司。一日社长和真正的社长一样，拥有处理公务的权力。当一日社长对工人有批评意见时，要详细记录在工作日记上，并让各部门的员工收阅。各部门、各车间的主管得依据批评意见随时核正自己的工作。

这个公司实行"一日社长制"后，大部分职工都干过"社长"，真正的社长向心力增强，公司管理成效显著。开展该制度的第一年就节约生产成本 500 多万美元。

让企业的每一个成员都更深刻地体会到自己也是这个大家庭中的一员，并身体力行地做一回管理者，不仅可以充分调动他们的积极性，也对从多方面看到管理上的不足有积极作用。

资料来源：根据《管理聚焦精髓 100 例》(http://www.doc88.com/p-085712712703.html) 相关内容改编。

20 世纪前半期是管理思想多样化的时期。在这个时期，管理思想飞速发展，各种管理观点异彩纷呈，管理学者从不同角度提出改进生产的管理方法。科学管理学派从如何改进作业人员生产效率的角度看待管理；一般行政管理者关心的是整个组织的管理和如何使之更有效。一批管理研究人员强调人力资源或管理的"人"的方面；而另一批研究人员则专注于开发和应用数量方法。20 世纪 60 年代后，管理理论的发展呈现出一体化的趋势。

2.1 古典管理理论

20 世纪初，由弗雷德里克·温斯洛·泰勒（Frederick Winslow Taylor，1856—1915）发起的科学管理革命推动了古典管理理论的产生。古典管理理论代表人物泰勒、法约尔、韦伯从三个不同角度，即车间工人、办公室总经理和组织，来解决企业和社会组织的管理问题，为当时的社会解决企业组织中的劳资关系、管理原理和原则、生产效率等方面的问题，提供了管理思想的指导和科学理论方法。

2.1.1 科学管理理论

1. 泰勒的科学管理理论

泰勒通过一系列的试验和调查研究,在深入分析和总结19世纪美、英等国管理实践的基础上,提出了一整套管理理论。其主要著作包括:《计件工资制》(1895)、《车间管理》(1903)、《科学管理原理》(1911)、《在美国国会的证词》(1912年他在美国国会众议院特别委员会听证会上的证词)。泰勒创立的科学管理理论有以下主要观点。

(1)科学管理的根本目的是谋求最高工作效率。最高工作效率是共同富裕的基础,没有雇员的富裕,雇主的富裕是不长久的。

(2)达到最高工作效率的重要手段是用科学的管理方法代替经验管理。管理是一门实在的科学,具有标准化、制度化、科学化等特征。

(3)实施科学管理的核心是要求管理人员和工人双方在精神上和思想上进行彻底变革。劳资双方应变革思想,变对抗为合作、帮助,从盈余分配转变为增加盈余。

根据以上观点,泰勒提出了以下管理制度(泰勒制):

- 制定科学的劳动定额。
- 对工人提出科学的操作方法,以便合理利用工时,提高工效(标准化)。
- 在工资制度上实行差别计件制。对完成和超额的工人,以较高的工资率计件;对完不成定额的工人,则按较低的工资率支付工资。
- 对工人进行科学的选择、培训和提高,发挥他们的能力。
- 明确划分计划职能和执行职能,并订立一些必要的规章制度和准则,以合理划分管理人员和工人的工作职责,使管理人员能更好地进行管理和履行职责。计划职能归管理当局,工人则从事执行职能。
- 工人与雇主保持密切合作,共同完成规定的工作任务(心理革命)。
- 职能工长制。提高工长的管理的专业化水平,为以后的职能部门设立奠定基础。
- 例外原则。上级管理人员把一般的日常事务授权其下级管理人员去处理,自己只保留例外事项的决策和监督权。

泰勒制的具体做法如下:①通过动作研究、时间研究,提出最优工作方法,实行差别计件工资制;②根据工人的不同素质进行培训与提高,按照工人能力和体力给予最适当的工作;③处理好管理人员和工人的关系。双方注意力应从盈余分配转到增加盈余,将对立情绪和敌对态度变为"兄弟般的合作";④管理职能与实际操作职能分离,管理人员实行专业分工。比如编制计划、填写卡片、发出书面指示、统计产品时耗、进行成本研究、制定生产纪律等工作,应由不同专业的管理人员承担;而按照书面指示进行实际操作,则是工人的任务。

2. 科学管理理论的发展

（1）卡尔·巴思（Carl George Barth，1860—1939）。泰勒的"嫡系追随者"卡尔·巴思是一位美籍数学家。巴思对科学管理理论发展的贡献主要体现在两个方面。

①帮助泰勒进行科学管理的研究和支持推广泰勒制。巴思一直与泰勒有着良好的密切合作关系，1899年，他在宾夕法尼亚的伯利恒钢铁公司任车间工程师时是泰勒的特别助手。他不仅帮助泰勒解决数学难题，而且为推广泰勒制不遗余力。巴思帮助和支持泰勒进行工时研究、疲劳研究、动作研究，并为这些研究以及金属切割实验等提供了理论依据。

②独立研究并在企业以及高校中推广泰勒制。他发明了巴思计算尺，人们利用巴思计算尺和公式就可以很快地决定进刀和切削的速度。1903年起，巴思自己创业做咨询工程师，并在费城的公司和企业中推广泰勒制。1908年哈佛成立商学院时，巴思尽自己所能说服院长把泰勒制作为现代管理的标准。泰勒因此受邀成为哈佛商学院的客座教授。除此之外，巴思还极力在高校中推广泰勒的科学管理思想。

（2）亨利·劳·甘特（Henry Laurence Gantt，1861—1919）。甘特是一名机械工程师和管理顾问，因为20世纪初发明了甘特图而闻名。其代表作有《劳动、工资、利润》（1916）和《工作的组织》（1919）。

甘特对科学管理理论的主要贡献在于：①甘特图的发明。甘特图又称"线条式进度表"，是表示工作计划和进度的一种图示方法。甘特用图表帮助管理者进行计划和控制的做法是当时管理思想的一次革命，后来在世界各地被广泛推广应用，并在此基础上发展出计划评审法、关键线路法等。②提出了"任务+奖金"制。甘特提出的奖励工资制，被称为"任务+奖金"制，即把发给管理者的奖励工资与管理者教会其员工的程度和提高工作效率联系起来。③强调对工人进行教育的重要性，重视人的因素在科学管理中的作用，提出培养"工业的习惯"，因而，他是人际关系理论的先驱者之一。④提出了工业效率问题。只有将科学分析的方法运用到工作的全过程中以后，才能提高工业效率。⑤研究了企业的社会责任问题。

（3）吉尔布雷斯与莉莲夫妇。弗兰克·吉尔布雷斯（Frank Bunker Gilbreth，1868—1924）是美国工程师和管理学家、泰勒的合作者之一、科学管理的支持者和动作研究的先驱者，在动作研究和疲劳研究等方面有出色的成就。吉尔布雷斯关于动作标准研究的重要贡献有三点：

- 介绍了外科医生手术时护士的标准动作，以及能做到在医生手术时随叫随到、不耽搁时间的工作方法；
- 在军队里教授新兵标准技术，要求他们在蒙着眼睛和黑暗的环境下精确地拆装武器；
- 对建筑工地的砌砖动作的研究。

莉莲·吉尔布雷斯（Lilian Gilbreth，1878—1972）是弗兰克·吉尔布雷斯的夫人，是一位心理学家和管理学家，是美国第一个获得心理学博士学位的女性，被人称为"管理学的第一夫人"。莉莲对管理思想的主要贡献，除了协助吉尔布雷斯的管理研究工作之外，莉莲独自研究的成果也使她成为管理思想史上非常杰出的代表人物。她将历史上的管理方式划分为：传统方式、过渡方式、科学方式。在此基础上，她还对管理领域的关键环节进行了深入的比较研究，并围绕这些关键环节提出了自己的管理见解。她的研究涉及的内容包括个人、职能化、衡量、分析综合、标准化、记录和计划、传授知识、刺激及福利等。

（4）哈林顿·埃默森（Harrington Emerson，1853—1931）。埃默森是科学管理理论的奠基人之一，是西方管理学界公认的传播效率主义的一位先驱者。主要著作包括：《效率是经营和工资的基础》（1911）、《十二个效率原则》（1912）、《科学地挑选雇员》（1913）。埃默森的主要贡献有：

①把科学管理的原理和方法引入企业的具体管理实践中，以及向公众大力传播科学管理、效率思想。

②改进了泰勒的效率主张。埃默森的效率观念、有关直线-参谋组织的思想以及工资激励制度，与泰勒相比，更为完善和富有特色。

③提出了直线-参谋组织理论。每一个公司都要设一位"参谋长"，下设四个主要的次参谋小组。各级职能组织都可以听到参谋的意见，而参谋人员则不必去完成具体工作，而是制定标准和确定目标，以保证职能组织可以更有效地工作。

④提出效率的12条原则，包括有关人员关系的5条原则与有关方法的7条原则。

⑤提出了奖励工资制。与12条效率原则相配合，埃默森创造了一种按工人的工作效率的高低来确定是否给予奖金和奖金高低的工资制度。

3. 科学管理思想的作用与局限

科学管理理论的作用有以下两点：

（1）以生产实践为基础，采用科学的方法对管理问题进行深入的理论研究，打破凭经验和个人判断管理企业的传统观念，为进行科学管理奠定了基础。

（2）强调实践对理论的巨大作用，强调在实践中运用管理技术和管理方法，根据经济效果决定管理方法。不把科学管理当作永恒的最终理论。

科学管理理论的局限性有：它是最残酷的剥削手段与最丰富的科学成就的结合；"经济人"假设强调通过满足人在经济和物质方面的需求来调动工人的积极性，忽视了工人在社会和心理方面的需求；主张多头领导，低估了"统一指挥"在管理系统中的重要作用。

2.1.2 一般管理理论

亨利·法约尔是欧洲最伟大的管理学先驱之一，被誉为"现代经营管理之父"。法约尔的管理学论著有：《论管理的一般原则》（1908）、《管理职能在指导营业中的重要性》（1917）、《论工业的积极管理》（1918）、《国家在管理上的无能——邮电与电讯》（1921）、《国家管理理论》（1923）。法约尔的代表作《工业管理与一般管理》于1916年问世，1929年日内瓦国际管理学院出版了该书的英译本。

泰勒是技术专家，主张自下而上地观察上层领导，重点在车间管理，而法约尔则主张自上而下地观察管理，把大型企业作为整体研究，其重要研究方向是组织理论。

法约尔对管理理论的主要贡献在于：

（1）他提出了企业经营的六项基本职能。管理不同于经营，它只是整个经营活动的组成部分，企业经营的全部活动应包括六方面，即技术活动、商业活动、财务活动、安全活动、会计活动、管理活动。法约尔把这六类活动称为企业经营六项基本职能。

（2）他提出管理包括 5 个职能（要素），即计划、组织、指挥、协调、控制，这些职能构成了一个完整的管理过程。因此他又被称为管理过程学派的创始人。

（3）他提出了管理的 14 条原则，即分工、权力与责任、纪律、统一命令指挥、统一领导、个人利益服从整体利益、人员报酬要公开、集权、等级链、秩序、平等、人员保持稳定、主动性（首创精神）、集体精神。

管理思想既是文化环境的产物，又是文化环境变迁过程中的一部分，它依附于文化模式、道德水准和社会制度的变迁而不断向前发展。只有站在这个认识高度，才能真正领会到法约尔一般管理理论中蕴含的精神实质，才能在现代管理中"巧用其芒"。没有原则，人们就处于黑暗和混乱之中，但是如果没有经验和尺度，即使有最好的原则，人们也无法摆脱困惑和不安。管理必须善于预见未来，法约尔就十分重视计划职能，尤其强调制订长期计划，这是他对管理思想做出的一个杰出贡献。他的这一主张，在今天看来仍像在他那个时代一样重要。尽管法约尔早就提出了"管理能力可以通过教育来获得"的思想，但今天，企业界的许多领导人仍然信奉"经验至上主义"，认为"实践和经验是取得管理资格的唯一途径"。在企业运营中，他们推崇经验管理，墨守管理成规，轻视管理培训，最终导致企业在快速成长阶段出现管理能力不足和管理人才匮乏并存的局面。通过管理教育，可以迅速提升管理层的管理能力，也可以迅速造就急需的管理人才，这是世界级大企业公认的准则。

法约尔的一般管理理论的主要不足之处是它的管理原则缺乏弹性，以至于有时实际管理工作者无法完全遵守。以统一指挥原则为例，法约尔认为，不论什么工作，一个下属只能接受唯一一个上级的命令，并把这一原则当成一条定律。这种劳动分工可能会产生矛盾，因为根据劳动分工原则，各种工作应按专业进行分工，这样才有助于提高效率，当某个层次的管理人员制定决策时，他就要考虑来自各个专业部门的意见或建议，但这是统一指挥原则不允许的。例如，一个地区政府的各个职能部门隶属于地区政府，若按照统一指挥原则，上级职能部门便无法对地区职能部门进行指挥。

| 管理聚焦 2-1 |

小陈明天参加小学毕业典礼，怎么也得精神点把这一美好时光留在记忆中，于是他高高兴兴上街买了条裤子，可惜裤子长了两寸。吃晚饭时，趁奶奶、妈妈和姐姐都在场，小陈把

裤子长两寸的问题说了一下，饭桌上大家都没有反应。饭后大家都去忙自己的事情，这件事情就再没有被提起。妈妈睡得比较晚，临睡前想起儿子明天要穿的裤子还长两寸，于是悄悄地一个人把裤子剪好、叠好、放回原处。半夜里，狂风大作，窗户"哐"的一声关上把姐姐惊醒，姐姐猛然想到弟弟裤子长两寸，自己辈分最小，怎么也应该是自己去做，于是披衣起床将裤子处理好才又安然入睡。老奶奶起得早，一大早就去给小孙子做早饭，在水未开时想起孙子的裤子长两寸，马上"快刀斩乱麻"。最后，小陈只好穿着短四寸的裤子去参加了毕业典礼。

一个团队仅有良好的愿望和热情是不够的，要积极引导并靠明确的规则来分工协作，这样才能让大家的力量形成合力。

2.1.3 行政组织理论

韦伯（1864—1920）对社会学、政治学、经济学和宗教学都颇有研究，他的代表作是《新教伦理与资本主义精神》。他最早提出了一套较完整的行政组织理论体系，是"理想的行政组织体系"的创立者，被称为"组织理论之父"。

韦伯"科学管理"的核心是强调组织管理的高效率，认为等级制度、权力形态（法律的、传统的、神授的）、行政制度是一切社会组织的基础。

韦伯认为行政组织体系应以理性的、法律的权力为基础，其组织管理机构则应是纯粹的应用法定权力的形态；理想的行政组织体系是建立在正式、合法和权威基础上的最好的管理制度，是最符合理性原则、高效率的一种组织结构形式。其要点主要包括：

- 组织内的人员在人身上是自由的，只是在与人身自由无关的领导管理职责方面从属于上级的权力。
- 组织内的工作应有明确的分工，组织内的每个职位都必须由专门人员负责。
- 组织内的各种职务和职位，都应按照权责合一的等级原则组织起来，形成一个梯形的三层指挥体系。
- 组织内人员的任用和升迁，应根据职位的要求、技术专家的意见，以及正式考试或教育培训来决定。
- 管理人员在工作中必须严守组织内的规则和法律，不能感情用事、随心所欲、滥用职权。
- 组织内人员之间的关系应以理性准则为指导，特别是在同下级的交往中，要保持应有的尊严；不能随意解雇组织成员，而应鼓励大家忠于组织。
- 每个组织都必须建立一套规章制度，以保证组织内各项工作的统一协调。

韦伯的行政组织理论的基本点是要通过职务或职位，而不是通过家族、个人或世袭地位来进行管理，即用行政管理体制来代替传统管理制度。

泰勒、法约尔和韦伯的管理理论有一个共同点，就是主张用科学的方法来代替凭个人经验和习惯进行管理的传统做法,因此统称为科学管理理论(古典管理理论)(见表 2-1)。

表 2-1 科学管理代表人物、代表思想及其主要作品

代表人物	代表思想	主要作品
泰勒("科学管理之父")	1. 提出了"同等工头" 2. 提出了一种独特的"职能工长"监督方式 3. 在管理控制中实行例外原则 4. 实行一种成本会计法	《科学管理原理》
法约尔("现代经营管理之父")	1. 提出了管理的 14 条原则 2. 划分了管理的五大要素:计划、组织、指挥、协调、控制 3. 提出的管理要素提供了管理过程的概念理论	《工业管理与一般管理》
韦伯("组织理论之父")	提出了行政组织理论	《新教伦理与资本主义精神》

2.2 行为管理科学

20 世纪 20 年代,尽管资本主义国家中的许多企业采取了泰勒的科学管理,但劳资纠纷和罢工还是此起彼伏。此种情况促使了管理学者们深入研究决定工人劳动效率的原因,于是有了在美国国家科学委员会的赞助下开展的著名的霍桑实验。这一实验持续了近 8 年,取得了意想不到的成果,产生了行为科学管理学派。行为科学管理学派的代表人物有乔治·埃尔顿·梅奥(1880—1949)、亚伯拉罕·马斯洛(1908—1970)和道格拉斯·麦格雷戈(1906—1964)。

2.2.1 人际关系学说

1. 霍桑实验

霍桑实验是一项以科学管理的逻辑为基础的实验,实验在芝加哥城郊外的西方电器公司的霍桑工厂中进行,1924 年开始,1932 年结束。1924～1927 年,实验是在美国国家科学委员会的赞助下进行的;1927～1932 年,实验是在美国哈佛大学乔治·埃尔顿·梅奥教授的主持下进行的。整个实验前后共分四个阶段:研究车间照明变化对生产效率影响的各种实验;寻找影响职工积极性的有效因素的福利实验;了解职工工作态度的访谈实验;影响职工积极性的群体实验。

(1)车间照明实验——照明实验(1924～1927 年)。其目的是弄清照明强度对生产效率产生的影响。"试验组"在不同照明强度下工作;"控制组"的照明强度维持不变。结果表明照明强度变化对生产率几乎没有影响。

(2)继电器装配实验——福利实验(1927～1928 年)。为了能够找到影响职工积极性的更有效因素,梅奥选出 6 名女工在单独的房间中从事装配继电器的工作。实验结果表明,对于调动职工的积极性,人际关系比福利措施更为重要。更为重要的结论是,产量的增加由管理方式的改变带来士气的提高和人际关系的改善引起。这成为霍桑实验的一个转折点。

（3）大规模的访谈计划——访谈实验（1928～1931年）。一开始时对工人进行的是"问答式访谈"，后来改为"无指示性访谈"，工人可以自由发表意见。两年中的自由访谈有两万多次，工人们借此机会发泄胸中闷气和提出改进建议。工人们由此产生了自己能够参与公司经营的满足感，进而改变了被动的劳动态度。结论与"福利实验"相似：员工的工作绩效会受到其他人的影响。

（4）继电器绕线组的工作室实验——群体实验（1931～1932年）。这是一项关于工人群体的实验。在之前的实验中研究人员似乎感觉到在工人当中存在着一种非正式组织，而且这种非正式组织对工人的态度有着极其重要的影响。该实验的目的正是要证实非正式组织的存在。

2. 人际关系学说的观点

在霍桑实验的基础上，梅奥于1933年出版了《工业文明的人类问题》一书，创立了人际关系学说，提出了以下观点。

（1）工人是"社会人"。工人是复杂的社会系统的成员，影响工人生产积极性的因素除了物质条件外，还有社会和心理方面。

（2）企业中除"正式组织"之外，还存在"非正式组织"。它们有着共同的社会情感、惯例和倾向，这些都会无形地左右成员的行为，只有重视这两种组织的相互依存关系，才能提高生产效率。

（3）新型的领导能力在于提高职工的满足程度。领导者要学会正确处理人际关系，善于倾听职工的意见，并通过提高职工的满足程度来激励职工的士气，从而达到提高生产率的目的。

霍桑实验对古典管理理论进行了大胆的突破，第一次把管理研究的重点从工作和物的因素转到人的因素上来，不仅在理论上对古典管理理论做了修正和补充，开辟了管理研究的新理论，还为现代行为科学的发展奠定了基础，对管理实践产生了深远的影响。其主要管理思想包括：人才是企业发展的动力之源；有效沟通是管理中的艺术方法；企业文化是寻求效率逻辑与感情逻辑之间的动态平衡的有效途径。其主要局限性在于：过于否定"经济人"假设；过于倚重非正式组织；过于强调感情逻辑。

| 管理聚焦 2-2 |

美国麦当劳的分店遍布全球，而麦当劳的总部在万里之外，总部怎么保证它的分店遵守规则呢？

一次，上海麦当劳分公司收到了总公司寄来的3份鉴定书，对其外滩快餐厅的工作质量进行了3次鉴定评分，分别为81、85、87分。公司中的外方经理都为之瞠目结舌，这三个分数是怎么评定的？原来，美国麦当劳总部雇用、培训了一批人，让他们伴装顾客潜入店内进行检查评分。

这些"特殊顾客"来无影去无踪，这就使快餐厅经理、雇员时时感到某种压力，丝毫不敢疏忽。而在很多企业里，员工与老板经常打"游击战"。当老板在时，员工就装模作样，表现卖力，似乎是非常称职的员工；老板前脚刚走，底下的人就在办公室里"大闹天宫"。很多老板会在这个时候杀个回马枪，刚好逮个正着。如果建立了一套完善的制度，让员工意识到，无论任何时候，都须一如既往地认真工作，那么，员工就不会钻空子偷懒了。

2.2.2 行为科学理论

人是组成组织的最小单元，也是组织活动的具体执行者和组织活动的基础。因此，研究人的基本行为规律是构建组织模式的基础。

1. 马斯洛的需求层次理论

亚伯拉罕·马斯洛是一位著名的心理学家，在心理学方面发表了许多文章，他在管理学上的主要贡献是进一步发展了亨利·默里在 1938 年把人的需求分为 20 种的分析研究，提出了人类的基本需求等级论，即需求层次论（见图 2-1、表 2-2）。1943 年出版的《人类的动机理论》是他在这方面的代表作。

第一级，生理需求。它包括维持生活和繁衍后代必需的各种物质上的需要，如衣食住行等。在这一级需求没有得到满足前，下面提到的各级更高的需求就不会发挥作用。

第二级，安全需求。这是有关免除危险和威胁的各种需求，如防止工伤事故和有伤害的威胁、资方的无理解雇、生病或养老、储蓄和各种形式的保险，都是在这一级要考虑的。

第三级，归属需求。它包括和家属、朋友、同事、上司等保持良好的关系，给予别人并从别人那里得到友爱和帮助，自己有所归属，即成为某个集体公认的成员等。这类需求比上两类需求更微妙，更难捉摸，但对大多数人来说是很强烈的一类需求，如果得不到满足，就会导致精神上的不健康。

第四级，尊重需求。它包括自尊心、自信心、能力、知识、成就和名誉地位，以及希望能够得到别人的承认和尊重等。这类需求很少能得到满足，因为它是无止境的。

第五级，自我实现需求。这是最高一级的需求，指一个人希望能做最适宜的工作，发挥自身最大的潜力，实现理想，并能不断地自我创造和发展。

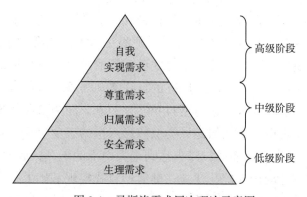

图 2-1 马斯洛需求层次理论示意图

上述五类需求，人们不能都得到满足，一般来说等级越低越容易得到满足，等级越高得到满足的概率就越小。在现代社会中，第一级需求得到满足的概率为85%；第二级需求得到满足的概率为70%；第三级需求得到满足的概率为50%；第四级需求得到满足的概率为40%；最高一级的需求得到满足的概率只有10%。这些需求的层次并不一定都按这个顺序，有时候人的需求是模糊不清的，对某种需求表现的强烈程度也不一样，每个人有不同的性格，这种划分只是提供了一个大概的需求层次，在实践过程中对管理的人员应依具体情况进行不同的分析和对待。

表 2-2 马斯洛需求层次理论的内容

需求层次	诱因（追求的目标）	管理制度与措施
生理需求	满意的薪水、健康的工作环境	身体保健（医疗设备）、工作时间（休息）、福利设施设备（食堂、幼儿园、班车）
安全需求	职位的保障、意外的防范	雇用保证、退休金制度、健康保险制度、意外保险制度
归属需求	友谊（良好的人际关系）、团体接纳、与组织的一致性	协商谈话制度、利润分配制度、团体活动制度、互助金制度、娱乐制度、教育培训制度
尊重需求	地位、名誉、权力、责任、薪水的公平性	人事考核制度、晋升制度、表彰制度、奖金制度、选拔进修制度、委员会参与制度
自我实现需求	能发展个人特长的组织环境，具有挑战性的工作	决策参与制度、提案制度、研究发展计划、劳资会议

20世纪60年代，随着世界经济的复苏和社会的发展，人类社会整体需求开始走出匮乏状态，自我实现需求不再是高不可攀，相反，人们在追求自我实现过程中出现了新的问题。自我实现的概念被人们不断强化，导致人们过度看重自己，以自我为中心，忽视与他人、社会的关系；在人格方面，人们的自私、自利、放纵自我等现象日益突出。马斯洛敏锐地感触到这些变化，并进行了严肃的反思。于个体而言，自我实现存在上限，将之作为人的终极需求会降低人的价值。当自我实现得到满足时，人可能会失去前进的动力，人格也会出现问题。在现实社会中，经常能看到人在功成名就后迷失自我的例子。

马斯洛意识到他早期的需求层次理论架构并不完整。5个层面的需求都重点关注人本身而脱离了复杂的社会历史条件，即便达到自我实现的最高层次，也将产生各种问题。他于去世前一年（1969年）发表了《超越的种种含义》和《Z理论》两篇重要文章，对需求层次理论进行了完善。他认为人类具有一种潜在的更高层次的本性即自我超越性。人在健康型的自我实现需求满足后可以去寻找更广阔的视野、更高层次的精神或者说进行超越型自我实现。在这里，马斯洛把原有的自我实现需求进行了重新诠释，将它一分为二，分为健康型自我实现需求和超越型自我实现需求。同为自我实现，但是二者有本质的区别。健康型自我实现需求就像是以类似儒家入世的态度生活在匮乏性需要和匮乏性认知的"匮乏王国"，为自己而谋，以求达到个人内部的统一，成就"小我"。而超越型自我实现需求受超越型动机支配，建立在健康型自我实现基础上，以超世的态度超脱于个人意义之上，与社会、他人及自然统一，实现"扩大了的自我"，最终进入"无我"

状态。

马斯洛认为超越是人类意识最高、最广泛或整体的水平，它作为目的而不是作为手段发挥作用，与自己、有重要关系的他人、一般人、大自然以及宇宙产生关系。他在描述最高层次需求时频繁使用了"超个人""超越自我""超人本""超人性"等词汇，强调的是超个人的价值、存在价值或宇宙价值的激励作用，假设人具有为比自我更大的目标而献身的需求和自我牺牲的精神。超越型自我实现需求的提出，使马斯洛需求层次理论完成了对探索从个人到超个人的人的充分发展问题的完整研究。

2. 赫茨伯格的双因素理论

美国心理学家赫茨伯格 1966 年在《工作和人的性质》一书中首次提出激励因素–保健因素理论。他把企业中的有关因素分为满意和不满意因素两类。

（1）满意因素可以使人得到满足，它属于激励因素，这是适合人的心理成长的因素，如成就、赞赏、工作内容本身、责任感、上进心等。

（2）不满意因素是指人缺乏这些因素时容易产生不满和消极的情绪，即保健因素。保健因素包括金钱、监督、地位、个人生活、安全、工作环境、政策、人际关系等。在实践中职工的不满大都是关于工作环境或工作关系方面的问题；改善这些情况能够消除不满，维持该有的工作效率，但不能激励个人有更好的表现或提高劳动热情，只有激励因素才是促进人的积极性不断提高的因素。

3. 弗鲁姆的期望理论

美国心理学家弗鲁姆认为人们从事各项活动能够得到的满足，与自己能否胜任这项工作和对这项工作的评价有极大的关系。他 1964 年在《工作与激励》一书中提出了期望理论的主要观点，即人们在工作中的积极性或努力程度（被激发出的力量）是效价和期望值的乘积：$M = V \times E$，其中，M 是被激发出的力量，V 是效价，E 是期望值。

效价是指一个人对某项工作及其结果（可实现的目标）能够给自己带来的满足程度的评价，即对工作目标有用性（价值）的评价。期望值是指人们对自己能够顺利完成这项工作的可能性估计，即对能够实现工作目标的概率的估计。期望理论指出，当行为者对某项活动及其结果的效用评价很高，而且估计自己获得这种效用的可能性很大时，领导者用这种活动和结果来激励行为者就可取得良好的效果。

4. 麦克利兰的成就需要理论

美国行为科学家麦克利兰 1966 年在他的《促使取得成就的事物》一书中提出了成就需要理论。他认为人有 3 类基本激励需要：对权力的需要、对社交的需要以及对成就的需要。这一理论在管理上有着十分重要的作用。

（1）对权力的需要。具有较强权力欲的人对施加影响和控制表现出极大的关切。这种人一般追求领导者的地位、好辩论、健谈、直率、头脑冷静、有能力并善于提出要求、喜欢演讲。

（2）对社交的需要。极需社交的人常从友谊中得到快乐，也会因被某个社会团体拒绝而痛苦，他们希望与他人保持融洽的社会关系、亲密无间、互相谅解且以助人为乐。

（3）对成就的需要。成就需要者对成功有一种强烈的要求，同时也十分担心失败。他们愿意接受挑战，为自己树立一个具有一定难度的目标（但不是不能达到的），对待风险采用一种现实主义的态度，宁愿承担所做工作的个人责任，对他们正在进行的工作情况期望得到明确且迅速的反馈，不常休息，喜欢长时间的工作，遇到失败后也不过分伤心，这种人一般喜欢表现自己。

5. 麦格雷戈的 X-Y 理论

社会心理学家道格拉斯·麦格雷戈（1906—1964）在进行了大量研究的基础上，于 1957 年提出两大类可供选择的人性观。

（1）X 理论。这种观点对人性的假设是：

- 人生而好逸恶劳，所以常常逃避工作；
- 人生而不求上进，不愿负责，宁愿听命于人；
- 人生而以我为中心，漠视组织需要；
- 人习惯于保守，反对改革，把个人安全看得高于一切；
- 只有少数人才具有解决组织问题所需的想象力和创造力；
- 缺乏理性，易于受骗，随时被煽动者当作挑拨是非的对象，做出一些不适宜的行为。

基于以上假设，以 X 理论为指导思想的管理工作的特点是：①管理者以利润为出发点来考虑对人、财、物等生产要素的运用；②管理者对员工的工作要加以指导、控制并纠正其不适当的行为，使之符合组织的需要；③管理者把人视为物，忽视了人自身的特点和精神的需要，把金钱当作人们工作的最主要的激励手段；④严格管理的制度和法规，运用领导的权威和严密的控制来保证组织目标的实现；⑤采取"胡萝卜加大棒"的管理方法。

（2）Y 理论。这种观点对人性的假设是：

- 人并非生性懒惰，要求工作是人的本能，人们从事体力和脑力工作如同游戏和休息一样；
- 一般人在适当的鼓励下，不但能接受而且会追求担负责任，逃避责任并非人的天性，而是经验的结果；
- 外力的控制和处罚并不是使人朝着组织的目标而努力的方法，人的追求是满足欲望的需要，与组织需要没有矛盾，只要管理适当，人们就会把个人目标与组织目标统一起来；
- 个人目标与组织目标的统一是人们对组织目标的承诺，个人能运用自我指导和自我控制来使二者协调；
- 所谓的承诺，与达到目标后获得的报酬是直接相关的，它是达成目标的报酬函数；
- 一般人都具有相当高的解决问题的能力和想象力，只是一般人的智力潜能往往只有部分被发挥，其余的还没有得到充分的利用而已。

以 Y 理论为指导思想的管理工作特点是：①企业管理要通过有效地综合运用人、财、物等要素来实现经营目标；②人的行为管理，其任务在于给人安排具有吸引力和富有意义的工作，使个人需要和组织目标尽可能地统一起来；③鼓励人们参与自身目标和组织目标的制定，把责任最大限度地交给工作者，相信他们能自觉地完成任务；④外部的控制、操纵、说服和奖罚绝不是促进人们努力工作的唯一方法。企业应该用启发式代替命令式，用信任代替监督的方法来促使人们既为了组织目标也为了自己的目标而努力工作。

6. 埃德加·沙因的人性假说

除了 X 理论和 Y 理论对人性进行了系统分析外，美国行为科学家埃德加·沙因在 1965 年出版的《组织心理学》中对人性进行了归类，并提出了 4 种人性假说。

（1）理性经济人假说（相当于 X 理论）：人因经济诱因引发了工作的动机，其目的在于获得最大的经济利益；经济诱因在组织的控制之下，因此，人被动地在组织的操纵、激励和控制下从事工作；人以一种合乎理性的、精打细算的方式行事；人的感情是非理性的，会干预人对经济利益的合理追求，组织必须设法控制人的感情。

（2）社会人的假说：①人类工作的主要动机是社会的需要，通过与同事之间的关系可以获得基本的认同感；②工业革命和工作合理化的结果使得工作变得单调且无意义，因此人们必须从工作的社会关系中寻求工作的意义；③非正式组织的社会影响比正式组织的经济诱因对人的影响更大；④人们最期望领导能承认并能满足他们的社会需要。

（3）自我实现人的假说（相当于 Y 理论）：人的需要有低级和高级的区别，其目的是为达到自我实现的需要而寻求工作上的意义；人们力求在工作上有所成就，实现自治和独立，发展自己的能力和技术，以便能弹性适应环境；人们能够自我刺激和自我控制，外来的激励和控制会对人产生一种威胁，造成不良的后果；个人自我实现的需要同组织目标并不冲突，而且是一致的，在适当的条件下，个人应调整自己的目标使之与组织目标相配合。

（4）复杂人的假说：①每个人都有不同的需要和不同的能力，工作的动机不但是复杂的而且变动性很大，人的许多动机体现在各种重要的需求层次上，这种动机阶层的构造不但因人而异，而且同一个人在不同的时间和地方也是不一样的；②一个人在组织中可以触发新的需求和动机，因此一个人在组织中表现的动机模式是他原来的动机模式与组织经验交互的结果；③人在不同的组织和不同的部门中可能有不同的动机模式，在正式组织中不合群，但可能在非正式组织中就能满足其社会需要和自我实现的需要；④一个人是否感到心满意足，肯为组织出力，受到他本身的动机构造、他同组织之间的相互关系、工作的性质、本人的工作能力和技术水平、动机的强弱以及与同事的相处状况的影响；⑤人可以依自己的动机、能力及工作性质对不同的管理方式做出不同的反应。

沙因基本上将人性的各种情况进行了非常好的归纳，给管理者提供了一个较好的坐标，这也是对管理思想的较重要的发展。事实上没有一种适合于任何时代、任何人的万能的管理方式，因此以复杂人的假说为依据产生了权变理论。

7. 行为科学理论研究的内容与不足

（1）行为科学理论的主要领域。

①对人的需要、动机和激励的研究。它包括需求层次理论、双因素理论、成就激励理论、期望理论、公平理论和归因理论等。

②与管理方式有关的"人性"问题的研究。它主要包括：美国社会心理学家道格拉斯·麦格雷戈提出的 X-Y 理论，围绕"人的本性"来论述人类行为规律及其对管理的影响；阿吉里斯把马斯洛的需求层次理论加以发展，提出了不成熟–成熟理论。

③有效的领导方式问题的研究。它主要包括三大类：领导性格理论、领导行为理论和领导权变理论。

④有关组织团体行为的研究。团体是由两人或两人以上组成，并通过人们彼此相互影响、相互作用形成的。团体可分为正式团体和非正式团体，也可划分为松散团体、合作团体和集体等。团体行为理论主要研究团体发展动向的各种因素以及这些因素的相互作用和相互依赖关系，如团体的目标、团体的结构、团体的规模、团体的规范及信息沟通和团体意见冲突等。

（2）行为科学理论的主要贡献。

①行为科学引起了管理对象重心的转变。行为科学强调要重视人这一因素的作用。它显然是认识到，一切事情都要靠人去做，一切产品的生产都要靠人去实现，一切的组织目标都需要人来实现。因而，应当把管理的重点放在人及其行为的管理上。这样，管理者就可以通过对人的行为的预测、激励和引导，来实现对人的有效控制，并通过对人的行为的有效控制，达到对事和物的有效控制，从而实现管理的预期目标。

②行为科学引起了管理方法的转变。随着对人性的认识和管理对象重点的变化，管理方法也发生了重大的变化，由原来的监督管理转变到人性化的管理。行为科学强调人的欲望、感情、动机的作用，因而在管理方法上强调满足人的需要和尊重人的个性，采用激励和诱导的方式来调动人的主动性和创造性，从而把人的潜力充分发挥出来。相应地，企业界提出了以职工为中心的弹性的管理方法，出现了"参与管理""目标管理""工作内容丰富化"等各种新的管理方式。

（3）行为科学理论的缺陷。

管理学者对人际关系理论、人际关系理论的研究方法，以及霍桑实验中运用的方法和过程进行了批评。在他们看来，在整个实验过程中，研究者一方面受到实验室中实验需要的束缚；另一方面受到正在进行中的实际经验的束缚，尤其是主观愿望先入为主的影响。此外，行为科学研究的对象是人，它告诉了人们对人进行管理时应采取什么行动，但在管理中被管理的对象不仅仅是人，只对人进行研究的管理显然是不完善的，除了人性行为以外，还应有某些技术方面的知识。如果没有这些因素，管理人员即使有了行为知识，也将无法应用，这正是行为学派的缺陷。

对于行为科学理论存在的弱点，孔茨是这样评论的：人际行为领域并不包括管理学的全部内容。很可能一个公司的经理懂得心理学，但在管理上却并不有效。曾经有一个相当大的公司，对各级管理者进行广泛的心理学教育，结果发现这些训练并未满足有效管理的需要。

2.3 现代管理丛林

管理世界不断发生变化，每天都有新的管理问题和管理理论出现，对管理的本质的认识会直接决定一个管理者的管理风格并影响其管理效果。哈罗德·孔茨是当代最著名的管理学家之一，他把管理提升到了一个艺术的高度，将管理定义为"通过他人完成任务的机能"。哈罗德·孔茨1980年在《管理学会评论》杂志上发表了《再论管理理论的丛林》一文，认为此时的管理学主要学派已经达到11个，即管理过程学派、人际关系学派、群体行为学派、经验学派、社会协作系统学派、社会技术系统学派、系统学派、决策理论学派、管理科学学派、权变理论学派、经理角色学派（见表2-3）。

表 2-3 现代管理丛林中的 11 个主要学派

管理学派	研究对象	研究基础	研究方法	代表人物
管理过程学派	计划、组织、领导、人事和控制等管理过程	管理实践	注意和研究管理人员的职能	法约尔
人际关系学派	人与人之间的关系	心理学、社会心理学	在实践中研究	道格拉斯·麦格雷戈
群体行为学派	群体中人的行为、各种群体行为方式	社会学、人类学、社会心理学	在实践中研究组织的行为	梅奥
经验学派	成功和失败的管理案例	过去的管理过程、实例、历史	经验分析	德鲁克和戴尔
社会协作系统学派	管理过程	社会学	实践中的组织分析	切斯特·巴纳德
社会技术系统学派	企业中的技术系统和社会系统	工业工程问题	把企业中的技术系统同社会系统结合起来研究	特里司特
系统学派	管理学研究中的系统方法	一般系统理论	系统分析	贝塔朗菲
决策理论学派	决策问题	消费者选择理论、经济学	模型构造和数学	西蒙
管理科学学派	数学模型、程序系统	数学、运筹学	建立数学模型，模拟，求解	伯法
权变理论学派	管理者所处的环境	实际情况	应用理论和方法时结合实际情况	卢桑斯
经理角色学派	经理在管理中的角色	经理的实际工作	观察经理的实际活动，研究经理角色	亨利·明茨伯格

1. 管理过程学派

管理过程学派的代表人物是法约尔、詹姆斯·穆尼、拉尔夫·戴维斯、哈罗德·孔茨。法约尔之后的孔茨等人在仔细研究管理职能的基础上，将管理职能分为计划、组织、人事、领导和控制五项，把协调作为管理的本质。孔茨利用这些管理职能对管理理论进行分析、研究和阐述，最终得以建立起管理过程学派。这一学派的主要观点有：

- 管理是一个过程，可以通过分析管理人员的职能从理性上很好地加以剖析。
- 可以从管理经验中总结出一些基本道理或规律，也就是管理原理。它们对认识和改进管理工作能起到一种说明和启示的作用。
- 可以围绕这些基本原理开展有益的研究，以确定其实际效用，增大其在实际中的作用和适用范围。
- 这些原理只要还没有被证明为不正确或被修正，就可以为形成一种有用的管理理论提供若干要素。
- 就像医学和工程学那样，管理是一种可以依靠原理的启发而加以改进的技能。
- 即使在实际应用中会因背离管理原理而造成损失，但管理学中的原理如同生物学和物理学中的原理一样，仍然是可靠的。
- 尽管管理人员的环境和任务受到文化、物理、生物等方面的影响，但管理理论并不需要把所有的知识都包括进来才能起到一种科学基础或理论基础的作用。

管理过程学派是最为系统的学派，确定的管理职能和管理原则为培训管理人员提供了基础。但归纳出的管理职能不能适用所有的组织，并不能包括所有的管理行为。

2. 人际关系学派

人际关系学派的代表人物有埃尔顿·梅奥、罗特利斯伯格、亚伯拉罕·马斯洛、弗雷德里克·赫茨伯格、道格拉斯·麦格雷戈、库尔特·卢因、布雷德福和坦南鲍姆等。人际关系学派的很多代表人物的观点前面已经阐述，这里主要介绍卢因的群体动力论。

卢因的"群体动力论""场论""守门人"理论的核心是强调群体对个体的影响和作用。除此之外，他还开辟并发展了有关下级参与决策以及把团体应用于行为改变的研究。作为一个心理学家，卢因把心理学引入社会学，从社会心理学的角度研究企业和组织的社会群体，而这种研究的重心却是放在个体的观念、动机共处五项原则、愿望、行为如何被其所在的群体影响，即群体传播对个体的作用上。卢因在《群体生活的渠道》中对"守门行为"和"守门人"的概念进一步加以理论阐述。他指出，在传播过程中，信息总是沿着包含检查点，即"门区"或关卡的某些渠道流动，那些能够允许或不允许信息通过的人或机构就是"守门人"。"守门人"的作用就是选择、过滤他接收的信息。

3. 群体行为学派

群体行为学派的代表人物是梅奥、卡特·卢因、克里斯·阿吉里斯。这一学派是从人类行为学派中分化出来的，因此同人际关系学派关系密切，甚至易于混同。它关心的主要是群体中人的行为，而不是人际关系。它以社会学、人类学和社会心理学为基础，而不以个人心理学为基础。它着重研究各种群体行为方式。从小群体的文化和行为方式到大群体的行为特点，都在它研究之列。它也常被称为"组织行为学"。"组织"一词在这里可以表示公司、政府机构、医院或其他任何一种事业中的一组群体关系的体系和类型。

4. 经验学派

经验学派的代表人物是彼德·德鲁克和欧内斯特·戴尔。经验学派的主要观点如下。

（1）管理应侧重于实际应用，而不是纯粹理论的研究。管理学是一种应用学科，但又不是单纯的常识、领导能力或财务技巧的应用，管理的实际应用是以知识和责任为依据的。

（2）管理者的任务是了解本组织的特殊目的和使命，使工作富有活力并使员工有成就，处理本组织对社会的影响，帮助组织承担相应的社会责任。为此，每个经理都必须制定目标和措施并传达给有关人员，组织工作，鼓励和协调工作，对工作和成果进行评价，使员工得到成长和发展。

（3）实行目标管理的管理方法。德鲁克提出任务（或目标）决定管理，并据此提出目标管理法。目标管理结合以工作为中心和以人为中心的管理方法，使员工发现工作的兴趣和价值，从工作中满足其自我实现的需要，同时，企业的目标也因职工的自我实现而实现，这样就把工作和人性两者统一起来了。

经验学派对于依靠管理思想家来提出管理应遵循的普遍性原则的研究思路提出了质疑，有助于克服管理学研究脱离实际的倾向，其采用的案例法和比较法的研究思路被证明为行之有效的方式，经验学派把研究的关注点集中在企业的领导者或高级管理者身上，可谓抓住了管理的关键。

5. 社会协作系统学派

社会协作系统学派的代表人物是美国管理学家切斯特·巴纳德。社会协作系统学派认为，人与人的相互关系就是一个社会系统，是人们在意见、力量、愿望以及思想等方面的一种合作关系。管理人员的作用就是要围绕着物质的（材料与机器）、生物的（作为一个呼吸空气和需要空间的抽象存在的人）和社会的（群体的相互作用、态度和信息）因素去适应总的合作系统。该学派的理论要点如下。

（1）组织是一个社会协作系统。这个系统能否继续生存取决于：协作的效果，即能否顺利完成协作目标；协作的效率，即在达到目标的过程中，是否使协作的成员损失最小而心理满足较高；协作目标能否适应协作环境。

（2）指出正式组织存在的三个条件：有一个统一的共同目标；其中每个成员都能自觉自愿地为组织目标的实现做出贡献；组织内部有一个能够彼此沟通的信息联系系统。此外还指出，在正式组织内部还存在着非正式组织。

（3）对经理人员的职能提出三点要求：建立和维持一个信息联系的系统；善于使组

织成员提供实现组织目标不可缺少的贡献；规定组织目标。

社会协作系统学派主要以组织理论为研究重点，虽然组织理论并非全部的管理理论，但它对管理理论所做的贡献是巨大的，对其他学派（如社会技术系统学派、决策理论学派、系统理论学派）的形成也有很大影响。

6. 社会技术系统学派

社会技术系统学派的代表人物是特里司特及其在英国塔维斯托克研究所中的同事。社会技术系统学派的大部分著作都集中于研究科学技术对个人、对群体行为方式，以及对组织方式和管理方式等的影响，特别注重于工业工程、人机工程等方面问题的研究。社会技术系统学派认为，组织既是一个社会系统，又是一个技术系统，并特别强调技术系统的重要性，认为技术系统是组织同环境进行联系的中介。

通过对英国煤矿中长壁采煤法生产问题的研究，研究者发现只分析企业中的社会方面是不够的，还必须注意其技术方面。企业中的技术系统（如机器设备和采掘方法）对社会系统有很大的影响，个人态度和群体行为都受到人们工作的技术系统的重大影响。因此，必须把企业中的社会系统同技术系统结合起来考虑，而管理者的一项主要任务就是要确保这两个系统相互协调。

7. 系统学派

系统学派的代表人物有一般系统理论的创始人贝塔朗菲、控制论的创始人维纳、信息论的创始人申农、耗散结构的建立者普利高津、协同学理论创始人哈肯以及突变论的创始人托姆。系统学派的主要观点如下。

（1）组织作为一个开放的社会技术系统，是由五个不同的分系统构成的整体，这五个分系统包括：目标与价值分系统、技术分系统、社会心理分系统、组织结构分系统、管理分系统。这五个分系统之间既相互独立，又相互作用，不可分割，从而构成一个整体。这些系统还可以继续分为更小的子系统。

（2）企业是由人、物资、机器和其他资源在一定的目标下组成的一体化系统，它的成长和发展同时受到这些组成要素的影响，在这些要素的相互关系中，人是主体，其他要素则是被动的。管理人员需力求保持各部分之间的动态平衡、相对稳定和一定的连续性，以便适应情况的变化，达到预期目标。同时，企业还是社会这个大系统中的一个子系统，企业预定目标的实现，不仅取决于内部条件，还取决于企业外部条件，如资源、市场、社会技术水平、法律制度等，它只有在与外部条件的相互影响中才能达到动态平衡。

（3）如果运用系统观点来考察管理的基本职能，可以把企业看成一个投入 – 产出系统，投入的是物资、劳动力和各种信息，产出的是各种产品（或服务）。运用系统观点使管理人员不至于只重视某些与自己有关的特殊职能而忽视了大目标，也不至于忽视自己在组织中的地位与作用，从而可以提高组织的整体效率。

8. 决策理论学派

决策理论学派的代表人物是曾获诺贝尔经济学奖金的赫伯特·西蒙、詹姆斯·马奇。决策理论学派的主要观点如下。

（1）决策贯穿于管理的全过程，管理就是决策。

（2）决策过程包括4个阶段：①搜集情况阶段，即搜集组织所处环境中有关经济、技术、社会各方面的信息以及组织内部的有关情况；②拟订计划阶段，即在确定目标的基础上，依据搜集到的信息，编制可能采取的行动方案；③选定计划阶段，即从可供选用的方案中选定一个行动方案；④评价计划阶段，即在决策执行过程中，对过去所做的抉择进行评价。这四个阶段中的每一个阶段本身都是一个复杂的决策过程。

（3）在决策标准上，用"令人满意"的准则代替"最优化"准则。

（4）一个组织的决策根据其活动是否反复出现可分为程序化决策和非程序化决策。此外，根据决策条件，决策还可以分为肯定型决策、风险型决策和非肯定型决策，每一种决策采用的方法和技术都是不同的。

（5）一个组织中集权和分权的问题是和决策过程联系在一起的，有关整个组织的决策必须是集权的，而由于组织内决策过程本身的性质及个人认识能力的有限性，分权也是必需的。

9. 管理科学学派

管理科学学派的代表人物是兰彻斯特、希尔、埃尔伍德·斯潘赛·伯法、霍勒斯和卡文森。管理科学学派的主要观点体现在以下几个方面。

（1）关于组织的基本看法。他们认为组织是一个由经济人组成的追求经济利益的系统，同时又是由物质技术和决策网络组成的系统。

（2）关于科学管理的目的、应用范围、解决问题的步骤。科学管理的目的就是将科学原理、方法和工具应用于管理的各种活动之中。应用范围着重于管理程序中的计划和控制这两项职能。解决问题的步骤分别是：①提出问题；②建立数学模型；③得出解决方案；④对方案进行验证；⑤建立对解决方案的控制；⑥把解决的方案付诸实施。

（3）关于管理科学应用的科学方法。它主要包括线性规划、决策树、计划评审法、关键线路法、模拟、对策论、概念论和排队论。

（4）关于管理科学应用的先进工具。这里主要是指计算机。

10. 权变理论学派

权变理论学派的代表人物有英国学者伯恩斯和斯托克、美国学者劳伦斯和洛希、美国学者卢桑斯、英国管理学家伍德沃德、莫尔斯、菲德勒、卡斯特和罗森茨韦克。该学派是从系统观点来考察问题的，它的理论核心就是通过组织的各子系统内部和各子系统之间的相互联系，以及组织和它所处的环境之间的联系，来确定各种变数的关系类型和结构类型。权变管理理论的核心内容是环境变量与管理变量之间的函数关系就是权变关系。环境是自变量,而管理的观念和技术是因变量。它强调在管理中要根据组织所处的内外部条件随机应变,针对具体条件选择最合适的管理模式、方案或方法,以更快地实现目标。权变理论就是要把环境对管理的作用具体化,并使管理理论与管理实践紧密地联系起来。

11. 经理角色学派

经理角色学派的代表人物是亨利·明茨伯格。明茨伯格认为经理有以下特点:始终有大量的工作和不懈的步调;工作活动具有简短性、多样性、琐碎性;把现实的活动放在优先地位;爱用口头交谈方式;处在他的组织与联络网之间。明茨伯格根据他自己和别人对经理实际活动的研究,认为经理扮演着10种角色。

(1)人际关系方面的角色有3种:挂名首脑角色(作为一个组织的代表执行礼仪和社会方面的职责)、领导者角色、联系员角色(特别是同外界联系)。

(2)信息方面的角色有3种:监听者角色(接收有关企业经营管理的信息)、传播者角色(向下级传达信息)、发言人角色(向组织外部传递信息)。

(3)决策方面的角色有4种:企业家角色、故障排除者角色、资源分配者角色、谈判者角色(与各种人和组织打交道)。

明茨伯格从以上10种角色中提炼出经理工作的6项目标:经理的主要目标是保证组织实现基本目标,即有效率地生产出某些产品或服务;经理必须设计和维持组织的业务稳定性;经理必须负责组织的战略决策系统,并使组织以一种可控制的方式适应于变动的环境;经理必须保证组织为控制它的那些人的目的服务;经理必须在组织与环境之间建立起关键的信息联系;作为正式的权威,经理负责组织的等级制度的运行。

2.4 当代管理理论

1. 学习型组织

美国学者彼得·圣吉(Peter M. Senge)在《第五项修炼》一书中提出学习型组织管理观念,他认为企业应建立学习型组织,也就是说组织在面临急剧变化的外在环境时,应力求精简、扁平化、弹性因应、终生学习、不断自我组织再造,以维持竞争力。

学习型组织理论的主要内容如下:学习型组织不存在单一的模型,它是关于组织的概念和雇员作用的一种态度或理念,是用一种新的思维方式对组织进行的思考。在学习型组织中,每个人都要参与识别和解决问题,使组织能够进行不断的尝试,改善和提高它的能力。学习型组织的基本价值在于解决问题,与之相对的传统组织设计的着眼点是效率。在学习型组织内,雇员参加问题的识别,这意味着雇员要懂得顾客的需求。雇员还要解决问题,这意味着雇员要以一种独特的方式将一切综合起来考虑以满足顾客的需求。组织因此通过确定新的需求并满足这些需求来提高其价值。它常常是通过新的观念和信息而不是物质的产品来实现价值的提高。

2. 企业再造理论

企业再造理论是由美国哈默（Michael Hammer）和钱皮（James Champy）提出，在20世纪90年代达到全盛的一种管理思想。该理论强调以业务流程为改造对象和中心，以关心客户的需求和满意度为目标，对现有的业务流程进行根本的再思考和彻底的再设计，利用先进的制造技术、信息技术以及现代的管理手段，最大限度地实现技术上的功能集成和管理上的职能集成，以打破传统的职能型组织结构，建立全新的过程型组织结构，从而实现企业经营在成本、质量、服务和速度等方面的巨大改善。在业务流程再造定义中，根本性再思考、彻底性再设计、戏剧性改善和业务流程重组成为备受关注的四个核心内容。

（1）根本性再思考表明业务流程再造关注的是企业核心问题，通过对这些企业运营最根本性问题进行思考，企业会发现自己赖以生存或运营的商业假设是过时的，甚至是错误的。

（2）彻底性再设计表明业务流程再造应对事物进行追根溯源。对已经存在的事物不是进行肤浅的改变或调整性修补完善，而是抛弃所有的陈规陋习，并且不需要考虑一切已规定好的结构与过程，创新完成工作的方法，重新构建企业业务流程，而不是改良、增强或调整。

（3）戏剧性改善表明业务流程再造追求的不是一般意义上的业绩提升或略有改善、稍有好转等，而是要使企业业绩有显著的增长、极大的飞跃并产生戏剧性变化，这也是流程再造工作的特点和取得成功的标志。

（4）业务流程重组关注的重点是企业的业务流程，并围绕业务流程展开重组工作，业务流程是指一组共同为顾客创造价值而又相互关联的活动。哈佛商学院的波特教授将企业的业务流程描绘为一个价值链。竞争不是发生在企业与企业之间，而是发生在企业各自的价值链之间，只有对价值链的各个环节——业务流程进行有效管理的企业，才有可能真正获得市场上的竞争优势。

3. 核心竞争力理论

1990年，普拉哈拉德（C.K. Prahalad）和哈默（Gary Hamel）在《哈佛商业评论》杂志上发表了《企业》一文，提出核心竞争力（core competence）是"企业开发独特产品、发展独特技术和发明独特营销手段的能力，其实质是能比竞争对手以更低的成本、更快的速度去发展具有强大竞争力的核心能力"。学术界通常也把这篇文章的发表作为核心竞争力明确提出的标志。之后，兰格路易于1992年提出了能力论，福斯于1993年提出了核心能力论，哈默和哈尼于1994年提出了企业能力基础竞争论。

核心竞争力的主要特征有：价值性、独特性、延展性、整合性、持久性和动态性。随着顾客需求、技术进步、企业资源、企业管理模式等内外部环境的变化，企业原有的核心竞争力可能变为一般竞争力。因此，企业的核心竞争力是相对的、动态的，是企业相对持久的竞争能力，其实企业核心竞争力更体现为一种持续创新、持续学习的能力，它要求企业在变化的环境中不断开发、维护已有的核心竞争力,擅长变更和培育新的核心竞争力。核心竞争力有以下 3 个主要的构成要素。

(1) 管理能力。一是企业的战略管理能力,它是企业发展的目标定位,是对核心竞争力进行全过程管理的统领。二是企业对人力资源的科学管理能力。企业的核心竞争力可以说是员工的技术专长、创造性解决问题的能力、管理层的领导能力和洞察能力、管理技巧和团队精神等企业特有知识的凝结,而人才正是这些知识的载体,充分发挥人才的这些能力,有赖于企业对人力资源的科学管理。三是企业的信息管理能力。在知识经济时代,信息的迅速沟通对企业核心竞争力的保持和更新尤为重要。

(2) 技术能力。技术能力是指企业开发和应用新技术的能力,是通过获得、选择、应用、改进技术以及长期的技术学习过程培育、建立的。技术能力不仅体现在新资本设备等有形资产上,也体现在员工技能和组织经验的积累上,技术能力是企业培育核心竞争力的一个重要突破口。

(3) 组织能力。组织能力指企业组织资源的能力,即企业配置资源与整合资源的综合能力。核心竞争力深深扎根于组织之中,必然依赖组织能力。具有组织能力优势的企业,能够将企业原本拥有的资源、知识和能力真正转化成企业的核心竞争力,从而获得长期的竞争优势。

4. 企业文化理论

企业文化是一个全新的企业管理理论,它发祥于日本,形成于美国,是继科学管理、行为科学管理、丛林学派管理之后,世界企业管理史上出现的第四个管理阶段的理论,也称世界企业管理史上的"第四次管理革命"。

企业文化理论的基本内涵是指揭示其革命性思想的六大管理学说,即创立学说、定义学说、价值观学说、人本学说、革命性学说、企业文化批评学说。

(1) 创立学说。企业文化是石油危机背景下,美国企业和管理界通过对本国企业管理与日本企业管理的比较研究,产生的一种管理新理论。企业文化理论使世界企业管理进入了一个新阶段。

(2) 定义学说。企业文化的定义是经典作家早已确定了的,不是可以随意解读和演义的。企业文化是以以人为本为原则,即以尊重人的人格和价值、促进人的发展为中心,通过摄取传统文化的精华,创造和接纳新的价值观念、新的眼光、新的精神,结合当代先进的管理策略,为职工构建的一套价值观念和环境氛围。

(3) 价值观学说。企业价值观是企业文化的核心,企业价值观是关于人的价值观。判断企业价值观是关于人的还是关于物的,要看这个企业是否明显尊重个人,以人的发展为中心,这是区别和划分企业文化的标志。

(4) 人本学说。该学说认为没有以人为本就没有企业文化,企业文化反对"管卡压罚","管卡压罚"不是企业文化。企业文化在理论上实现了 4 个突破,从而宣告了它是以人为本的管理理论,这 4 个突破是:改变了企业管理发展的思维方向,提出了以人为本的原则，把以人为本价值观放在企业一切要素的中心地位，以人为本已经成为全球企业走向成功的法宝。

（5）革命性学说。它从五个方面将企业文化与其之前的所有旧管理区别开来：把"软管理"放到突出的地位，提出人的价值高于利润，科学界定"以人为本"，科学界定"企业文化"，推出了很多典型的企业文化。

（6）企业文化批评学说。该学说提出了鉴别真假企业文化的"本原性"等10个标准、"概念法"等6种方法和"寻宗问祖"等7个建设模型，还提出了一种简单通俗的用"六看"来鉴别真假企业文化的方法。

5. 战略管理理论

战略管理理论起源于20世纪的美国，萌芽于20年代，形成于60年代，在70年代得到大发展，80年代受到冷落，90年代重新受到重视。

1965年，美国著名的战略学家安索夫在《企业战略》一书中开始使用战略管理一词，将战略从军事领域拓展至经营管理活动中。对于战略管理的看法有两大学派：行业结构资源学派和内部资源学派。而管理大师明茨伯格将战略管理划分为10个学派：设计学派、计划学派、定位学派、企业家学派、认识学派、学习学派、权力学派、文化学派、环境学派、结构学派。这10个学派可以分成3类。从性质上看，最前面的3个学派属于说明性的学派，它们关注的是战略应如何明确地表述。其后六个学派对战略形成过程中的具体方面进行了思考，它们侧重于描述战略的实际制定和执行过程，而不是侧重于描述理想的战略行为。最后一个学派是其他学派的综合。各个学派都是从某个特定的角度来定义和论述企业战略的。

6. 危机管理理论

危机管理是企业为应对各种危机情境进行的规划决策、动态调整、化解处理及员工培训等活动过程，其目的在于消除或降低危机带来的威胁和损失。危机管理是专门的管理科学，它是为了应对突发的危机事件以及突发的灾难事变，尽量使损害降至最低点而事先建立的防范、处理体系和相应的措施。在西方国家的教科书中，通常把危机管理称为危机沟通管理，原因在于，加强信息的披露与公众的沟通、争取公众的谅解与支持是危机管理的基本对策。

危机管理是指企业通过危机监测、危机预警、危机决策和危机处理，避免或减少危机产生的危害，总结危机发生、发展的规律，使危机处理科学化、系统化的一种新型管理体系。危机管理的要素有：危机监测、危机预警、危机决策及危机处理。

7. 知识管理理论

知识管理是20世纪90年代中期以后，首先在美国随后在西方其他各国企业中得到推广的学术与商业应用主题，主要是指在组织中建构一个人文与技术兼备的知识系统，让组织中的信息与知识，通过获得、创造、分享、整合、记录、存取、更新等，达到不断创新的目的,并回馈到知识系统内。个人与组织的知识永不间断的累积,从系统的角度来看,这将成为组织的智慧资本,有助于企业做出正确的决策,应对市场的变迁。

20世纪60年代初,美国管理学教授彼得·德鲁克首先提出了知识工作者和知识管理的概念,指出我们正在进入知识社会,在这个社会中最基本的经济资源不再是资本、自然资源和劳动力,而应该是知识,在这个社会中知识工作者将发挥主要作用。80年代以后,彼得·德鲁克陆续发表了大量相关论文,对知识管理做出了开拓性的工作,提出"未来的典型企业以知识为基础,由各种各样的专家组成,这些专家根据来自同事、客户和上级的大量信息,自主决策和自我管理"。90年代中后期,美国波士顿大学信息系统管理学教授托马斯·H.达文波特在知识管理的工程实践和知识管理系统方面做出了开创性的工作,提出了知识管理的两阶段论和知识管理模型,二者成为指导知识管理实践的主要理论。与此同时,日本管理学教授野中郁次郎针对西方的管理人员和组织理论家片面强调技术管理而忽视隐性知识的观点提出了一些质疑,并系统地论述了隐性知识和显性知识之间的区别,为我们提供了一种利用知识创新的有效途径。

进入崭新的21世纪,瑞典企业家与企业分析家卡尔·爱立克·斯威比博士将对知识管理的理论研究引向了与实践活动紧密结合并相互比照的道路,他从企业管理的具体实践中得出,要进一步强调隐性知识的重要作用,并指出了个人知识的不可替代性。另外,在上述大师和其他学者的不同理论与观点交相辉映的影响和指引下,基于知识的企业理论和知识联盟也已成为近年来备受关注的热点领域。

◆ 本章小结

本章介绍了管理学思想的四个发展阶段,第一阶段是19世纪末到20世纪初首先形成的古典管理理论,它分为三大理论体系:以泰勒为代表的科学管理理论,重点分析如何提高工人生产效率;以法约尔为代表的一般管理理论,提出了14条管理原则;以韦伯为代表的行政组织理论,描述了一种理想的组织类型,他将之称为官僚行政组织。第二阶段是以梅奥为代表的行为组织科学,著名的霍桑实验第一次把管理研究的重点从工作上和从物的因素上转到人的因素上来,在理论上对古典管理理论做了修正和补充,为现代行为科学的发展奠定了基础。第三个阶段是二战以后,管理理论得到了飞速的发展,孔茨教授最早提出了管理理论丛林,他把各种新兴的管理理论和学说归纳为11个学派,此时管理理论的研究已经不再局限于组织内部。第四个阶段是当代管理流派的主要管理理论,它们都是人类社会进步、发展的结果,但它们对管理科学的研究内容和侧重点各不相同。

◆ 复习思考题

1. 简述泰勒科学管理理论的要点。
2. 简述法约尔管理理论的要点。
3. 试述行为科学理论产生的社会历史背景。
4. 简述韦伯的行政组织理论的主要思想。

5. 简述霍桑实验的主要内容及研究成果。
6. 概括管理科学理论的特征以及该理论解决问题的一般程序。
7. 简述孔茨总结的现代管理理论的主要学派。
8. 需求层次理论和双因素理论的主要内容是什么？你认为二者之间有何关系？
9. 谈谈现代管理理论中具有代表性的管理理论学派的主要思想。
10. 结合社会现实，谈谈 21 世纪的管理出现了什么新趋势。

总结案例

温德姆酒店的数字化创新提升了客户体验

温德姆酒店及度假村集团（Wyndham Hotels & Resorts）通过五个平台的数字化战略，改善了所有客户的体验，包括客人、特许经营者和内部团队成员。集团 CIO 斯科特·斯特里克兰（Scott Strickland）解释了其中的原因。

2017 年春季，斯特里克兰在接受温德姆酒店集团的 CIO 职位面试时，执行委员会的重点是标准化其 20 个品牌的流程和技术，这些品牌一直相当自主地运营着。因此，斯特里克兰接受了这份工作，在最初的九个月里，他围绕标准化整个公司的五个平台开始了他的征程：中央预订、物业管理、服务和销售、数字营销与数据仓库。由于该酒店集团几乎每天都会新开两家酒店，所以新的架构必须提供可伸缩性和灵活性，以支持这种积极的增长。

团队刚完成标准化工作，就得知温德姆酒店集团的母公司温德姆环球酒店集团将 20 个酒店品牌重组为一家新公司——温德姆酒店及度假村集团，这意味着斯特里克兰的工作突然变得更大了。他的团队将不再依赖企业共享服务，而是将建立一个新的基础设施来支持独立的业务。那时，新公司温德姆酒店及度假村集团还收购了另一家大型酒店品牌——拉昆塔（La Quinta）。拉昆塔的收购成了对这五大平台能否迅速有效地进行新的大规模收购的第一个考验。斯特里克兰很高兴看到收购能够顺利进行，这次收购使公司实现了超过 6 000 万美元的协同效应。在所有这些变化和活动之后，斯特里克兰和他的团队将专注于公司的数字化未来。

数字化对温德姆酒店及度假村集团来说意味着什么？

斯科特·斯特里克兰这样说："我们的重点是数字化那些采用手工的、笨拙的或依赖于人的业务流程。每次我们想要自动化业务流程时，我都会问，这个解决方案是否适合我们的平台？例如，当我们新开一家酒店时，需要有很多人在项目中输入大量数据，其中包括设施清单、距机场的距离和物业的图片，这些都需要被输入电子表格中，并在每个人之间传送。当我们决定将这个过程数字化时，我们最初考虑的是开发机器人来将信息加载到系统中。但后来我们决定先看看我们的标准化平台。我们的平台能将这一过程数字化吗？如果我们在 Salesforce 中创建一个门户，项目人员可以在其中输入初始数据，那会怎么样呢？这就是我们做的，它把每个物业项目的总工作量从 48 小时减少到了 18 小时。"

另一个例子是定价。酒店通常需要聘请一名收入经理，他会负责观察一组酒店，并根据入住率调整价格。我们观察了这个过程，然后想，如果我们把一个人和一个机器人配对，让这个人做出更有价值的调整，会怎么样？我们开发了能够使用一组业务角色来监视需求并进行费率调整的机器人，将流程实现了数字化。这些机器人运行在我们的数字平台上，并且可跨功能运行，即可以根据需要运行在物业管理、中央预订甚至是数据仓库中。现在，收入管理人员可以从这项工作中抽身，花更多的时间来分析市场了。泰勒·斯威夫特的演唱会什么时候到？春季会议季是什么样的？我们通过使用我们的标准化平台而不是投资于另一种技术来提高每个人的价值。

在温德姆，我们有三种客户：客人、特许经营商和我们的内部团队成员。数字化的思维模式意味着需要用最简单的技术来观察每一种客户类型，并在他们喜欢的渠道上为他们提供服务。对客户来说，我们已经在我们的移动应用程序上进行了大量投资。

现在我们已经在移动领域打下了基础，接下来我们将把重点放在数字世界与物理世界的交汇处。我们正在开发一种功能，允许回头客开车来到酒店，一旦他们进入我们的网络，他们就会自动登记入住，并收到一个被激活的移动密钥。

我们的加盟商一直在招聘新的前台代理，这些新员工需要接受培训，学习如何使用物业管理系统来为客人办理入住手续。对于这个平台，我们已经实现了"Leo"，这是一个辅助培训设备，可以指导并代理完成这个过程。该设备已将34%的培训电话从我们的呼叫中心转移了出去。对于我们的内部团队成员，我们也将提供一种功能，允许使用者直接向票务系统发送电子邮件，而不必登录。这看起来像是赌桌上的赌注，但它正在降低用户的挫败感，提高生产率。

资料来源：https://www.sohu.com/a/327942298_246648.

讨论题：

1. 请从战略管理的角度分析为什么温德姆酒店要实行数字化转型。
2. 请分析温德姆酒店是如何实现数字化转型的。
3. 请分析数字化转型对企业运营流程优化的基本要求。

第 3 章
CHAPTER 3

管 理 环 境

§ 本章知识结构

- 管理环境
  - 管理的内外部环境
    - 管理的外部环境
      - 外部环境的内涵
      - 管理的一般环境
      - 管理的特殊环境
    - 管理的内部环境
      - 内部环境的内涵
      - 内部环境的分析与优化
  - 经济全球化中的管理
    - 经济全球化的内涵
    - 经济全球化对管理的影响
    - 多元化管理的特征
    - 多元化员工管理策略
  - 企业管理道德与企业社会责任
    - 企业管理道德的内涵
    - 企业管理道德的内容
    - 企业社会责任的内涵
    - 企业社会责任的类型
    - 企业社会责任模型
    - 企业社会责任的具体体现
  - 环境分析方法
    - 宏观环境分析方法
      - PEST 分析法
      - 外部因素评价矩阵法
    - 微观环境分析方法
      - 波特五力模型
      - 价值链分析法
      - 波士顿矩阵分析法
      - 内部因素评价矩阵法
      - 生命力系统分析法
    - 综合分析方法：SWOT 分析法

§ 学习目标

- 了解管理环境的内涵与分类。
- 熟悉管理的内外部环境的内容。
- 掌握经济管理全球化对管理的影响。
- 了解企业管理道德的内涵与内容。
- 了解企业社会责任的内涵、分类、模型与具体体现。
- 熟练掌握环境分析方法。

§ 引例

美生公司的管理环境

美生公司是美国最大的银行企业之一，有 3 500 家分支机构。该公司被认为是创新银行业务的领导者，并被认为拥有有效的领导团队。在整个 20 世纪 90 年代，该银行机构几乎每年都盈利。尽管美生公司拥有雄厚的财务实力和强大的管理能力，但它却受到了全球银行业危机的影响，全球金融危机导致创纪录的银行倒闭。以下三个问题一直困扰着美生公司：美国政府债权交易中糟糕的业绩、公司伦敦分部的困境和投资银行业拓展势力的失败。

美生高管最近宣布了计划，决定跟随其他许多美国公司的脚步，缩减规模经济。该公司最近没有任何财务困难，但是该公司希望通过积极主动来避免将来出现问题。作为计划的一部分，该公司决定裁员 2 200 人。正如预期的那样，反应非常强烈，以至于两名雇员自杀。压力增加导致工作中的事故和错误大量增加。

美生公司认识到了伴随紧缩出现的问题，并采取措施去帮助雇员应付面临的不确定性，收效还不错。

资料来源：http://www.doc88.com/p-7252821375368.html。

3.1 管理的内外部环境

任何组织都是在一定环境中从事活动的，任何管理也都要在一定的环境中进行，这个环境就是管理环境。管理环境的特点制约和影响管理活动的内容和过程，管理环境的变化要求企业要适时调整管理的内容、手段、方式和方法，以利用机会，趋利避害，更好地实施管理。

3.1.1 管理环境的分类

组织面对的环境复杂且难以理解和预测。因此，如果能把环境分成不同的部分，将十分有利于组织识别和预测环境的影响。但是，环境是由众多因素交错而成的整体，难以准确、清楚地区分，所以，管理学界有许多环境分类结果。

（1）从组织自身的角度把环境分为内部环境和外部环境，外部环境分为一般或宏观环境、任务或微观环境。外部环境一般有政治环境、社会文化环境、经济环境、技术环境和自然环境等。内部环境有人力资源环境、物力资源环境、财力资源环境以及内部文化环境。

①管理的外部环境。外部环境是组织之外的客观存在的各种影响因素的总和。它是不以组织的意志为转移的,是组织管理必须面对的重要影响因素。

一般环境处于外层,对所有组织的影响都是间接的,也是均等的,包括政治、经济、社会、技术等力量,如通货膨胀率的上升、利率的变化等,虽然不会立即影响企业的日常经营,但从长远来看,肯定会对企业的经营逐渐产生影响。

任务环境指对企业有着直接影响的外部因素,它与组织的相关程度较高,直接影响组织的经营目标和绩效,一般包括企业的竞争者、供应商、政府机构、同盟者和顾客等(见图3-1)。

②管理的内部环境。内部环境是指组织内部的各种影响因素的总和。内部环境既包括组织内的有形部分,如人员、厂房设备、资金等

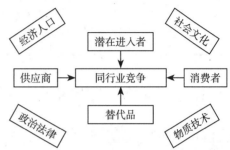

图 3-1 外部环境的基本内容

实体性因素,也包括公司的目标、组织结构、组织文化、人际关系等无形因素。内部环境随着组织的诞生而形成,对组织的管理活动产生影响。内部环境决定了管理活动的可选择的方式方法,而且在很大程度上会影响组织绩效。

（2）按照管理者对环境认知程度的不同,可以分为确定型环境、风险型环境和不确定型环境。从环境变动程度来看,确定型环境即稳定型环境,风险型环境和不确定型环境也就是相对变动的环境。

①管理者面对的环境事件在外界条件和事件未来的自然状态上都很明确、固定,对于各种备选环境决策方案的分析均能得到明确的结果,从中就可以选择一个最优方案付诸实施,从而得到预期的效果,此类决策环境就是确定型环境。

②管理者面对的环境事件在未来的自然状态上是随机的,难以确定决策所能获得的准确结果,从而导致管理与决策的不确定,这就是不确定型环境。

③风险型环境类似于不确定型环境,在这种管理环境下所做的决策中,决策的结果有很多种,管理者不知道会发生哪一种结果,但每种结果发生的概率已知。

（3）按照影响组织的外部因素的多少,可以将环境划分为简单的环境和复杂的环境。著名组织理论家汤姆森认为,用环境的变化程度和环境的复杂程度可以反映组织所处的环境。环境的变动程度和环境的复杂程度是相关联的,根据这两个划分标准,外部环境可分为四种,即简单稳定的外部环境、简单动态的外部环境、复杂稳定的外部环境和复杂动态的外部环境。其特征如表3-1所示。

表 3-1 外部环境的基本特征

	稳定	动态
简单	1. 要素少	1. 要素少

(续)

	稳定	动态
简单	2.要素之间有很大的相似性 3.要素结构基本维持不变 4.对要素了解所要求的知识水平较低 5.提供的产品或服务的品种少 6.能够准确了解最低需求量	2.具有连续变动的特征 3.对要素了解所要求的知识水平较低 4.提供的产品或服务的品种少 5.不容易了解最低需求量
复杂	1.要素多 2.要素之间不相似但单个要素不变 3.对要素了解所要求的知识水平高 4.提供的产品或服务的品种多 5.能够了解最低需求量	1.要素多 2.要素之间不相似且处于连续变化中 3.对要素了解所要求的知识水平高 4.提供的产品或服务的品种多 5.不容易了解最低需求量

3.1.2 管理的外部环境

|管理聚焦 3-1|

乌镇拥有 7 000 多年的文明史和 1 300 年的建镇史，位于上海、苏州、杭州的黄金三角地带，离这三大城市都不到 1 小时的车程。开发最初，乌镇以东栅的观光旅游为主，随后乌镇对西栅进行保护开发和基础设施改造。

古镇在成为景区之前，首先是居民的居住地，在开发之前需处理产权的问题。乌镇在开发西栅时采取整体产权开发的模式，即先全资买断西栅所有原商铺和住家的房屋产权，再进行统一规划、设计、改造和经营，规避了开发时与居民之间的矛盾以及古镇过度商业化、业态同质化等问题，乌镇由此向休闲度假小镇转变。随着文化与旅游的融合，乌镇以戏剧为切入点，举办乌镇戏剧节，建造木心美术馆，把戏剧作为自身的文化特色，打造属于乌镇的 IP，避免了古镇的同质化。近年来，乌镇成为世界互联网大会的永久会址，并入围浙江省第二批特色小镇创建名单，凭借世界互联网大会释放的连锁"红利"，乌镇不断抓住历史机遇，逐步向互联网会展小镇转变。

资料来源：https://baijiahao.baidu.com/s?id=1619991038525705939&wfr=spider&for=pc.

1. 外部环境的内涵

任何组织都不能孤立存在，组织的生存和发展离不开某些环境条件。所有组织都是与外部环境密切相关的开放社会系统，它们适应外部环境的需要，在与外部环境的互动中发挥自己的特殊功能，保持自身运行。组织的外部环境是一个非常复杂的系统，可以根据不同的标准进行分类，没有一般的绝对环境，所有环境都是具体的。

组织与外部环境密切相关，它们相互作用，相互依赖。组织对外部环境的依赖主要表现在：第一，所有组织的产生都是为了满足外部环境的需要；第二，外部环境的需要不仅决定了组织管理体系的产生，还限制了其价值、目标、规模、结构和行为；第三，组织与外部环境保持输入和输出之间的关系，并与外部环境不断地交换材料、能量和信息。组织具有选择和转换外部环境的功能，具体表现为：第一，组织不能接受外部环境的所有输入，必须选择和权衡；第二，组织可以优化外部环境，同时，通过控制外部环境，并根据系统的期望开发外部环境。

管理的外部环境是存在于组织之外，并对组织的建立、存在和发展具有影响的外界客观情况和条件，是不以组织的意志为转移的，包含着组织的管理必须面对的重要影响因素。如果以系统的观点来看，任何组织都是一个开放的系统，它通过与其所在的环境不断地进行物质、能量、信息的交换实现生存与发展。一切组织都是与外部环境密切联系着的、开放的社会系统，它是适应于外部环境的需要而产生的，又在与外部环境的相互作用中发挥着自己的特殊功能，保持着自己运行的和谐。组织的外部环境是一个非常复杂的体系，按照不同的标准把外部环境分为一般环境、特殊环境、自然环境。

2. 管理的一般环境

一般环境是外部环境中最常见的部分，可能会影响组织（尤其是市场化的组织——企业）的战略决策。外部力量可能有助于形成最终成为利益相关者的群体。管理的一般环境包括以下几个方面的内容。

（1）政治和法律环境。它主要是指一个国家的社会制度、执政团队的性质、政府的政策、法律的性质和法律制度的健全性，尤其是与企业业务直接相关的法律，如公司法、竞争控制法、环境保护法等。政治和法律环境是企业发展的重要外部条件，其稳健性和稳定性决定了企业家的投资决心。

（2）社会环境。它包括人口规模、性别、年龄、教育水平（文化水平）、生活方式和社会价值观（文化概念、宗教信仰、习俗、审美观念、价值观等），它不仅是企业生产经营活动的必要人力资源条件，也是企业产品和服务的市场条件。

（3）经济环境。微观经济环境包括消费者收入水平、消费者偏好、储蓄水平、就业水平、供应商力量和竞争对手力量；宏观经济环境包括利率、通货膨胀率、可支配收入变化、股市波动、整体经济周期、国民收入和国民生产总值。

（4）科技环境。除了科学技术的发展外，它还包括国家对技术开发的投入和支持、技术发展动态和研发成本、技术转让与技术商业化速度、专利及其保护。

（5）文化环境。它是指社会历史背景、意识形态和人们的信仰、价值观、习俗和习惯等。这些因素构成了人们的行为准则，对人们的行为具有高度约束力。

（6）自然环境。它是指气候、土地、水质和矿藏等生产活动必需的各种自然资源的状况，是企业组织开展生产经营活动所需的天然物质基础。如果某种自然资源稀缺，企业的生产经营活动将受到限制。管理的自然环境包括：地理位置、气候条件和资源状态。

3. 管理的特殊环境

管理的特殊环境是与实现组织目标（具体使命和任务）直接相关，对特定的组织产生某种特殊性影响的具体环境，通常也被称作组织的任务环境或特殊环境。管理的特殊环境包括以下几个方面的内容。

（1）供应商。供应商指组织活动所需的各种资源（人员、财产、商品）和服务提供商，向组织提供原材料、设备、资金和劳动力。供应商能否按时提供企业所需的一定数量和质量的生产要素，会影响企业生产规模的维护和扩大；供应商提供货物的价格决定了企业的生产成本并影响企业的利润水平。

（2）客户。客户指那些消费或使用企业产品和服务的人。对企业组织而言，客户代表了不确定性，客户的偏好会发生变化，他们也会对企业的产品或服务不满意。因此，一些企业因客户而面临更多的不确定性。

（3）竞争对手。竞争对手指在资源和市场竞争方面与本企业组织有关系的其他类似组织，其中包括现有竞争对手、潜在进入者和替代品制造商。所有组织都有一个或多个竞争对手。

（4）政府机构。政府机构是社会和经济管理者，从整个社会的利益角度间接控制企业组织的微观行为。政府机构可以通过税收、信用、价格、工资等政策法规，来规范和控制市场秩序和企业行为。

（5）特殊利益集团。特殊利益集团也有一定的影响力，尤其是消费者协会和环境组织。

3.1.3 管理的内部环境

1. 内部环境的内涵

组织内部环境是指组织内部的物质、文化环境的总和，包括组织资源、组织能力、组织文化等因素，也称组织内部条件，即组织内部的一种共享价值体系，包括组织的指导思想、经营理念和工作作风。

组织内部环境是有利于保证组织正常运行并实现组织利润目标的内部条件与内部氛围的总合，它由企业家精神、组织物质基础、组织结构、组织文化构成，四者相互联系、相互影响、相互作用，形成一个有机整体。其中，企业家精神是内部环境的生发器，物质基础和组织结构构成组织内部的"硬环境"，组织文化属于组织内部的"软环境"，组织内部环境的形成是一个从低级到高级、从简单到复杂的演化过程。组织内部环境管理的目标就是为提高组织竞争力、实现组织利润目标营造一个有利的内部条件与内部氛围。

2. 内部环境的分析与优化

组织内部环境或条件分析的目的是掌握组织的历史和现状，明确组织的优劣势，帮助组织制定有针对性的战略，有效地利用自己的资源和优势，同时避免组织的劣势，或采取积极的态度来改善组织的劣势。

组织内部环境分析的内容包括很多方面，如组织结构、企业文化、资源条件、价值链和核心能力等。按照组织的成长过程，组织内部环境分析又分为组织成长阶段分析、组织历史分析和组织现状分析等。

- 组织成长阶段分析就是分析组织处于成长阶段模型的哪一个阶段，然后有针对性地制定发展战略，对症下药。
- 组织历史分析的内容包括组织过去的经营战略和目标、组织结构、过去几年的财务状况、过去几年的人力资源战略以及人力资源状况（包括人员的数量及质量）等。
- 组织现状分析的内容包括现行的经营战略和目标、组织文化、组织各项规章制度、人力资源状况、财务状况、研发能力、设备状况、产品的市场竞争地位以及市场营销能力等。

组织内部因素分析的结果反映了组织内部因素的状况，总结和评价了组织在管理、营销、财务、生产、研究与开发等方面的优势和劣势，为制定有效的业务战略提供必要的信息基础。企业可以从以下几个方面优化组织的内部环境。

（1）关注人力资源。不仅要从外部招聘合适的人才，还要加强内部人才的培养，为人才创造良好的发展环境。

（2）建立以市场为导向的组织。组织应树立整体营销的理念，提升各职能部门的营销意识。在营销组织的具体设计中，必须注意以下原则：一是适应组织的经营战略，二是适应组织规模，三是与技术应用系统的水平兼容，四是提升人员的素质。

（3）营造优秀的组织文化环境。组织文化在调动员工的积极性和创造力、增强组织凝聚力方面发挥着重要作用。优秀的组织文化也有利于增强员工对公司的归属感和认同感，并通过员工向外部辐射这种情感，提升组织的外在形象。

对于组织内部因素分析的结果，可以用组织内部因素评价表这一战略分析工具进行反映。

3.2 经济全球化环境中的管理

经济全球化趋势带给组织管理者的是全新的问题，这些问题往往会令人感到困惑。组织管理者必须能够熟练处理涉及政治、经济、法律、社会文化、技术等各方面的问题，因为这些因素必定会影响组织管理者管理职能发挥的过程。

3.2.1 经济全球化的内涵与对管理的影响

1. 经济全球化的内涵

"经济全球化"这个词是 1983 年由美国学者莱维特（T. Levitt）在《市场全球化》一文中最先提出，是指商品、服务、资本和技术在世界性生产、消费和投资领域中的扩散与价值实现。换句话说，经济全球化指的是全球经济活动被纳入一个以计算机、通信技术和网络技术联结起来的全球性网络，在全球范围内寻求生产资料、信息、资金、人力资源等生产要素的最佳配置和重组。经济全球化的进程使得世界各国的经济活动日益冲破各个国家、各个区域原有的孤立、封闭状态，呈现出相互联系、相互影响、相互依存的趋势。

尽管经济全球化的活动早已出现，但是对经济全球化至今尚缺乏统一公认的定义，目前具有代表性的观点有：一是认为经济全球化就是资本主义市场经济体系对全球的支配与控制；二是从生产要素流动角度来看，经济全球化主要是生产要素在全球范围内广泛流动，以实现资源最佳配置的过程；三是国际货币基金组织（IMF）1997年5月在《世界经济展望》上发表的关于经济全球化的定义，即经济全球化是"跨国商品及服务贸易与国际资本流动规模和形式的增加以及技术的广泛迅速传播，它使世界各国经济的相互依赖性增强"。

经济全球化的本质是世界经济的全球市场化，我们可以从以下四个方面看待经济全球化。

①世界层面上的全球化内涵。全球化是指国家之间日益增长的经济相互依赖性，反映为商品、服务、资本和信息等方面不断增长的跨国流通。

②国家或地区层面上的全球化内涵。在国家或地区层面上，全球化是指一个国家或地区的经济与世界其他领域之间的联系程度。

③产业层面上的全球化内涵。在产业层面上，全球化是指某个产业在全球范围内的扩张和活动，以及在全球的国家或地区间相互依赖的程度。

④企业层面上的全球化内涵。在企业层面上，全球化是指企业在各国家和地区的收入分配及资产扩展的程度，以及与各国家和地区的资本、商品及信息的跨国家和地区交流程度。

2. 经济全球化对管理的影响

本书探讨的经济全球化对管理的影响，其范围主要涉及的是市场化组织——企业。该影响主要表现在以下方面。

（1）企业管理创新方面。创新型管理不同于传统型管理，它是把创新贯穿于整个管理过程，使管理随着技术、市场及组织内外条件的变化而变化。同时，它也要求整个组织及其员工必须具有创新性的理念，把创新作为其各种活动的主旋律。创新是一个企业赢得竞争和保持竞争优势的可靠保障，创新管理是组织（包括企业）未来生存和发展的根基。经济全球化有助于企业促进全面创新，使创新活动由单项创新转向综合创新、由个人创新转向群体创新。

（2）企业知识管理方面。知识管理是现代企业管理的一个重要领域，为企业发展提供持续的管理优势，同时也是企业核心竞争力的重要来源。企业掌握了某种特定的知识，就能在竞争中占得优势。在知识经济时代，信息资源全球化也使知识管理重心前移成为必要。企业在知识管理方面应培养更多的国际型人才，提高企业综合知识水平。

（3）企业人力资源方面。经济全球化影响着竞争的市场，也蕴含着新市场，需要新产品、新观念、新的竞争力和对经营的新思考方式。企业必须优化人力资源管理流程，创建新的模式来培养适应企业全球化运营的人才，这就需要企业建立一个有效的全球人才资源开发系统，同时也需要选拔、引导和培养员工以国际化的管理思维来思考问题和展开工作。

（4）企业管理权威方面。科斯定义企业的特征为"权威"，即指企业内由企业灵魂人物（也许是企业家，也许是授权管理企业的核心人物等）做决策，由各层级经理指挥、管理员工。企业灵魂人物以及各层级经理能够进行有效管理，原因在于他们有做决策和从事管理活动的优势，无论这种优势是外生的还是内生的，要想使组织优势得以发挥，组织内部的管理就必须具有权威性。同时，企业组织的发展还应该有一套带有战略性、前瞻性的发展目标。

（5）企业文化管理方面。管理和制度建设是体现文化的最直接载体。美国著名管理学家德鲁克认为，管理不只是一门学问，而应是一种"文化"，它有自己的价值观、信仰、语言和工具，这就是所谓的"企业文化"。跨国企业，特别是那些著名的跨国企业，都形成了一套独特的管理和制度文化，如日本松下公司的松下精神、美国惠普公司的尊重个人价值的惠普精神等。经济全球化背景下的企业必须有自己的文化内涵，形成企业独特的文化内容，以此凝聚员工意志。

3.2.2　多元化管理

多元化管理是经济全球化的必然趋势，是企业运营全球化、要素全球化的基本要求。多元化管理指的是组织在招聘和留用有着各种背景的雇员时做出的系统的、有计划的承诺。根据这个概念，组织内群体和个体间的一切差异应被认可和尊重。最早的多元化研究始于美国学者约翰斯顿（Johnston）和帕克（Parker）1987年发表的《2 000名劳动力》报告，很多组织以此为线索开始了多元化管理的研究活动。

1. 多元化管理的特征

多元化管理是以差异和有效的差异管理为基础的，它最基本的观点是接受劳动力是由多元化的人口组成的，并且它是和组织战略联系在一起的，必须渗透到整个组织里面才能成功。坎达拉（Kandala）和富勒顿（Fullerton）于1998年归纳出一个多元化管理的组织应具有的6个方面的特征：具有共同的价值观和目标、公平的程序、熟练的劳动力、主动的适应性、个性的关注、授权和参与文化。最重要的是，多元化管理保证组织中的每个个体都能最大限度地发挥他的技能和潜能，而不论他属于哪个群体。同时，多元化管理的实施也能为组织带来以下诸多的好处：第一，能节约成本，如降低流动率、缺勤率和避免不利的法律诉讼；第二，能驱动商业增长，基本方式包括提高市场定位的理解、增强创新和改革的能力、提高解决问题的质量、加强领导的效果以及建设有效的全球化关系等。实际上，执行多元化计划确实使组织获取了某些优势。

索恩伯格（Thornberg）于1994年列出了一个公司向多样化文化演变的三个阶段：第一阶段，招进更多的妇女和少数民族员工；第二阶段，着重了解与人种和性别联系的个体和群体的行为，也就是说要了解人们有什么不一样和为什么会不一样；第三阶段，集中关注公司文化，包括评价公司所有的政策和工作程序。由此可以看出，多元化的介入是综合全面的，是包容的。在众多学者对多元化管理的研究中，产生了一个重要议题，即多元化管理与人力资源管理政策和实践的整合。

2. 多元化员工管理策略

由于全球化趋势及种族、性别多样性的增加，组织必须学会如何处理文化差异和个人工作态度问题。随着劳动力的多样化，在多样化的工作环境中管理员工既有机会，也有挑战。机会包括通过拥抱市场和劳动力的变化来获得竞争优势。除了避免在领导不正确地处理各种工作情况时承担责任外，挑战还包括有效管理具有不同态度、价值观和信念的员工。

组织在追求重视多元化的战略时可能会获得六个机会，包括成本优势、资源获取方式的改善、营销能力的提升、系统灵活性、创造力的增强和问题解决能力的提高。为此，企业必须制定出有效的多元化员工管理的策略，获得多元化管理带来的好处。

（1）树立以人为本的管理理念。人是管理中的首要因素，进行任何管理活动，都必须树立人本观念，把关心人、尊重人、激励人、解放人、发展人放在首要地位。人才的核心地位体现在任何其他资源都必须与人力资源相结合，才能发挥应有的整体效率。国际上一些著名的企业无不将以人为本作为其主要的人力资源管理理念。例如，日本本田企业的管理理念是：尊重个性、以人为本、实现创新、共享喜悦。

（2）构建多元化的组织文化，适应多样性员工管理的需要。随着跨国经营的发展，各国企业都开始突破地区限制，走向国际舞台，国际化的员工越来越多。与此同时，各个企业也不断调整各自的组织文化。不同文化之间的兼容并蓄、彼此共存就促成了多元化的趋势。创新大师 Gareth Morgan 认为，为了成功适应外部环境，企业机制必须包容该环境中的所有多元化因素。他还说，创造力只有植根于多元化才能枝繁叶茂。文化多元化的员工队伍更善于解决问题，他们的视野更为广阔，对多种可能性有更强的分析判断能力，而且激发了所谓"群体思维"的产生。

（3）保持开放的心态和掌握必要的沟通技巧。由于人才来源的国际化，作为管理人员，必须具有文化背景的敏感度和必要的文化知识，并且必须了解或者愿意去了解不同文化背景的人，愿意跟人打交道，这种开放的心态和必要的知识，是将不同背景的人组织在一起工作的基础。当然，在这个基础之上，管理人员还要具有很好的沟通能力和技巧，这样可以让不同背景的员工更容易讲出他所需的东西和他的看法。

（4）采用多样化的福利制度。员工福利多样化体现了企业的人性化关怀，有利于凝聚人心，增强员工的归属感，激发员工奋发有为的动力和活力。员工福利应当多样化已被许多跨国公司的成功实践所证明。美国《财富》杂志曾经评选"全美最值得为之工作的100家公司"，这些公司的一个共同特点就是以优厚福利回报员工，而且福利的形式多样。这100家公司虽然销售额不一定最高，但获利却是较多的，而且员工流失率近乎为零。

（5）开发多样化的培训方式。多样化的员工在技能构成上有较大的差异，因此在员工培训方式上要灵活多样，不拘一格，充分发挥各种教育资源的作用，提升培训效果。采取多样化的培训方式，对提升组织的竞争力往往能发挥无穷妙用。以我国绝大多数央企为例，它们把上岗培训、重点培训、难点培训、专业技能培训等形式结合起来，通过多样化的培训方式提升员工素质与能力。

3.3 企业管理道德与企业社会责任

3.3.1 企业管理道德的内涵与内容

当今世界，经济全球化的趋势日益加强，资本在经济和社会中处于更加突出的地位。面对这样的情况，企业管理道德与社会责任问题日益引起人们的关注。

1. 企业管理道德的内涵

管理道德或称为道德规范，是指规定管理行为是非的惯例或原则的总和，简言之就是人们判断一件事情对与错的原则和信条。这些原则和信条是企业处理与他人及社会关系的指导，也是判断自己行为是否正确或恰当的基础标准。

对管理道德可以从狭义和广义两个方面来理解。狭义的管理道德是管理者的行为准则与规范的总和，是在社会一般道德原则基础上建立起来的特殊的职业道德规范体系，它是通过规范管理者的行为，以实现、调整管理关系为目的，并在管理关系和谐、稳定的前提下进一步实现管理系统的优化，提高管理效益。狭义的管理道德是从企业内部来考察的。从广义上来说，管理道德不仅是企业管理者内部行为要符合道德标准，还涉及企业在外部环境和外部利益关系处理上面临的道德选择。本书中的管理道德是从广义的角度来说的。也就是说，一个企业的管理道德取决于其组织环境中的社会道德、职业道德和高层管理人员的个人道德。社会道德是企业道德规范的基础，是企业生存环境的整体价值判断标准。职业道德是针对不同行业和个人行为的规范和标准。高层管理人员的个人道德是指导个体与他人交往时正确与否的判断标准。

2. 企业管理道德的内容

纵观人类管理活动的历史，任何一个组织的管理活动要实现其管理目标，获得预定的管理效果，都要有与之相适应的道德意识、道德原则和道德规范，我们可以把人类管理活动中的这些道德现象称为管理道德。管理道德是指人们在管理活动中形成的调整和协调各种管理关系的行为规范的总和。与其他职业道德不同，管理道德包括的范围较广，主要有以下几个方面的内容。

（1）组织管理目标的道德。任何管理都是组织的管理。组织管理者的思想道德水平如何，直接关系到管理水平的高低和管理目标的实现。因为组织管理者在制定管理目标时，不仅要考虑管理目标的可行性，而且要考虑管理目标的道德性，只有这样才能使管理目标成为有效的目标。组织管理者为了使其管理目标可行,或多或少地都要考虑其目标的道德性。

(2) 实现组织管理目标手段的道德。手段是为实现一定目的或目标而采取的途径、方法和策略的总和。任何组织管理目标的实现都要借助一定的手段。至于采取什么样的手段,达到什么样的效果,则取决于组织管理者对手段的选择。而选择的手段是否正当,即手段是否道德,会直接影响管理目标的实现。

(3) 人际关系管理的道德。人际关系管理是社会管理的重要内容。社会人际关系管理,除受社会性质决定之外,还受血缘、地缘、业缘等因素的影响,从而造成这种管理的复杂性和管理层次的多样性。调整和协调不同的人际关系或同一种人际关系中的不同层次的人际关系,需要有不同层次的道德规范,如处理和协调邻里人际关系、老乡人际关系与处理和协调家庭人际关系、夫妻人际关系的道德规范是各不相同的。

(4) 人事管理的道德。任何组织的管理都是通过人来执行其管理职能,通过人的活动来实施的。因此,如何管理好人,如何用人,不仅要考虑人的知识、经验和能力,而且要考虑人的思想道德素质。当代西方国家在网罗人才的过程中,很重视其所用人才的政治、宗教和道德的因素。

(5) 财物管理的道德。组织的资源是要交给组织机构的人员去掌握和运用的,这时,财物管理人员道德素质的高低与财物的道德风险就会相关。如果管钱管物的人连"君子爱财,取之有道""非我之物勿用"等最起码的道德意识都没有,必然会利欲熏心、贪污挪用、化公为私,这就必然会削弱或动摇组织管理的物质基础。如何规范财物管理人员的行为,加强财物管理方面的道德建设和道德教育,也是管理道德的一项非常重要的内容。

3.3.2 企业社会责任的内涵、类型、模型与具体体现

1. 企业社会责任的内涵与类型

企业社会责任(corporate social responsibility, CSR)是指企业在创造利润、对股东承担法律责任的同时,还要承担对员工、消费者、社区和环境的责任。企业的社会责任要求企业必须超越把利润作为唯一目标的传统理念,强调要在生产过程中对人的价值的关注,强调对消费者、对环境、对社会的贡献。

20世纪90年代以后,在世界范围内兴起了企业社会责任运动,一个强化企业社会责任的新概念"企业公民"(corporate citizenship)应运而生。随着生产力的发展和科学技术的进步,社会发展逐渐由以企业为中心、利润至上转向以人为中心、生活至上。伴随着发展中心的转变,企业在社会中的地位、角色和职能也发生了变化。"企业公民"就是在这个时代转换的大背景下,在现代企业的地位、角色和职能的思考中提出的一个新问题(见表3-2)。它包括两层含义:一是企业把自己看成社会公民,二是企业把企业的员工看成企业的公民。"企业公民"的确立从哲学和伦理上对企业进行了重新定位,如果这

种观点得到广泛认可，则企业履行社会责任将成为一种必需，并且是企业竞争优势的重要来源。

表 3-2 赞成和反对社会经济观的争论

赞成的观点	反对的观点
公众期望：公众的意见支持企业同时追逐经济和社会目标 长期利润：具有社会责任的公司趋向于取得更稳固的长期利润 道德义务：企业应当承担社会责任，因为负责任的行为才是企业要做的正确的事情 公众形象：公司通过追求社会目标可以树立更好的社会形象 更好的环境：企业的参与有助于解决社会难题 减少政府管制：企业社会责任的加强会导致较少的政府管制 责任与权力的平衡：企业拥有很大的权力，这就要求有相应的责任来平衡 股东利益：从长期来看，具有社会责任感将提高企业的股票价格 资源占有：企业拥有支持公共项目和慈善事业的资源 预防胜于治疗：企业应在社会问题变得十分严重之前采取措施，以免付出更大的补救代价	违反利润最大化原则：企业只有在追求经济利益时，才会承担社会责任 淡化使命：追求社会目标淡化了企业的基本使命，即经济的生产率 成本：许多社会责任活动都不能补偿其成本，必须有人为此埋单 权力过大：企业已拥有很大权力，追逐社会目标将使它们的权力更大 缺乏技能：企业领导者缺乏处理社会问题的必要技能 缺乏明确的责任：企业与社会性行动之间缺乏必要的联系

综上所述，到目前为止，关于企业社会责任问题的争论从来就没有停止过。将其概括起来，主要有两种观点（见表3-3）。

（1）古典观（或纯经济观）。以美国经济学家、诺贝尔奖获得者米尔顿·弗里德曼为代表。今天管理者的主要职责是为股东的利益经营业务，并最大化股东的利益。当他们使用组织的资源来履行社会责任时，他们要么损害股东，要么损害员工，或损害消费者或损害企业。另外，在竞争性市场中，由于资金向高回报率的地方流动，如果公司因为承担社会责任而降低回报率，就会使资金从该公司流出，转而投向不承担社会责任的回报率高的公司，从而对这些公司产生不利的影响，甚至可能影响到承担社会责任的国家或地区。

（2）社会经济观。它认为时代变了，社会责任的观念也要变化。人们对公司的社会预期正在变化。公司不仅仅是一个经济组织，也是一个社会组织。因此，它不仅对股东负责，也对社会负责。在追求经济利益的同时，也必须在更长的时间内追求长期利益。如果你只注意自己的直接利益，就会损害公司的生存，最终没有人会受益。

表 3-3 关于企业承担社会责任的两种观点

方面	古典观	社会经济观
利润	一些社会活动白白消耗企业的资源；目标的多元化会冲淡企业提高生产率的基本目标，最终导致利润减少	企业参与社会活动会使自身的社会形象得到提升，与社区、政府的关系更加融洽，因而增加利润，特别是长期利润
股东利益	企业参与社会活动实际上是管理者拿自己的钱为自己捞取名声等方面的好处，因而不符合股东的利益	承担社会责任的企业通常被认为其风险低且透明度高，其股票因符合股东利益而受到广大投资者的欢迎
权力	企业承担社会责任会使其在社会中本已十分强大的权力变得更加强大	企业在社会中的地位及其拥有的权力是有限的，企业必须遵守法律，接受社会舆论的监督
责任	从事社会活动是政治家的责任，企业家不能越俎代庖	企业在社会上有一定的权力，根据权责对等的原则，它应承担相应的社会责任

(续)

方面	古典观	社会经济观
社会基础	公众在社会责任问题上意见不统一，企业承担社会责任缺乏一定的社会基础	企业承担社会责任并不缺乏社会基础，近年来舆论对企业追求社会目标的呼声很高
资源	企业不具备或不拥有承担社会责任所需的资源，如企业领导人的视角和能力基本上是经济方面的，不适合处理社会问题	企业拥有承担社会责任所需的资源，如企业拥有财力资源、技术专家和管理才能，这些可以为那些需要援助的公共工程和慈善事业提供支持

2. 企业社会责任模型

（1）卡罗尔的金字塔模型。20世纪70年代以来，众多学者专注于企业社会责任内涵的研究，其中最有声望的是卡罗尔（Archie B. Carrol）。他于1979年首先对企业社会责任进行了概括，将企业社会责任归纳为四个类别：经济责任、法律责任、伦理责任和自觉责任（1991年改为"慈善责任"），并按上述顺序建构了金字塔模型。卡罗尔强调，这四个责任并不相互排斥，也不是相互叠加的，这样排列的目的只是强调社会责任的发展顺序。比如，在历史发展中，社会首先强调了企业对股东的经济责任，然后强调企业的法律责任，最后才强调企业的伦理责任和自觉责任。这四个方面的具体内涵如下：

- 经济责任是企业最基本的责任，企业必须生产和销售社会所需的产品和服务，获取利润，使企业本身得以生存与发展。
- 法律责任要求企业必须遵循相应的法律与法规，在特定的法律环境下生存，是政府对企业所做出的明确的要求。
- 伦理责任并不是一种强制性或规范性的约束，但它是社会成员对企业的一种期望与要求，需要企业自觉履行。
- 自觉责任是企业自愿承担的责任，这种责任不是法律要求承担的，它包括慈善捐助、对口支援、进行公益性活动等。

（2）企业社会责任二维模型。除卡罗尔提出的金字塔模型之外，夸齐（Quazi）和布里恩（Brien）于2000年在对现有观点进行总结的基础上，也提出了他们的企业社会责任二维模型。该模型从广义与狭义责任、企业履行社会责任的成本与收益两个维度将企业的社会责任观分为四类。它很好地将众多学者关于企业社会责任问题的不同论述融合其中，各个学者的观点、各个企业的实践都能在其中找到一个坐标。具体如下：

- 古典观点：对企业而言履行社会责任只会带来成本，因而企业的责任仅是追求利润最大化。
- 社会经济学观点：履行适度的社会责任可以带来收益，企业可以在满足社会责任需要的同时，实现企业利润最大化。
- 现代观点：履行社会责任可以给企业带来持续的收益，履行社会责任也是企业获取收益的一种手段。
- 慈善观点：即使履行社会责任会给企业带来一定的损失，企业也会有意识地参加慈善活动。

（3）戴维斯模型。美国学者戴维斯就企业为什么及如何承担社会责任提出了自己的看法，这种看法被称为"戴维斯模型"，其具体内容如下。

①企业的社会责任源于企业的社会权力。由于企业对诸如少数民族平等就业和环境保护等重大社会问题的解决有重大的影响力，因此社会就必然要求企业运用这种影响力来解决这些社会问题。

②企业应该是一个双向开放的系统，即开放地接受社会的信息，也要让社会公开地了解它的经营。为了保证整个社会的稳定和进步，企业和社会之间必须保持连续、诚实和公开的信息沟通。

③企业的每项活动、产品和服务，都必须在考虑经济效益的同时，考虑社会成本和效益。也就是说，企业的经营决策不能只建立在技术可行性和经济收益之上，而且要考虑决策对社会的长期和短期的影响。

④与每个活动、产品和服务相联系的社会成本应该最终转移到消费者身上。社会不能希望企业完全用自己的资金、人力去从事那些只对社会有利的事情。

⑤企业作为法人，应该和其他自然人一样参与解决一些超出自己正常范围的社会问题。因为，整个社会条件的改善和进步最终会给社会的每位成员（包括作为法人的企业）带来好处。

3. 企业社会责任的具体体现

企业的社会责任体现在很多方面，主要包括：

（1）企业对环境的责任。企业要在保护环境方面发挥主导作用，不向环境排放有害物质；企业要以"绿色产品"为研究开发的主要对象，不仅保证产品（在消费方面）安全，而且保证产品（在环境方面）无害；污染环境的企业要采取切实有效的措施来治理环境，谁污染，谁治理。

（2）企业对员工的责任。企业要做到不歧视员工，不因性别、种族、伤残等原因对员工进行歧视；定期或不定期地培训员工，提高员工素质，完善员工心智；营造一个良好的工作环境，创造令人心情舒畅的气氛；还要思考并采取善待员工的其他举措，以多元化且宽容的心态理解和尊重员工。

（3）对顾客的责任。企业要提供安全的产品，不使顾客因为产品受到伤害；提供正确的产品信息，不误导消费者；提供完善的售后服务，减轻顾客消费的后顾之忧；提供必要的指导，帮助顾客消费；赋予顾客自主选择的权利，不把企业意志强加于顾客。

（4）企业对竞争对手的责任。企业要做到不诋毁竞争对手；树立合作竞争的观念；创造"双赢"而不是"双输"的局面；与竞争对手共成长。

（5）对投资者的责任。企业要精心经营投资者的财产，确保资产保值增值。

（6）对所在社区的责任。企业需积极参与社区建设，热心社区公益事业，创造良好的社区关系，发展优秀社区文化。

3.4 环境分析方法

3.4.1 宏观环境分析方法

1.PEST 分析法

一般环境也就是企业活动所处的大环境，也称宏观环境，是给企业带来市场机会或威胁的主要环境因素之一。一般环境主要由政治环境（political）、经济环境（economic）、社会文化环境（social）和技术环境（technological）等因素构成，它对所有企业都会产生影响。PEST 分析法就是对这四种环境因素进行分析，是分析一般环境的主要方法之一。

2. 外部因素评价矩阵法

外部因素评价矩阵（external factor evaluation matrix，EFE 矩阵）是对组织外部管理要素的分析进行总结。实施外部因素评价矩阵法的基本步骤如下。

①列出在外部分析过程中确认的外部因素，因素总数为 10～20 个。因素包括影响企业和其所在产业的各种机会与威胁。首先列举机会，然后列举威胁。要尽量具体，可以采用百分比、比率和对比数字的方式来表示。

②赋予每个因素以权重，其数值范围在 0（不重要）到 1（非常重要）之间。权重标志着该因素对于企业在产业中取得成功的影响的相对大小。机会往往比威胁得到更高的权重，但当威胁因素特别严重时也可得到高权重。确定恰当权重的方法包括对成功的竞争者和不成功的竞争者进行比较，以及通过集体讨论达成共识。所有因素的权重总和必须等于 1。

③按照企业现行战略对各关键因素的有效反应程度为各关键因素进行评分，范围为 1～4 分，"4" 代表反应很好，"3" 代表反应超过平均水平，"2" 代表反应为平均水平，而 "1" 则代表反应很差。评分反映了企业战略的有效性，它是以公司为基准的，而步骤 2 中的权重则是以产业为基准的。

④用每个因素的权重乘以它的评分，即得到每个因素的加权分数。

⑤将所有因素的加权分数相加，得到企业的总加权分数。

由外部因素评价矩阵获得的结果分析可知，无论 EFE 矩阵包含多少因素，总加权分数的范围都是从最低的 1 到最高的 4。如果总加权分数为 4，则反映企业有效利用了产业中的机会，并将外部威胁的潜在不利影响降至最小；如果总加权分数为 1，则说明企业没能利用外部资源或没能回避风险。

3.4.2 微观环境分析方法

1. 波特五力模型

美国著名管理学家迈克尔·波特创立了五种竞争力量分析模型。他认为,企业最关心的是其所在行业的竞争强度,而竞争强度又取决于五种基本竞争力量。这五种竞争力量分别来自行业中现有企业间的竞争、潜在进入者的威胁、替代品的威胁、购买者的议价能力、供应者的议价能力等(见图 3-2)。正是这些力量的状况及综合强度影响了企业在行业中的最终获利能力。

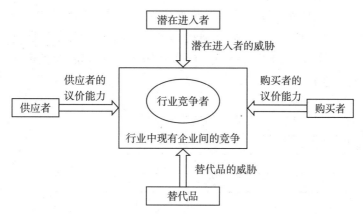

图 3-2 五种竞争力量分析图

第一,行业中现有企业间的竞争,一般是指在同行业中企业的正面竞争,如美国可口可乐公司与百事可乐公司之间的竞争。

第二,潜在进入者的威胁,即经营同一类产品或服务的竞争者可能进入市场或进入本行业的威胁,这就意味着同一市场上的竞争对手可能增加,新进入者往往是在对市场做过充分调研,深知竞争者劣势的情况下有备而来的。

第三,替代品的威胁,即其他行业的产品或服务可以与本行业的产品一样满足消费者的相同需求的威胁。例如,我国铁路运输业虽然近乎独家经营,但仍要面对公路、航空运输的竞争。替代品虽然不是同一种商品,但在使用上可以相互替代,会降低客户对本产品的信赖程度,从而挤压了本产品的市场。

第四,购买者的议价能力,指购买者主要通过要求压低价格,要求较高的产品质量或更多的服务,甚至迫使行业中的企业以互相竞争等方式降低企业的获利能力。对行业中的企业来讲,购买者也是一个不可忽视的竞争力量。

第五,供应者的议价能力,是指企业的供应者在向企业提供产品和原材料时的讨价还价能力。供方力量的强弱主要取决于它们提供给买方的产品是什么,当供方提供的投入要素的价值占买方产品总成本的比例较大,对买方产品的生产过程很重要,或者会严重影响买方产品的质量时,供方对于买方的潜在讨价还价力量就大大增强。

除了这五种竞争力量外,企业还应注意高新技术的因素、信息与互联网的影响,以及各级政府的政策取向等。

波特还提出,除了识别竞争者,企业还要分析竞争者策略,确定竞争者目标,评估竞争者的优势和劣势,判断竞争者的反应模式。

2. 价值链分析法

价值链是一个公司为顾客创造价值的主要活动和相关的支持活动的总和。通过价值链分析,可以揭示公司内部开展的各项活动和功能的优劣势,以及各环节的成本。在此基础上进行标杆学习和绩效分析,可以找出与竞争对手的差距,降低公司各环节经营成本,提高绩效,优化价值链,提高公司运营管理水平,形成并增强公司的核心竞争能力。

价值链分析法主要针对企业内部环境进行分析,这需要收集企业的管理、营销、财务、生产作业、人力资源、研发及计算机信息系统运行等方面的信息,从中分析企业的优势和劣势(见图 3-3)。

图 3-3 价值链分析框图

(1)价值链。它又称增值链,是指企业创造价值的一系列生产经营活动组成的链条。其中的生产经营活动主要包括两类:一类是基本活动,主要包括对内供应、生产运营、对外发货、市场销售、售后服务;另一类是辅助活动,主要包括采购、技术开发、人力资源管理以及企业基础设施。

(2)价值链分析的基本原理。企业每项生产经营活动都是它为顾客创造价值的经济活动,企业所有的互不相同但又相互关联的价值创造活动构成了一个链条,企业创造的价值如果超过了成本,就能盈利,如果超过竞争对手创造的价值,就会拥有更多的竞争优势。价值链分析内容包括三个方面:

- 识别价值活动,即识别它们是基本活动还是辅助活动;
- 确立活动类型,即确定是企业的直接活动、间接活动还是质量保证活动;
- 分析企业的竞争优势。

3. 波士顿矩阵分析法

波士顿矩阵分析法是将市场增长率和相对市场占有率作为衡量标准并形成矩阵图形，然后对企业的经营领域进行分析和评价的一种综合方法（见图3-4）。市场增长率反映了市场需求对企业的吸引力，某种经营领域的需求增长率大，对企业从事该生产经营活动的吸引力就大。相对市场占有率反映了企业某种经营领域在市场中的竞争地位，这一指标高就反映该经营领域的竞争地位强。

图3-4 波士顿矩阵分析法

不同的市场增长率与相对市场占有率的组合形成了四个区域。处于双高位置的区域是"明星"区；处于双低位置的区域是"瘦狗"区；市场增长率高、相对市场占有率低的区域属于"问题"区，也叫风险区；市场增长率低、相对市场占有率高的区域是"现金牛"区，也叫厚利区。这四个区域的划分有助于企业对现有的各种经营领域进行综合分析，并用于考察企业的经营领域，如果主要业务在"明星"区、"现金牛"区、"问题"区占比很大，那么这是比较合理的业务安排，如果在"瘦狗"区比重大则不合理。

波士顿矩阵分析法的缺陷表现在四个方面：①在确定业务的增长率和相对市场份额方面比较困难；②将所有业务看成"明星""问题""现金牛"和"瘦狗"之一未免过于简单，很多位于矩阵中部的业务不易被明确归类；③该矩阵不能反映各业务部门或其所在产业在一个时期内的增长情况，也就是说，该矩阵缺乏时间的特性；④除市场增长率和相对市场占有率这两个变量之外，市场和竞争优势等变量对公司业务部门决策的制定也是十分重要的，却被忽视了。

4. 内部因素评价矩阵法

内部因素评价矩阵（internal factor evaluation matrix，IFE矩阵）是对内部管理要素的分析结果进行的总结。内部因素评价矩阵的建立步骤如下。

①列出通过内部分析确定的关键因素。选择10～20个内部因素，包括优势和劣势两方面的因素，尽可能具体地使用百分比、比率和可比较的数字，先列出优势因素，再列出劣势因素。

②给出每个因素的权数。权数从0（不重要）到1（非常重要）不等。权数表明企业在某个产业取得成功的过程中各种因素的相对重要性。所有权数之和等于1。

③对各因素给出1～4分的评分。1分代表重要劣势，2分代表次要劣势，3分代表次要优势，4分代表重要优势。优势给4分或3分，劣势给2分或1分。评分基于企业，而第二步中的权数则基于产业。

④以每个因素的权数乘以其评分，得到每个因素的加权分数。

⑤将所有因素的加权分数加总，得到企业的总加权分数。

对内部因素评价矩阵获得的结果进行分析：无论 IFE 矩阵包含多少因素，总加权分数的范围都是从最低的 1 到最高的 4，平均分为 2.5；总加权分数大大低于 2.5 的企业的内部状况处于弱势，而分数大大高于 2.5 的企业的内部状况则处于强势；因素数不影响总加权分数的范围，因为权重总和永远等于 1；在建立 IFE 矩阵时通常需要靠战略分析者直觉性的判断，因此这种分析法具有一定的局限性。

5. 生命力系统模型分析法

生命力系统模型分析法（GREP）是由和君创业咨询公司在咨询过程中创建的一种进行组织内环境分析的工具，是分析企业竞争优势的内生分析法，它认为企业的战略结构由四个部分组成：公司治理、资源、企业家、产品或服务。

①公司治理（governance）。因为代理问题的存在，确切地说，因为组织成员（所有者、雇员等）之间利益冲突的存在，且因交易费用之大使代理问题不可能通过合约解决，公司治理问题就必然在一个组织中产生。公司治理是一种合同关系，功能是配置权、责、利。

②资源（resource）。组织拥有的资源的种类、数量、质量、稀缺性、流动性等对组织的发展方向和空间有很大的影响，许多企业是因拥有自然资源（如矿山）而存在的，这些企业对拥有的矿山资源必须有十分清楚的了解，政府拥有的是公权这一资源，而许多企业把人力资源放在很重要的位置上，从一定意义上来说摸清资源就是认清企业的竞争优势和劣势。

③企业家（enterpriser）。企业家或管理团队对企业的业绩起着重要作用，是企业资本获得超额回报的源泉，企业家有多优秀，企业就有多优秀。企业应该由何种类型的企业家来经营，现在的企业家是不是合适的人选，应该建立怎样的管理团队，这是研究组织必须了解的问题。

④产品（product）。产品或服务是组织用来与社会交换的载体，企业现在的产品、产品线，以及研制、试制和在制产品的情况，还有产品处于产品生命周期的哪个阶段，都是关系企业命运的问题。

3.4.3 综合分析方法：SWOT 分析法

SWOT 分析法的基本思路是：首先通过对内部环境条件的分析，明确企业具有的优势（strengths，S）与劣势（weaknesses，W）；然后通过对企业所处的外部环境的分析，发现当前或将来可能出现的机会（opportunities，O）与威胁（threats，T）。

在通过 SWOT 分析完成对企业具有的优势和劣势、面临的机会和威胁的确定后，管理人员就可以开始进行计划工作，确定企业的目标，制定企业的战略与计划。

SWOT 分析法为企业经营环境分析提供了基本框架。

本章小结

本章系统地概述了管理环境的特点与变化对管理活动内容的影响和制约。首先,通过把环境按照不同的分类标准划分成不同的类型,分析其对组织识别和环境预测的影响;其次,明确与组织密切相关的外部环境的内涵,使企业管理适应外部环境特点,明确内部环境的分析与优化,以制定更有针对性、更有效的组织战略;再次,紧跟时代发展潮流,分析经济全球化对企业管理的影响,分析多元化管理的特征和多元化员工管理策略,了解企业管理道德与企业社会责任的内涵和具体体现;最后,掌握环境分析的各种方法,以便制定出科学且合理的目标、计划、决策和战略。

复习思考题

1. 简述管理与环境的关系。
2. 试述管理的一般环境与业务环境包括的因素,以及环境对管理实践的影响。
3. 简述管理环境的分类。
4. 简述企业管理道德的内容与影响因素。
5. 简述波特五力模型。
6. 简述价值链分析法。
7. 试述经济全球化对管理者的要求。
8. 论述宏微观环境综合分析方法。
9. 简述内部因素矩阵分析法与外部因素矩阵分析法。
10. 简述波士顿矩阵分析法。
11. 简述几种社会责任模型与社会责任内容。

总结案例

2019年后,华为负重渡劫

2020年4月初,华为发布了2019年年度报告。根据财务报告,华为2019年实现销售收入8 588亿元,同比增长19.1%;实现净利润627亿元,同比增长5.73%,增速明显放缓。总体而言,华为的整体收入保持稳定增长,但净利润急剧下降。

出现这一变化的原因非常复杂。这与华为自身业务面临的严峻挑战和过去一年美国主导的西方打压有关。2020年,新型冠状病毒在全球蔓延,给华为在复杂的内部和外部环境中带来更多挑战。

2019年,美国严厉打击了华为等科技公司。针对西方打压,华为内部有条不紊地推动相关替代方案,从这一点来看华为做了充足的准备,但这并不意味着华为没有受到影响。美国对华为的打压行动可以概括为以下四个方面。第一,禁止华为在美国销售其产品,并尽可能降低华为在美国销售的可能性。第二,切断华为供应链。美国为了打压华为,将华为列入"实体名单",按照名单要求,美国国内的华为重要供货商均应响应美国政府号召,停止对华为供货。这一举措让很多的美国科技企业如镁光科技、英特尔、高通、AMD、博通等被迫对华为"断供",迫使华为停掉相关商品的生产。第三,技术封锁。美国利用美国技术公司在计算机和手机核心领域的垄断地位，禁止美国技术公司向华为提供技术支持，并封锁了相关支持服务，使华为手机在海外市场竞争中处于劣势。第四，招募同盟压制。当美国的打压未能达到预期时，它开始游说其盟国对华为进行压制，主要针对华为的5G通信业务。

由于华为在5G方面的领先优势，这一举措并没有得到美国大部分盟友的认同；另外，华为的5G占总收入的比重不高，因而美国在这方面的打压对华为总体的影响不大。

华为在国内营收大涨也在预料之内。海外受阻，华为内部提前发起了号称"渡江战役"的战斗，拉开了国内手机市场正面争夺的序幕，华为在国内的市场份额一路飙升，不仅稳占第一，而且独自占据近四成的市场份额，拉大了与OPPO、vivo、小米、苹果的差距。国内扩张，海外收缩，这是华为面对美国打压的自然选择。无法搭载谷歌服务的华为不得不选择部分收缩海外战线，加大本土的销售力度，这才有了国内业务迅猛增长的良好态势。但从另一方面来看，这未尝不是一种无奈之举。毕竟，由于华为全球化程度较深，战略收缩显然是一个艰难的决定。美国的打压影响除了体现在营收方面，还体现在利润方面。针对华为净利润同比增长率下滑，华为轮值董事长徐直军在财报中解释得很清楚："由于受到美国的'实体名单'打压影响，为了修好我们的'油箱'和'换引擎'，需要加大一些研发投入，所以利润缩减在我们的预期之内。"

根据财报结果，为应对打压行动，华为继续增加研发投入，这一投入占到2019年收入的15.3%。面对美国的打压，华为通过自主研发（如操作系统、芯片、互联网服务）等一系列变革，奋力求生，但压力仍然显著，华为短期内很难在海外恢复相关业务，它在2019年依靠国内市场向前迈进。但是，到2020年，新冠疫情成为行业的"黑天鹅"，为华为终端市场战略带来了新的不确定性。

总之，在美国的"综合措施"压力下，华为在2019年负担沉重。在美国"实体名单"的限制和各种威胁的推动下，华为经历了极端的生存考验，不断修复漏洞并度过了危机。但美国打压带来的影响仍然不可避免，这在其财报中有所体现。

资料来源：根据华为2019年财报改编。

讨论题：
1. 2019年华为面临什么样的外在运营环境？
2. 华为如何通过战略调整来应对外部环境的变化？
3. 华为内外环境的变化对华为未来发展会产生哪些影响？

第二篇
PART 2

管理过程

第 4 章　计划与决策
第 5 章　组织与管理
第 6 章　领导与协调
第 7 章　管理控制
第 8 章　创新管理

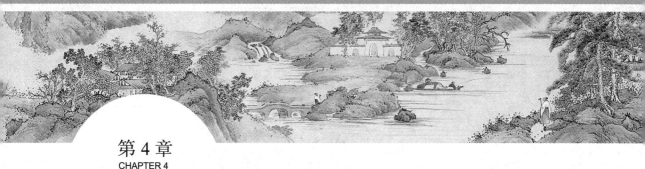

第 4 章
CHAPTER 4

计划与决策

§ 本章知识结构

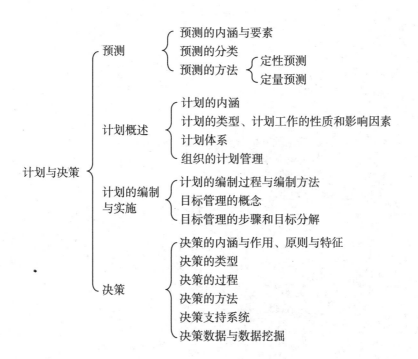

§ **学习目标**

- 理解预测的内涵与要素。
- 掌握预测的分类与方法。
- 理解计划的内涵,明确组织为什么要制订计划。
- 掌握计划的类型、计划工作的性质和影响因素。
- 掌握计划编制的过程与方法。
- 理解目标管理的概念、步骤与目标分解。
- 理解管理决策的内涵、类型和过程。
- 熟练掌握决策的一些基本方法。
- 了解决策支持系统与决策的数据需求。

§ **引例**

企业效率提升

英国某化工公司总裁赫斯基向效率专家联里请教更好地执行计划的方法。联里声称可以给赫斯基一样东西,在10分钟内能把公司业绩提高50%。接着,联里递给赫斯基一张白纸,说:"请在这张纸上写下你明天要做的6件最重要的事。"赫斯基用了约5分钟时间写完。联里接着说:"现在用数字标明每件事情对于你和公司的重要性次序。"赫斯基又花了约5分钟做完。联里说:"好了,现在这张纸就是我要给你的。明天早上第一件事是把纸条拿出来,做第一项最重要的。不看其他的,只做第一项,直到完成为止。然后用同样办法对待第二项、第三项……直到下班为止。即使只做完一件事,那也不要紧,因为你总在做最重要的事。你可以试着每天这样做,直到你相信这种方法有价值时,请按照你认为的价值给我寄支票。"

一个月后,赫斯基给联里寄去一张2.5万美元的支票,并在他的员工中普及这种方法。5年后,当年这个不为人知的小化工公司成为世界最大的化工公司之一。

资料来源:https://wenku.baidu.com/view/677cb867482fb4daa58d4b6f.html.

4.1 预测

4.1.1 预测的内涵、要素与分类

1. 预测的内涵与要素

预测是指根据过去和现在的已知因素,运用已有的方法、知识和科学手段,探索人们所关心的事物在今后可能的发展趋向,并做出估计和评价,以指导行动的活动过程。广义的预测,既包括在同一时期根据已知事物推测未知事物的静态预测,也包括根据某一事物的历史和现状推测其未来的动态预测。狭义的预测,仅指动态预测,也就是指对事物的未来演化预先做出的科学推测。成功运用预测的例子数不胜数,尤其在经济领域,

预测已经成为一些国家制定经济规划，管理和控制经济必不可少的工具。预测理论作为通用的方法论，既可以应用于研究自然现象，又可以应用于研究社会现象，如社会预测、人口预测、经济预测、政治预测、科技预测、军事预测、气象预测等。预测包含对象、目的、信息和方法四个要素：

- 对象是指预测的客体，如企业、市场、人才、资金、产品等；
- 目的是指预测所需要达到的有时空制约的目标，如销售预测、需求预测、技术预测等，都有一个或多个表示发展目标的具体数量取值；
- 信息是指与预测对象有关的环境信息、历史信息、现状信息等系统内部信息和外部信息；
- 预测方法包括定性方法和定量方法以及采用的模型和途径等。

预测的依据是大量的、准确的数据资料，所以，预测的实践基础是调查研究，也就是通过调查研究或实验模拟，取得事物发展变化的历史数据资料，将这些资料进行去伪存真、去粗取精的加工、分析，从中找出真实情况，经过定性的经验分析和定量的数据与计算分析，探讨事物的演变规律，据以估计、推测未来事件的发展趋势。预测的准确性通常会受许多因素的影响，要得到高质量的预测结果，应注意以下几个方面。

①数据资料力求完整可靠。如果数据资料不全面、不及时、不正确、不可靠，那么预测模型再好，预测技术再高，也得不出正确和可靠的结果。

②预测人员需要具有较高的知识和工作水平。预测既是科学又是艺术。所谓科学，指预测需要采用正确的模型、技术和方法；所谓艺术，指预测需要人的经验和决策判断力。因此，预测人员对预测对象领域中的技术、经济、社会等各方面的情况和问题越了解，分析得越透彻，就越能较好地把握预测全过程，做出高质量的预测。

③综合运用各种预测方法与技术。预测方法分为定性预测和定量预测两大类。为了提高预测精度，预测过程中，应同时运用几种方法，经过选择比较之后，确定最佳结果。但也同时应注意到预测工作的经济性，即花较少的费用取得较高质量的预测结果。

2. 预测的分类

可以从预测的范围大小、时间长短、方法性质等角度对预测进行分类。

（1）按预测的范围（或层次）分类。

①宏观预测。它是指针对国家或部门、地区的活动进行的各种预测，它以整个社会经济发展的总图景作为考察对象，研究经济发展中各项指标之间的联系和发展变化，如社会商品总供给、总需求的规模、结构、发展速度和平衡关系的预测，以及社会物价总水平变动的预测。宏观经济预测是政府制定方针政策、编制和检查计划，调整经济结构的重要依据。

②微观预测。它是针对基层单位的各项活动进行的各种预测，它以微观经济组织生

产经营发展的前景作为考察对象，研究微观经济中各项指标间的联系和发展变化，例如经济社会具体商品的生产量、需求量和市场占有率的预测等。微观经济预测，是微观市场组织制定生产经营决策，编制和检查计划的依据。宏观预测应以微观预测为参考，微观预测应以宏观预测为指导，二者相辅相成。

（2）按预测的时间长短来分类。

①长期预测，一般是指对 5 年以上发展前景的预测；

②中期预测，一般指对 1 年以上 5 年以下发展前景的预测；

③短期预测，一般指对 3 个月以上 1 年以下发展前景的预测；

④近期预测，一般指对 3 个月以下企业生产经营状况的预测。

（3）按预测方法的性质分类。

①定性预测。它是指预测者通过调查研究，了解实际情况，凭自己的实践经验和理论、业务水平，对事物发展前景的性质、方向和程度进行预测的方法。

②定量预测。它是指根据准确、及时、系统、全面的调查资料和信息，运用软计算方法和数学模型，对事物未来发展的规模、水平、速度和比例关系的测定。常用的定量预测方法有回归分析、时间序列、因果分析、灰色系统、模糊集、神经网络等。

（4）按预测时是否考虑时间因素分类。

①静态预测。它是指不包含时间变动因素，对事物在同一时期的因果关系进行预测。

②动态预测。它是指包含时间变动因素，根据事物发展的历史和现状，对其未来发展前景做出的预测。

4.1.2 预测的方法

预测的方法种类较多，从方法本身的性质看，可以有定性预测方法和定量预测方法之分。定性预测方法又称为直观预测法，它是由预测者根据已有的历史资料和现实资料，依靠个人经验和综合分析能力，对预测对象的未来发展趋势做出的判断，并以这种判断为依据做出预测。这类方法包括头脑风暴法、专家意见法、个人判断法、经理人员意见法、销售人员意见法和群众意见法等。定量预测方法是指借助数学模型进行分析、预测的各种方法。这类方法主要包括时间序列法、因果分析法等。

1. 定性预测的方法

（1）市场调查预测法。

常用的市场调查预测法有：经济管理人员意见调查预测法，销售人员意见调查预测法，商品展销、订货会调查预测法，消费者购买意向调查预测法。

为了提高预测的准确程度，在进行市场调查预测时应注意以下几个问题：调查表不要包罗万象，应只包括和预测有关的基本内容；要抽选出一定数目的具有代表性的调查单位；设法获得被调查者的充分合作；要参考统计资料和市场信息，对调查预测结果进行修正；尽量利用城市和农村住户抽样调查资料。

（2）专家预测法。

①头脑风暴法。这种方法主要是通过组织专家会议，激励全体与会专家产生积极的创造性思维。在诸多直观预测方法中，头脑风暴法占有重要地位。20世纪50年代，头脑风暴法作为一种创造性的思维方法在预测中得到广泛运用，并日趋普及。从20世纪60年代末期到70年代中期，实际应用中头脑风暴法在各类预测方法中所占的比重由6.2%增加到8.1%。

②德尔菲（Delphi）法。它是专家会议预测法的一种发展。它以匿名方式通过几轮函询，征求专家们的意见。预测领导小组对每一轮的意见都进行汇总整理，作为参考资料再发给每个专家，供他们分析判断，提出新的论证。如此多次反复，专家的意见渐趋一致，结论的可靠性越来越强。

德尔菲法是美国兰德公司20世纪40年代首先用于技术预测的。近十年来，德尔菲法已成为一种广为适用的预测方法。许多决策咨询专家和决策者，常常把德尔菲法作为一种重要的规划决策工具。斯蒂纳（G. A. Steiner）在《高层次管理规划》一书中，把德尔菲法当作最可靠的技术预测方法。德尔菲法的步骤如下：

- 制定调查表，准备必要背景材料，材料应客观、具体、明确、便于答复；
- 选择具有较高理论水平或具丰富实践经验的专家；
- 反馈调查。

③派生德尔菲法。自从兰德公司首次用德尔菲法进行预测之后，很多预测学家对德尔菲法进行了深入研究，对初始的经典德尔菲法进行了某些修正，并开发了一些派生方法。派生方法分为两大类：一是保持经典德尔菲法基本特点；二是改变其中一个或几个特点。

在专家选择的问题上，德尔菲法是一种对于意见和价值进行判断的作业。如果应邀专家对预测主题不具有广泛的知识，就很难提出正确的意见和有价值的判断。即使预测主题比较窄或针对性很强，要物色很多对这一专题涉及的各个领域都有很深造诣的专家也很困难，因而物色专家是德尔菲法成败的关键，是预测领导小组的一项主要工作。

如果预测任务仅仅关系到具体技术发展，最好同时从部门外挑选专家。从外部选择专家，大体按如下程序进行：第一，编制征求专家应答的问题一览表；第二，根据预测问题，编制所需专家类型一览表；第三，将问题一览表发给每个专家，询问他们能否坚持参加规定问题的预测；第四，确定每个专家从事预测所消耗的时间和经费。经典德尔菲法一般分四轮进行。

第一轮：发给专家的第一轮调查表只提出预测主题。预测领导小组对专家填写后寄回的调查表进行汇总整理，归并同类事件，排除次要事件，用准确术语提出一份事件一览表，并作为第二轮调查表发给每个专家。

第二轮：专家对第二轮调查表所列的每个事件做出评价，并阐明理由。领导小组对专家意见进行统计处理。

第三轮：根据第二轮统计材料，专家再一次进行判断和预测，并充分陈述理由。有些预测在第三轮时仅要求持不同意见的专家充分陈述理由，因为他们的依据经常是其他专家忽略的一些外部因素或未曾研究过的一些问题。这些依据往往对其他成员重新做出判断产生影响。

第四轮：在第三轮统计结果基础上，专家再次进行预测。根据领导小组要求，有的成员要重新做出论证。

四轮过后，专家的意见一般可以协调一致。

（3）主观概率法。

主观概率法是指预测者对某一事件在未来发生或不发生的可能性的估计，反映个人对未来事件的主观判断和信任程度。主观概率法是对市场调查预测法或专家预测法得到的定量估计结果进行集中整理的常用方法；客观概率是指某个随机事件经过反复试验后出现的频率，也就是对某个随机事件发生的可能性大小的客观估量。比如掷一枚硬币，出现国徽面和出现数字面的客观概率各为1/2。

①主观概率加权平均法。主观概率加权平均法是以主观概率为权数，通过对各种预测意见进行加权平均，计算出综合性预测结果的方法。

②累计概率中位数法。累计概率中位数法是根据累计概率，确定不同预测值的中位数，对预测值进行点估计和区间估计的方法。

（4）预兆预测法。

预兆预测法就是根据预测对象前兆现象的变化情况，推断预测对象发展前景的预测方法。自然现象、社会现象、经济现象等之间的相互联系，有时在变动时间上呈现先后顺序。当一种现象发生变化之后，另一种现象随之发生变化。前者的变化传递了后者即将发生变化的信息，成为后者发生变化的前兆现象。

①经济波动。所谓经济波动，指的是经济增长中出现上升与下降交替的循环往复运动。一个典型的经济波动周期包括复苏、高涨、衰退和萧条四个阶段。

②监测预警指标体系的构造。应用预兆预测法对经济波动进行监测预警时要建立指标体系，通过对指标系统的观测和分析来反映经济运行系统的变化，以便对经济增长中行将出现的波动态势发出警报信号，为提早实施宏观调控提供依据，做到防患于未然。

设置指标体系要考虑三个方面的问题：一是指标的内容，指标的内容要与预警目标一致。二是指标时差关系分类，根据指标变动的时差关系，入选指标可以分为先行、同步和滞后三种类型。三是指标选取的原则，即经济性质的重要性，变动特征的灵敏性和稳定性，统计上的完整性、及时性与充分性。

③信息指标的综合、识别与评价。一是扩张指数方法。扩张指数方法根据扩张和半扩张指标数量比例进行指标信息的综合。二是景气对策信号方法。景气对策信号方法采用类似交通管制信号灯的方法来显示经济总体的运行状态和应当采取的景气对策，如我国将经济运行的景气波动范围划分为过热、偏热、正常、偏冷和过冷五个景气区，分别

用红灯、黄灯、绿灯、浅蓝灯和蓝灯表示。三是组合信号预测。在实际应用中为了提高预测的准确性，还可以利用同步指标甚至是滞后指标参与预测，然后取各个预测值的平均值作为最终预测值，称为组合信号预测值。

2. 定量预测方法

定量预测方法较多，简单的包括一元线性回归预测法、移动平均预测法、指数平滑预测法、趋势外推预测法等，复杂的包括多元线性回归预测法、虚拟变量回归预测法、灰色系统预测法、马尔柯夫预测法、神经网络预测法等。对于定量预测方法，本书不做介绍。

4.2 计划概述

美国成功学大师安东尼·罗宾斯曾经提出过一个成功的万能公式：成功＝明确目标＋详细计划＋马上行动＋检查修正＋坚持到底。从这个公式可以看出，要想成功，首先要明确目标并制订详细的计划。

| 管理聚焦 4-1 |

一家民营小企业老板小张得知近来某高档香烟销售的差价利润丰厚，就托关系以预付 25% 款项的方式从厂家批发 2 000 箱。同时招一批临时工以每包 10 元回扣的报酬组织促销队伍，并安排酒店和宾馆代销。但因促销不力及市场变化等原因，600 箱香烟积压在库房。小张的爱人骂他做事没有计划，小张感到很委屈。你认为小张有计划吗？

4.2.1 组织为什么要制订计划

计划指组织根据目标，制定实现目标的战略，提出统一和协调未来工作的安排。计划可有正式和非正式之分。非正式计划没有书面文件，没有明确的目标，其他员工也不了解。管理学中的计划一般指正式的计划。组织为什么要制订计划？以下给出了五个原因。

（1）计划是管理者进行指挥的依据。管理者在计划制订出来之后就可以依据计划进行指挥。这种指挥包括依据计划向组织中的部门或人员分配任务，进行授权和定责，组织人们开展按计划的行动等。在这一过程中，管理者都是依照计划进行指挥与协调的。

（2）计划是管理者实施控制的标准。管理者在计划的实施过程中必须按照计划规定的时间和要求指标，去对照检查实际活动结果与计划规定目标是否一致，如果存在偏差，管理者就必须采取控制措施去消除差距，从而保证能够按时、按质、按量地完成计划。没有计划，控制便无从谈起。

（3）计划是降低未来不确定性的手段。未来的情况是不断变化的，尤其是在当今信息时代，社会在变革、技术在进步、观念在更新，一切都处在变化之中。而计划就是面向未来的，因此在计划编制过程中，人们就必须对各种变化进行合理预期，以及预测各种变化对组织带来的影响。计划编制者在编制计划时，通常要依据历史和现状信息对未来的变化做出预测与推断，并根据这些预测与推断制定出符合未来发展变化的计划。计划编制中的这些工作能够大大地降低未来不确定性带来的风险。

（4）计划是提高效率与效益的工具。在计划编制过程中，有一项很重要的工作是进行综合平衡。这项工作的目的是要使未来组织活动中的各个部门或个人的工作负荷与资源占有都能够实现均衡或基本均衡。这种计划综合平衡工作可以消除未来活动中的许多重复、等待、冲突等无效活动，从而消除这些无效活动带来的浪费。同时，这种综合平衡工作还会带来资源的有效配置和活动的合理安排，从而提高组织的工作效率。

（5）计划是激励人员士气的武器。计划通常包含目标、任务、时间安排、行动方案等。由于计划中的目标具有激励人员士气的作用，所以包含目标在内的计划同样具有激励人员士气的作用。不管是长期、中期还是短期计划，也不管是年度、季度还是月度计划，甚至每日、每时的计划都有这种激励作用。例如，有研究发现，当人们在接近完成任务时会出现一种"终末激发"效应，即在人们已经出现疲劳迹象的情况下，当人们看到计划将要完成时会受到一种激励，使人们的工作效率重新上升，并会一直坚持到完成计划，达成目标。

4.2.2 计划的类型、计划工作的性质和影响因素

1. 计划的类型

从计划的广度上把计划划分为战略和战术。战略适用于整个组织，确定企业整体发展目标及与环境相适应的组织定位；战术描述组织为实现整体目标所做的具体工作安排。战略与战术计划的区别在于时间、范围及是否包含一系列具体目标。

从计划的时间上把计划划分为长期、中期与短期计划。短期计划是指一年以下的计划，长期计划是指 3 年以上的计划，中期计划是介于长期计划与短期计划之间的一种计划。

从计划的具体程度把计划划分为具体计划和指导计划。具体计划是有具体、明确的目标及详细的工作安排的工作计划。基层需要具体的工作计划，每项内容应有明确的数量标准。指导计划是只制定总体工作大纲的工作计划，只提供工作重心，不提供工作安排，是灵活的工作计划。

从使用频度上把计划划分为单一工作计划和标准工作计划。单一工作计划是针对特定环境需要的一次性非程序化问题的工作计划；标准计划是针对组织内部重复的程序化的工作提出的工作指导性计划，如政策、规定、程序等。

2. 计划工作的性质

（1）目的性。每一项计划都是为了实现组织的战略和目标。

（2）主导性。计划工作处于其他管理工作的首位，并且它贯穿于管理工作的全过程，组织、人事、领导和控制等工作都是围绕着计划工作展开的。

（3）普遍性。计划是组织内每一位管理者都要做的事情。也就是说，无论是高层还是中层、基层管理人员，都需要做计划工作。

（4）效率性。制订计划时，要以高效率为出发点，即以较低的代价来实现计划目标。

（5）灵活性。计划必须具有灵活性，也就是说，当出现预想不到的情况时，要有能力改变原来确定的方向且不必花费太大的代价。

（6）创造性。计划工作总是能够针对需要解决的新问题和可能发生的新变化、新机会而做出决策。

3. 计划工作的影响因素

（1）组织层次。战术计划适用于较低的管理层次，战略计划由高层管理者制订。

（2）环境。面对不确定的环境应该制订指导性计划，而且应该是短期的。

（3）对未来的承诺。对未来的承诺越多，计划期限应该越长。

4.2.3　计划体系

哈罗德·孔茨和海因茨·韦里克从抽象到具体把计划分为一种层次体系：目的或使命、目标、战略、政策、程序、规则、方案（或规划）、预算（见图4-1）。

图 4-1　计划体系图

（1）目的或使命。它指明一定的组织机构在社会上应起的作用和所处的地位。它决定组织的性质，是此组织区别于其他组织的标志。各种有组织的活动，至少应该有自己的目的或使命。比如，大学的使命是教书育人和科学研究，研究院所的使命是科学研究，医院的使命是治病救人，法院的使命是解释和执行法律，企业的使命是生产和分配商品及服务。

（2）目标。组织的目的或使命太抽象，太原则化，需要进一步具体化为组织一定时期的目标和各部门的目标。组织的使命支配着组织各个时期的目标和各个部门的目标，而且这些目标都是围绕组织存在的使命制定的，并为完成组织使命而努力。虽然教书育人和科学研究是一所大学的使命，但一所大学在完成自己使命时会进一步具体化不同时期的目标和各个院系的目标。

（3）战略。战略是为了达到组织总目标而采取的行动和利用资源的总计划，其目的是通过一系列的主要目标和政策来决定和传达期望成为什么样的组织。战略并不需要确切地描述这个组织怎样去完成它的目标，这些属于主要的和次要的支持性计划的任务。

（4）政策。政策是指导或沟通决策思想的全面的陈述书或理解书，但不是所有政策都是陈述书，政策也常常会从主管人员的行动中含蓄地反映出来。政策用来帮助事先决定问题的处理方法。这既能减少对某些例行事件处理的成本，又把其他计划统一起来了。政策支持分权，同时也支持上级主管对该项分权的控制。政策允许对某些事情有酌情处理的自由，一方面管理者切不可把政策当作规则，另一方面又必须把这种自由限制在一定的范围内。自由处理的权限的大小既取决于政策自身，也取决于主管人员的管理艺术。

（5）程序。程序是制定处理未来活动的一种必需方法的计划，它详细地列出了完成某类活动的切实方式，并按时间顺序对必要的活动进行排列。它与战略不同，它是行动的指南，而非思想的指南。它与政策不同，它没有给予行动者自由处理的权力。出于理论研究的考虑，可以把政策与程序区分开来，但在实践工作中，程序往往表现为组织的规章制度。

（6）规则。规则没有酌情处理的余地。它详细地阐明了必需行动或非必需行动，其本质是一种必须或无须采取某种行动的管理决策。规则通常是最简单形式的计划。规则不同于程序：其一，规则用于指导行动但不说明时间顺序；其二，可以把程序看作一系列的规则，但是一条规则可能是也可能不是程序的组成部分。

（7）方案（或规划）。方案是一个综合性的计划，它包括目标、政策、程序、规则、任务分配、采取的步骤、要使用的资源，以及为完成既定行动方针所需的其他因素。一个方案可能很大，也可能很小，通常情况下一个主要方案（规划）可能需要很多支持计划。在该主要方案进行之前，必须把这些支持计划制订出来，并付诸实施。

（8）预算。预算是一份用数字表示预期结果的报表。预算通常是为规划服务的，但其本身可能就是一项规划。

4.2.4 组织的计划管理

1. 组织计划管理的内容

组织将各项活动纳入统一计划进行管理。组织计划管理的内容包括：根据有关指令和信息组织有关人员编制各种计划；协助和督促执行单位落实计划任务，组织实施，保证计划的完成；利用各种生产统计信息和其他方法（如经济活动分析、专题调查资料等）

检查计划执行情况，并对计划完成情况进行考核，据此评定生产经营成果；在计划执行过程中，当环境条件发生变化时，及时对原计划进行调整，使计划仍具有指导和组织生产经营活动的作用。

通过对计划的制订、执行、检查和调整，组织能合理地利用人力、物力和财力等资源，有效地协调组织内外各方面的生产经营活动，提高组织的效益。

2. 组织计划管理的本质

就计划本身而言，按照组织运营活动的特性划分，类别繁多，各类别主要存在以下特性差异：计划内容不同，操作方法不同，所涉及的执行人不同，计划结果的考核方法也不同。但是各类计划还具备一个共有的特性，即计划的普遍性。计划的编制、审核、执行和考核的过程是统一的，对统一过程的管理称为计划管理。计划管理本质上属于控制类管理，是对组织运营活动的控制，这种控制首先是组织自身的控制，其次才是同级监察、审计部门的控制和上级职能部门的控制。组织自身的控制是计划管理的责任主体，对运营结果负责；同级审计部门和上级职能部门的控制是计划管理的监督主体，对运营活动的质量负责。计划管理责任主体的控制对象是计划执行体系的效率和计划实施过程的有效性；计划管理监督主体的控制对象是计划实施全过程的规范化、程序化、标准化和制度化程度。它们要在发现问题后及时纠偏。

3. 组织计划管理的阶段

计划管理按其特性定位，可划分为三个阶段，即事前管理、事中管理和事后管理。

事前管理主要是对计划的审核。组织依据各项基础性条件，编制各项、各类组织运营活动计划书，针对计划书的可行性、可靠性进行审核并逐渐形成完善的审核体系，保证审核效果，确保计划的可行、可靠。审核体系包括数据统计、数据的无量纲化分析、历史对比（纵向）和行业对比（横向）、建议性结论这四个基本环节。在审核体系中，数据的无量纲化分析是关键环节，它能将不同类型的组织数据进行转换以实现同口径比较，数据统计环节是基础，纵、横向对比是手段，结论是目的。目前很多组织并未全面、有效地掌握和运用事前管理中的审核体系，而组织实施对这些环节的有效控制，能确保计划的可行和可靠，并为计划的事中管理提供操作平台。

事中管理主要是对计划执行体系工作效率的管理，对计划执行过程中出现的各类偏差，首先要做到超前预测，其次是做到措施有效，对执行效果的跟踪是事中管理的主要工作，从而确保计划执行的效率。事中管理的责任主体是组织自身，监察、审计部门的事中管理主要是对计划执行质量的控制。

事后管理主要是对计划实施完毕后的绩效考核、经验总结、材料汇编、备案归档的管理。

计划管理的对象是各类单项计划、综合性计划、年度计划和周计划等，无论何种计划都具备"执行期"这一共同点，只是"执行期"长短不同。因此，计划管理必须遵循体系化原则，即对计划的全过程管理实施体系化控制，按照计划类别、项目和具体工作内容，分门别类地实施三阶段管理和图表化管理。计划管理中，计划的编制是基础，审计是手段，执行是保障，考评是结论。组织要想不断提高运营效益和效率，首先要确保计划管理水平不断提高，而计划管理审核体系中的四个基本环节的工作质量的提升，又是确保计划管理水平提升的基础条件。因此，提高计划编制的科学性、计划审核的独立性、计划执行的有效性和计划考评的公正性、合理性，是组织面临的主要工作内容之一。

4.3 计划的编制与实施

4.3.1 计划的编制过程与编制方法

本节主要介绍计划的编制过程与一些广泛应用的计划编制方法，计划的编制方法主要包括滚动计划法、运筹学法、预算法和网络计划技术等。

1. 计划的编制过程

（1）确定目标。目标为组织整体各部门和各成员指明了方向，描绘了组织未来的状况，并且可以作为衡量实际绩效的标准。

（2）认清现在。认清现在的目的在于寻求合理有效的通向成功的路径，即实现目标的途径。认清现在不仅需要有开放的精神，还要有动态的精神。

（3）研究过去。不仅要从过去发生过的事件中得到启示和借鉴，更重要的是探讨过去通向现在的一些规律。

（4）预测并有效地确定计划的重要前提条件。这些前提条件是关于实现计划的环境的假设，是行动过程中可能出现的情况，仅限于那些对计划来说是关键性的或具有重要意义的假设。

（5）拟定和选择可行性行动计划。

（6）制订主要计划。

（7）制订派生计划，如业务计划派生的生产计划、销售计划、广告计划等。

（8）制定预算，用预算使计划数字化。

2. 计划的编制方法

（1）滚动计划法。滚动计划法是一种能灵活地适应环境变化的长期或中期计划方法，这种方法要求组织根据计划的执行情况和环境变化定期修订未来的计划，并逐期向前推移，使短期计划、中期计划有机地结合起来。根据计划前一阶段的执行情况和变化的环境条件定期修订原计划；在每次调整和修改时，应保证原计划期限不变，只将计划期按顺序向前推进一个滚动期，并基于"近细远粗"的原则制订计划。由于在计划工作中很难准确地预测将来影响企业经营的经济、政治、文化、技术、产业、顾客等各种变化因素，而且随着计划期的延长，这种不确定性就越来越大，因此，若机械地按几年以前的计划实施，或机械地、静态地执行战略性计划，则可能导致巨大的错误和损失。滚动计划法可以避免这种不确定性带来的不良后果。

采用滚动式计划法编制年度计划时，一般将计划期向前推进一个季度，计划年度中第一季度的任务应比较具体，到第一季度末，当编制第二季度的计划时，要根据第一季度计划的执行结果和客观情况的变化以及经营方针的调整，对原先制订的年度计划做相应的调整，并在此基础上将计划期向前推进一个季度。采用滚动式计划法编制月度计划时，一般可将计划期向前推进十天，这样，就可以省去每月月末预计、月初修改计划等工作，有利于提高计划的准确性。

滚动计划法虽然使得计划编制和实施工作的任务量加大，但在计算机普遍应用的今天，其优点十分明显。首先，其最突出的优点是计划更加切合实际，并且是战略性计划的实施更加切合实际。战略性计划是指应用于整体组织的、为组织未来较长时期（通常为5年以上）设立总体目标和寻求组织在环境中的地位的计划。由于人们无法对未来的环境变化做出准确的估计和判断，所以计划针对的时期越长，其实施难度也越大。滚动计划相对缩短了计划时期，提升了计划的准确性和可操作性，是战略性计划实施的有效办法。其次，滚动计划方法使长期计划、中期计划与短期计划相互衔接，短期计划内部各阶段相互衔接。这就保证了当由于环境变化出现某些不平衡时，组织也能及时地进行调解，使各期计划基本保持一致。最后，滚动计划方法大大加强了计划的弹性，这对环境剧烈变化的时代尤为重要，它可以提高组织的应变能力（见图4-2）。

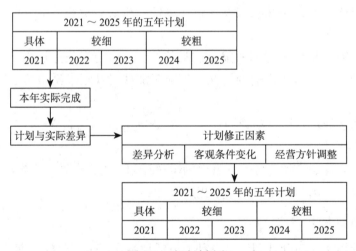

图4-2 滚动计划法

（2）运筹学法。运筹学法包括线性规划法、非线性规划法、动态规划法等。这种方法就是研究在有限的资源条件下，对实现目标的多种可行方案进行选择，以使目标达到最优的方法。也就是说如何将有限的人力、物力和财力等资源合理地分配和使用，以便完成的计划任务最多。运筹学是分析计划工作最全面的方法之一，是现代管理科学理论的基础，它关注于在一定的资源条件（人、财、物）下，为了达到一定的目的，如何统筹兼顾整体活动各个环节之间的关系，为选择最好的方法提供量化依据，以便能为最经济、最有效地使用人、财、物做出综合性的合理安排，取得最好的效果。所以说，运筹学又是一种分析、实验和定量的科学计划方法。在计划工作中应用运筹学的一般程序主要有以下几点：

- 确立问题的数学模型。首先界定问题，确定描述问题的主要变量和问题的约束条件，然后根据问题的性质选择采用哪一类运筹学方法，为了使问题简化和突出主要因素，做出必要的假定，然后将问题描述为一定的数学模型。
- 明确一个目标函数，作为比较各种可能的行动方案的尺度。
- 确定数学模型中各参量的具体数值。
- 求解模型，找出使目标函数达到最大或最小值的最优解。这里通常需要编制计算机程序进行辅助运算。

这种方法也有其不足之处，比如，数学模型必须满足一定的条件，因此得出的最优解往往没有实际应用价值。

（3）预算法。预算是指用数字编制未来一个时期的计划。它可以分为财务预算和非财务预算两大类。财务预算包括各种收入预算、费用支出预算、现金收支预算及投资预算等。非财务预算包括材料、生产量、实物销量、工时的预算等。通过编制预算可将计划指标数字化，并将计划分解，从而使管理人员清楚地了解哪些部门使用了多少资金，有多少收入，以及有多少投入量和产出量等。这有可能使授权更科学，以便在预算限度内去实施计划。预算既是一种计划方法，又是一种控制方法，编制预算是行使管理的计划职能，而执行预算、使用预算标准控制生产经营活动，则属于管理的控制职能。

（4）网络计划技术。网络计划技术是一种运用网络图的形式来组织项目和进行计划管理的科学的现代计划方法。网络计划技术的运用具体可参见运筹学教材。

4.3.2 计划的实施：目标管理

| 管理聚焦 4-2 |

任正非下定决心在华为展开目标管理，并很快制定了 SMART 目标管理办法，SMART 目标管理享有五个最基本的原则，分别是 specific（要明确）、measurable（可度量）、attainable（可实现）、relevant（相关性）、time-bound（时间限定）。

（1）要明确。"要明确"指的是目标要明确具体。例如，过去华为有一个口号——"强化客户服务的意识"，但是，以何种方式体现增强的客户服务意识呢？华为反复强调，各级部门和员工应当制订清晰的工作计划和工作目标，杜绝模棱两可的目标。

（2）可度量。在华为，无论是制定目标的人，还是参与考核的人，都有一个统一的、标准的、明晰的可度量的标尺。公司管理者清楚地知道每个部门和人员在一个月内完成了多少工作量,每个部门和人员的绩效考核应在一个月内超过多少分,一个月内应生产多少产品以及应检查多少次,所有这些都应该有明确的数据支撑。

(3)可实现。这是说任何一个制定的目标都必须是可实现的,而不是不切合实际的。从企业发展的角度来说,如果目标无法实现,那么这个目标就没有任何实际的意义。"我们要跳起来一起摘桃子,而不是跳起来一起摘星星",这是任正非对目标的一个基本定位。

(4)相关性。相关性是指绩效指标应当与其他目标具有一定的相关性。换句话说,任何目标都不应该是独立的状态,而是必须与其他目标相关联。

(5)时间限定。时间限定是目标的一个约束条件,目标可以实现,但是什么时候才能实现呢?这是每个企业、每个员工都要面临的问题,缺少时间容许的目标同样没什么意义,如果把期限放宽,那么就无所谓轻重缓急,无所谓长期目标和短期目标,企业的发展就会因为缺少约束力而陷于推迟和懒散的状态中。

资料来源:根据《华为工作法》并结合华为年报改编。

1. 目标管理的概念

美国管理学家彼得·德鲁克于1954年在《管理的实践》一书中首先提出了目标管理这一概念。德鲁克对这一概念做了精辟的解释:"所谓目标管理,就是管理目标,也就是依据目标进行管理。"通过目标管理,把经营的工作由控制下属变成与下属一起设定客观的标准和目标,让他们靠自己的积极性去完成。

(1)有效目标的七大要素。认识到目标的重要性对目标管理的实施会产生非常重要的影响。什么是目标呢?所谓目标就是结果,所谓目标就是方向,所谓目标就是成功。心理学家发现一个问题,一个人有了目标才能更好地迈向成功,为什么有的组织生产效率不高呢?因为在这些组织内部很多员工是没有目标的。目标管理的核心思想,就是让每个员工都有目标。因为只有有了目标,每个人才会有前进的方向,组织的发展才会更加高效。

有很多组织也在实施目标管理,可是它们的目标设定不科学,它们的目标仅仅是一个空口号而已。要认识到企业发展要高效必须有目标,可是目标不是空口号,那么科学的目标要具备哪些要素呢?有效的、科学的目标必须具备七大要素,这七大要素可以简称为SMART & A+B原则,其中包括目标的五个属性:具体的、明确的(specific),可衡量的、可量化的(measurable),可行的、可实现的(attainable),相关的(relevant),有时间限制的(time-bound)。仅仅有这五个属性的目标,还不能称之为一个科学意义上的目标。除了符合SMART原则外,有效目标还应包括2个要素:达成共识的(agreed)、整体平衡的(balanced)。

比如,组织在制定销售人员目标时,要去考察采购、物流、生产、服务、技术,这些都要能够跟得上销售的目标,要注重整体平衡,也就是说有效的目标必须具体、可以衡量、能够实现、与工作职责相挂钩、有一定的时间限制、达成共识、兼顾整体的平衡,这七个属性与要素缺一不可,只有这种科学的目标才能够更好地推动管理进步。

（2）目标的性质与制定原则。目标有以下几个基本的性质。

①层次性。组织目标形成一个有层次的体系，范围从广泛的组织战略性目标到特定的个人目标。

②网络性。网络性是指从某个具体目标实施计划的整体协调方面来进行工作。第一，目标和计划很少是线性的，目标和计划会形成一个相互联系着的网络；第二，主管人员必须确保目标网络中的每个组成部分要相互协调；第三，组织中的每个部门在制定自己部门的目标时，必须与其他部门相协调；第四，组织制定各种目标时，必须与许多约束因素相协调。

③多样性。

④可考核性。目标考核的途径是将目标量化。

⑤可实现性。对一个目标的完成者来说，如果目标超过其能力所及的范围，则该目标对其是没有激励作用的。

⑥富有挑战性。具有挑战性的目标更能激发员工工作的潜力和斗志，目标的可接受性和挑战性是对立统一的。

⑦伴随信息反馈。信息反馈是把目标管理过程中目标的设置和实施情况不断地反馈给目标设置和实施的参与者，让员工时刻知道组织对自己的要求和自己的贡献情况。

| 管理聚焦 4-3 |

曾经有一位军阀，每次在处决死刑犯时，都会给犯人两个选择：选择一枪毙命，或是选择从左墙上的一个黑洞中走进去，但是命运未知。

然而，所有的犯人都宁可选择一枪毙命也不会选择进入那个黑洞。

有一天，酒酣耳热之际，军阀显得非常开心。

身边的人大胆地问起这位军阀："大帅，您可以告诉我们，进入这个黑洞究竟会有什么样的结果呢？"

"其实也没什么啦！走进黑洞的人只要摸索一两天就能够顺利地逃生了，只不过人们都不敢面对未知的命运罢了。"军阀回答。

目标制定有其基本的原则：

①明确想达到什么具体目标，把它清楚地描述出来并写下来，然后专心地去实现。

②为目标制订出详细的实施步骤和详尽的时间表，规划出不同时期的进度，如每小时的、每日的、每月的。千万别忘记，有组织的工作和持续的热情是力量的源泉。

③目标必须是长期的。没有长期的目标，你就会被短期的种种挫折击倒。

④目标一定要远大。

⑤必须实践自己的目标。

（3）目标管理的概念。当今有许多组织都在帮助其员工设定绩效目标，以便实现组织目标，这可以通过一种叫作目标管理（management by objectives，MBO）的过程加以实现。

目标管理是指这样一个系统：由上下级共同决定具体的绩效目标，首先确定出整体目标，将组织的整体目标转换为组织单位和成员的目标，层层分解，逐级展开，采取保证措施，定期检查目标的进展情况，依据目标完成过程中的具体情况来进行考核，从而有效地实现组织目标。简言之，所谓目标管理就是指组织内部各个部门乃至每个人为实现组织目标，自上而下地制定各自的目标并自主地确定行动方针、安排工作进度、有效地组织实施和对成果严格考核的一种系统的管理方法。

目标管理是一个全面的管理系统，它用系统的方法，使许多关键管理活动结合起来，它将整体目标细分为组织中的单位与个人的具体目标，所以目标管理既是自下而上进行，也是自上而下进行的，其结果是形成了一个不同层次之间目标相连的层级体系。如果组织中所有人都达到了各自的目标，那么组织的目标也就达到了。所以，德鲁克把目标管理看成将每个工作的目标导向整个组织的目标的过程。

2. 目标管理的步骤与目标分解

（1）目标管理的步骤。在组织内部，如何有效地实施目标管理呢？目标管理的实施主要有六大步骤：

- 确定组织目标；
- 层层分解目标；
- 制订目标行动计划；
- 控制目标实施；
- 评价目标成果；
- 应用成果评价。

目标管理的六个步骤可以划分为三个阶段：目标制定、目标实现、检查评价。

①目标制定。这一阶段共有五个步骤：由组织的高层领导制定战略性目标；在各级管理层制定试探性的策略目标；各级管理人员提出各种建议，相互进行讨论并修改；就各项目标和评价标准达成协议。

②目标实现。为实现目标的过程管理，需要员工进行自我管理和自我控制，上级只对例外发生的重大问题进行指导和控制。

③检查评价。这一阶段就是要把实现的成果同原来制定的目标相比较。

经过三个阶段的循环往复，不断提高管理工作的质量。

目标管理成功的先决条件包括：组织高层管理者的积极参加；下级人员的参加，即吸引各级管理人员和广大员工参与目标制定，并为目标的实现承担责任；有充分的情报资料；对实现目标的手段有控制权；对为实现目标而勇于承担风险的人予以激励和保护；相信员工群众的责任心和创造性。

在目标管理的实施过程中，技术的要求比较高或者说难度最大的环节是什么呢？那就是层层分解目标的环节。

（2）如何有效地进行目标分解。对很多组织的管理者来说，目标分解被认为是困难的问题。实际上，只要将目标科学地分解给员工，目标管理就能够有效地实行。目标分解是将组织的整体目标层层分解给部门，再层层分解给员工。只要员工的目标都得到实现，部门的目标也就得到实现，部门的目标得到实现，组织的目标也就得到实现。

如何科学地进行目标分解呢？目标分解的核心思想是什么呢？在组织运行的实践中有一句话很形象地描述了目标分解：上级的手段措施，就是下级的目标。用管理学术语言表达就是，组织中的每个层级都有对应的目标，有了这个目标，就会想到用哪些方法去实现这个目标，对上级来讲，实现目标的措施就是下属的有效目标。

| 管理聚焦 4-4 | 一心食品公司的目标分解 |

表 4-1　一心食品公司的目标分解表

整体目标	总经理目标	物流经理目标	销售经理目标
财务方面	营收：3.5 亿元 利润：1.2 亿元	采购及物流成本：9 000 万元 运输成本：2 000 万元	新产品营收占比：45% 销售费用下降幅度：5%
客户市场	市场占有率：15% 消费者投诉：1 次/100 吨	核心产品占有率：95% 订单处理准确率：99%	新客户营收占比：25% 客户维持率：85% 机构客户收入比：35%
内部流程	完善主要的管理流程	完善采购和储运 SOP 降低库存量：平均天数 2 周	完善客户管理流程
人员发展	实施绩效管理，加强员工培训	绩效管理岗位覆盖率：100% 员工培训时间：大于 80HRS/人	绩效管理岗位覆盖率：100% 员工培训时间：大于 80HRS/人

有了总经理目标之后，我们就应该考虑总经理的这些目标需要哪些手段来实现。比如说在物流方面，需要哪些措施来实现？在销售方面，需要哪些举措来实现？实现总经理目标的举措就是各级部门的目标。根据上级的实现目标的举措就是下级的目标的分解方式，我们就可以将组织的目标层层分解为部门的目标，进一步分解为岗位的目标（见图 4-3）。

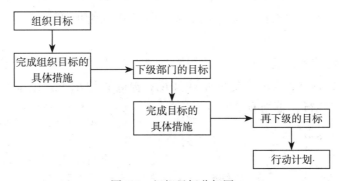

图 4-3　组织目标分解图

4.4 决策

4.4.1 决策概述

1. 决策的内涵与作用

赫伯特·西蒙指出:"决策是管理的心脏,管理是由一系列决策组成的,管理就是决策。"亨利·艾伯斯认为:"决策有狭义和广义之分。狭义地说,决策是在几种行为方针中做出选择;广义地说,决策还包括在做出选择之前必须进行的一切活动。"格里芬在《管理学》中指出:"决策是从两个以上的备选方案中选择一个的过程。"周三多的定义是:"所谓决策,是指组织或个人为了实现某种目标而对未来一定时期内有关活动的方向、内容及方式的选择或调整的过程。"随着科学技术的发展,人们对现代决策越来越趋于这样的共识:决策是组织为了达到某个目标、目的或企图,在众多方案中选择一个最优的方案,并加以实施的过程。

组织的成长过程是不断面临选择并做出决策的过程,尤其是企业。企业每时每刻都处在十字路口,走不同的路的最终结果是不一样的。每个企业在很多情况下会面临重大的抉择,成功企业的正确决策多一些,而且经常是一些大胆决策的结果能促进企业的持续发展。失败的企业是在重大抉择面前做了错误的决策或回避决策,或者把本来该自己做的决策推到上面去,以避免自己承担责任。做不大的企业往往是因为不敢做出决策。世界上破产倒闭的大企业中,85%是因为企业管理者决策不慎。决策的目的和作用如下。

①决策是管理的基础。决策是从多个方案中选择一个方案作为未来行为的指南。在决策之前,要对计划工作进行研究和分析,没有决策就没有合乎理性的行动,因而决策是计划工作的核心。对计划工作的决策是进行组织工作、人员配备、指导与领导、控制工作等的基础。因此,从这种意义上说,决策是管理的基础。

②决策是各级各类主管人员的首要工作。决策不仅仅是上层主管人员的事,上至国家的高级领导者,下到基层的组长,均要做出决策,只是决策的重要程度和影响的范围不同而已。

③决策是执行的前提,正确的行为源于正确的决策。在日常管理工作中,执行力是体现一个组织效益的重要因素,也是衡量一个组织是否良性发展、有效管理的重要指标。正确的决策是组织在有限条件下做正确的事、创造最大价值的前提,它会让组织少走或不走弯路。

④决策能明确目标,统一行动,让组织成员明白工作的方向和要求。民主的决策有助于提高组织的凝聚力,创造良好的企业文化,提高管理水平。民主的决策由于是大家的共识,更加易于执行,更为有效。

|管理聚焦 4-5|

1985年，日本三菱汽车公司和马来西亚国营重工业公司合资2.8亿美元生产的新款汽车"沙格型"推出市场。马来西亚政府将其视为马来西亚工业的"光荣产品"，但是推出产品之后，销量却很低。经济学家研究认为，"沙格型"汽车的一切配件都是由日本提供，但是日元升值使它的生产成本急剧上涨，再加上马来西亚本身的经济形势不好，因此该汽车的销量很少。除此之外，最重要的原因是政府在引进这种车型时，几乎只考虑了国内的需求，也正因此，其技术上未达到先进国家标准导致其无法出口。因为在目标市场决策时出现的失误，"沙格型"汽车为马来西亚工业带来的好梦，只是昙花一现而已。

2. 决策的原则与特征

（1）决策的原则。

①正确分析问题的根源。决策源于对问题的分析，不经过详尽的分析，考虑问题就会浮于表面，所做的决策就会片面或错误。

②独立思考。这个原则往往被忽略，在做出一项决策时，有时候会受到上级或下级的影响，这就要求管理者在决策时要独立思考，排除外来的干扰或影响，避免盲从。

③比较多种选择和不同决策。在决策的过程中，首先要有多种方案可供选择，然后对这些选择进行排队和比较，选出正确的和确实可行的方案。此外，还要认真研究不同的决策，特别是对悲观决策的分析研究。

④决策要果断。决策应该尽快做出，不能磨磨蹭蹭、议而不决，因为情况在不断地变化，有些机遇稍纵即逝，一旦没有抓住，决策就失去了意义。

⑤可实施性。决策一定要有可实施性，这一点往往比决策本身更重要。

（2）决策的特征。

①目标性。决策的根本目的就是要解决存在的问题。

②科学性。它要求决策者能够透过现象看到事物的本质，认识事物发展变化的规律性，做出符合事物发展规律的决策。

③超前性。决策就是针对未来的行动。

④选择性。决策就是在众多可行方案中做选择，如果只有一个方案存在的话，也就不存在决策。

⑤过程性。决策是一个多阶段、多步骤的分析判断过程，绝非简单地出谋划策和拍板定案。

⑥可行性。方案的可行性是指：能解决问题，实现预定目标；方案本身具有实行的条件；方案的影响因素及效果可以进行定性或定量分析。

4.4.2 决策的类型与过程

1. 决策的类型

决策的类型可以按照不同的情况来划分。

（1）按决策的重要程度划分为战略决策、战术决策与业务决策。战略决策是指带有全局性、长远性的大政方针的决策，主要由组织最高层领导来行使决策权；战术决策是指为了实现战略目标而做出的带有局部性的具体决策，主要由组织中层领导来行使决策权；业务决策是指日常管理决策，主要由组织基层管理者负责进行。

（2）根据决策的重复程度划分为程序化决策与非程序化决策。程序化决策是指经常重复发生的，能按照原已规定的程序、处理方法和标准进行的决策。非程序化决策是指具有极大偶然性、随机性，又无先例可循，并且具有大量不确定性的决策活动，其方法和步骤也难以程序化、标准化，而且不能重复使用。

（3）根据决策的可靠程度划分为确定型决策、风险型决策和不确定型决策。确定型决策是指各种可行方案的条件都是已知的，并能较准确地预测它们各自的后果，易于分析、比较和抉择的决策。风险型决策是指各种可行方案的条件大部分是已知的，但每个方案的执行都可能出现几种结果，各种结果的出现有一定的概率，决策的结果只有按概率来确定，决策存在着风险。不确定型决策是指在每个方案的执行都可能出现不同的结果，而且各种结果出现的概率是未知的情况下，完全要凭决策者的经验、感觉和估计做出的决策。

（4）按决策的方向性划分为定向性决策和非定向性决策。定向性决策是指在一定指向下选取最佳方法和最佳手段的决策。非定向性决策是指在决策的时候还不明确方向，多项选择作为备用，要经过分析来从中确定，比如投资决策等。

（5）按决策的分析方法将决策分为理性决策、有限理性决策和直觉决策。具有完全理性的决策者所做的决策就是理性决策，又称为完全理性决策。有限理性决策由美国赫伯特·西蒙提出，他认为每一项决策的制定都要受到决策者的主观认识、信息处理能力和特定客观条件的限制，因此经常处于变动状态并且表现出冲突特征。西蒙认为，决策不可能达成一种理想化的模式，而只能在现实中追求有限理性，他提出用满意原则代替最佳原则。直觉决策是以决策者的经验为基础，在决策者认知模式、情感、决策环境等因素的影响下，通过情景估计对决策问题进行整体把握，并通过逐步挖掘过程找到满意答案，最终做出决策的一种决策模式，是一种定性决策方法。

2. 决策的过程

管理决策是一个科学的过程，为使决策科学化，必须按照一定的程序进行决策。一般认为，决策过程有六个基本步骤，具体如下。

（1）发现问题、确定目标。问题是决策的起点，所谓问题是指现状和期望之间的差异。决策目标是根据要解决的问题确定的，即根据问题的现状、要求和解决的可能性提出决策希望达到的结果。目标必须明确、具体和可行。在许多决策问题中，目标往往不止一个，利润、时间、质量等都可能是决策要求的目标。因此，确定决策目标需要有科学分析的过程，而且要主次得当，统筹兼顾。

（2）制订备选方案。在确定目标后，在分析收集资料的基础上制订出备选方案。制订决策方案就是寻找实现决策目标的手段。为了实现目标，人们总是去追求最佳的手段，所以要拟订出多种可供比较和选择的备选方案。

（3）评价备选方案。在制订了一组备选方案之后，要对每种备选方案的优点和缺点进行分析和评价。成功的决策者通常用四个标准来评价备选方案：合法性、合乎伦理、经济可行性、实用性。

（4）选择最优或次优方案。在对备选方案进行详细的评价之后，根据四项标准对备选方案进行排序，从中选择出一个最佳方案，或者选择出一个最满意的方案。选择优秀方案的方法有：经验判断法、数学分析法、实验法。

（5）实施选定的方案。在选择出最佳方案后，就需要将其付诸实施。决策方案的实施是决策的延续和具体化，即还要做出许多后续决策。有时为了验证方案的可行性和可靠性，在方案选定以后需要进行一些局部试验。验证可行时，即可进入实施阶段，如果不可行，则要修正决策。

（6）追踪检查。由于决策是个动态过程，是在动态中逼近目标的，因此就必须对实施过程中的情况和结果不断地、及时地追踪检查。所谓追踪检查，就是把实施方案与实际执行情况进行对比分析，及时研究未能达到预期效果的原因，并采取相应的对策。追踪检查是决策动态过程的反映，即决策、执行、再决策、再执行。

| 管理聚焦 4-6 |

这几天，深圳某软件信息企业的李经理有点烦，不是因为别的，而是因为他手下的两个得力干将就像是商量好似的，先后找他说他们的底薪定得太低，公司制定的奖励政策不合理，完全体现不了多劳多得的概念，并且说要么给他们调高底薪，要么就调整公司的奖励政策，不然他们可能就要走人了。按理说，李经理与这两位骨干的关系一直都很融洽，年底向老板申请红包时更加没有亏待他们，这两个小伙子也确实很争气，两个人的订单量占了公司总业务量的30%～40%，相当于其他十来个人的总业绩，要是他们走了，公司的"天"就塌了快一半。但是，无论是调整福利政策还是调整底薪，都肯定是只增不减，他担心水涨船高，这样做之后销售费用猛增，无法控制，最终无法向老板交代。

随后他带着这个问题去找老板汇报，没想到老板居然痛快地对他说："这个问题就全权交给你处理了，但是要保证既不能让销售利润率下降，还不能让那两个年轻人离职，也不要留下后遗症和连锁反应。你就自己想想办法吧，我同意你做的决定就是了。"

如果你是李经理，你应该怎么办？

4.4.3 决策的方法

1. 定性决策方法

定性决策方法是决策者根据掌握的信息，通过对事物运动规律的分析，在把握事物内在本质联系的基础上进行决策的方法。定性决策方法很多，包括头脑风暴法、德尔菲法、二八法则、列名小组法等，德尔菲法在前面已经介绍过了，这里只介绍头脑风暴法、二八法则和列名小组法。

（1）头脑风暴法。头脑风暴法出自"头脑风暴"一词。所谓头脑风暴，最早是精神病理学上的用语，指精神病患者的精神错乱状态，而现在则成为无限制的自由联想和讨论的代名词，这种方法的目的在于产生新观念或激发创新设想。头脑风暴法是由美国创造学家奥斯本于 1939 年首次提出、于 1953 年正式发表的一种激发性的思维方法。经各国创造学研究者的实践和发展，而今形成了一系列方法，如奥斯本智力激励法、默写智力激励法、卡片式智力激励法等。在群体决策中，由于群体成员心理的相互作用和影响，人们易屈服于权威或大多数人的意见，形成所谓的群体思维。群体思维削弱了群体的批判精神和创造力，损害了决策的质量。为了保证群体决策的创造性，提高决策质量，管理上发展了一系列改善群体决策的方法，头脑风暴法是较为典型的一个。

头脑风暴法可分为直接头脑风暴法（简称头脑风暴法）和质疑头脑风暴法（也称反头脑风暴法）。前者是在专家群体决策时尽可能激发创造性，产生尽可能多的设想的方法，后者则是对前者提出的设想、方案逐一质疑，分析其现实可行性的方法。

采用头脑风暴法组织群体决策时，要集中有关专家召开专题会议，主持者以明确的方式向所有参与者阐明问题，说明会议的规则，尽力创造融洽轻松的会议气氛，一般不发表意见，以免影响会议的自由气氛，而由专家们自由提出尽可能多的方案。

头脑风暴何以激发创新思维？根据奥斯本本人及其他研究者的看法，可把头脑风暴的激发机理总结为以下几点。

①联想反应。联想是产生新观念的基本过程。在集体讨论问题的过程中，一个新观念的提出总能引发他人的联想，相继产生一连串的新观念，产生连锁反应，形成新观念"堆"，这为创造性地解决问题提供了更多的可能性。

②热情感染。在不受任何限制的情况下，集体讨论问题能激发人的热情。人人自由发言、相互影响、相互感染，能形成热潮，突破固有观念的束缚，最大限度地发挥创造性的思维能力。

③竞争意识。在有竞争意识的情况下，人人争先恐后，竞相发言，不断地开动思维机器，力求有独到的见解和新奇的观念。心理学的原理告诉我们：人类有争强好胜的心理，在有竞争意识的情况下，人的心理活动效率可增加 50% 或更多。

④个人欲望。在集体讨论解决问题的过程中，个人欲望的自由不受任何干扰和控制是非常重要的。头脑风暴法有一条原则：不得批评仓促的发言，甚至不许有任何怀疑的表情、动作和神色。这就能使每个人畅所欲言，从而提出大量的新观念。

实践经验表明，头脑风暴法可以排除折中方案，对讨论的问题通过客观、连续的分析，找到一组切实可行的方案，因而头脑风暴法在军事决策和民用决策中获得了较广泛的应用。例如，美国国防部在制定长远科技规划时，曾邀请50名专家采取头脑风暴法开了两周会议。参加者的任务是对事先提出的长远规划提出异议。通过讨论，他们得到一份使原规划文件被广泛认可的报告，原规划文件只有25%～30%的意见得到保留，由此可以看到头脑风暴法的价值。

（2）二八法则。二八法则又称80/20效率法则，或帕累托法则、帕累托定律、最省力法则、不平衡原则、犹太法则。此法则是由意大利经济学家帕累托提出的。二八法则认为，原因和结果、投入和产出、努力和报酬之间本来就存在着无法解释的不平衡。通常，投入、努力以及结果可以分为两种不同的类型：一类是多数，它们只能造成少许的影响；一类是少数，它们造成主要的、重大的影响。若以数学方式测量这个不平衡，得到的基准线是一个80/20关系：80%的结果、产出或报酬取决于20%的原因、投入或努力。例如，世界上80%的财富为20%的人所拥有，在一个国家的医疗体系中，20%的人口与20%的疾病会消耗80%的医疗资源。80/20原则表明，在原因和结果、投入和产出以及努力和报酬之间，存在着固有的不平衡。这说明少量的原因、投入和努力会有大量的收获、产出或回报，要学会抓住其中几件重要事情。

二八法则极其灵活多用，它能有效地适用于任何组织、任何组织中的功能和任何个人的工作。其最大的用处在于，当你分辨出所有隐藏在表面下的作用力时，就可以把大量精力投入最大生产力上并防止负面影响的产生。

二八法则有两个最明显的用途。第一，发现事物中80/20关系的关键起因：20%的投入就有80%的产出，并在取得最佳业绩的同时减少资源损耗。当公司发现自己80%的利润来自20%的顾客时，就应当努力扩展与那20%顾客的合作。这样做比把注意力平均分散给所有的顾客更容易，也更值得。当公司发现80%的利润来自20%的产品时，公司就应该全力销售那些高利润的产品。第二，对80%的投入只产出20%的生产状况进行改进，使之发挥有效作用。不同于线性思维，组织应该系统并谨慎地应用80/20分析法，因为线性思维会导致对80/20效率法则的误解，也可能会导致滥用。

（3）列名小组法。列名小组法是采用函询与集体讨论相结合的方式征求专家意见的方法。这种方法分为两个步骤：第一步，请有关专家在互不接触的条件下，用函询的方式提出自己对某个问题的意见；第二步，邀请专家聚会，把第一步收集的意见匿名传达给大家，使大家畅所欲言，深入探讨。列名小组法可以有效地避免头脑风暴法和德尔菲法的弊端，既可以使专家们在第一步毫无顾忌地各抒己见，又可以在第二步相互启发，取长补短。但是，这种方法如果使用不当，也会失之偏颇。

2. 定量决策方法

定量决策方法是指利用数学模型优选决策方案的决策方法。根据数学模型涉及的问题的性质（或者说根据所选方案结果的可靠性），一般可将定量决策方法分为确定型决策、风险型决策和不确定型决策三种（见图 4-4）。

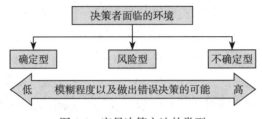

图 4-4 定量决策方法的类型

（1）确定型决策方法。

确定型决策是指在所有备选方案中都只有一种确定结果的决策。这类决策问题由于决策者掌握了比较完整的资料，各方案的结果单一，没有不确定因素存在，因此，在决策过程中有一定的规律可循。对确定型决策问题，决策的关键环节是判断什么样的行动方案能最好地实现既定的决策目标。

①单纯择优法。它是根据已掌握的每个备选方案的确定结果，直接进行比较，按照设定的决策目标，从中选出优秀方案的决策方法。这种决策方法的使用必须建立在决策者已掌握了足够且准确的相关资料基础上。

【例 4-1】某企业现有某产品 10 000 件，现有订单意向的单件综合成本、单件销售价格及单件利润如表 4-2 所示。

表 4-2 现有订单意向的单件综合成本、单件销售价格及单件利润

订单意向	单件综合成本（元）	单件销售价格（元）	单件利润（元）
本地（5 000 件）	500	600	100
出口（3 000 件）	470	560	90
外埠 1（4 000 件）	520	630	110
外埠 2（4 000 件）	540	620	80

在其他条件不变的情况下，为实现企业利润最大化，根据单件利润，选择的销售方案应为：本地（5 000 件）、出口（1 000 件）、外埠 1（4 000 件）。

②盈亏平衡分析法。盈亏平衡分析法又称保本分析法或量本利分析法，是通过考察销量、成本和利润的关系以及盈亏变化的规律来为决策提供依据的方法。

在运用盈亏平衡分析法时，关键是找出企业不盈不亏时的销量（称为保本销量或盈亏平衡销量，此时企业的总收入等于总成本）。该法常用图形来考察销量、成本和利润的关系。在应用图解法时，通常假设产品价格和单位变动成本都不随销量的变化而变化，所以收入曲线和总成本曲线都是直线。盈亏平衡分析法是一种简单的方法，对管理者而言是很有价值的。

由图 4-5 可以看出，当产销量为 Q_1 时，企业不亏不盈。当产销量低于 Q_1 时就产生

亏损，产销量越少，亏损额越多；当产销量高于 Q_1 时就产生利润，产销量越多，盈利也就越多。通过公式也可计算出盈亏平衡点 A 的产销量 Q_1，决策者需要知道产品销售的单位价格（P）、单位可变成本（V）及总固定成本（C）。盈亏平衡点 A 的产销量 Q_1 的计算公式为：

$$Q_1 = C/(P-V)$$

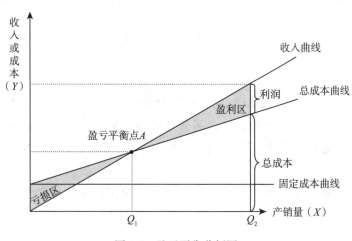

图 4-5　盈亏平衡分析图

这个公式说明：当以某个高于可变成本的价格销售产品达到某个单位时，总收入一定可以等于总成本；价格和可变成本的差与销量的乘积等于固定成本。由此公式可以推算出一定利润（L）的产销量 Q_2 的计算公式为：

$$Q_2 = (C+L)/(P-V)$$

【例 4-2】长城股份有限公司生产销售机器，总固定成本为 100 000 元，单位变动成本为 500 元，每台机器售价 1 000 元，请计算出保本点销量。

依据公式可得：

$$Q_1 = C/(P-V) = 100\,000/(1\,000-500) = 200（台）$$

若该公司想赚取 50 000 元的利润，那么，这时的销量应是多少？

依据公式得：

$$Q_2 = (C+L)/(P-V) = (100\,000+50\,000)/(1\,000-500) = 300（台）$$

（2）风险型决策方法。

所谓风险型决策，就是在不确定性条件下做出的决策，这是企业在经营中经常碰到的决策问题，如建设新工厂的投资决策、新产品的开发决策、企业兼并的决策等。

风险型决策是根据预测各种事件可能发生的先验概率，采用期望效果最好的方案作为最优决策方案。这里解释以下几个概念：一是先验概率，根据过去的经验或主观判断而形成的对各种自然状态的风险程度的测算值；二是自然状态，指各种可行方案可能遇到的客观情况和状态；三是损益矩阵，一般由三个部分组成，即可行方案、自然状态及其发生的概率、各种行动方案的可能结果，把这三个部分的内容在一个表格上表现出来，这个表格就是损益矩阵表。

以期望值为标准的决策方法：以损益矩阵为依据，分别计算各可行方案的期望值，选择其中期望收益值最大（或期望损失值最小）的方案作为最优方案。设 $E(d_i)$ 表示第 i 个方案的期望值；X_{ij} 表示采取第 i 个方案，出现第 j 种状态时的损益值；$P(\theta_j)$ 表示第 j 种状态发生的概率。若总共可能出现 m 种状态，则期望损益的计算公式为：

$$E(d_i) = \sum_{j=1}^{m} x_{ij} P(\theta_j)$$

风险型决策的特点如下：决策目标一般是经济性的，可以用货币来计量；存在多个可行方案，每个方案的收益和损失（包括直接损失或机会损失）可以根据项目的生产能力和市场预测资料比较准确地进行估计；未来环境可能出现多种自然状态；各种自然状态发生的概率可以根据历史资料或经验进行判断；决策标准是使期望收益达到最大或使期望损失减至最小。

迄今为止，已开发出多种风险型决策方法，如决策树法、敏感性分析法、效用概率决策法、连续性变量的风险型决策法和马尔可夫决策法等。其中，决策树法是一种应用最广、效果最显著的方法。

①决策树法。决策树是决策问题的图形表达，对分析多阶段的决策问题十分有效，它指明了未来的决策点和可能发生的偶然事件，并用记号标明了各种不确定事件可能发生的概率，它把可行方案、所冒风险及可能的结果直观地表达了出来。

【例 4-3】 某企业为增加某产品的产量而设计了三个可行方案：一是投资 1 000 万元新建生产车间；二是投资 500 万元，扩建老车间；三是转包给其他厂生产，使用期限为 5 年。

以上问题是现实问题的极大简化，但可以让我们对决策树有基本了解，当然决策树也能用于复杂问题的决策。上述问题的三种可行方案的具体情况如表 4-3 所示。

表 4-3　三种可行方案　　　　　　　　　（单位：万元）

方案	市场需求	
	大（0.7）	小（0.3）
新建	800	-200
扩建	600	200
转包	400	100

要求：
请用决策树方法，选出最好的方案。

根据三种可行方案情况，画出决策树，如图 4-6 所示，由决策点引出的若干条"树枝"称为方案分支，由状态节点引出的若干条"树枝"称为状态分支，在状态分支上，标明了状态的情况和可能的概率。

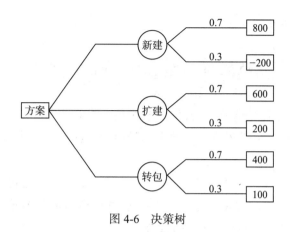

图 4-6 决策树

新建:（800×0.7−200×0.3）×5−1 000=1 500（万元）
扩建:（600×0.7+200×0.3）×5−500=1 900（万元）
转包:（400×0.7+100×0.3）×5=1 550（万元）
1 900 万元（扩建）＞1 550 万元（转包）＞1 500 万元（新建）
因此，选取扩建方案。

②敏感性分析法。在决策过程中，自然状态出现的概率值变化会对最优方案的选择产生影响。概率值变化到某个程度会引起方案的变化，在这一临界点上的概率称为转折概率。对决策问题做出的这种分析，就是敏感性分析，或称灵敏度分析。

敏感性分析的步骤如下：

- 求出在保持最优方案稳定的前提下，自然状态出现概率变动的容许范围；
- 衡量用以预测和估算这些自然状态概率的方法，判断其精度是否能保证所得概率值在此允许的误差范围内变动；
- 判断所做决策的可靠性。

③效用概率决策法。这是一种以期望效用值作为决策标准的决策方法。效用是决策者对于期望收益和损失的独特兴趣、感受和取舍反应。效用代表着决策者对于风险的态度，也是决策者胆略的一种反映，可以通过计算效用值和绘制效用曲线的方法来衡量。用横坐标代表损益值，纵坐标代表效用值，把决策者对风险态度的变化关系绘出一条曲线，就称为决策者的效用曲线。效用曲线可以分为以下三种类型：一是上凸曲线，它代表了保守型决策者，他们对于收益反应比较迟缓，而对损失比较敏感。大部分人的决策行为属于保守型。二是下凸曲线，它代表了进取型决策者，他们对于损失反应迟缓，而对收益反应比较敏感。三是直线，代表了中间型决策者，他们认为损益值的效用大小与期望损益值本身的大小成正比，此类决策者完全根据期望损益值的高低选择方案。

使用效用概率决策法的步骤：

- 画出决策树图，把各种方案的损益值标在各个概率枝的末端；
- 绘出决策者的效用曲线；
- 找出对应于原决策问题各个损益值的效用值，标在决策树图中各损益值之后；
- 计算每个方案的效用期望值，以效用期望值作为评价标准来选定最优方案。

④连续性变量的风险型决策法。它是解决连续型变量，或者虽然是离散型变量，但可能出现的状态数量很大的决策问题的方法。连续性变量的风险型决策方法可以应用边际分析法和标准正态概率分布等进行决策。

该方法的思想是，设法寻找期望值作为一个变量随备选方案依一定次序的变化而变化的规律性，只要这个期望值变量在该决策问题定义的区间内是单峰的，则峰值处对应的那个备选方案就是决策问题的最优方案。这种方法类似于经济学中的边际分析法。边际利润是指存有并卖出一个追加单位的产品所得到的利润值，期望边际利润是边际利润乘以其中的追加产品能被卖出的概率，边际损失是指存有一个追加单位产品因卖不出去而造成的损失值，期望边际损失是边际损失乘以其中的追加产品卖不出去的概率。

令期望边际利润等于期望边际损失，得出转折概率，根据转折概率对应结果进行决策。

设有一个生产销售问题的风险型决策，如果满足下列两个条件：该决策问题的自然状态（市场需求量）为一个连续型的随机变量 x，其概率密度为 $f(x)$；备选方案 d_1，d_2，…，d_m 分别表示生产（或存有）数量为 1，2，…，m 单位的某种产品或商品。

那么，该风险型决策取得最大期望利润值的方案 d_k，其所代表生产（存有）的单位产品数量 k（最佳方案）由下式决定：

$$b = (a+b)\int_k^\infty f(x)d_x$$

式中，a 为边际利润值，即生产并卖出一个追加单位的产品获得的利润值；b 为边际损失值，即存有一个追加单位产品因卖不出去而造成的损失值。

⑤马尔可夫决策法。这种方法主要是根据某些变量的现在状态及其变化趋向，来预测它们在未来某个特定期间可能出现的状态，从而提供某种决策的依据。马尔可夫决策方法一般是用转移概率矩阵进行预测和决策。

转移概率矩阵中的各元素都是非负的，并且各行元素之和等于 1，各元素用概率表示，在一定条件下是可以互相转移的，故称为转移概率矩阵。如用于市场决策时，矩阵中的元素是市场或顾客的保留、获得或失去的概率。

用马尔可夫决策方法进行决策的特点有：第一，转移概率矩阵中的元素是根据近期市场或顾客的保留与得失流向资料确定的；第二，下一期的概率只与上一期的预测结果有关，不取决于更早期的概率；第三，利用转移概率矩阵进行决策，其最后结果取决于转移矩阵的组成，不取决于原始条件（即最初占有率）。

转移概率矩阵决策的应用步骤如下：

- 建立转移概率矩阵；
- 利用转移概率矩阵进行模拟预测；
- 求出转移概率矩阵的平衡状态，即稳定状态；
- 应用转移概率矩阵进行决策。

（3）不确定型决策方法。

不确定型决策是指方案实施可能会出现的自然状态或带来的后果不能做出预计的决策。它与风险型决策相比，不仅不能确定决策事件面临的各种自然状态是否会发生，而且各种自然状态发生的概率也无法通过预测等手段得知。不确定型决策主要靠决策者的经验、素质和决策风格，一般情况下，不确定型决策可以根据三种不同的原则，用决策表法进行。

【例4-4】 某企业计划开发新产品，有三种设计方案可供选择。不同设计方案的制造成本、产品性能各不相同，在不同的市场状态下的损益值也不同（见表4-4）。

表 4-4 不确定型决策的决策矩阵

方案	各市场状态下的损益值		
	畅销	一般	滞销
A	70	40	10
B	90	30	0
C	100	30	−10

①不确定型决策的乐观法。乐观法（又称大中取大法）是基于对未来前景的乐观估计，不放弃任何一个获得最好结果的机会，愿意承担风险以争取最大收益。进取者偏好此法。

在方案取舍时，首先要找出各方案带来的最大损益值，然后，在各方案的最大损益值中取最大者对应的方案（见表4-5）。

表 4-5 不确定型决策的乐观法结果

方案	各市场状态下的损益值			Max
	畅销	一般	滞销	
A	70	40	10	70
B	90	30	0	90
C	100	30	−10	100

Max（70，90，100）=100，选择方案C

②不确定型决策的悲观法。采用悲观法（又称小中取大法）的管理者对未来持悲观看法，认为未来会出现最差的自然状态，因此，不论采取哪种方案，都只能获取该方案的最小收益。保守者偏好此法。

在方案取舍时，首先，取各方案在各种状态下的最小损益值（即最不利的状态发生），然后，在各方案的最小损益值中取最大者对应的方案（见表 4-6）。

表 4-6　不确定型决策的悲观法结果

方案	各市场状态下的损益值			Min
	畅销	一般	滞销	
A	70	40	10	10
B	90	30	0	0
C	100	30	−10	−10
Max（10, 0, −10）=10，选择方案 A				

③不确定型决策的折中法。进取者和保守者都是以各方案不同状态下的最大或最小极端值为标准，但在多数场合下决策者既非完全的进取者，也非极端保守者，而是在两个极端中间的某个位置寻找决策方案，即折中法。折中主义者偏好此法。

首先，找出各方案在所有状态下的最大值和最小值；其次，根据自己的风险偏好程度，给定最大值一个乐观系数 a（$0<a<1$），那么，最小值系数就是 $1-a$；再次，用给定的系数与对应的各方案最大值和最小值计算各方案的加权平均值；最后，加权平均值的最大值对应的方案就是最佳方案（见表 4-7）。

表 4-7　不确定型决策的折中法结果

乐观系数 a=0.7，加权平均值 =aMax+（1−a）Min						
方案	各市场状态下的损益值			Max	Min	加权平均值
	畅销	一般	滞销			
A	70	40	10	70	10	52
B	90	30	0	90	0	63
C	100	30	−10	100	−10	67
Max（52, 63, 67）=67，选择方案 C						

④不确定型决策的最小最大后悔值法（遗憾准则）。管理者在选择了某方案后，如果将来发生的自然状态表明其他方案的收益更大，则他会为自己的选择后悔，最小最大后悔值法就是使后悔值最小的方法。稳妥者偏好此法。

首先，计算各方案在各自然状态下的后悔值（某方案在某自然状态下的后悔值 = 该自然状态下的最大收益 − 该方案在该自然状态下的收益），形成后悔值矩阵，并找出各方案的最大后悔值；然后进行比较，选择最大后悔值中最小值对应的方案作为最佳方案（见表 4-8）。

表 4-8　不确定型决策的最小最大后悔值法结果

方案	各市场状态下的损益值 / 后悔值			最大后悔值
	畅销 / 后悔值	一般 / 后悔值	滞销 / 后悔值	
A	70/30	40/0	10/0	30
B	90/10	30/10	0/10	10
C	100/0	30/10	−10/20	20
Min（30, 10, 20）=10，选择方案 B				

4.4.4 决策支持系统、决策数据与数据挖掘

1. 建立决策支持系统

（1）决策支持系统的结构与运行。

随着信息技术应用的深入，信息系统已不仅仅支持信息的处理，而且也逐渐向上发展，支持管理的决策（见图4-7）。要支持决策就要有分析能力和模型能力，所谓决策支持系统，就是以管理学、运筹学、控制论和行为科学为基础，以计算机和仿真技术为手段，辅助决策者解决半结构化或非结构化决策问题的人机交互信息系统。决策支持系统以提高决策效率为

图 4-7　决策支持系统的演进

目标，对决策者起到支持和辅助作用，但决策支持系统不能代替决策者决策。决策者可以针对管理决策的问题，建立一个模型以考查一些变量的变化对决策结果的影响。

有的决策支持系统只提供数据支持，这种系统被称为面向数据的决策支持系统（data oriented DSS）；有的只提供模型支持，这种被称为面向模型的决策支持系统（model based DSS）。目前的决策支持系统均为既面向数据又面向模型的系统。决策支持系统由语言交互系统、问题求解系统以及数据库、模型库、算法库、知识库子系统组成（见图4-8）。在某些具体的决策支持系统中，也可以没有单独的知识库，但模型库和算法库通常是必需的。数据库子系统提供对数据的存储、检索、处理和维护，并从来自各种渠道的各种信息资源中析取数据，把它们转换成DSS规范要求的内部数据。知识库子系统负责管理决策问题领域的知识，如问题的性质、求解的一般方法、限制条件和现实状态，以及有关这类问题的法规、办法、规定等，为DSS的人机界面、算法库、模型库等提供必要的知识支持。人机界面是DSS的人机接口，负责接收和检验用户的请求，协调数据库、模型库、算法库和知识库之间的通信，为决策者提供信息收集、问题识别以及模型的构造、使用、改进、分析和计算等功能，并将结果信息输出。

决策支持系统求解问题（或称支持决策）的过程如下：用户通过语言交互系统把问题的描述和要求输入决策支持系统，语言交互系统对此进行识别和解释；问题处理系统通过知识库和数据库收集与该问题有关的各种数据、信息和知识，据此对该问题进行识别、性质判定和求解；通过模型库集成构造解题所需的规则模型或数学模型，对该模型进行分析鉴定；在算法库中识别进行模型求解所需的算法并进行模型求解，对所得结果进行分析评价；最后通过语言交互系统对求解结果进行解释，输出具有实际含义、用户可以理解的形式。在上述求解过程中，用户可以根据需要与决策支持系统交互对话，进行多次求解，直到得到用户满意的结果。DSS的主要功能有：

- 能存储、管理、维护和组织决策模型与求解方法；

- 用模型与方法对数据进行加工、汇总、分析和预测，得出综合信息与预测信息；
- 具有方便的人机对话和图像输出功能，能满足随机的数据查询要求，回答"What … if …"之类的问题。

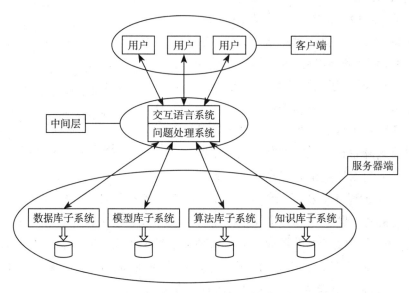

图 4-8　决策支持系统的基本结构

决策支持系统的主要特点有以下几个方面。

①系统只是支持用户而不是代替决断。因此，系统并不提供所谓的最优解，而是给出一类满意解，让用户自行决断。同时，系统并不要求用户给出一个预先定义好的决策过程。

②系统支持的主要对象是半结构化的决策（即不能完全用数学模型、数学公式来求解的决策），它的一部分分析可由计算机自动进行，但需要用户的监视和及时参与。

③采用人机对话的有效形式解决问题，充分利用人的丰富经验和计算机的高速处理及存贮量大的特点，各取所长，共同促使问题的解决。

│管理聚焦 4-7│

国内某家纺织厂要开发一个决策支持系统用于配棉计算。由于不同种类的棉花有不同的强度、耐磨性和吸水性，还有不同的价格以及运输费用，因此每种产品要求棉纱有不同的特性。事实上，几十支不同纱混纺成一根成品纱，为了达到要求的强度、耐磨性、吸水性和最低成本的目标，用什么棉、用多少支纱来混纺可以用线性规划建立一组包含几十个变量和方程的数学模型，用决策支持系统来计算，根据最优解进行生产可以使纺织厂每年节省多达几十万元的资金。

（2）决策支持系统的发展。

决策支持系统包括以下几个发展分支：业务导向（business oriented）型的 DSS，行为导向（behaviour oriented）型的 DSS，专家系统在管理中的应用（expert system in business），基于知识的系统（knowledge based system）在管理决策领域的应用。

此外，还有理想处理过程支持系统（idea processing support system，IPSS）、政策分析者使用的交互式支持系统（interactive support system for policy analysis，ISSPA）。目前 DSS 有了新的发展，成果主要包括主管支持系统（executive support system，ESS）和群体决策支持系统（group decision support system，GDSS）。一般认为，ESS 是 DSS 的一个特例，它依靠先进的存取手段，可以存取 DSS 和 MIS 数据库中的数据，而且可以存取外界包括市场行情、新的税收规定以及竞争者情况的信息，具有很好的图形显示能力和实用的分析能力。ESS 不仅支持主管进行决策，提高效益，而且支持主管日常办公，提高效率。GDSS 是支持群体进行决策的系统，这个群体可能是一个组织、一个委员会、一个工作组或一个研讨会。GDSS 往往包含一个电子会议系统和一个 CSCW 系统，这种群体决策可以是同时进行或同步进行，也可以是不同时的异步进行。GDSS 是当前 DSS 发展的一个重要方向。DSS 正朝着智能化方向发展，称为智能决策支持系统（intelligent decision support system，IDSS），主要是在原有 DSS 上加入知识库和逻辑推理能力。其拥有更高的智能水平，具有学习的能力，尤其是基于案例的学习，这使 IDSS 得到了更多的关注。但由于 DSS 已具有一定的智能水平，所以没有必要把 IDSS 专门分出一类。

2. 用数据挖掘支持决策

决策需要数据支撑，现代信息技术可以为决策提供数据支撑。

（1）数据仓库概念及特征。

数据仓库就是面向主题的、集成的、不可更新的（稳定的）、随时间不断变化的数据集合。与其他数据库应用不同的是，数据仓库更像一种过程，即对分布在组织内部各处的业务数据进行整合、加工和分析的过程，而不是一种可以购买的产品。数据仓库的特征有以下几点。

①面向主题。数据仓库中的数据是按照一定的主题域进行组织的，主题是一个抽象的概念，是指用户使用数据仓库进行决策时关心的重点方面，一个主题通常与多个操作型信息系统相关。

②集成的。数据仓库中的数据是在对原有分散的数据库数据进行抽取和清洗的基础上，经过系统加工、汇总和整理得到的，在这个过程中必须消除源数据中的不一致性，以保证数据仓库内的信息是关于整个企业的一致的全局信息。

③相对稳定的。数据仓库的数据主要供组织决策分析所用，涉及的数据操作主要是数据查询，一旦某个数据进入数据仓库，一般情况下将被长期保留，也就是数据仓库中一般有大量的查询操作，但修改和删除操作很少，通常只需要定期的加载和刷新。

④反映历史变化。数据仓库中的数据通常包含历史信息，系统记录了组织从过去某

个时点到目前各个阶段的信息，通过这些信息，可以对组织的发展历程和未来趋势做出定量分析和预测。

（2）数据仓库的分析技术。

OLAP（联机分析处理）技术是数据处理的一种技术概念，OLAP 的基本目的是使组织的决策者能灵活地操纵组织的数据，以多维的形式从多面角度来观察组织的状态、了解组织的变化，通过快速、一致、交互地访问各种可能的信息视图，帮助管理人员掌握数据中存在的规律，实现对数据的归纳、分析和处理，帮助组织完成相关的决策。根据 OLAP 产品的实际应用情况和用户对 OLAP 产品的需求，人们提出了一种对 OLAP 更简单明确的定义，即共享多维信息的快速分析。OLAP 通过以很多种可能的观察方式对多维信息进行快速、稳定一致和交互性的存取，允许管理决策人员对数据进行深入的观察。

① OLAP 的主要特点。OLAP 是直接仿照用户的多角度思考模式，预先为用户组建立多维的数据模型，在这里，"维"指的是用户的分析角度，例如对销售数据的分析，时间周期是一个维度，产品类别、分销渠道、地理分布、客户群类也是各种不同的维度。一旦多维数据模型建立完成，用户就可以快速地从各个分析角度获取数据，动态地在各个角度之间切换或进行多角度综合分析，可见，这种技术具有极大的分析灵活性。

② OLAP 与数据仓库的关系。事实上，随着数据仓库理论的发展，数据仓库系统已逐步成为新型的决策管理信息系统的解决方案。数据仓库系统的核心是联机分析处理，但数据仓库包括更为广泛的内容。概括来说，数据仓库系统是指具有综合企业数据的能力，能够对大量组织数据进行快速和准确分析，辅助做出更好的商业决策的系统（见图 4-9）。它本身包括三部分内容：一是数据层，实现对组织操作数据的抽取、清洗、转换和汇总，形成信息数据，并存储在组织级的数据仓库中；二是应用层，通过联机分析处理，甚至是数据挖掘等应用处理，实现对信息数据的分析（多维化处理）；三是表现层，通过前台分析工具，将查询报表、统计分析、多维联机分析和数据发掘的结论展现在用户面前（可视化处理）。

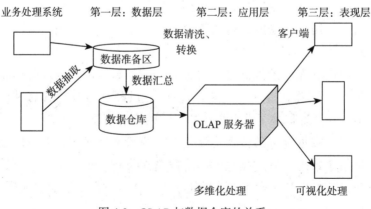

图 4-9 OLAP 与数据仓库的关系

（3）数据挖掘技术。

①数据挖掘的概念。数据挖掘，又称数据库中的知识发现，是指从大型数据库或数据仓库中提取隐含的、未知的、不平凡的及有潜在应用价值的信息或模式，它是数据库研究中的一个很有应用价值的新领域，融合了数据库、人工智能、机器学习、统计学等多个领域的理论和技术。随着人工智能技术在专家咨询、语言处理、娱乐游戏等模式识别领域的应用日益广泛，从选取专业学习、研究方向的实际出发，提出了将数据挖掘应用于辅助选取专业学习、研究方向的数据挖掘技术流程模型。

②数据挖掘技术的过程。数据挖掘技术是一个多步骤、可能需多次反复处理的过程，主要包括以下几步：准备、数据选择、数据预处理、数据挖掘、模式解释、知识评价（见图 4-10）。其中最重要的一个步骤是数据挖掘，它是利用某些特定的知识发现算法，在可接受的运算效率的限制下，从有效数据中发现有关的知识。

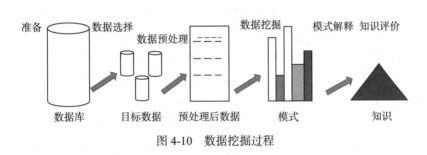

图 4-10　数据挖掘过程

③数据挖掘技术的任务。数据挖掘技术主要有四种开采任务：一是数据总结，对数据进行浓缩，给出它的紧凑描述。数据挖掘是从数据泛化的角度来讨论数据总结。二是分类发现，这是一项非常重要的任务，分类是运用分类器把数据库中的数据项映射到给定类别中的一个，用于对未来数据进行预测。三是聚类，把一组个体按照相似性归成若干类别，它的目的是使得属于同一类别的个体之间的距离尽可能地小，而不同类别的个体间的距离尽可能地大。四是关联规则，是指事物之间的联系具有多大的支持度和可信度，有意义的关联规则必须给定两个阈值：最小支持度和最小可信度。

④数据挖掘在实际生活中的应用。数据挖掘的结果只有经过业务决策人员的认可才能实际利用。要将通过数据挖掘得出的预测模式和各个领域的专家认识结合在一起，构成一个可供不同类型的人员使用的应用程序。也只有通过对挖掘知识的应用，才能对数据挖掘的成果做出正确的评价。但是在应用数据挖掘成果时，决策人员关心的是数据挖掘最终结果与其他候选结果在实际应用中的差距。如果结果是根据某种类型的得分或权值计算的，那就可以按照获选边际率的公式（获选边际率 =（最终结果得分 − 候选结果得分）/ 最终预测结果得分 ×100%）进行决断。一般情况下，获选边际率越高，预测结果为真的可能性越大。因此，在实际决策应用中，通常只选择那些获选边际率超过一定百分比的数据运用于预测中。为使数据挖掘结果能在实际中得到应用，需要将分析得到的知识集成到业务信息系统的组织机构中去，使这些知识在实际的管理决策分析中得到应用。

3. 有效决策减少机会成本

机会成本是人们在决策过程中必须考虑的一个非常重要的因素。机会成本又称经济成本，包括实际支付的会计成本，以及将某资源用于某个用途后所放弃的其在其他用途中的最优收益的隐性成本。例如，当将一定量的经济资源投入产品 A 的生产中时，生产产品 A 的代价不仅包括一定量的经济资源的耗费，还包括没有用这些经济资源生产产品 B 可能获得的收益。如果用一定量经济资源生产 A 获得的收益抵不上生产 B 获得的收益，资源就要从 A 转移到 B。从经济学的角度来看，计算经济成本即计算机会成本的目的就是为组织决策提供分析的基础。当管理者以利润为决策依据时，往往会忽略隐性成本这个重要的成本，因此计算出来的会计账目中记录的利润是小于实际利润的，也就是说不通过计算机会成本而做出的决策分析很有可能是失误的、错误的决策。机会成本有以下特点。

①机会成本是一种假定的成本。机会成本的思想是这样产生的：人类的资源有限，在一定的情况下，一定的经济资源可用于多种用途，但选择任何一种既定用途总是要以放弃其他用途为代价。机会成本就是这样一种收益机会的丧失，仅存在于决策者的主观意念中，是假计的成本。实际上它并未发生，而且也不能计入相关的会计科目。

②机会成本是一种被否定的成本。在对各种方案做决定之前，讨厌机会成本是没有意义的，因为选择方案并不意味着机会的丧失或牺牲。只有在做出决策之后或针对已确定的特有方案时，才存在机会丧失的问题。机会成本从不会被实现，即被否定的机会还不可能真实享有。

③机会成本也是一种"可能性"的成本。在决策中，用于衡量所选方案的机会成本必须是切合实际和可行的。虚拟的脱离现实可能性的机会成本对决策有害无益。

④必须存在多种可供选择的用途。在缺乏选择的前提下，即在一种经济资源只能用于或必须用于一种用途的情况下，讨论机会成本没有意义，没有选择就不存在机会丧失的问题。

⑤机会成本不仅存在于决策分析过程中，而且存在于决策之外。决策的完成不意味着机会成本的消失，在决策执行过程中及结束之后，才需要考虑机会成本因素。

⑥机会成本并非仅针对最优方案而言，非最优方案同样存在机会成本问题。虽然考虑机会成本将导致人们选择最优方案，但由于人们受对客观事物认识水平及预期的限制，所选方案并不一定是最优的。如果选择非最优方案，同样存在机会丧失的问题，为了资源的充分利用，放弃最优方案的收益就是选择非最优方案的机会成本。机会成本虽是一种假计成本，但对决策分析同样具有重要的意义。

本章小结

管理过程中居于首要地位的工作是计划，组织必须通过合理预测各种变化，制订科学的组织计划。预测是计划制订的基础，本章首先介绍了预测的内涵、分类与方法；其次，介绍了计划职能的内涵和类型,以及计划工作的性质和影响因素,接着详细介绍了计划的编制过程以及多种编制方法,同时引入目标管理的概念,通过对目标管理的概念、核心思想以及管理步骤等的阐述进一步强调了计划的目的性。本章在最后介绍了决策的内涵、过程与方法,没有决策就没有合乎理性的行动,所以说决策是计划工作的核心,它为进一步开展组织、领导和控制工作打下了基础。

◆ 复习思考题

1. 试述管理过程中预测的内涵与类型。
2. 简述计划的内涵及类型。
3. 简述计划体系的内容。
4. 简述计划的编制全过程。
5. 简述目标管理的含义和核心思想。
6. 分析目标管理的优缺点。
7. 简述管理过程中决策的含义和作用。
8. 简述有哪些决策方法,并分析这些决策方法都有什么优缺点,适用于哪些场合。
9. 简述定性预测的特点。
10. 简述德菲尔法的相关内容。
11. 简述组织计划管理的阶段。
12. 简述决策的类型与过程。
13. 简述如何判断预测的精度。

◆ 总结案例

范经理的决策会议

范经理是某饮料企业的总经理,回顾创业历程的 12 年,真可谓艰苦创业、勇于探索的过程。企业上下齐心合力、同心同德、共献计策,员工为饮料企业的发展立下了不可磨灭的汗马功劳。最令企业上下佩服的还数 5 年前范经理决定购买二手设备的举措,该饮料企业也因此跻身国内同行业强手之林,令同类企业刮目相看。如今,范经理又通知各部门主管及负责人晚上 7 点在厂部会议室开会。部门领导们都清楚地记得 5 年前在同一时间、同一地点召开会议,范经理做出了购买进口二手设备这一关键性的决策。在他们看来,一项新举措又将出台。

会议在晚上 7 点准时召开,范经理讲道:"我有一个新的想法,我将大家召集到这里是想听听大家的意见或看法。我们企业比起 5 年前已经发展了很多,可是,比起国外同类企业的生产技术、生产设备,我们还差得很远。我想,我们不能满足于现状,我们应该力争达到世界一流水平。尽管我们的技术和人员等诸多条件也与世界一流水平有差距,但是为了达到这一目标,我们可以从硬件条件入手——引进世界一流的先进设备,这样一来,就会带动我们的技术和人员等一起前进。我认为这也并非不可能,5 年前我们不就是这样做的吗?现在企业的规模扩大了,企业内外事务也相应地增多了,大家都是各部门的领导及主要负责人,我想听听大家的意见,然后再做决策。"

会场异常安静,大家都清楚地记得,5年前范经理宣布引进二手设备时,有近70%成员反对,即使后来范经理谈了他近3个月对市场、政策、企业技术人员和资金等内外部环境分析的结果,仍有半数以上的人持反对意见,还有10%的人持保留态度。因为当时很多厂家引进设备后,由于不配套和技术难以达到等因素,均使高价引进的设备成了一堆闲置的废铁。但是,范经理在这种情况下仍采取了引进二手设备的做法。事实表明,这一举措使他们摆脱了由于当时设备落后、资金短缺所陷入的困境。那时二手设备的价格已经很低了,而且在我国还尚未被淘汰,该饮料企业由此走上了发展的道路。范经理见大家心有余悸的样子,便说道:"这项决策今天将由大家共同做出,我想这也是民主决策的体现,如果大部分人同意,我们就宣布实施这一决策;如果大部分人反对的话,我们就取消这一决策。现在,大家举手表决吧。"于是,会场上有近70%人投了赞成票。

资料来源:根据企业调研材料整理。

讨论题:

1. 范经理的两次决策过程合理吗?为什么?
2. 如果你是范经理,在两次决策过程中应做哪些工作?
3. 影响决策的主要因素是什么?

第 5 章
CHAPTER 5

组织与管理

§ 本章知识结构

```
                    ┌ 组织与         ┌ 组织的含义与本质
                    │ 组织结构       │ 组织职能与组织的工作步骤
                    │               └ 组织结构的概念与类型
                    │
                    │ 组织结构       ┌ 组织结构设计的概念、
                    │ 构设计         │ 原则与影响因素       ┌ 组织职能设计的职能分析、整理与分解
                    │               └ 组织结构设计的内容   │ 组织的纵向结构设计
  组织与管理 ──────┤                                      └ 组织的横向结构设计
                    │               ┌ 组织权力整合
                    │ 组织资         │ 组织文化整合         ┌ 主管人员配置的内涵与配置系统
                    │ 源整合         └ 主管人员配置         │ 主管人员的选聘
                    │                                     │ 主管人员的考评
                    │                                     └ 主管人员的培训
                    │
                    └ 组织变革      ┌ 组织变革的内涵与原因、影响因素、动力与阻力
                                   └ 组织变革的过程与模型
```

§ 学习目标

- 理解组织的含义和组织职能。
- 理解组织结构的概念与类型。
- 掌握组织结构设计的概念与原则。
- 掌握组织结构设计的三项基本内容。
- 理解组织资源整合的内容。
- 理解组织变革的内涵与原因。
- 掌握组织变革的过程与模型。

§ 引例

韩都衣舍的蚂蚁军团

2012～2016年，韩都衣舍实现互联网销售五连冠，韩都衣舍的组织模式主要是基于小组制的"蚂蚁军团"组织，即把企业内部划分成几百个3人小组。这个组织模式的核心是平台+小组制：一方面是企业向平台化转型；另一方面企业内部建立几百个3人小组。其他企业内部很多是基于流程建立串联的组织关系，而韩都衣舍则采用并联式组织模式，采用"包产到户"的方式，让每个品牌、每个款式都是一个相对独立并联的小组，每个小组中的3个人分别担任3个核心岗位：产品设计师、页面详情设计师和库存订单管理员，其中资历和能力较强的人兼任组长。

韩都衣舍这种并联式的模式让所有的小组都像插件一样在平台上获取平台资源支持，直接面对消费者。这种组织模式使组织更贴近消费者前端，更好地满足消费者个性化的需求。几百个小组在企业内部获得平台和行政资源的支持，组织就成为一个赋能体系，能够为数百个小组赋能。

这个模式的运行是依靠数据驱动的，韩都衣舍的组织结构图基本上是数据化的。而且每个小组有自己的考核，也是有管理的。

韩都衣舍在每3～5个小组产生1个主管，每3～5个主管产生1个部门经理，是有管理层级的。每个小组之间的协调靠主管，每个部门之间的协调靠部门经理，把传统的组织模式与新的组织模式融合在一起，形成一套分成机制。

总的来说，韩都衣舍的组织模式是"内部平台化-无数个蚂蚁战斗队"，能够贴近客户和消费者的需求，小组在责权利上实现统一，通过不断更新每个小组的排名，刺激了各个小组内部、团队之间互相竞争。与此同时，公司的整个利益机制也是透明的。

资料来源：https://www.sohu.com/a/222791756_777774.

5.1 组织与组织结构

5.1.1 组织的含义、本质、职能与工作步骤

1. 组织的含义与本质

（1）组织的含义。组织是为了达到某些特定目标，在分工合作基础上构成的个体的

集合。组织作为个体的集合，不是简单的毫无关联的个体的加总，它是为了实现一定目的有意识地协同劳动而产生的群体。我们可以从以下几点理解组织的含义。

①组织是一个人为的系统。任何组织都是由一定数量的个体及个体之间的关系构成的。

②组织必须有特定的目标。任何组织都是为了实现某些特定的目标而存在的，不论这种目标是隐性的还是明确的，目标是组织存在的前提和基础。

③组织必须有分工和协作。分工和协作关系是由组织目标限定的，只有进行合理的分工与良好的协作，才能提高实现目标的效率。

在管理学中，组织的含义可以从静态与动态两个方面来理解。从静态方面看，指组织结构，即反映人、职位、任务以及它们之间的特定关系的网络。这一网络可以把分工的范围、程度、相互之间的协调配合关系、各自的任务和职责等用部门和层次的方式确定下来，成为组织的框架体系。从动态方面看，指通过维持与变革组织结构，以完成组织目标的过程。通过组织机构的建立与变革，将生产经营活动的各个要素、各个环节，从时间和空间上科学地组织起来，使每个成员都能接受领导、协调行动，从而产生新的、大于个体和小集体功能简单相加的整体职能。

（2）组织的本质。组织的本质在于它是进行协作的个体的集合体。管理的组织职能主要是设计、形成和保持一种良好、和谐的集体环境，使人们能够相互配合，协调行动，以获得优化的群体效应。管理的根本动力是充分发挥人的积极性、主动性和创造性。而要做到这一点，就必须通过合理分工、机构建立、责权利分配以及沟通联系制度的制定等管理活动，维持一种发挥人的主动性、积极性和创造性的集体士气、气氛及风气，形成每个人的强烈的事业心、进取心，以及为实现组织目标而共同奋斗的集体精神。

管理组织的实质，最明显的表现是组织成员为实现共同的目标而有效地工作，表现在组织机构运行的高效化上，组织机构运行的高效化有以下四种衡量标准。

- 管理效率高，层次简明合理，很少出现扯皮现象。
- 信息传输迅速而准确，使组织的领导者能及时掌握新的情况，做出相应决策。
- 任用合理，人人都能在自己的岗位上充分发挥作用，人与人之间关系和谐、协调。
- 组织的总体目标和计划已被组织工作分配下去，这使得目标和计划的完成有了切实保障。

2. 组织职能与组织的工作步骤

（1）组织职能。管理者的组织职能主要包括以下工作内容。

- 设计合理的组织结构。
- 确定组织中的管理幅度与管理层次。
- 划分组织部门。
- 在组织中进行职权配置。

- 确定组织集权和分权的程度。
- 根据组织的具体情况和各种组织结构的优缺点采用不同的组织结构形式。
- 制订组织变革与发展的工作方案。

（2）组织的工作步骤。各个组织开展组织工作有其不同的具体过程和步骤，但从整体上来看，组织工作的开展有以下几个基本的步骤。

①明确组织工作的目标。组织工作的目标是根据计划工作确定的组织整体的目标而确定的。对一个新建的组织而言，组织工作的目标要根据组织的宗旨，结合组织当前所处的具体环境和组织的发展规划来确定。它的内容包括组织的发展规模、组织内的分工与协作的程度、组织集权和分权的程度、组织内部的信息沟通方式等。对于一个已在运转的组织，组织工作的目标要根据组织的计划目标、组织在运转过程中出现的问题、组织所处的具体环境和组织未来发展的需要来确定。它的内容包括对组织适应外部环境变化之间协作关系的要求，以及对专业化分工程度的要求等。

②确定工作分工。根据组织计划目标和组织工作目标的要求，明确完成组织计划目标所需的分工，如医院要有医生和护士的分工，工厂要有工程技术人员和工人的分工，学校要有各学科教师的分工。这是根据完成组织目标的需要进行的客观分工。

③确定管理幅度和管理层次。根据组织工作目标的要求，在客观分工的基础上，确定组织中的管理幅度，同时也就确定了组织中的管理层次。这是管理者根据提高管理效率的要求进行的主观设计。

④部门的划分。管理幅度的有限性使得组织要按一定的方法把组织中的人和事划分成若干个可管理的单位或部门。这也是管理者根据组织工作目标的要求进行的主观设计。

⑤确定管理和业务工作的关系。这是根据实现组织目标的要求，找出组织中的各个部门、各个管理层次之间在管理和业务工作上的关系。这是实现组织目标的客观要求。

⑥确定工作程序。根据各个部门、各个管理层次之间联系的客观要求，通过职权管理和各种规章制度把这种客观要求具体确定下来，使组织中的各个部门和各个管理层次能围绕着组织目标的实现形成一个整体，共同运转和工作。

⑦组织调整。这是控制职能在组织工作中的应用，即针对在组织运行过程中出现的问题进行的调整。组织调整实际上就是进行新一轮的组织工作。

5.1.2 组织结构的概念与类型

1. 组织结构的概念

美国著名管理学家卡斯特在《组织与管理》一书中指出："简单来说，我们可以把组织结构看成一个组织内部各构成部分之间确定的关系形式。"从各学者对组织结构的认识中，可以抽象出组织结构的概念。组织结构就是组织内部各要素发生相互作用的联系方式或形式，或是组织内部各要素相互联系的框架，一般可用组织结构图来简单表示。

组织结构的三个核心内容是复杂性、规范性和集分权性。复杂性是指组织内各要素之间的差异性，规范性是指组织内部行为规范化程度，集分权性是指组织内的决策分布状态。

对组织来说，组织结构是很重要的。美国管理学家埃默森说过："不完善的组织结构是工业中的'佝偻病'。"美国管理协会前副主席哈罗·科斯提出："人们向管理咨询部门指出的问题中，有75%～80%是由于组织结构方面的缺陷而产生的。"

2. 组织结构的类型

（1）直线型组织结构。直线是指在这种组织结构中，组织中的职务按垂直系统直线排列，职权从组织上层"流向"组织的基层。组织是低复杂性、低规范化和集权化的一种扁平结构。

①该类组织结构的特点：各级主管对其直接下属有直接职权；每个人只能向一位直接上级报告。

②优点：结构简单，权力集中，责任分明，命令统一，联系简捷，决策较容易、迅速。

③缺点：对管理者的能力要求及依赖性较强；正规化和集权化程度低导致信息滞积于高层，决策缓慢；每个部门仅关心本部门的事，部门间协调差。

④适用范围：一般只适用于那些没有必要按职能实行专业化管理的小型组织或应用于现场作业管理。

（2）职能型组织结构。职能型组织结构也称为多线性组织结构，是一种以职能为导向的组织结构形式（见图5-1）。

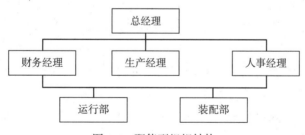

图5-1 职能型组织结构

①该类组织结构的特点：组织内直线主管、职能主管并存，均有权向下级单位下达命令和指示，下级直线人员接受上级直线主管与上级各职能主管的双重领导。

②优点：具有适应管理工作分工较细的特点，能充分发挥职能机构的专业化管理作用；由于吸收专家参与管理，可以减轻上层主管人员的负担，使他们有可能集中注意力以履行自己的职责。

③缺点：由于实行多头领导，妨碍组织的统一指挥，易造成管理混乱，不利于明确划分职责与职权；各职能机构往往不能很好地配合，横向联系差；在科技迅速发展、经济联系日益复杂的情况下，对环境发展变化的适应性差；强调专业化，易使主管人员忽

略本专业以外的知识，不利于培养上层管理者。

④适用范围：在相当简单、稳定的环境中，职能型组织结构可能是最理想的选择。职能型组织结构不会消失，因为永远需要职能专家，但在今天的企业环境中，职能型管理人员做决策的机会越来越少，而跨职能的团队将会变得越来越重要。

（3）直线职能型组织结构。

①该类组织结构的特点：将管理机构和人员分为直线型及职能型两类，以直线型为基础，在各级行政领导下设置相应的职能部门，直线部门担负着实现组织目标的任务，拥有对下属的指挥权，职能部门是上级直线管理人员的参谋和助手，负责提建议、提供信息，对下级机构进行业务指导，一般不对下级直线人员发号施令（见图5-2）。

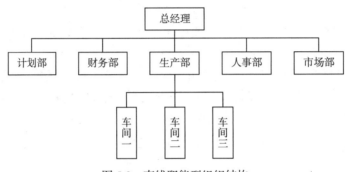

图 5-2　直线职能型组织结构

②优点：各级直线主管人员都有相应的职能机构和人员作为参谋和助手，因而能对本部门进行有效的管理；每个部门都由直线人员统一指挥，满足了现代组织活动需要统一指挥和实行严格的责任制度的要求，领导集中，职责清楚，秩序井然，工作高效，组织有较大的稳定性。

③缺点：下级部门的主动性和积极性的发挥受到限制；部门之间缺乏沟通，不利于集体决策；各职能部门和直线指挥部门之间不统一，易产生矛盾，使上层主管的协调工作量大；难以从组织内部培养熟悉全面情况的管理者；整个组织的适应性较差，反应不灵敏。

④适用范围：更适用于中小型组织，而对于规模大、决策时需要考虑的因素复杂的组织则不太适用。

（4）事业部制组织结构（斯隆模型）。事业部制组织结构是指组织面对不确定的环境，在总公司领导下，按照产品类型、顾客类型、地域及流程等成立若干事业部，由这些事业部进行独立业务经营和分权管理的一种分权式结构类型（见图5-3）。

①该类组织结构的特点：管理原则是"集中决策，分散经营"，总公司集中决策，事业部独立经

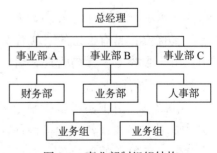

图 5-3　事业部制组织结构

营。当管理者按照他们提供的产品或服务的类型组织事业部时，他们采取的是产品结构；当管理者按照经营运作所在国家或区域来组织事业部时，他们采取的是地域结构；当针对顾客的类型组织事业部时采取的则是市场结构（见图5-4～图5-6）。

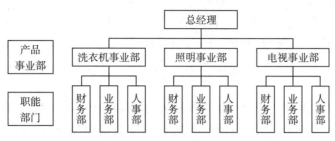

图5-4　以产品结构划分事业部的组织结构

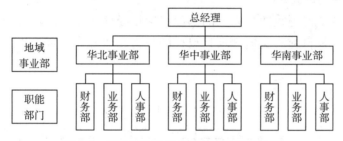

图5-5　以地域结构划分事业部的组织结构

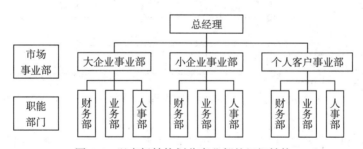

图5-6　以市场结构划分事业部的组织结构

②优点：更好谋划；最高管理层可专注于公司的战略决策等事务，各事业部可以更好地以顾客为中心促进资源的有效整合；环境适应性强；有利于调动经营者的积极性，培养"多面手"级的管理人才；有利于发挥经营者的灵活性和主动性，提高对市场竞争环境的敏捷反应能力。

③缺点：管理成本大；各事业部有完备的职能部门，机构重复，管理人员增多，管理成本增高；本位主义；相互间支持与协调困难，限制资源共享，出现各自为政的部门主义倾向，损失总体利益，影响组织长远目标的实现。

④适用范围：事业部制的组织结构适用于采用多样化战略、国际化战略的大型组织，组织的产品或服务分散在各个市场且规模较大。

|管理聚焦 5-1|

厦门某高校的后勤部门经过多年的改革和发展，现在已发展成为企业集团，拥有多家子公司，经营范围涉及餐饮、食品加工、机械、电子、房地产等多个领域，但是在管理组织上还是沿用过去实行的集权的直线职能型，严重制约了员工积极性的提高和公司的发展。近期，公司领导意识到必须改变这一做法来促进公司进一步的发展。那么公司应该选择哪一种组织结构呢？

（5）矩阵组织结构。矩阵组织结构是把按职能划分的部门和按项目划分的部门结合起来组成一个矩阵，使同一名员工既同职能部门保持组织与业务上的联系，又参加产品或项目小组的工作（见图5-7）。

①该类组织结构的特点：打破了传统的"一个员工只有一个头儿"的命令统一原则，使一个员工属于两个甚至是两个以上的部门；项目经理和职能经理共同享有职权，项目经理对项目小组成员行使有关实现项目目标的权力，晋升、工资、年度评价的职权留给职能经理。

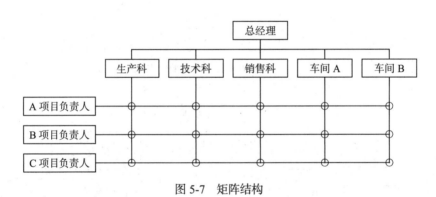

图 5-7　矩阵结构

②优点：有利于把组织的垂直联系与横向联系更好地结合起来，加强各职能部门之间的协作，灵活性、适应性强；实现了集权和分权的较好结合；有利于发挥专业人员的潜力；有利于各种人才的培养。

③缺点：实行横向与纵向双重领导，若处理不当会由于意见分歧造成扯皮和矛盾；实行双重领导，可能会出现多头指挥现象；组织关系复杂，对项目负责人的要求较高；具有临时性，容易导致人心不稳。

④适用范围：适用于某些需要集中各方面专业人员参与完成的工作项目，如咨询、广告公司。

（6）多维立体组织结构。多维立体组织结构是矩阵组织结构和事业部制组织结构的综合发展。它由三个管理系统组成，即产品利润中心、职能利润中心和地区利润中心。这种组织形式适合于跨国公司或跨地区的大公司（见图5-8）。

（7）网络型组织结构。网络型组织结构是一种目前流行的、新的组织形式。它是指结构中的一个小的核心组织，它通过合作关系（以合同形式）依靠其他组织执行制造、营销等经营功能（见图5-9）。

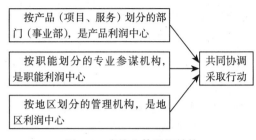

①该类组织结构的特点：以项目为中心，将企业内部各项工作，包括生产、销售、财务和其他关键业务等，以合同为基础依靠其他组织承担，有效发挥核心业务专长的协作型组织形式。

图 5-8　多维立体组织结构

②优点：其最大优点在于全球性的竞争能力以及劳动力的灵活性和挑战性。它是所有组织结构中最精干的一种。

③缺点：缺乏实际控制；具有较高的不确定性，在这种类型的组织中，员工忠诚度可能较低。

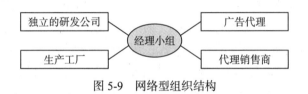

图 5-9　网络型组织结构

5.2　组织结构设计

5.2.1　组织结构设计的概念、原则与影响因素

1. 组织结构设计的概念

组织设计即组织结构设计，就是对组织结构的组成要素及其彼此之间连接方式的设计，它是根据组织目标和组织活动的特点，划分管理层次，确定组织系统，选择合理的组织结构形式的过程。组织结构设计是通过对组织资源（如人力资源）的整合和优化，确立企业某个阶段的最合理的管控模式，以实现组织资源价值最大化和组织绩效最大化。狭义地、通俗地说，也就是在人员有限的状况下通过组织结构设计提高组织的执行力和战斗力。

企业的组织结构设计的主要工作就是，在企业的组织中，对构成企业组织的各要素进行排列、组合，明确管理层次，分清各部门、各岗位之间的职责和相互协作关系，并使其在企业实现战略目标的过程中，获得最佳的工作业绩。从最新的观念来看，企业的组织结构设计实质上是一个组织变革的过程，它是把企业的任务、流程、权力和责任重新进行有效组合和协调的一种活动。根据时代和市场的变化，进行组织结构设计或组织结构变革（再设计）的结果是大幅度地提高企业的运行效率和经济效益。

2. 组织结构设计的原则

组织结构设计的原则是进行组织设计时必须综合考虑的准则，不同组织由于其成长历史、规模等不同，在进行组织结构设计时考虑的准则各有侧重点，但从一般意义上来说，进行组织结构设计主要遵循以下一些原则。

（1）目标统一原则。组织是实现组织目标的有机载体，组织的结构、体系、过程、文化等均是为完成组织目标服务的；达成目标是组织设计的最终目的。组织结构的完善能使每个人在实现组织目标的过程中做出更大的贡献。

（2）适应创新原则。组织结构设计应综合考虑公司的内外部环境、组织的理念与文化价值观、组织当前以及未来的发展战略、组织使用的技术等因素以适应组织的现实状况。此外，随着组织的成长与发展，组织结构应有一定的拓展空间。

（3）效率原则。组织的目标要追求效率，效率原则是衡量组织结构有效性的基础。组织结构如果能使人们（指有效能的人）以最小的失误或代价（它超出了人们通常以货币或小时等计量的指标来衡量费用的含义）来实现目标，就是有效的。

（4）责权利相结合的原则。责任、权力、利益三者是不可分割的，而且必须是协调的、平衡的和统一的。权力是责任的基础，有了权力才可能负起责任；责任是权力的约束，有了责任，权力拥有者在运用权力时就必须考虑可能产生的后果，不至于滥用权力；利益的大小决定了管理者愿意担负责任以及接受权力的程度，利益大、责任小的事情谁都愿意去做，相反，利益小、责任大的事情人们很难愿意去做，其积极性也会受到影响。

（5）职能专业化原则。组织整体目标实现需要完成多种职能工作，应充分考虑劳动分工与协作，这些职能包括战略规划、人力资源、控制、审计及资源配置等。对于以事业发展、效率提高、监督控制为首要任务的业务活动，应以此原则为主进行部门划分。

（6）管理层次原则。管理层次与管理幅度的设置受到组织规模的制约；在组织规模一定的情况下，管理幅度越大，管理层次就越少；组织管理层次的设计应在管理有效的控制幅度之下，尽量减少管理层次，以利于精简编制，促进信息流通。

（7）有效控制原则。对组织的有效控制在组织设计时，应注意命令统一、权责对等；制定可行的规范、政策、制度；职能部门应加强计划、预算、核查等工作，业务部门则要加强事前的协调、事中的过程控制以及事后的经验总结。

（8）集权与分权相结合的原则。在进行组织设计或调整时，既要有必要的权力集中，又要有必要的权力分散，两者不可偏废。集权是大规模生产的客观要求，它有利于保证企业的统一领导和指挥，有利于人力、物力、财力的合理分配和使用；而分权则是调动下级积极性、主动性的必要组织条件。合理分权有利于基层根据实际情况迅速而准确地做出决策，也有利于上层领导摆脱日常事务，集中精力抓重要问题。

（9）系统运作原则。组织运作是一个系统性过程，组织设计应简化流程，有利于信息畅通、决策迅速、部门协调；要充分考虑交叉业务活动的统一协调及过程管理的整体性。

（10）分工协作原则。组织任务目标的完成离不开组织内部的专业化分工和协作，因为当今各类组织工作量大、专业性强，分别设置不同的专业部门有利于提高管理工作的效率。在合理分工的基础上，各专业部门只有加强协作和配合，才能保证各项专业管理工作的顺利开展，以实现组织的整体目标。

3. 组织结构设计的影响因素

（1）组织环境。环境特征是组织结构设计必须考虑的因素。汤姆·伯恩斯（Tom Burns）和斯托克（G. M. Stalker）两人首先提出组织结构与外部环境的密切关系。他们在1961年出版的《管理之革新》一书中提出，所谓相对稳定的环境就是在一个相对较长的时期内处于相对不变化状态的环境，而不稳定的环境则是处于经常性快速变动状态的环境。两种不同的环境形成了两种不同的组织结构，即机械式组织结构与有机式组织结构。

①机械式组织结构。一般来说，处于相对稳定状态中的组织单位都采用这种机械式组织结构。它与行政的组织结构很相似。选择这种形式的组织单位，往往采用规章制度、工作的高度专业化和权威式的领导来安排组织的一切活动。

②有机式组织结构。这种组织结构形式适用于处在不稳定或不可预测环境下的组织。环境的动荡要求组织结构应具有相对灵活的动态性。例如，西方各国的电子电器公司等技术飞速发展的组织单位，一般采用这种组织形式。它们在动荡变化的环境中经常变动自己的组织结构，以适应环境的变化。哈佛大学教授保罗·劳伦斯（Paul R. Lawrence）、杰伊·洛希（Jay W. Lorch）1967年在《组织与环境》一书中认为，组织单位的组织结构一般可分为两大类：分化式组织结构和整体化式组织结构。处于最动荡环境中最有效的组织结构是整体化式组织结构。因为环境越动荡，越复杂，就越需要协调组织内部的各种活动，形成统一的整体。

（2）组织的战略及其所处的发展阶段。纵向一体化和横向一体化的企业的组织结构，是根据其管理人员制定的战略发展而来的。而这些战略又是企业的管理人员针对市场和技术环境的变化提出来的。一个组织的战略就是它的总目标，它涉及一定时期内组织的全局方针、主要政策与任务的运筹谋划，它决定着本组织在一定时期内的活动方向和水平，它是制定策略和计划的准绳。美国管理学家雷蒙德·迈尔斯（Raymond E. Miles）和查尔斯·斯诺（Charles C. Snow）1978年出版的《组织的战略、结构和程序》一书关于战略影响组织结构的观点如表5-1所示。加拿大管理学家亨利·明茨伯格进行了更为深入的研究。他1979年在《组织的结构》一书中明确提出，一个组织的战略决定着其任务、技术和环境，而这些方面的因素又决定着其本身的组织结构设计。他还认为，一个组织的战略决定着它的权力分配形式和生产率增长，而且权力的分配形式和生产率的增长也影响着组织的结构。

表 5-1 战略影响组织结构的观点

战略	目标	环境	组织结构特征
防守型	追求稳定和效益	相对稳定的	严格控制，专业化分工程度高，规范化程度高，规章制度多，集权程度高
进攻型	追求快速、灵活反应	动荡且复杂的	松散型结构，劳动分工程度低，规范化程度低，规章制度少，分权化

(续)

战略	目标	环境	组织结构特征
分析型	追求稳定效益和灵活性相结合	变化的	程度集权控制，对现有的活动实行严格控制，但对一部分部门采用让其分权或相对自主独立的方式；组织结构采用一部分有机式，一部分机械式

（3）生产条件与技术状况。对大规模生产技术而言，其正规化和集权化程度较高。由于技术的复杂性，高级管理人员比例和间接工人（如维修人员）比例也相应上升，间接人员比例上升是因为机器设备的复杂性。例如，在流水线上，工作具有很强的常规性，因此监工可以平均管理几十个雇员。而对小批量生产或连续性流程而言，则恰恰相反，其控制幅度相应较小。从总体上看，小批量生产和连续性流程企业有着灵活性较强的组织结构，而大批量生产企业则有着机械式组织结构。佩罗认为，组织内部门技术越是常规化，组织规范化、集权化程度就越高，采用机械式组织结构的效率也就越高；组织内部门技术越是非常规化，组织规范化、集权化程度就越低，这时采用柔性有机式组织结构的效率就越高。

（4）组织规模。组织规模通常用员工数目来衡量。研究发现，大型组织的结构形式远不同于小型组织。小型组织通常是非正式的，劳动分工少，规章制度较少（正规化程度低），专业人员和办公人员少，甚至不存在正式的预算和业绩评估系统。而大型组织则有着较多的分工、大量的专业人员、大量的规章制度以及控制、业绩评估等内部系统。在科技、社会日新月异的今天，企业要想生存和发展，就必须根据内外环境的变化，及时调整组织结构，绝不能因循守旧，故步自封。

（5）权力控制因素。斯蒂芬·罗宾斯（Stephen P. Robbins）在长期研究的基础上总结得出了一个结论："规模、战略、环境和技术等因素组织起来，对组织结构会产生较大的影响。但即使组合起来，也只能对组织结构产生 50% 的影响作用。而对组织结构产生决定性的影响作用的是权力控制。"以斯蒂芬·罗宾斯为代表的权力控制决定组织结构的研究者认为，组织的规模、战略、技术和环境等因素对组织模式的备选方案起着限制性作用，但是，从诸多备选方案中挑选哪一个方案，则最终由权力控制者决定。

5.2.2　组织结构设计的内容

下面我们从三个角度来介绍下组织结构设计。

1. 职能设计的三项基本内容

（1）职能分析。职能分析是指根据特定企业的环境和条件，从内容、性质、相互关系和分工等多方面，具体地分析企业的整个管理系统或个别子系统的全部职能，就建立和健全企业职能结构提出具体方案的工作。通过职能分析，从总体上对企业职能结构的性质和特点提出明确的要求；具体地确定企业应该具备的基本职能；在全部职能中，确定关键职能；确定与本企业独具特色的战略相联系的特殊职能；确定企业内部纵向各层次、横向各部门的合理分工以承担好各职能。

（2）职能整理。它是在调查了解企业现有的全部管理业务活动和分工的基础上，通过分析归纳，搞清其职能结构的现状，发现问题，明确改进方向，提出具体改进方案的工作。为了发现企业现有职能结构存在的问题，必须将其同职能分析提出的客观需要的职能结构相对比。一般来说，通过对比分析，可能发现的问题大体有以下三种类型。

- 职能需要增减。这表现为企业现有职能不健全，某些应该开展的业务活动还没有搞起来，或者企业承担了某些不应该承担的职能。
- 职能的具体内容需要充实。比如有的职能，企业虽然已经建立，但相对于客观需要还存在缺陷，只有充实其内容，使之强化，才能切实发挥应有的作用。
- 职能的地位需要改变。这主要是指即使企业的各种职能是健全的，内容是完善的，在对比分析中，还可能会发现职能的地位需要调整的问题。

以上三种问题，其实也就是组织设计人员在对企业进行职能整理时，应该认真思考并给予回答的问题，即企业职能是否需要增减，应如何增减？职能的具体内容是否需要充实，应如何充实？职能的地位是否需要调整，应如何调整？回答了这三个问题，企业现有的职能结构的改进方向和具体方案也就随之产生了。

（3）职能分解。它是指将企业的每个职能细化为可以操作的各项具体的管理业务活动。通过职能分解，企业的全部职能才能转换为管理人员的具体工作内容，最终得以落实。同时，在职能分解的基础上，才能进一步将那些相关的业务活动归类，有依据地设计各种职务、岗位和部门，明确它们各自的职责。

| 管理聚焦 5-2 |

上海某公司在各省市都有销售办事处，办事处费用很高，总公司觉得控制不住之后就把所有办事处都撤销了。公司总经理也提出了一个口号："大企业、大营销、大财务。"原来公司追求分散求生存，现在追求集中求发展。营销权和财务权全部集中在上海总部之后，原来的弊病消除了。

公司规定报销全部要总经理签字，每天早晨 8 点到 8 点半，总经理专门签字，他的办公室门口排起了长队并且单位运行效率很低。外地客户打电话买产品，上海营销公司需要专门派一位营销人员去外地洽谈合同。签了合同，营销人员再回到上海向领导报告。而货物不在营销部门，营销公司需要有总经理的批条，物流中心才会开始发货。这样一整个流程下来，最快也要一周，效率非常低下，公司原来的客户纷纷另觅合作伙伴。

2. 组织的纵向结构设计

组织的纵向结构设计，就是要确定管理幅度，划分管理层次。

（1）管理幅度。管理幅度是指一名主管人员有效地管理直接下属的人数。如一个公司经理能领导几个营业部长，一个部长能管理多少基层员工。由于管理者的时间和精力是有限的，其管理能力也因个人的知识、经验、年龄、个性等的不同而有所差异，因而任何管理者的管理幅度都有一定的限度，超过一定限度，就不能做到具体、高效、正确的领导。那么，管理幅度应如何确定呢？

①影响管理幅度的因素。确定管理幅度，一般应考虑以下几个因素。

一是职务的性质。一般来说，高层职务管理幅度较小，基层职务管理幅度较大。因为高层多为决策性的工作，管理幅度要小一些；基层主要是日常的、重复的工作性质，所以管理幅度要大一些。如一个厂长领导几个车间主任或部长，而一个车间主任往往领导几十个甚至几百个工人。

二是工作能力强弱。工作能力包括管理者的工作能力和下级的工作能力。下级工作能力强，技术水平高，经验丰富，则管理者处理上下级关系所需的时间和次数就会减少，这样就可扩大管理幅度；反之，如果委派的任务下级不能胜任，则上级指导和监督下级的活动所花的时间无疑要增加，这时管理幅度势必要缩小。另外，管理者个人的知识、经验丰富，理解能力、表达能力和组织能力强，就可迅速地把握问题的关键，则可以加宽管理幅度；反之，管理幅度就较窄。

三是工作本身的性质。性质复杂的工作，需要管理者与其下属保持经常的接触和联系，一起探讨完成工作中共同遇到的问题，因此，在这种情况下，应设置较窄的管理幅度；相反，完成简单的工作，允许有较宽的管理幅度。如硕士生导师指导的研究生人数要比一位普通的大学教师负责的本科生人数少得多。

四是标准化和授权程度。如果领导者善于同下级共同制定出若干工作标准，放手让下级按标准行事，并把一些较次要的问题授权下级处理，自己只负责重大问题、例外事项的决策，其管理幅度自然可以加宽；相反，如果领导者对下属不放心，事必躬亲，又没有一套健全的工作标准，管理幅度太宽，必然精力不及，管理不周，以致贻误工作。

②确定管理幅度的方法。第一种方法是基于格拉丘纳斯的上下级关系理论。法国管理顾问格拉丘纳斯在1933年发表的一篇论文中分析了上下级关系后提出一个数学模型，用来计算任何管理幅度下可能存在的人际关系数。他指出，管理幅度以算术级数增加时，管理者和下属间可能存在的相互交往的人际关系数以几何级数增加。他把上下级之间的关系划分为三种类型：一是直接的单一关系，即上级直接个别地与下级发生联系；二是直接的组合关系，即上级与下属人员的各种可能组合之间发生联系；三是交叉关系，即下属之间彼此发生联系。那么，在一定的管理幅度下可能存在的联系总数，或称人际关系数，可用如下公式来表示：

$$C=n(2^{n+1}+n-1)$$

式中，C 为可能存在的人际关系数；n 为管理幅度。

格拉丘纳斯由此推理出如下结论：下级数目按算术级数增加时，其直接领导者需要协调的关系数目则按几何级数增加（见表5-2）。因此，管理幅度是有限度的，不能随意扩大。

表 5-2 格拉丘纳斯的上下级关系理论对应表

n	1	2	3	4	5	6	7	8	9
C	1	6	18	44	100	222	490	1 080	2 376

第二种方法是变量依据法。变量依据法是美国洛克希德导弹与航空公司研究出的一种方法。该方法是通过找出影响中层管理人员管理幅度的六个关键变量，把这些变量按困难程度排成五级，并加权使之反映重要程度，最后加以修正，提出建议的管辖人数标准值（见表 5-3、表 5-4）。这种定量地、综合地研究影响管理幅度的关键因素，为确定适当幅度指明了方向。

表 5-3 影响管理幅度的主要因素与重要程度

影响因素	一级	二级	三级	四级	五级
职能相似性	很相似（1）	较相似（2）	一般（3）	较不相似（4）	很不相似（5）
地区相似性	很近（1）	较近（2）	一般（3）	较远（4）	很远（5）
职能复杂性	很简单（2）	较简单（4）	一般（6）	较复杂（8）	很复杂（10）
指导或控制工作量	很小（3）	较小（6）	一般（9）	较大（12）	很大（15）
计划工作量	很小（2）	较小（4）	一般（6）	较大（8）	很大（10）
协调工作量	很小（2）	较小（4）	一般（6）	较大（8）	很大（10）

表 5-4 推荐管理幅度

权数总和	40～42	37～39	34～36	31～33	28～30	25～27	22～24
建议标准管理幅度	4～5	4～6	4～7	5～8	6～9	7～10	8～11

（2）管理层次。管理层次的多少与管理幅度的大小密切相关。在一个部门的人员数量一定的情况下，一个管理者能直接管理的下属人员的数量越多，该部门内的管理层次也就越少，所需的管理人员也越少；反之，所需的管理人员就越多，相应的管理层次也越多。格拉丘纳斯的上下级关系理论也证明，当下属数目以算术级数增加时，主管领导需要协调的关系数呈几何级数增加。这一原则也要求管理组织必须分为数层。由此可见，管理幅度的大小，在很大程度上制约了管理层次的多少。管理幅度同管理层次成反比。管理幅度越大，管理层次就越少；反之，管理幅度越小，管理层次就越多。当最底层需要 16 人时，如果管理幅度为 2，则需要 4 个管理层次；如果管理幅度为 4，则仅需要 2 个管理层次。

按照管理幅度和管理层次的不同，可分为两种结构：扁平结构和直式结构。扁平结构是指管理幅度大而管理层次少的结构。扁平结构有利于缩短上下级距离，密切上下级之间的关系，信息纵向流通速度快。由于管理幅度大，被管理者有较大的自主性和创造性，也有利于选择和培训下属人员。但由于不能严密地监督下级，上下级的协调较差。管理幅度的加大也增加了同级间相互沟通联络的困难。直式结构就是管理层次多而管理幅度小的结构。直式结构具有管理严密、分工细致明确、上下级易于协调的特点。但层次越多，需要的管理人员就越多，协调工作急剧增加，互相扯皮的事层出不穷。管理严密也影响了下级人员的积极性与创造性。因此,为了提高管理的有效性,应尽可能地减少管理层次。

3. 组织的横向结构设计

(1) 部门的含义。

当组织的任务分解成了具体的可执行的工作以后,接着就要将这些工作按某种要求归并成一系列组织单元,如任务组、部门、科室等,这就是部门划分。部门是指组织中的主管人员为完成规定的任务有权管辖的一个特殊的领域。部门化是指将工作和人员组合成可以管理的单位的过程。划分部门是为了以此来明确职权和责任归属,以求分工合理,职责分明,并有利于各部门根据其工作性质的不同而采取不同的政策,加强本部门的内部协调。

部门化最近出现两种趋势。一是顾客部门化越来越受到高度的重现。当今激烈的竞争环境迫使企业管理者把注意力更加集中到顾客身上,从而更加重视顾客部门化的方式。例如,施乐公司已经撤销了公司总部的营销部门,而将营销专家直接配置在现场,这使得公司能更好地辨别其顾客,并对他们的需求做出更快的反应。二是跨越传统部门界限的团队的采用。这使得原来僵硬的部门划分得到补充。团队现在越来越多地被当作实现组织目标的一种手段。随着任务变得越来越复杂,完成这些任务越来越需要多样化的技能。因此,管理者也越来越多地使用了团队和任务小组的方式。

(2) 划分部门的原则。

①部门数量力求最少。建立组织机构的目的不是供人欣赏,而是为了有效地实现组织目标。因此,部门的划分要避免追求组织结构中的各级平衡或以连续性和对等性为特征的刻板结构,组织结构要求精简,部门数量力求最少。

②组织结构应具有弹性。组织中的部门应随业务的需要而增减,其增设、合并或撤销应随组织的目标任务的变化而定。通过设立临时工作部门或工作组来解决临时出现的问题也是一种弹性结构。

③确保组织目标的实现。组织结构是由管理层次和各部门结合而成的。组织结构要求精简,部门数量力求最少,是要以有效地实现目标为前提的。因此,不能为精简而精简。企业中主要的职能是生产、营销、财务等,此类职能必须有相应的部门,而且各部门的工作量应平衡,避免忙闲不均。

(3) 部门划分的方法。

为达到组织目标所必需进行的各项活动千差万别,这些活动的特征随着目标的不同而有显著不同。不过,部门划分的标志却具有普遍性,可适用于很多不同情况。部门划分是将工作和人员组织成可以管理的单位的过程。划分部门的常用方法有以下几种。

①人数部门化。人数部门化是完全按人数的多少来划分部门,如军队中军、师、团、营、连、排即为此划分方法。这是最原始、最简单的划分方法,它仅仅考虑的是人的数量。在高度专业化的现代化社会,这种划分方法用得越来越少。因为随着人们文化水平

和科学水平的提高,每个人都可能掌握某种专业技术,把具备某种专业技术的人组织起来去做某项工作,比单靠数量组织起来的人要有较高的效率,特别是现代组织逐渐从劳动集约转向技术集约化,单纯按人数多少划分的方法有逐渐被淘汰的趋势。

②时间部门化。时间部门化是在正常的工作日不能满足工作需要时采用的一种划分方法,如组织按早、中、晚三班编制进行生产。按时间划分部门主要基于以下考虑:人的生理需要,包括吃饭、睡觉、休息和娱乐;有些工作需要很长时间,而且不能间断;有时出于经济和技术需要的考虑等,正常的工作日无法满足这种需要。这种划分方法适用于最基层的组织。

③职能部门化。职能部门化是以组织的主要经营职能为基础设立部门,凡同一性质的工作都置于同一部门,由该部门全权负责该项职能的执行。职能部门化有利于提高管理的专业化程度,有利于提高管理人员的技术水平和管理水平。但是,由于各部门长期只从事某种专业业务的管理,缺乏总体长远目光,因此不利于高级管理人才的培养。

④程序部门化。程序部门化是以工作程序为基础组合各项活动从而划分部门的一种方法。例如,在机械制造企业中,通常按照毛坯、机械加工、装配的工艺顺序分别设立部门。这种划分方式,在生产程序复杂、要求严格的情况下是必要的,它有利于加强专业程序管理,提高工艺水平。

⑤业务部门化。按业务划分部门就是把业务系列的管理工作划归一个部门负责。这种划分在大中型组织中是十分必要的,有利于充分利用管理者的专业知识和技能,有利于组织专业化经营,有利于扩大服务工作。

⑥区域部门化。区域部门化是根据地理因素来设立管理部门,把不同地区的业务和职责划归不同部门全权负责。对一个地域分布较广或业务涉及区域较广的组织来说,按地区划分是必要的,因为不同地区的政治经济形势、文化科技水平、对业务的要求等都有很大差别。按地区划分部门,有利于各部门因地制宜地制定政策、进行决策,提高管理的适应性和有效性,还有利于培养独当一面的管理人才。

一个组织究竟采用何种方式划分部门,应视具体情况而定,而且这些划分方式往往是结合采用的。如企业职能或参谋机构一般按职能划分,生产部门可按程序或业务划分,销售部门则可根据实际需要按地区或客户划分。

5.3 组织资源整合

5.3.1 组织权力整合

1. 职权、职位与职责

职权可以向下委托给下属管理人员,授予他们一定的权力,同时规定他们在限定的范围内行使这种权力。按传统的观点,所谓职权(authority),指的是管理职位固有的发布命令和希望命令得到执行的这样一种权力。每个管理职位都具有某种特定的、内在的权力,任职者可以从该职位的等级或头衔中获得这种权力。因此,职权与组织内的一定职位相关,而与担任该职位管理者的个人特性无关,它与任职者没有任何直接的关系。当某人从有权的职位上被辞退后,他就不再享有该职位的任何权力。职权仍保留在该职位中,并会被给予新的任职者。

职责与职权具有对等的重要性。应区别两种不同形式的职责:最终职责与执行职责。最终职责是管理者应对他授予执行职责的下属人员的行动最终负责,所以最终的责任永远不能下授。执行职责是指管理者应当下授与所授受职权相等的执行责任,而职责的另一方面(最终的要素)应当保留。职权指职责范围内的管理权限,是为了实现组织目标而做决定、指挥他人工作以及发布命令的权力。组织内的职权有三种:直线职权、参谋职权和职能职权。

(1)直线职权。它是某项职位或某个部门拥有的包括做出决策、发布命令等在内的权力,也就是通常所说的指挥权。每个管理层的主管人员都应具有这种职权,只不过每个管理层次的职位不同,其职权的大小、范围不同而已。在组织的上层到下层的主管人员之间形成了一条权力线,这条权力线被称为指挥链或指挥系统,其中的权力指向是由上到下。由于在指挥链中存在着不同管理层次的直线职权,故指挥链又叫层次链,指挥链即权力线(见图5-10)。

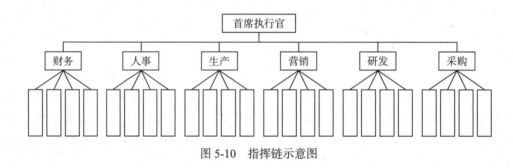

图5-10 指挥链示意图

(2)参谋职权。它是某项职位或某个部门拥有的辅助性职权,包括提供咨询、建议等。

(3)职能职权。为提高管理效率,将部分直线职权授予参谋人员或某个部门主管,这种职权称为职能职权(经授权而获得)。

|管理聚焦 5-3|

强力生化公司以前根据职能设计了财务、营销、生产、人事、采购、研究与开发等职能部门。随着公司发展,公司产品已从洗发水扩展到护发素、沐浴露等诸多日化用品。产品的多样性对公司的组织结构提出了新的要求。旧的组织结构严重阻碍了公司的发展,职能部门之间也产生了很多矛盾。总裁李刚总是亲自做出重要决策:在2010年根据产品种类将公司分

成了 8 个独立经营的分公司，每个分公司对各自经营的产品负有全部责任，在盈利的前提下，具体运作由分公司自行决定，总公司不再进行干涉。

但是没过多久，公司内又有许多新的问题出现。各分公司的经理常常不按照总公司的方针、政策执行，各自为政，而且分公司在采购、人事等职能岗位中也存在大量重复。总裁发现公司正在瓦解成一些独立部门，并且意识到自己在分权的道路上走得太远了。那么强力生化公司应该如何整合组织权力呢？

2. 职权和权力

古典学者认为，组织职位中固有的权力是影响力的唯一源泉。他们相信，管理者都是具有一定权威的。在多年以前，这也许是正确的。那时，组织相对简单，参谋的重要性也不突出，管理者只是最低限度地依赖技术专家。在这些条件下，影响力是和职权具有同一意义的；管理者在组织中的职位越高，他拥有的影响力也就越大。然而，那些条件已经不复存在。管理的研究者和实践者现在都发现，你不必成为一个管理者就可以拥有权力，权力也未必与一个人在组织中所处的地位完全相关。

（1）职权。职权是组织的一个重要概念，它只是更广泛的权力概念的一个要素。职权和权力两个词经常被混淆。职权是一种基于掌握职权的人在组织中所居职位的合法的权力。职权是与职务相伴随的，是由一个人在组织层级中的纵向职位决定的。职权是更广泛的权力概念的一部分。换句话说，它是与一个人在组织中所处职位相联系的正式的权力，是影响决策过程的一种手段。图 5-11 形象地描绘出职权与权力的差别，其中，方形框的安排表示了职权的概念。职权行使的范围以横向分组来表示，每个横向分组代表一个职能领域。一个人在组织中拥有的影响力以组织结构的纵向延伸来表示。在组织中所处的层次越高，这个人的职权也就越大。

（2）权力。权力是指一个人影响决策的能力。权力是一个三维的概念，用图 5-11 中的锥体来表示。它不仅包括了职能和职权层次两个维度，还增加了第三个维度，称为中心性（权力核心）。权力则是同时由它的纵向职位和它与组织权力核心或中心的距离共同决定的。把图 5-11 中的锥体想象为一个组织，那么，锥体的中轴就是组织的权力核心。距离这个权力核心越近，你对决策的影响就越大。事实上，正是权力核心的存在，形成了图 5-11 中纵向层次只反映一个人在锥体外围边上所处的地位。锥体的顶端对应于职权层级的顶层，锥体的中部对应于职权层级的中层，依此类推。

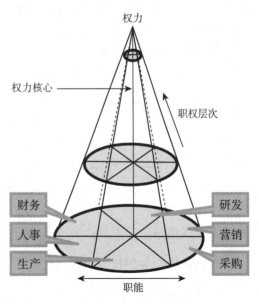

图 5-11　职权与权力对照

3. 组织中的权力部门

组织中的权力部门基本上可以分为决策、参谋、指挥、监察、执行五类。五类部门的职权及职权关系如下。

（1）决策权力部门（一级权力部门）。该部门拥有组织重要事项的决策权，只对总经理负责，直接领导参谋、指挥、监察、协调部门，不与执行部门发生直接工作关系，负责组织的重大事项的决定，如战略、发展、规划、投资、财务、人力资源规划等。企业的决策权力部门是决策委员会，由董事会成员、高层管理人员、专家委员会成员组成，内常设办公室、行政部、文秘部、信息中心、统计部等后勤支持部门。

（2）参谋权力部门（二级权力部门）。该部门拥有为决策部门提供参谋的权力，只接受决策权力部门领导，在同一层面上没有领导权力，负责公司的战略、发展、投资、财务、人力资源等规划和计划的制定。参谋部门主要包括战略发展部、资源规划部、投资部、企管部等。

（3）指挥权力部门（二级权力部门）。该部门拥有对执行部门发布命令等的权力即指挥权，只接受决策权力部门领导，负责对所属执行部门下达执行任务，监督执行情况，保证目标实现。组织指挥部门包括副总经理、总监、总工办、供应部、生产部、市场部、财务部、人力资源管理部等。

（4）监察权力部门（二级权力部门）。按照决策部门的决策和国家的法律法规，对其他权力部门执行专业监察（这里所说的监察指的是检查、审查和监督），没有决策权力和指挥权力，只接受决策权力部门领导。负责监视组织的活动和环境的变化，保证组织目标实现与组织活动正常运转。监察权力部门是专业类的部门，如审计、质检、安全、环保等部门，它们对决策权力部门负责，根据决策权力部门的要求检查、审查相关部门的工作过程、工作结果、工作环境，将检查、审查结果及统计数据等直接报告决策权力部门，根据授权反馈给相关部门。组织监察部门包括质检部、审计部、法律顾问处、统计部、保卫部、环保监察等。

（5）执行权力部门（三级权力部门）。属于完成具体任务部门，只接受指挥权力部门领导，负责完成指挥部门下达的执行任务，对于执行过程中的问题直接向指挥权力部门报告。

另外，组织中还会有一个协调部门（非权力部门）。它属于部门之间横向协调部门，只接受决策权力部门领导，可与任何部门直接对话，没有指挥权力。负责部门之间横向协调工作，不参与纵向部门的协调工作，没有具体任务。它协调部门由组织资深望重的高级管理人员（管理、财务、技术人员）组成，负责横向协调的这些职位，没有明确的职权，主要强调职位担当者的人际能力。在更多的情况下，它靠的是人与人之间的沟通和交流来完成任务，而不是命令。

4. 组织中领导的权力来源

约翰·弗伦奇（John French）、伯特伦·雷文（Bertram Raven）认为权力有五种来源或基础：强制的、奖赏的、合法的、专家的和感召的。

（1）强制权力（coercive power）。强制权力的基础定义是，一种依赖于惧怕的力量。一个人对不遵从上级意图所可能产生的负面结果的惧怕，促使他对这种权力做出反应。强制权力借助如下一些手段或威胁的使用来支撑：肉体上的制裁，使之遭受苦痛；通过限制移动使感到失意；以生理上或安全上的基本需求的压力来进行控制等。作为一名管理者，通常也有些强制的权力。管理者也许会暂令一位员工停职或降级，给他分派一项他不喜欢的工作任务，甚至可以采取解雇员工的办法，这些都代表强制的手段。

（2）奖赏权力（reward power）。人们服从其他人的要求或命令，是因为这样做能带来正面的、有利的结果。一个能给他人施以他们认为有价值的奖赏的人，就对这些人拥有一种权力。奖赏可以是其他人看重的任何东西。从组织的角度来看，一般会想到金钱、良好的工作评价、晋升、有趣的工作任务、友好的同僚、满意的工作轮班或销售地域等。强制权力和奖赏权力实际上是相辅相成的一对。如果你能使他人丢失某种有益的东西，或者强加给他一种不想要的东西，你都会对他拥有强制的权力。同样，如果你能施以某人一种有益的东西，或者移走他所不想要的东西，那你就拥有了奖赏的权力。还有，同强制权力一样，你不必一定要成为管理者才能通过奖赏手段施加影响。像友好、接受和赞扬这些奖赏手段，普遍适用于组织中的每一个人。与一个人对奖赏的需求程度相适应，你给予或保留这种奖赏的能力就会使你对这个人拥有一种权力。

（3）合法权力（legitimate power）。这是与职权相似的概念。合法权力代表一个人在正式层级中占据某个职位所相应得到的一种权力。与职位相关的职权包含有强制权力和奖赏权力。但合法权力远比强制和奖赏的权力广泛，它尤其包含着组织成员对某种职位权力的接受这层意思。当学校校长、银行总裁或陆军上尉发表讲话时（假定他们的指示被视为是其职位职权范围内的），学校的老师、银行的出纳员和陆军中尉都会听从且通常会遵照指示办事。

（4）专家权力（expert power）。这是来自专长、特殊技能或知识的一种影响力。近年来，随着技术知识发展的突飞猛进，专家权力越来越成为组织中的一种有效的权力。当组织中的工作变得更加专门化以后，管理部门就越来越需要依靠专家的职能来实现组织目标，这样就形成了相应的专家权力。

（5）感召权力（referent power）。这是对一个人拥有的独特智谋或特质的确认，产生于对这个人的倾慕和希望与他同等的心理。这样，这个人对你就拥有了感召权力，或者说领袖魅力（charisma）。在组织中具有这样感召权力的人，会对上司、同僚与下属施加某种影响。

5. 组织权力整合的必要性与主要手段

（1）组织权力整合的必要性。部门与层次划分是组织分化的重要表现。伴随着组织的分化，会相应地出现整合的需要。所谓整合，就是将组织中各个人、各个部门的活动综合起来并协调一致的过程。组织对整合的需要程度是由以下两大因素决定的：一是工作的相互依赖关系，二是组织内部的分化程度。

①工作的相互依赖关系。组织中各项工作之间的相互依赖关系有如下三种情形。一是并列式相互依赖。组织内各单位之间只有共享资源和共担目标的关系，彼此间相互联系很少，相互影响也较小。二是顺序式相互依赖。前后工作之间存在一种像链条般的衔接关系，其中任何一个环节的中断都会导致整个活动失败。三是交互式相互依赖。这是一种往返双向式的关系，乙单位从甲单位接受投入后要将产出返送回甲单位，这样前后环节间的相互依赖程度就非常高。以上三种相互依赖关系的程度是渐次提高的，它们所需的整合与协调也要相应增强。从减少协调费用的角度考虑，应使交互连接的工作尽可能邻近并使其相关的活动包容于最低层次的部门组合中，顺序连接的可次之，并列连接的再次之。这是部门设计过程中将分化和整合问题统筹考虑的重要方面。

②组织内部的分化程度。组织内部分化的程度会使整合与协调的需要和难度加大。组织的分化主要表现如下。一是纵向上的分化。这是指组织划分为各个不同的等级层次的情况。在大中型组织中，从总经理到一般职工，中间可能有六七个甚至更多的层次，而小型组织则可能仅有两三个管理层次。组织层次越多，说明组织的纵向分化程度越高，结构复杂程度越大。二是横向上的分化。这可以从工作专业化分工的程度和职能部门的数目上反映出来。对生产和业务作业及管理工作都进行了精细的分工，配备有生产制造、市场营销、财务会计、研究开发、人事和采购等各种专业人员的组织，比由老板或经理包揽一切管理工作的组织，无疑具有更高的分化程度。三是空间上的分化。这是指组织单位在地理区域上的分布范围。组织的所有机构都集中在一个地点，这是地区分布最简单的情况。如果一个组织在国内各地以及国外若干个国家和地区都设有分支机构，则其地区分布就更为复杂。缺乏地理上的直接接触和日常通信联系，自然会使组织的整合和协调的问题更加突出。

（2）组织权力整合的主要手段。一般而言，组织权力整合协调的手段包括如下五种。

①通过组织等级链的直接监督。组织随着劳动者人数的增加和劳动分工协作关系的发生，通常需要推出一个人来负责统一指挥和监督其他人的活动，以达到行动上的配合一致。这个独立于作业活动而存在的指挥和监督人员，就是组织中脑力劳动与体力劳动开始分离后出现的第一个管理者。随着组织规模的扩大，在最高管理者与作业人员之间往往又产生若干层次的中层管理者，这样就形成了组织监督管理的等级链体系。

②通过程序规则的工作过程标准化。随着组织规模的进一步扩大，单纯依靠等级链上的各层次管理者来进行监督和协调已不能满足需要。为减轻等级链的负担，可以把所要进行工作的内容、过程制定成详细的程序和规则，即通过规定标准的工作方法来达到各方面行动的协调配合。

③通过计划安排的工作成果标准化。工作过程标准化运用于那些简单、常规的工作。如果某项工作的过程不易分解，无法规定标准化的工作内容和程序，这时就需要变控制工作过程为控制工作者按照一定的程序从事自己的工作，只要产出的成果达到既定的标准要求，就能保证前后工序的顺利衔接。

④通过教育培训的职工技能标准化。如果工作过程和产出的成果都无法预先规定出

妥当的标准,这时只能通过工作者技能素质的控制来确保工作的协调进行。这种方式就是对从事某项工作必须具备的知识、能力、经验等投入做出标准化的规定,在招收、聘用人员时遵照执行,并在任职过程中定期加以检查、考评和培训,由此来保证工作活动达到统一要求。工作知识和技能投入的标准化实际上是对工作过程标准化的一种内化和替代,是组织实现控制和协调的一个间接机制。

⑤通过直接接触的相互调整。这是指下级工作人员之间通过直接的接触和沟通而主动调整各自的行动,以取得彼此的协调配合。在许多情况下,横向的调整和协调可以对纵向的监督、控制和协调起到一定的补充和替代作用。

5.3.2 组织文化整合

组织文化不仅代表了组织的精神风貌,更应该蕴涵组织的指导思想和经营哲学。因此,除组织形象外,它还代表了组织的价值标准、经营理念、管理制度、信念、行为准则和职业道德。

| 管理聚焦 5-4 |

苏里格气田项目部是长城钻探工程有限公司下属的二级部门,成立于 2005 年 9 月。项目部在依靠集团公司的发展战略不断发展的过程中,取得了较大的经济效益,但新的经营环境也带来了新的问题,比如企业的制度建设与高速发展的要求脱节,合作开发模式的改变给企业的生产管理带来了巨大挑战等。针对以上问题,企业结合内外环境及自身特点采取了企业文化价值观的重塑、组织结构的调整、将激励机制与企业整体相结合等措施。通过以上改革,项目部顺利解决了问题,并通过全体员工的共同努力,实现了经济效益和管理效益的双重突破。

1. 组织文化的内涵、特征与功能

(1)组织文化的内涵与本质。

在组织的管理中,有一个问题经常困扰实际工作者和学者:组织文化(organizational culture,或称公司文化、企业文化)究竟是指什么东西?这是一个最基本但常常被忽视的问题。在荷兰心理学家、国际管理学家吉尔特·霍夫斯泰德笔下,文化已成为企业管理的难题。他把文化定义为"区分一个团体中的成员或把人们分类的集中编程"。德鲁克认为:"企业管理不仅是一门学科,还应是一种文化,有它自己的价值观、信仰、工具和语言的一种文化。"迪尔和肯尼迪在《企业文化》中提出:"强有力的文化是一套非正式的规则,它指导员工的日常言行,是引导行为的强有力工具,是以组织成员的一整套价值观和信念为基础的。"美国学者约翰·科特和詹姆斯·赫斯克特在《企业文化与经营业绩》一书中写道,"企业文化是指一个企业中的各个部门,至少是企业高层管理者们所共同拥有的那些企业价值观念和经营实践""企业文化是指企业中一个分部的各个职能部门或地处不同地理环境的部门所拥有的那种共同的文化现象"。

组织文化关注的是，员工是怎样看待组织文化特点的，而不是他们是否喜欢组织文化。也就是说，组织文化是一个描述性术语。这一点很重要，因为这样可以把组织文化与工作满意度的概念区分开来。简单地说，组织文化是指决定组织行为方式的价值观或价值观系统。

早期的公司文化的研究者迪尔和肯尼迪认为，文化决定了游戏的规则，"定义中的文化是一种无形的、隐含的、不可捉摸的而又理所当然（习以为常）的东西。但每个组织都有一套核心的假设、理念和隐含的规则来规范工作环境中员工的日常行为"。美国社会心理学家埃得加·谢恩把组织文化描述为"一套基本假设——一个特定组织在学会处理适应外界和整合内部问题时，发明、发现或发展出来的假设。这些假设已被实践证明行之有效，因而被认为是正确恰当的，也因此被传授给新加入的成员，作为理解、思考和感觉那些难题的正确方法"。

按照组织文化理论研究者谢恩划分的层次，位于组织文化最核心位置的是文化基本假设，其次是价值层面，再次是行为规范和行为方式层面，位于最表层的是组织文化的各种表现方式。组织文化在表面上是可见物像和可观测到的行为，即组织成员之间共享的有关人们穿着和行动的方式、口号、表征和仪式。但是，口号、表征和仪式是反映公司深层次价值观的物像，文化中的可见因素反映了存在于组织成员思想中的深层次价值观。组织文化在基本假设和价值层面（深层次的价值观、假设、信念和思维过程）上才是真正的文化。文化的性质可以多种方式展示，但一般会演进为通过实施社会相互作用构造的一整套模式化行为，这些模式可被用来解释文化的内涵。这些可见的物像和行为可以被管理者用来塑造公司价值观并强化组织文化。

在实践中，人们一般认为，组织文化是指组织成员的共同价值观体系，它使组织独具特色，以区别于其他组织。如果仔细考察的话，这种共同的价值观体系实际上是组织重视的一系列关键特征。最新研究认为，以下七点是组织文化的本质所在。

- 创新与冒险——组织在多大程度上鼓励员工创新和冒险。
- 注重细节——组织在多大程度上期望员工做事缜密、善于分析、注意细节。
- 结果导向——组织管理人员在多大程度上集中注意力于结果而不是强调实现这些结果的手段与过程。
- 人际导向——管理决策在多大程度上考虑到决策结果对组织成员的影响。
- 团队导向——组织在多大程度上以团队而不是个人工作来组织活动。
- 进取心——员工的进取心和竞争性如何。
- 稳定性——组织活动重视维持现状而不是重视成长的程度。

以上每一种特点都表现为一条从低到高的组织成员对组织所持的共同感情、在组织中做事的行为方式以及组织成员应有的行为方式的连续带。

（2）组织文化的特征。

①超个体的独特性。每个组织都有其独特的组织文化，这是由不同的国家和民族、不同的地域、不同的时代背景以及不同的行业特点形成的。每个组织由于自身的使命不同，拥有的资源和所处的环境各异，其组织文化也不同。任何组织的组织文化都有其鲜明的个性，反映了自身的特点，并以此为标志有别于其他组织。

②相对稳定性。组织文化是组织在长期的发展中逐渐积累而成的，具有较强的稳定性，不会因组织结构的改变、战略的转移或产品与服务的调整而随时变化。任何一个组织的组织文化一旦形成，并为组织成员所掌握，就具有相对的稳定性，就像人的个性较难随时间改变一样，组织文化的改变也是十分困难的。在一个组织中，精神文化比物质文化具有更多的稳定性。美国通用电气公司在20世纪30年代就被认为是一个没有人情味、正规、保守的企业，到了90年代基本上还是这样。

③融合继承性。每个组织都是在特定的文化背景之下形成的，必然会接受和继承这个国家和民族的文化传统和价值体系。组织文化的融合性除了表现为每个组织过去优良文化与现代新文化的融合，还表现为本国与国外新文化的发展融合。每个组织都需要注意本组织优良文化的积累，通过文化的继承性，把自己的过去、现在和将来联系起来，把组织精神灌输给一代又一代，并且在继承过程中加以选择。

④发展性。组织文化随着历史的积累、社会的进步、环境的变迁以及组织变革逐步演进和发展。组织文化在发展过程中，注意吸收其他组织的优秀文化，融合世界上最新的文明成果，不断地充实和发展自我。这也使得组织文化能够更加适应时代的要求，形成历史性与时代性相统一的组织文化。

（3）组织文化的功能。

组织文化的功能是指组织文化发生作用的能力，也即组织这一系统在组织文化的引导下，在进行生产、经营、管理的过程中所起的作用。组织文化作为一种自组织系统具有很多特定的功能，主要功能有以下几点。

①整合功能。组织文化通过培育组织成员的认同感和归属感，建立起成员与组织之间的相互信任和依存关系，使个人的行为、思想、感情、信念、习惯以及沟通方式与整个组织有机地整合在一起，形成相对稳固的文化氛围，凝聚成一种无形的合力，以此激发出组织成员的主观能动性，并为组织的共同目标而努力。

②适应功能。组织文化能从根本上改变员工的旧有价值观念，建立起新的价值观念，使之适应组织外部环境的变化要求。改革现有的组织文化，重新设计和塑造健康的组织文化过程就是组织适应外部环境变化、改变员工价值观念的过程。一旦组织文化提倡的价值观念和行为规范被成员接受和认同，成员就会自觉或不自觉地做出符合组织要求的行为选择，倘若违反，则会感到内疚、不安或自责，从而自动修正自己的行为。因此，组织文化具有某种程度的强制性和改造性，其效用是帮助组织指导员工的日常活动，使其能快速地适应外部环境因素的变化。

③持续功能。组织文化的形成是一个复杂的过程，往往会受到政治的、社会的、人

文的和自然环境等诸多因素的影响。因此，它的形成需要经过长期的倡导和培育。正如任何文化都有历史继承性一样，组织文化一经形成，便会具有持续性，并不会因为组织战略或领导层的人事变动而立即消失。

④发展功能。组织在不断的发展过程中形成的文化沉淀，通过无数次的辐射、反馈和强化，会随着实践的发展而不断地更新和优化，推动组织文化从一个高度向另一个高度迈进。

⑤导向功能。组织文化作为团体共同价值观，与组织成员必须强行遵守的、以文字形式表述的明文规定不同，它只是一种软性的理智约束，通过组织的共同价值观不断地向个人价值观渗透和内化，使组织自动生成一套自我调控机制，以一种指引性文化引导着组织的行为和活动。组织管理者最感兴趣的正是这种功能，正如迪尔和肯尼迪指出的，组织文化决定了游戏规则。

2. 组织文化的类型

根据不同的标准和不同的用途，理论界目前对组织文化有着不同的划分方法，其中最常见的划分方法有以下几种。

（1）按照组织文化的内在特征划分，可分为四种类型。一是学院型组织文化。学院型组织是为那些想全面掌握每一种新工作的人准备的地方，在这里他们能不断地成长、进步。这种组织喜欢雇用年轻的大学毕业生，并为他们提供大量的专门培训，然后指导他们在特定的职能领域内从事各种专业化工作，例如IBM公司、可口可乐公司、宝洁公司等。二是俱乐部型组织文化。俱乐部型组织非常重视适应性、忠诚感和承诺。在俱乐部型组织中，资历是关键因素，此外，年龄和经验也都至关重要，例如联合包裹服务公司、德尔塔航空公司、贝尔公司、政府机构和军队等。三是棒球队型组织文化。棒球队型组织鼓励冒险和革新。招聘时，从各种年龄和经验层次的人中寻求有才能的人，薪酬制度以员工绩效水平为标准。在会计、法律、投资银行、咨询公司、广告机构、软件开发、生物研究等领域，这类文化比较普遍。四是堡垒型组织文化。堡垒型组织着眼于组织的生存，这类组织以前多数是学院型、俱乐部型或棒球队型的，但在困难时期衰落了，现在尽力来保证组织的生存。这类组织工作安全保障不足，但对喜欢流动性、挑战的人来说，具有一定的吸引力。堡垒型组织包括大型零售店、林业产品公司等。

（2）按照组织文化对其成员影响力的大小划分，可分为三种类型。一是强力型组织文化。在具有强力型组织文化的公司中，员工们方向明确，步调一致，组织成员有共同的价值观念和行为方式。二是策略合理型组织文化。具有这种组织文化的企业，不存在抽象的好的组织文化内涵，也不存在任何"放之四海而皆准"、适合所有企业的"克敌制胜"的组织文化。只有当组织文化适应于企业环境时，这种文化才是好的、有效的文化。三是灵活适应型组织文化。市场适应度高的组织文化必须具有同时在组织员工个人生活中和在组织生活中都提倡信心和信赖感、不畏风险、注重行为方式等特点，员工之间相互支持，勇于发现问题和解决问题。

（3）按照组织文化涵盖的范围划分，可分为两种类型。一种是主文化。它体现的是一种核心价值观，为组织大多数成员所认可，当说到组织文化时，一般就是指组织的主文化。正是这种宏观角度的文化，使组织具有独特的个性。另一种是亚文化。亚文化是某种社会主流文化中一个较小的组成部分。在组织中，主文化虽然为大多数成员所接受，但是，它不能包含组织中所有的文化。组织中有各种小整体，在认同组织主文化的前提下，也有自己独特的亚文化。

（4）按照组织的有效性划分，可分为四种类型（见图5-12）。一是部落式组织文化。具有这种文化的组织重视内部管理的灵活性与适应性，在这样的组织内，人们可以互相共享资源，这种组织可以被简单地看成一个友善的工作场所。二是临时体制式组织文化。这种组织文化重视外部竞争同时希望能实行有机管理，具有这种文化的组织就是一个动态

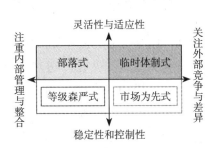

图 5-12 按照组织的有效性划分的组织文化类型

的、创业式的并且充满创意的工作场所。三是等级森严式组织文化。具有这种文化的组织重视内部管理以及所有的控制权，它代表一个高度制度化和机构化的工作场所。四是市场为先式组织文化。它比较关注外部事物和喜欢控制一切，这种组织文化的核心价值观就是竞争力和生产力，是一个以业绩为重点的文化。对具有这种文化的组织而言，超越对手和成为市场主宰是最重要的指标。

（5）按照权力的集中或分散程度划分，可分为四种类型。一是权力型组织文化，也叫独裁文化，由一个人或一个很小的群体领导这个组织，组织往往以企业家为中心，不太看重组织中的正式结构和工作程序。随着组织规模的逐渐扩大，权力型组织文化会感到很难适应，开始分崩离析。二是作用型组织文化，也叫角色型组织文化。在这样的组织里，你是谁并不重要，你有多大能力也不重要，重要的是你在什么位置。你和什么人的位置比较近。这种文化看起来安全和稳定，但是当组织需要变革时，这种文化则会受到较大的冲击。三是使命型组织文化，也叫任务文化。在这种文化中，团队的目标就是要完成设定的任务，成员之间的地位是平等的，这里没有领导者。四是个性型组织文化。这是一种既以人为导向，又强调平等的文化。这种文化富有创造性，孕育着新的观点，允许每个人按照自己的兴趣工作，同时保持相互有利的关系。

（6）按照流程标准划分，可分为三种类型。一是功能型组织文化，其核心是制度化，强调稳定性和可靠性。二是流程型组织文化，强调部门间的合作和团队合作，以客户为导向，强调团队精神。三是基于时间型组织文化，强调不仅仅满足于产品质量和客户满意，还想办法以最快的速度将新产品和服务推向市场。四是网络型组织文化，其主要特点是以合伙人方式分配权力，核心是敢冒风险，捕捉机会，关注市场的开拓与渗透。

（7）按照文化、战略与环境的配置划分，可分为三种类型（见图5-13）。一是适应性或企业家精神型组织文化。它以通过实施灵活性和适应顾客需要的变革，把战略重点

集中在外部环境上为特点。持有这种文化的企业并不只是快速地对环境做出反应,而且能够积极地创造文化,改革性、创造性和风险性行为在这种组织会被高度评价并得到激励。二是使命型组织文化。使命型组织文化的特征在于管理者建立一种共同愿景,使成员都朝着一个目标努力。三是小团体式组织文化。它主要强调组织成员的参与、共享,还有对成员适应外部环境的快速变化的期望。四是官僚型组织文化。它具有内向式的关注中心和对稳定环境的一致性定位,是一种有支持商业运作的程式化方法的文化。

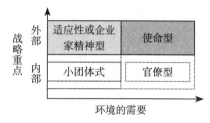

图 5-13 按照文化、战略与环境配置划分的组织文化类型

(8)按照组织实践和价值划分,可分为四种类型。一是家族型组织文化。家族型组织文化可能是最古老的一种文化,这是一种与人相关的,而不是以任务为导向的文化。二是保育器型组织文化。这是一种既以人为导向,又强调平等的文化,典型的代表就是硅谷。三是导弹型组织文化。这是一种平等的、以任务为导向的文化。四是埃菲尔铁塔型组织文化。这种文化下的组织结构看起来很像埃菲尔铁塔,等级较多,且底层员工较多,越到高层人数越少。每一层对于其下的一层都分配有清晰的责任,所以组织员工在日常工作中都是小心谨慎的。

3.组织文化的要素与内容

(1)组织文化的要素。从现代系统论观点看,组织文化以精神文化为内核,层次结构有三层:精神层、制度层和物质层(见图 5-14)。

①精神层,也叫内层、内涵层、深层、潜层、核心层,是组织文化的核心和主体,是广大员工的意识形态,包括管理哲学、敬业精神、人本主义的价值观念、道德观念等。

图 5-14 组织文化的层次结构

②制度层,也叫中层、中介层、中间层,是指体现某个具体组织的文化特色的各种规章制度,是道德规范和员工行为准则的总和,也包括内部分工协作关系的组织结构。它是组织文化的中间层,是由意识形态构成的虚体文化向实体文化转化的中介。

③物质层,也叫表层、外显层、显现层、器物层、外围层,是指凝聚着组织文化抽象内容的物质体的外在显现,它既包括了组织整个物质和精神的活动过程、组织行为、组织体产出等外在表现形式,也包括了组织实体性的文化设备、设施、工作场所、员工形象、社区环境等,如带有本组织色彩的工作环境、作业方式、图书馆、俱乐部等。表层是组织文化最直观的部分,也是人们最易于感知的部分。

组织文化的三个层次是浑然一体、不可分割的。精神层决定了制度层和物质层;制度层是精神层与物质层的中介；物质层和制度层是精神层的体现。

（2）组织文化的内容。从最能体现组织文化特征的内容来看，组织文化的内容包括组织价值观、组织精神、伦理规范、组织素养以及组织形象等。

①组织价值观。组织价值观就是组织内部管理层和全体员工对该组织的生产、经营、服务等活动以及指导这些活动的原则的一般看法或基本观点。它包括组织存在的意义和目的、组织中各项规章制度的必要性与作用、组织中各层级和各部门的各种不同岗位上的人们的行为与组织利益之间的关系等。组织价值观是指组织评判事物和指导行为的基本信念、总体观点和选择方针。它具有调节性、评判性、驱动性。组织价值观具有不同的层次和类型，优秀的组织总会追求崇高的目标、高尚的社会责任和卓越创新的信念。

②组织精神。组织精神是组织在特定的社会环境中，精心培育而逐步形成的，并为组织全体成员所共同认同的心理态势、价值取向和主导意识。组织精神反映了一个组织的基本素养和精神风貌，成为凝聚组织成员共同奋斗的精神源泉。组织精神是一个组织的精神支柱，是组织文化的核心，它反映了组织成员对组织的特征、形象、地位等的理解和认同，也包含了对组织未来发展和命运所抱有的理想和希望。例如，日本松下电器公司的"七精神"以及IBM的精神——"IBM就是服务"。

③伦理规范。伦理规范是指从道德意义上考虑的、由社会向人们提出并应当遵守的行为准则；它通过社会公众舆论规范人们的行为。组织文化内容结构中的伦理规范既体现组织自下而上环境中社会文化的一般性要求，又体现着本组织各项管理的特殊需求。由此可见，以道德规范为内容与基础的员工伦理行为准则是传统的组织管理规章制度的补充、完善和发展。正是这种补充、完善和发展，使组织的价值观融入了新的文化力量。

④组织素养。组织素养包括组织中各个层级的员工的基本思想素养、科技和文化教育水平、工作技能、精力以及身体状况等。素养越高，组织中的管理哲学、敬业精神、人本主义的价值观念、道德修养等就越深厚。

⑤组织形象。它是指社会公众和组织成员对组织、组织行为与组织的各种活动成果的总体印象和总体评价，反映的是社会公众对组织的承认程度，体现了组织的声誉和知名度。其中，对组织形象影响较大的因素有5个：服务与产品形象、环境形象、成员形象、组织领导者形象和社会形象。

5.3.3 主管人员配置

1. 主管人员配置的内涵与配置系统

（1）主管人员配置的内涵。

人员配置是一个比较宽泛的概念，Carut认为人员配置是一个决定组织中人力资源需求的程序，并且它能确保有足够合格的人员来满足这些需求。赫伯特·G.赫尼曼将人员配置定义为，为了创造组织效能的有利条件而从事的获取、运用和留任足够质量和数量的劳动力队伍的过程。这个定义强调了人员配置水平和劳动力质量两方面对组织效能的贡献，以及一套相互配合的劳动力获取、雇用和留任活动对人员的流入、保留和流出组织的指导作用。赫伯特·G.赫尼曼的人员配置定义包含以下几项内容。

①获取。获取活动包括外部人员配置系统，它管辖的是组织新进入人员的最初入口。

②运用。运用活动指的是新雇用员工在他们将要从事的实际工作岗位上的安置，也包含指导在任员工的流动，也就是通过处理晋升调动和新项目任务等问题的内部人员配置系统，来完成遍及组织的流动。

③留任。留任系统试图管理不可避免的将要流出组织的员工流。

主管人员配置就是指由于原有职位出现空缺或出现新职位，组织根据从事该职位的工作应具备的条件，利用测试、考核等手段，通过外部选聘与内部调整、晋升等渠道，选拔、任命主管人员。传统观点认为，主管人员配置的主要内容包括人员的选聘、考核与培训，现代观点认为，主管人员的配置不仅包括选人、评人和育人，还包括使用人和留住人。

（2）主管人员配置的原则。

①经济效益原则。组织主管人员配置计划的拟定要以组织需要为依据，以保证经济效益的提高为前提，不能盲目地扩大主管人员队伍，而要注重保证组织效益的提高。

②任人唯贤原则。在人事选聘方面，实事求是地发现人才，爱护人才，本着求贤若渴的精神，重视和使用确有真才实学的人，这是组织不断发展壮大、走向成功的关键。

③因事择人原则。因事择人就是主管人员的选聘应以职位的空缺和实际工作的需要为出发点，以职位对人员的实际要求为标准，选拔、聘用主管人员。

④量才使用原则。量才使用就是根据每个人的能力大小安排合适的岗位，人的差异是客观存在的，一个人只有处在最能发挥其才能的岗位上，才能干得最好。

⑤程序化、规范化原则。主管人员的选聘必须遵循一定的标准和程序，科学合理地确定组织主管人员的选拔标准和选聘程序是组织聘任优秀人才的重要保证。只有严格按照规定的程序和标准办事，才能选聘到真正愿为组织的发展做出贡献的人才。

（3）主管人员配置系统。

主管人员配置是一个系统，是一个包括主管人员的获取、运用和留任的完整过程，因此企业的主管人员管理活动之一应该是人员配置而非单纯的招聘选拔，组织完善的主管人员系统离不开主管人员配置系统的建立与完善，组织应该重视主管人员配置系统的构建。

组织该如何建立主管人员配置系统呢？主管人员配置包含两方面的含义：一是指某个人的能力完全能满足主管岗位的要求，即所谓"人得其职"；二是指这个人完全具备主管岗位所要求的能力，即所谓"职得其人"。主管人员配置系统一般有主管人员选聘、晋升、轮换、淘汰和储备（接班人计划）五种重要环节，五者并行。

①主管人员选聘。主管人员选聘是指组织为了发展的需要，根据人力资源规划的要求，以工作分析为基础，寻找并吸引那些有能力又有兴趣到本组织任职的人员，并从中选出适宜人员予以聘用的过程。

②主管人员晋升。主管人员晋升是指将主管人员指派到特定职位上去的一种方式。它是组织中人员职务或职位的一种提升性的改变，这种改变主要是组织对人力资源系统

进行综合评价的结果，同时也是组织对主管人员工作进行评价的一个因素，可以服务于两个重要目的。第一，配置资源。可以使拥有不同能力、素质的主管人员和具有不同要求的岗位进行有效匹配。第二，提供激励。建立在公平基础上的主管人员晋升还可以为处于低级职位的主管人员提供激励，促使其不断努力，争取更高职位。

③主管人员轮换。组织有计划地将岗位要求和个人条件及发展需要做比较，将最合适的组织人员安排到最合适的岗位上，同时提供最有效的个人工作经验培养，从而最大限度地提高组织主管人员的整体素质，这也为组织达到最佳效益创造了条件。

④主管人员淘汰。主管人员淘汰是指对那些绩效不佳的主管人员进行组织外的退出管理，盘活并优化组织内部人力资源存量，避免主管人员内部冗杂、劣质沉淀。

⑤主管人员储备（接班人计划）。接班人计划是指组织确定和持续追踪关键岗位的高潜能人才，并对这些高潜能人才进行开发，以作为组织中某特定岗位的后备人才。高潜能人才是指那些组织相信他们具有胜任高层管理位置潜力的人，组织可以通过内部提升的方式来为某个特定职位系统、有效地获取组织人力资源。

2. 主管人员的选聘

（1）主管人员选聘的系统方法。

既然合格的主管人员对企业的成功起着关键的作用，那么决定现在和今后对主管人员的需要量并选拔人才的系统方法也就至关重要。选聘的系统方法如图 5-15 所示，图中虚线框中的各项是与选聘密切相关的可变因素。

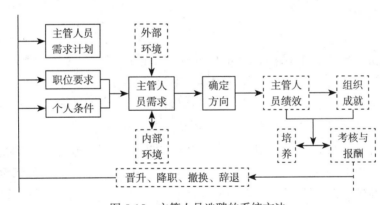

图 5-15 主管人员选聘的系统方法

- 主管人员需求计划是建立在组织目标、预测、计划和策略的基础上的。
- 主管人员需求计划要转化为职位要求，并使之与个人条件即智力、知识、技能、态度和经验等相协调。
- 为了满足企业组织对主管人员的需求，负责人员配备的主管人员就要根据职位空缺和职位要求，组织力量进行招聘、选拔、安置和晋升等工作。这项工作必须同时考虑内部环境（如组织政策、主管人员的供求和组织环境）与外部环境（如法律、规章、外部人才供求状况)。
- 在选聘人员并安排相应的职位,即确定方向后,必须向他们介绍新职务的内容,包括组织及其运营情况和内外相互关系等方面。
- 新安置的主管人员开始履行其职能,取得管理绩效,从而影响并最终决定组织成就。
- 主管人员接受考评并收获酬劳,组织还要以考核评议为基础,研究主管人员的培养和开发。
- 考核评议的结果为晋升、降职、撤换和辞退工作提供依据。

选聘主管人员,首先必须明确选聘的依据是什么,也就是根据什么标准来选聘。总的来说,德才兼备就是选聘的标准。具体而言,可将选聘的依据概括为以下两个方面:职位本身的要求以及主管人员应具备的素质和能力。

(2)主管人员的职位要求分析。

要有效地选拔主管人员,就要求选拔者清楚地了解该职位的性质和目的,就要客观地分析职位的要求。在需要考虑的人员因素中包括应具备的技术、人事、分析与策划方面的技能。

在组织等级中,不同等级对这些技能的要求有所不同。此外,还要评价和比较各个职位的相对重要程度,以便公正、平等地对待职员。

①明确职位要求。应回答如下几个问题:在这一职位上应该做些什么?怎样做?需要什么样的知识背景、态度和技能?还要考虑几个附加问题:可用不同的方法履行该职位的要求吗?新的要求又是什么?为了找到此类问题的答案,必须进行这一职位或职务的分析工作。

②分析评价主管人员职位的相对重要程度。分析依据:职位工作难易、繁简程度,责任轻重程度,所需人员的资格条件等因素。对这些要素进行分析评价,并将所有职位划分为若干等级,其方法有以下三种:一是比较法,即将各个职位进行比较或排队;二是职位要素法,选择几个职位要素如技术要求、受教育程度、经验与智力、责任大小、工作条件等,规定权数和分值,用数字表示每个要素,在汇总确定分值的基础上,以分值大小来确定职位的等级系列;三是时距判断法,任何一个职位的价值都可以用时距判断法来衡量,即用该职位在斟酌决定问题时所耗费的时间多少来衡量。正确做出判断所消耗的时间越长,职位越重要,应付给该职位的报酬也就越多。

(3)主管人员选聘的途径。

①内部升职,是指从组织内部提拔那些能胜任的人员来充实组织中的各种空缺职位,意味着一些人可以从较低的职位被提升到较高的职位,担任更重要的工作。其优点有三个方面:一是人选比较准确;二是被提升者能够较快胜任工作;三是有利于激励组织成员的上进心,提高工作热情和增强组织的凝聚力。其缺点也包括三个方面:一是容易造成"任人唯亲";二是容易引起同事不满情绪;三是当组织中空缺职位较多时,单纯依靠内部提升不利于保证主管人员的高素质,对组织的发展极为不利。

②外聘制，是按照一定的标准和程序，从组织外部众多的候选人中选择符合空缺职位要求的主管人员。其优点有四个方面：一是人才来源较广泛；二是可避免"任人唯亲"；三是可避免组织内没有提升到的人员积极性受挫；四是节省在培训方面所耗费的大量时间和费用。其缺点包括三个方面：一是不公平，造成人才外流；二是组织和外聘人员之间需要一个了解和熟悉过程；三是对外聘人员的实际工作能力缺乏了解。

关于主管人员的选聘，在实际工作中有一些规律可循。一般来说，当组织内有能够胜任空缺职位的人选时，特别是大公司有足够的合格人员可供选择时，应先从内部提升；当空缺的职位不是很重要，并且组织已有既定可行的发展战略时，也应当考虑从内部提升。然而，当组织缺乏一个关键性的主管人员，而组织内没有能胜任的人选时，就需要从外部招聘。在通常情况下可以采用内部提升和外部招聘相结合的途径，以形成"杂交优势"；可将外部招聘的人员先放在较低的职位上，然后根据其表现决定是否提升其职位。值得提倡的是实行公开竞争的政策，这有利于得到最好的人选以充实空缺职位，而不论人选来自内部还是外部。

3. 主管人员的考评

主管人员的考评即对主管人员的考核和评价，是主管人员配置工作的一项重要内容。只有了解一个主管人员在计划、组织、人员配置、指导与领导、控制等方面的工作做得如何，才能确知那些占有主管职位的人是否有效地进行着管理工作。

（1）主管人员考评的目的。人员的素质，特别是主管人员的素质，是一个组织活动效率的决定性因素。主管人员的考评，就是对主管人员的工作能力和工作成绩进行考核与评价，是人员配置工作中的一项重要内容。考评是一种手段，是了解主管人员基本状况的方法，其目的是做好人事工作，为促进组织的发展提供信息。

①主管人员考评为了解主管人员的工作绩效提供依据。一般可以通过定期或不定期的总结、检查，把管理活动的结果与预期的成效相对照，以发现偏差，分析偏差的原因，及时采取措施，帮助和指导主管人员沿着既定的方向去实现组织的目标。

②主管人员考评为主管人员的配备和调整提供依据。在选拔配置主管人员时，必须依靠正确的考评，通过考评建立起有关主管人员的文字档案，并据此绘制出组织的人才储备图，作为选拔主管人员的依据。

③主管人员考评为主管人员的培训提供依据。通过考评可以了解主管人员在某些方面的素质缺陷，根据缺什么补什么的原则来确定培训的内容和方式，制订培训计划，促进主管人员素质和能力的不断提高。考评是进行培训的基础，同时也是检验培训效果的有效手段。

④主管人员考评为确定报酬和进行奖励提供依据。工资报酬与劳动者的能力和贡献相联系，是按劳分配的一条基本原则。衡量主管人员的工作能力和贡献，是确定主管人员工资报酬不可缺少的一项内容。根据管理工作效果难以精确化的特点，管理人员的工资报酬一般分为两部分：一是由职务性质决定的能力工资或职务工资；二是由努力程度

决定的绩效工资或效益工资。前者取决于职务分析，即职务相对重要程度的评价，后者取决于人事考评提供的依据，即根据管理者的工作态度、努力程度、实际表现和效益等因素来确定绩效工资。

（2）主管人员考评的内容。为确定工资报酬提供依据的考评侧重于人员的现实表现，而为人事调整或人员培训而进行的考评则侧重于技能和潜力的分析。一般情况下进行的人事考评并不是与一种目的有关，考评的内容不能只考虑某个方面，而应当尽可能全面。

①传统的个人品质（素质）考评。传统的个人素质考评就是把主管人员的素质（其中也包括一些工作方面的特征）逐一列出，并划分为若干等级标准，然后逐一对主管人员进行衡量。

②对主管人员绩效（管理效果）的考评。按照所定的可核实的目标及其完成情况来评价主管人员的工作成绩。主管人员在组织中的角色，就是从整体上促使组织目标以及各层次和各部门分目标的实现。这一考评内容不脱离主管人员从事的工作，而是在以被考评者个人所同意的合理的指标来衡量被考评者已经做了哪些工作，以及做得如何。它为考评提供了合理和客观的依据，从而减少了单凭主观判断的因素。

③按主管人员的标准进行考评。按主管人员的标准进行考评包含两方面的内容：一是主管人员的管理工作做得如何；二是主管人员在进行管理活动时的工作效率如何。

4. 主管人员的培训

主管人员的培训是人员配备职能中的一个重要方面，其目的是要提高组织中各级主管人员的素质、管理知识水平和管理能力，以适应管理工作的需要，适应新的挑战和要求，从而保证组织目标的实现。由于主管人员是组织活动的主导力量，主管人员管理水平的高低直接决定着组织活动的成败，因而每个组织都应将对主管人员的培训工作看成一项关系组织命运、前途的战略性工作来对待。

（1）主管人员培训的对象。主管人员作为培训对象，根据其培训特点的不同，可以分为两大类：一类是在任的主管人员，另一类是新选聘的和将要被提升的主管人员。对于第一类，培训的对象不仅仅是中下层的主管人员，也应包括上层的主管人员。而且，上层主管人员还应该首先接受培训。这是由他们所在的重要的岗位决定的，也是因为在整个培训过程中，他们负有培训下级主管人员的不可推卸的责任。对于第二类中的新聘主管人员，其培训重点是入门培训或社会化培训，旨在为新员工提供信息，以使他们顺利有效地在组织中工作。典型的熟悉环境的培训内容包括：一是介绍日常工作程序的大体内容；二是介绍组织的历史、宗旨、经营状况、产品和服务以及组织对员工工作有何要求；三是详细介绍组织的政策、工作规程和员工福利。对于将要被提升的人员，培训重点是分别根据各自的弱点和不足，通过各种方式尽快地补课，以达到拟提任职务对主管人员的要求。

（2）主管人员培训的内容。无论哪种类型的培训对象，其培训的具体内容一般包括：政治思想、管理业务知识、管理能力。

5.4 组织变革

5.4.1 组织变革的内涵与原因、影响因素、动力与阻力

1. 组织变革的内涵与原因

（1）组织变革的内涵。组织变革是指组织综合运用组织和其他相关管理原理的基本理论，研究群体动力、领导、职权和组织再设计等问题，通过对组织中的要素进行结构性变革使之适应环境变化和组织发展需要的活动过程。

组织变革是不以人的意志为转移的客观必然过程，变革的目标就是要提高组织的效能和环境适应能力。组织变革包括流程优化、流程规范化、流程再造、联合、兼并、新建组织、走出国门、人才流动与组织的吐故纳新。

（2）组织变革的原因。组织必然要进行变革，因为组织是一个不断与外界环境发生作用的开放系统。具体而言，推动组织进行变革的因素可以分为外部环境因素和内部环境因素。一是外部环境因素，如宏观社会经济环境的变化、科技进步、资源变化、竞争观念的改变。二是内部环境因素，如企业自身成长的需要、保障信息畅通的需要、克服组织低效率的需要、管理条件的变化、人员条件的变化、技术条件的变化等。

2. 组织变革的影响因素

一般认为，在组织变革中对其影响较大的因素有环境、战略、规模及企业生命周期等。

（1）环境因素。环境包括一般环境和特定环境两部分。一般环境包括对组织管理目标产生间接影响的诸如经济、政治、社会文化及技术等环境条件，这些条件最终会影响到组织现行的管理实践。特定环境包括对组织管理目标产生直接影响的诸如政府、顾客、竞争对手、供应商等具体环境条件，这些条件对每个组织而言都是不同的，并且会随着一般环境的变化而变化，两者具有互动性。环境的复杂性和变动性决定了环境的不确定性。

（2）战略因素。战略是指决定和影响组织活动性质及根本方向的总目标，以及实现这一总目标的路径和方法。在战略与组织结构的关系中，谁决定谁，谁服从谁，是人们一直关注的焦点。最早对战略与组织结构的关系进行研究的是美国学者钱德勒。他在1962年出版了《战略与结构：美国工业企业历史的篇章》一书。钱德勒对于战略与组织结构关系的结论已被许多研究所证实。因此，采用适宜的组织结构可具有竞争优势。这就是说，企业拟定的战略决定着组织结构类型的变化。

（3）规模因素。布劳等人曾对组织规模与组织设计之间的关系做了大量研究，认为组织规模是影响组织结构的重要因素，即大规模会提高组织复杂性的程度，并连带提高专业化和规范化程度。可以想象，当组织业务呈现扩张趋势、组织员工增加、管理层次增多、组织专业化程度不断提高时，组织的复杂化程度也会不断提高，这必然给组织的协调管理带来更大的困难，而随着内外环境不确定因素的增加，管理层也愈难把握实际变化的情况并迅速做出正确的决策，组织进行分权式的变革成为必要。

（4）企业生命周期。最早提出企业生命周期理论的是葛瑞纳，他认为企业的成长如

同生物的成长一样要经过诞生、成长和衰退几个过程。可以把这种企业生命周期分成四个阶段：创业阶段、职能发展阶段、分权阶段、精细阶段。每个阶段又由两个时期组成：一个是组织的稳定发展时期，组织在这个时期的结构和活动都比较稳定，内外条件较为吻合；另一个是组织的变革时期，即当组织进一步发展时，组织内部就会产生一些新的矛盾和问题，使组织结构和活动不相适应，此时必须通过变革才能使组织结构适应内外环境的变化，使组织保持适应性，组织的发展就是这样循环往复不断得以成长的。

3. 组织变革的动力与阻力

（1）组织变革的动力。综合已有理论概述和相关研究，我们可以把组织变革的动力加以划分并进行分析。

①根据存在空间，组织变革的动力可划分为外部动力和内部动力。外部动力也称宏观动力。组织变革常由其外部环境中的某些因素变化引起。这些因素主要有五个。首先是政治动力，任何企业内部的变革都会受社会政治因素的影响。其次是经济动力，经济发展生产力水平的提高、社会经济结构的发展、经济体制的改革推动各级企业的改革和调整。最后是科技动力、市场动力和自然环境动力。内部动力是在组织内部起作用，在管理部门控制之内的要求改革的力量，主要有五个类型。一是组织结构动力。二是技术动力，即某种新技术的采用会导致生产企业的深刻变化、劳动生产率的大幅提高，并影响到企业结构和员工的心理状态。三是个体动力，企业变革及其目标的实现在很大程度上依赖于人的因素。四是领导动力，领导者是企业变革的中心人物和最终决定变革的人员。五是文化动力，企业文化建设是企业建设发展的一个重要方面，影响着企业员工的行为。

②根据动态环境，组织变革的动力可划分为经济全球化动力、客户的新需求和知识经济的压力。经济全球化动力是指适应经济全球化并拟定全球战略愿景、调整组织及竞争优势以掌握这个新环境的企业，将可脱颖而出，成为最终赢家。客户的新需求是指组织竞争力最主要的是竞争顾客的能力，与客户没有关系的竞争力不是真正的竞争力。知识经济的压力是指知识经济时代的企业特征不同于工业经济时代，重要的差别之一是劳动力结构不同，如何开发员工能力和心理成为知识管理的重要任务。

（2）组织变革的阻力。从组织变革的动力和阻力的变化和演进过程看，组织变革的因素划分越来越细且日益复杂，同时也反映出了对组织变革的认识日益深入。

①根据阻力的主体，可将组织变革的阻力划分为个体阻力、组织阻力、文化阻力和社会阻力。

个体阻力包括六个方面。一是职业心理定式对变革的阻碍，即对于经常性的工作和长期从事的职业，员工形成心理上的准备状态。二是保守对变革的阻碍。三是习惯对变革的阻碍。四是求全责备对变革的阻碍，变革是新生事物，存在不足之处，有求全责备心理的人，常用机械主义的观点，对改革百般挑剔，从而否定改革。五是中庸和中游思想对变革的阻碍。六是心理承受力低对变革担心而形成的阻碍。

组织阻力包括五个方面。一是组织结构的障碍。任何一种新的主意和对资源的新用法，都会触犯组织的某些权力，所以往往会受到抵制。二是资源的限制。三是经济亏损造成处境困难而形成的阻力。四是社会经济环境问题造成的阻力。五是企业内部非正式组织造成的阻力。

文化阻力与结构上的惰性完全不同,是比这种惰性意义更为广泛的,伴随组织的年龄增长和成功而来的文化的惰性。

社会阻力是指企业组织是社会的组成部分,处于复杂的社会环境之中的企业在进行变革时,必然会受到外界社会环境的制约。

②根据阻力存在空间,可将组织变革的阻力划分为外部阻力和内在阻力。外部阻力是上述的社会阻力,包括政治、经济、技术、社会、文化、军事等影响因素,而个体阻力、组织阻力、文化阻力等就构成了内在阻力。

③根据阻力表现形式,可将组织变革的阻力划分为公开的、潜在的、直接的和延后的阻力。

④根据阻力本质特征,可将组织变革的阻力划分为以下六种类型。一是利益方面的阻力,组织的变革意味着权力、利益和资源的调整或再分配,因此会触动人的切身利益,进而形成不满和阻力。二是素质方面的阻力,组织变革往往会对员工能力和素质提出新的挑战。三是观念方面的阻力。四是个人习惯性方面的阻力。五是组织惰性方面的阻力。六是变革不确定性方面的阻力。心理学研究表明,不确定性因素使人产生紧张和忧虑。变革时面对不了解和不熟悉的东西,人们通常会产生程度不同的隐晦的不安全感,从而对变革持一定的观望和保留态度。

5.4.2 组织变革的过程与模型

1.组织变革的过程

组织变革一定是通过人的自觉的变革实践活动开展的,在变革问题上,一定要把自觉的意识上升为系统的理论。当然,这里所说的理论并不是指关于变革的纯粹理论,而是一种关于如何在本组织内部进行变革的理论,用哲学的术语来讲,是一种关于变革的实践观念。一般来讲,在如何进行某个变革的问题上,有三个环节异常关键(见图5-16)。

图 5-16 组织变革的三个关键环节

(1)目标指向。目标指向即要在组织内部形成共同的愿景。美国学者卡明斯和休斯认为,构成愿景的四个要素包括:使命、结果、状况和中期目标。具体到组织变革问题上,愿景涵盖着通常所说的关于变革的指导思想、基本原则、目标、任务以及要求等内容。在愿景问题上要注意三点。一是这个愿景是一个好的和有效的愿景。所谓好的和有效的愿景,是指它是一面催人奋进的旗帜,为人们描绘了一幅可以通过努力而实现的蓝图。二是这个愿景一定是共同的愿景。也就是说,它不应当仅仅是某个或某些管理人员的愿景,而是组织内部所有人或绝大多数人共同的愿景。三是这个愿景的形成是一个过程，是组织内部员工共同参与、共同研讨的结果，通俗来说，就是从群众中来到群众中去的不断反复完善的结果。

（2）内部分析。内部分析是对组织及其环境现状进行详细的分析。在从事这项工作时，要通过细致的调查研究，确切地把握住社会发展的趋势对组织的影响，认清本组织的定位，搞清楚本组织的优势和存在的问题，明确变革的目标（见图5-17）。可以肯定地说，这是一项非常严肃的工作，要特别注意方法问题。具体来说，在运用传统的矛盾分析法、分析与综合相结合的方法等的同时，要善于运用一些现代分析方法，例如，可以运用PEST分析法对组织的外部影响因素从政治、经济、社会文化、技术、环境和法律六个角度进行分析；可以运用标杆比较和团体列名的方法，找出自身存在的问题；可以运用五力模型，即通过对五种力量的分析（现有组织之间的竞争、替代品的威胁、新进入者的威胁、供应商的议价能力、购买者的议价能力）来确定自身的位置；可以运用SWOT分析法对组织从优势、劣势、机会、威胁四个方面进行总体分析等。把这些方法辩证综合地运用，通过对所得到结果的去粗取精、去伪存真、由此及彼、由表及里的加工制作，应该能对组织及其环境现状做出比较准确的判断。

（3）战略变革。战略变革是制定出具体的实施措施和步骤。在确定愿景和对现状进行把握的基础上，还要制定出具体的实施措施和步骤，否则，变革方案就达不到能够切实地加以落实的程度。一般来讲，变革实施方案要尽可能地具体，要包括对变革过程的详细描述以及所要从事的具体事情，如人员分工、资源配置、时间安排、绩效目标、奖惩措施等。

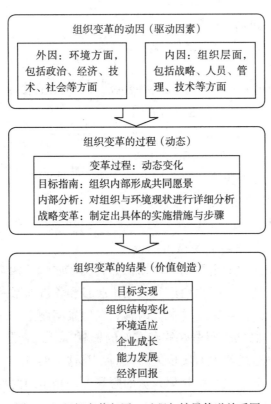

图5-17 组织变革起因、过程与结果传递关系图

2. 组织变革的模型

组织变革的相关理论日益增多,这里就几个比较重要的组织变革理论做简要介绍(见表 5-5)。

表 5-5 组织变革相关理论列表

时间	学者	理论	主要内容
1947 年	库尔特·卢因	组织变革三部曲	用力场分析法来解释组织变革现象和产生的原因,奠定了组织变革理论研究的基础
1972 年	格瑞纳	组织成长五阶段论	企业组织成长过程,演变与变革交替进行,每个演变时期都创造自己的变革,企业组织管理部门为每一个变革阶段提出的解决方案决定了一个演变阶段
1981 年	威廉·大内	Z 理论	组织转变的目的是提高组织对人而不是对技术进行协调的能力,以便提高生产率。其包括提高人们的技能,也包括创造出新的结构、刺激以及新的管理宗旨
1990 年	彼得·圣吉	学习型组织理论	长期发展中唯一持久的优势是有能力比竞争对手学习得更快,未来真正出色的企业将是能够设法使各阶层人员全心投入,并有能力不断学习的学习型组织
1993 年	哈默、钱皮	组织流程再造理论	通过对企业原有的业务流程的重新塑造,使企业不仅取得经营业绩上的巨大提高,更使企业组织形态发生革命性的转变

(1) 库尔特·卢因的组织变革三部曲。库尔特·卢因是计划变革理论的创始人,卢因的组织变革三部曲是将变革看作组织对组织平衡状态的一种打破,即解冻。解冻一旦完成,就可以推行组织本身的变革,但仅仅引入变革并不能确保它的持久,新的状态需要加以再冻结。这样才能使之保持一段相当长的时间。因此重新冻结的目的是通过平衡驱动力和制约力两种力量,使新的状态稳定下来。具体可以分为以下三个阶段。

- 解冻阶段。其主要的任务是发现组织变革的动力,营造危机感,塑造出改革乃大势所趋的气氛,并在采取措施克服阻力的同时具体描绘组织变革的蓝图,明确组织变革的目标和方向,形成可靠的比较完善的组织变革方案。
- 变革阶段。按照拟订的改革方案的要求开展具体的组织变革运动,使组织从现有的组织结构模式向目标模式转变。
- 重新冻结阶段。管理者必须采取措施保证新的行为方式和组织形态能够不断得到强化和巩固。

(2) 格瑞纳组织成长五阶段论。美国哈佛管理学院教授格瑞纳于 1972 年在《哈佛商业评论》上发表了一篇关于组织发展与变革的论文。格瑞纳认为组织的成长路径有五个不同的阶段,即创意、指导、授权、协调、合作,每个阶段包含一段相当平静的稳定进化成长时期,而结束于不同形式的管理危机。他更宣称每一时期都会受到前一时期的严重影响,因此,具有组织历史意义的管理层可以预料到下一个"发展危机"的形式,从而预先准备好应付的方式,以化危机为成长的转机。

（3）威廉·大内的Z理论。Z理论认为，一切企业的成功都离不开信任、敏感与亲密，因此主张组织以坦白、开放、沟通作为基本原则来实行民主管理。Z理论认为组织变革过程应包括13个步骤：

- 参与变革的人员学习领会Z理论的基本原理，挖掘每个人正直的品质，发挥每个人良好的作用；
- 分析企业原有的管理指导思想和经营方针，关注企业宗旨；
- 企业的领导者和各级管理人员共同研讨制定新的管理战略，明确大家期望的管理宗旨；
- 能够创立高效合作、协调的组织结构和激励措施来贯彻宗旨；
- 培养管理人员掌握弹性的人际关系技巧；
- 检查每个人对将要执行的Z型管理思想是否完全理解；
- 把工会包含在计划之内，取得工会的参与和支持；
- 确立稳定的雇用制度；
- 制定一种合理的长期考核和提升的制度；
- 经常轮换工作，以培养人的多种才能，拓宽雇员的职业发展道路；
- 认真做好基层一线雇员的发动工作，使变革在基层顺利进行；
- 找出可以让基层雇员参与的领域，实行参与管理；
- 建立员工个人和组织的全面整体关系。

（4）彼得·圣吉的学习型组织。美国麻省理工学院教授彼得·圣吉吸收东西方管理文化的精髓，提出了以"五项修炼"为基础的学习型组织理论。学习型组织理论认为，在新的经济背景下，企业要持续发展，必须增强企业的整体能力，提高整体素质。也就是说，企业的发展不能只靠像福特、斯隆、沃森那样的伟大领导者一夫当关、指挥全局，未来真正出色的企业将是能够设法使各级人员全身心投入并有能力不断学习的组织——学习型组织。所谓学习型组织，是指通过培养整个组织的学习气氛、充分发挥员工的创造性思维能力而建立起来的一种有机的、高度柔性的、扁平的、符合人性的、能持续发展的组织。这种组织具有持续学习的能力，具有高于个人绩效总和的综合绩效。学习型组织具有下面几个特征：一是组织成员拥有一个共同的愿景，二是组织由多个创造性个体组成，三是组织善于不断学习。

（5）哈默、钱皮的组织流程再造理论。组织流程再造是由美国的哈默和钱皮提出，在20世纪90年代达到全盛的一种管理思想。组织流程再造是一种企业活动，内容为从根本上重新而彻底地去分析与设计企业流程，并管理相关的企业变革，以追求绩效。其重点在于选定对企业经营极为重要的几项企业流程加以重新规划，以求提高运营效果。流程再造的核心思想是要打破企业按职能设置部门的管理方式，代之以业务流程为中心，重新设计企业管理过程，从整体上确认企业的作业流程，追求全局最优，而不是个别最优。尽管哈默并没有系统地总结归纳流程再造的方法步骤问题，但是有学者通过对其著作的研读，基于对哈默观念的深入理解，替他总结出了一个四阶段模式。

第一阶段，确定再造队伍。产生再造领导人，任命流程主持人，任命再造总管，必要时组建指导委员会，组织再造小组。

第二阶段，寻求再造机会。选择需要再造的业务流程，确定再造流程的顺序，了解客户需求和分析流程。

第三阶段，重新设计流程。召开重新设计会议，运用各种思路和方法重构流程。

第四阶段，着手再造。向员工说明再造理由，前景宣传，实施再造。

本章小结

本章主要介绍管理活动中的组织工作，可以从静态和动态两个方面来理解。从静态的角度主要介绍组织的框架体系，先介绍了组织的含义、作用以及组织类型等内容；组织职能的重要内容就是设计科学高效的组织结构，通过对组织结构概念、类型的了解，进一步明确组织设计的原则、影响因素和设计程序，重点掌握组织职能设计的内容，通过对职能的分析和整理实现组织结构在纵向和横向上的合理设计；组织结构的设计过程同时也是组织资源整合的过程，主要包括权力整合、文化整合和人员整合，实现资源合理配置是考察组织工作的重要指标。从动态的角度介绍了组织结构的变革，介绍了组织变革的必要性、过程以及企业流程再造等内容。

复习思考题

1. 简述组织的含义和职能。
2. 简述组织结构的概念与类型。
3. 简述组织纵向结构设计的内容。
4. 简述组织资源中的文化整合。
5. 简述组织变革的原因。
6. 组织结构的类型有哪些？它们分别有什么优缺点？
7. 组织纵向结构设计和横向结构设计的区别有哪些？
8. 简述组织文化的功能与作用。
9. 简述组织中领导权力的来源。
10. 简述组织中主管人员的选聘方法与路径。

总结案例

刘氏糕点的抉择

刘二柱家有一种祖传下来的绝招——烹制一种美味绝伦的刘氏年糕。早在清朝道光年间，刘二柱祖上所创的这种美食就远近闻名，他的父亲直到解放初期还经营着这祖传的产品，那时才十来岁的刘二柱已经时常在店前店后帮忙干活了。后来，他父亲病逝，饭馆不开了，刘二柱成了一名普通的公社社员，人们似乎已不知道他居然还保留了那种绝技。20世纪80年代，刘二柱丢了锄把，又办起了"刘家饭馆"，而他做的年糕绝不亚于他的祖上做的。由于生意兴隆，他很快就发财了。一开始是到邻村去开分店，后来竟把分店开到了县城去了。1987年，他就在本村办起了胜利年糕厂，开始生产"老饕"牌袋装和罐装系列年糕食品。由于其独特的风味和优等的质量，牌子很快打响。除了本县，在天津市里也呈供不应求之势。刘二柱厂长管理着这家100多名职工的年糕厂和多家经营刘氏年糕的刘家饭馆、小食品店。刘二柱厂长在经营上有自己的想法。他固执地要求保持产品的独特风味与优等质量，如果小食品店服务达不到规定标准，职工的技能培训未达应有水平，宁可不设新店。刘二柱强调质量是生命，宁可放慢速度，也绝不冒险危及产品质量，不能砸了牌子。

刚进入21世纪时，刘二柱年糕厂里的主要部门是质量检验科、生产科、销售科和设备维修科，还有一个财会科以及一个小小的开发科。其实这个厂里的产品很少有什么改变，品种也不多。刘二柱坚持就做几种传统产品，服务的对象也是老主顾，彼此都很熟悉。厂里质检科要检测进厂的所有原料，保证必须是最优质的。每批产品都一定抽检，要化验构成成分、甜度、酸碱度。当然最重要的是检控产品的味道，厂里高薪聘有几位品尝师，他们的唯一职责就是品尝本厂生产的美食。他们经验丰富，可以尝出与要求的标准之间的微小偏差。所以刘家美食始终在努力保持着它固有的形象。不久前，刘二柱的表哥周小龙回村探亲。他原在县城念中学，20世纪70年代回乡，80年代初便只身南去深圳闯天下。大家知道他聪明能干，有文化，敢冒险。他一去20年，只听说他靠两头奶牛起家，如今已是亿万富豪了。周小龙来拜访表弟刘二柱，对年糕厂的发展称赞一番，还表示想投资入伙。但他指出刘二柱观点太迂腐保守，不敢开拓，他认为牌子已创出，不必僵守原有标准，应当大力扩充品种与产量，大力发展天津市内市场甚至向天津以外扩展。他还指出，目前厂里这种职能型结构太僵化，只适合于常规化生产，为定型的稳定的顾客服务，适应不了变化与发展，各职能部门眼光只限在本领域内，看不到整体和长远目标，彼此沟通和协调不易。他建议刘二柱彻底改组本厂结构，按不同产品系列来划分部门，才好适应大发展的新形势，千万别坐失良机。但刘二柱对表哥的建议听不进去，他说他在基本原则上绝不动摇。两人话不投机，言辞越来越激烈。最后周小龙说刘二柱是"土包子""死脑筋""眼看着大财不会赚"。刘二柱反唇相讥："有大财你去赚，我并不想发大财，损害质量和名声的事坚决不做。你走你的阳关道，我过我的独木桥！"周听罢拂袖而去，两人不欢而散。

资料来源：根据https://wenku.baidu.com/view/9bf6d346b307e87101f696de.html 同名案例改编。

讨论题：

1. 本案例反映了组织设计中的哪些问题？请说明理由。

2. 企业一定要做大吗？请结合战略与组织设计的关系，从组织结构变革的角度谈谈你的看法。

第 6 章
CHAPTER 6

领导与协调

§ 本章知识结构

领导与协调
- 领导概述
  - 领导的定义、内容、特点与职能
  - 组织中的活动层级
  - 管理与领导的联系和差异
  - 领导者的素质与能力
- 领导的基本理论与实践
  - 领导的基本理论
  - 领导艺术的内涵与特点
  - 领导职权划分与有效授权原则
  - 领导艺术的内容与表现
- 沟通与冲突管理
  - 沟通的定义与目标
  - 沟通的作用与意义
  - 沟通的原则、特征与种类
  - 沟通中的障碍
  - 沟通的要素与过程
  - 冲突的内涵与特性
  - 冲突管理
- 激励
  - 激励的概念和重要性
  - 激励理论
  - 激励形式与类型
  - 激励要点

§ 学习目标

- 理解领导的内涵,掌握领导的内容和职能。
- 掌握管理与领导的联系和差异。
- 掌握领导者素质的内容。
- 掌握领导的各类基本理论。
- 理解领导艺术的内涵与特点,掌握领导艺术的内容与表现。
- 理解沟通的定义、原则、特征和种类。
- 掌握沟通的要素与过程。
- 理解冲突的内涵以及管理。
- 掌握激励的概念、形式与类型。
- 了解激励的相关理论。

§ 引例

美国 W 公司的领导问题

据统计,W 公司的利润增长速度达到了每年 30%,每个员工的收入平均为 25.7 万美元(而普通公司员工的收入水平约为 1.7 万美元),W 公司有 220 亿美元流动资金,股票总价值约为 4 140 亿美元。可以说,W 公司是近 30 年最成功的企业之一。随着 W 公司规模的不断扩大,管理系统变得缓慢而官僚化。第一,一些高层管理人员因为决策层办事效率太低而辞去了他们的职务。第二,雇员们对公司的长远目标及战略方针并不了解,对如此庞大的复杂系统和产品的生产者来说,出现这种现象并不奇怪。W 公司似乎要往 50 个不同的方向发展,就连 W 公司的雇员也不确定到底 W 公司要往何处走。使人觉得讽刺的是,W 公司的广告标语是:"今天你要往何处去?"很明显,连 W 公司中的员工自己都不知道。第三,W 公司几乎所有的决定,大到软件的基本特性,小到技术员在多长时间内回答客户的问题,都要通过批准。根据以上描述,你认为像 W 公司这样成功的公司是否存在领导问题?其领导层的主要问题是什么?你有什么改进方法?

资料来源:http://www.zzyedu.org/info_detail_info6117.html。

6.1 领导概述

6.1.1 领导的定义、内容、特点与职能

1. 领导的定义

领导的定义有广义和狭义之分。广义的领导,包括领导职位、职务和领导活动及领导者的研究。狭义的领导是指影响和支持其他人为达到目标而富有热情地工作的过程。只需要对有关领导的文献做一个简短的回顾就能够知道,人们对领导的定义太多太多。这些定义都在部分意义上揭示了领导概念的复杂性。一些学者把领导看作一种心理现象

（例如，领导者是一些拥有某些宝贵个性和优秀品质的人），另外一些学者则将其看成一种社会现象（例如，领导是个人、组织以及他们共同面对的形势产生的要求三者共同施加影响的结果）。在社会心理学领域中，研究者主要研究的是狭义的领导。

巴斯在1990年为他和斯托克蒂尔合著的《领导手册》作序的时候，强调了领导概念这一问题。他认为，对领导起码已经有了12种不同的定义，现将这些定义列举如下：

第一，领导是组织的工作核心。这种定义认为，领导者是组织活动的中心。

第二，领导是人的个人品质及其产生的效力。这种定义认为，领导表现出来的更多的是个人的品质，或是领导者个人的人格魅力。

第三，领导是一种行为。在对领导的研究中有一个传统，即非常重视领导的行为并加以解释。

第四，领导就是为了达到目标发出的各种指示和命令。这种定义把领导看成一种起着指导作用的行为。

第五，领导是相互作用产生的一种效果。有许多对于领导的定义都认为，领导是组织内部相互作用的"效果或产物"。它不是组织行为的"起因"，而是组织内部的人员之间相互作用的一种结果。

第六，领导是一种与众不同的角色。从组织理论出发，一个组织系统需要各种各样的角色，领导只是这些定义比较明确、为组织所需要并且与众不同的角色中的一个。组织中的不同角色为达到组织的目标做出了不同的贡献。

第七，领导是组织结构的建立者。这种定义是对"角色理论"的延续，它把领导者看成一种独一无二的角色，是"组织结构的建立者"。

第八，领导是一种使他人服从的艺术。这种定义是把领导看作对组织的愿望和意图以及领导者希望达到的目标的一种融合。因此，这是一种从使他人服从的角度所做的定义，它把领导看作一个单向的影响过程，即从领导者到下级，而不需要考虑下级的意见。

第九，领导是影响力的施加过程。这种对于领导的定义运用了"影响"这个概念，从而把领导与"统治、控制、强迫他人服从"区别开来。

第十，领导是劝说的一种形式。一些关于领导的定义认为，领导就是改变人们原本坚信的理念的过程。

第十一，领导是一种基于权力的关系。这种定义把权力作为关键性的因素。

第十二，一些学者把领导定义为一种许多要素的综合体，这些要素包括服从、自信心、尊敬和忠诚的合作。

目前，学术界引用较为广泛的是斯蒂芬·罗杰斯的定义："领导就是影响他人实现目标的能力和过程。"

20世纪上半叶，研究领导学的学者们都把注意力放在研究以下问题上：到底是什么样的个人品质使一个人成了一个成功的领导者。在此之后，人们又把注意力放在了另外一些问题上，这些问题包括：在什么样的环境下才能确保领导者的行为发挥作用，领导者与追随者之间的关系，与成功领导有关的影响形式等。

2. 领导的内容

（1）方向引导。其内容主要包括：定义组织的目标，制定成功的战略，制订正确的执行计划，科学地选择和确定领导方法，创建、维持和变革组织文化。

（2）组织指挥。在组织中，领导者经常用的一种正确的指挥方式是命令，另一种方式是授权。

（3）有效的命令。为了使指挥工作有效，领导者下达的命令应符合三个基本条件：完整，清晰，可执行且合理授权。授权是领导者进行有效指挥的重要途径。授权的目的是有效增加组织成员的内部承诺。承诺是调动人的能力以及调动人的思维的一种方式。哈佛大学教育与组织行为学教授查理斯·阿格里斯认为，人们在承诺自我的责任时采用的是两种截然不同的方式：外部承诺和内部承诺。表 6-1 是两种承诺的内容。

表 6-1　外部承诺与内部承诺的内容

外部承诺	内部承诺
工作任务由他人决定	工作任务由自己决定
实现目标的所需行为由他人决定	自己定义实现目标所需的行为
工作的目标由管理层制定	挑战自我的目标由个人和管理层共同制定
目标的重要性由他人决定	目标的重要性由自己决定

3. 领导的特点与职能

（1）领导的基本特点。

①领导的系统性。领导者、被领导者和领导环境（领导三要素）共同构成领导系统。

②领导活动的动态性。领导是为实现既定目标，对被领导者进行指挥、统御的行为过程，这个过程是一个动态的行为过程，形成了一个由领导者、被领导者、领导环境三要素组成的社会组织系统。领导三要素构成了两对基本矛盾：领导者与被领导者的矛盾、领导活动的主体与领导活动的客体的矛盾。领导是领导者、被领导者、领导环境之间相互作用、相互影响的过程，即领导 $=f$（领导者，被领导者，领导环境）。

③领导的权威性。合法性确定了领导在其展开的过程中必须建立在相应的地位等级、权力容量这一基础之上；同时，领导活动的成功与否还取决于人们对于权威的接受程度。

④领导活动的超前性和战略性。

⑤领导活动的综合性。一是领导内容的综合性，领导活动涉及决策、控制、组织、协调、用人、沟通等诸多方面复杂的过程，涉及的领域极为广泛；二是领导者素质的综合性，领导内容的复杂综合性决定了领导者必须具有全面综合的素质。

（2）领导的职能内容。

一是构建组织价值观并将价值观从上到下贯彻始终，确定组织发展方向与道路，并为实现愿景规划而制定经营战略，改革创新。管理者是组织价值体系的焦点。

二是确定组织的使命与愿景，激励组织成员为实现组织愿景而努力工作。

三是进行组织设计，根据变化的情况对组织体制和机构进行调整与改革，建设强有力的领导班子，然后通过授权等方法，使骨干核心成员积极地为实现目标而努力工作，为提升组织的竞争力培养合格的现时或后备人才。

四是给予组织成员必要的资源支持，发展并致力于团队建设，激励和引导下属，形成组织价值文化，培育积极向上的变革潜力和核心竞争力。

五是处理重要社会关系，参加重大的社交活动。

六是处理重大突发事件，对于各种可能发生的突发事件，提前做好应急方案，当突发事件发生时，沉着指挥。

6.1.2 领导与管理的辨识

1. 组织中的活动层级

领导补充了管理，但不能代替管理。约翰·科特认为，无论是什么性质的组织，其组织活动必然由三个层面的活动组成：决策层是确定组织的目标、方向、重点、规则的层级；执行层是将决策从上至下逐一贯彻执行的层级；操作层是将决策转化为一个个具体的行动，最后体现为组织成果的层级。

2. 管理与领导的联系和差异

（1）领导是管理的一部分，而不是全部。①领导是从管理中分化出来的。马克思在《资本论》中指出："一切规模较大的直接社会劳动或共同劳动，都或多或少地需要指挥，以协调个人的活动，并执行生产总体的运动——不同于这一总体的独立器官的运动——所产生的各种一般职能。"一个单独的提琴手是自己指挥自己，而一个乐队就需要一个乐队指挥。②领导活动和管理活动具有较强的相容性与复合性。

（2）管理与领导的差异。管理学家法约尔在谈到管理与领导的区别时说，领导就是寻求从企业所有的资源中获得尽可能大的利益，引导企业达到它的目标，保证技术职能、商业职能、财务职能、安全职能和管理职能的顺利完成。在法约尔看来，无论在层次上，还是在意境上，领导都高于管理。哈佛大学约翰·科特教授在《变革的力量——领导与管理的差异》中详细分析了管理与领导的差异：

①管理的计划与预算过程趋向于强调微观方面，着重风险的排除及合理性；领导过程中经营方向的拟定，着重于更长的时间范围，注重宏观方面，敢冒一定风险，注重战略及人的价值。

②管理行为的人员配备趋向于注重专业化，挑选或培训合适的人承担各项工作，并要求人员服从安排；而联合群众的领导行为注重于整体性，使整个群体朝着正确方向前进，并且投入进去，实现确定的目标。

③管理行为的控制和解决问题常常侧重于抑制、控制和预见；而领导的激励和鼓舞侧重于授权、扩展，并不时创造出惊喜来激发群众的积极性。

④领导与管理的根本区别体现为它们不同的功用，领导能带来有用的变革，而管理

则是为了维持秩序。

| 管理聚焦 6-1 |

特纳桌上有一句座右铭："要么领导，要么服从，别无他途。"特纳选择了领导，他把一生的精力投入一次又一次的大胆冒险中，在所有"权威"都认为他必败无疑之时，他却获得了一个又一个的成功。1963年特纳开始经营一家濒临倒闭的广告牌企业，短短几年，特纳就使企业有了明显转机。随后，他购买了亚特兰大的一家独立的小型电视台，取名为"超级电视台"，他把最新的卫星转播技术与尚未开发的有线电视市场相结合，从而使超级电视台获得了极大成功。1981年，特纳认定24小时新闻直播必有市场，于是创立了有线电视新闻网（Cable News Network，CNN），取得了令人难以置信的效益。发现别人看不到的机遇和大胆追求成功的能力，是特纳明显区别于一般企业经理的地方。

具体来说，领导与管理的差异表现在以下几个方面。

第一，从含义上看。领导是影响一个群体实现目标的能力。领导者主要就是创造影响，这种影响可能来自组织中正式的管理职位，也可能来自组织的正式结构之外。管理者主要是通过别人来完成工作。他们做决策，分配资源，指导别人的行为以达到工作目标。管理者在组织中的正式管理职位上完成他们的工作，监督别人的活动，并对达到组织目标负有责任。领导者的核心就是"影响"，他们通过自己的思考和行动，影响组织中的其他人。管理者的核心就是"指导和监督"，以维持组织的正常运转，达到组织的目标。

第二，从组织结构上看。以企业为例，企业的组织结构从纵向结构上可划分为经营层、管理层和执行层三个层次。每个层次中都有领导者，他们具有共同的企业目标，但其领导责任和工作内容又有很大区别。这里所说的企业领导者则专指企业最高层次的领导。他们是整个企业总的领导者，他们承担的工作具有战略性、综合性、决策性和超前性等特点。而管理者则通常被认为是企业的管理层和执行层的领导者，他们承担的工作具有战术性、具体性、执行性和现实性的特点。

第三，从主题上看。管理的主题是提高效率和效果。管理就是要使资源成本最小化并且使活动实现预定的目标，即追求活动的效率和效果。效率涉及的是活动的方式，就是正确地做事。效果涉及的是活动的结果，就是做正确的事。从领导者与管理者的工作行为上看，领导者是在"做正确的事"，实现的是管理的效果问题；管理者是在"正确地做事"，实现的是管理的效率问题。

第四，从地位和任务上看。领导者的任务就是"领"。领导者要有远见，要判断出什么事可能发生，下一步可走什么方向；而管理者的任务则主要是控制和管理，辅佐领导者。如果只有"领"，而无强有力的"控"和"管"，则组织多有动荡，甚至相互牵制；如果只有"控"和"管"，而无"领"，则组织会失去前进的方向，失去发展的机会，组织会逐渐衰落下去。

第五，从获得地位的方式上看。领导者的地位必须是赢得的，要想成为真正的领导者，必须有追随者。这种追随不是强迫人们跟着走，而是使他们主动跟着走。领导者要赢得领导地位，必须有一定的成就，要有吸引力。这就是所谓的"权力"，即一个人有某种地位或素质而获得的一种力量，可用来影响别人根据他的劝告、建议或命令办事。领导者的权力有正式权力和非正式权力之分。管理者的地位则主要来自正式的组织结构赋予的权力，即"权威"。管理者的权力仅指组织中正式的地位权力，包括法定性的权力、奖赏性的权力和惩戒性的权力。

第六，从职能上看。管理是用于应对复杂性的，而领导则是为了应对变革。如果没有良好的管理，组织的工作秩序就会被打乱，复杂的组织系统将缺乏效率和井然有序的责权利体系。如果没有有效的领导，组织就会在发展的过程中迷失方向，组织体系会在变革中墨守成规，失去发展机会。因此，组织要想获得发展，必须有正确的领导和有效的管理。

管理主要侧重于处理复杂的问题，领导主要处理变化的问题，领导者通过开发未来前景而确定前进的方向。领导与管理的区别可以从以下方面理解：领导是较高层次的管理；领导具有战略性；领导具有超脱性。

（3）领导与管理的冲突及合作。管理与领导是存在冲突的，其根源在于管理维持秩序，领导推进变革，两者的功能背道而驰。在一个组织内部，要想顺利实现组织目标，必须使正确的领导与有效的管理联合起来，这是因为：

①领导不力可能导致以下结果：一是强调短期行为，过于注重细节，从而忽略长期性、宏观性、整体性的战略；二是过分强调对风险的预测、控制与回避，导致组织缺乏冒险精神与创新意识，削弱组织的竞争能力；三是在选用人才方面，过分注重专业化，强调人对工作的适应性，要求员工服从组织安排，不鼓励员工的自主与创新精神，会抑制员工积极性的发挥。总的来讲，领导不力的后果是组织文化陷于僵硬、刻板，缺乏创新精神与创新能力，难以适应环境的重大变革。

②管理不力同样可能带来不利的后果：一是过分强调愿景、目标，忽视近期的计划与控制；二是缺乏专业分工，员工自主性过大，无有效的规则加以约束，会造成混乱的后果等。

6.1.3 领导者的素质与能力

领导者作为领导活动的主体，其素质如何，直接关系到领导活动的效果和领导工作的成败。所谓领导者素质，指的是领导者从事领导活动必须具备的内在基本条件，是领导者的先天禀赋和通过后天的学习、实践获取的知识、品德、才能、个性心理等方面的基本状况的总和。就其外部表现形态来说，领导者素质表现为某种能力或影响力，例如组织协调能力、科学决策能力以及政治影响力和道德影响力等。一位领导者素质如何是通过这些能力和影响力综合表现出来的。

1. 领导者素质的内容

领导者的素质要求与领导者的层级直接关联，主要包括以下方面的内容。

①政治素质。领导者的政治素质是领导者的根本素质，它不仅决定着领导者自身的发展方向，而且决定着领导活动的性质。政治素质由政治方向、政治立场、政治观点、政治纪律、政治鉴别力和政治敏锐性组成。

②道德素质。道德属于一种特殊的社会意识形态，它是调整人们行为的规范和准则。领导者的道德素质，指的是领导者在领导活动中应当遵循的一些基本的行为规范和准则，是领导者必备的道德品质与修养的总和，它是赢得人民群众拥护和爱戴的重要条件。领导者应该具备的道德素质主要包括以下几个方面：克己奉公的高尚情操、求真务实的工作品格、谦让宽容的豁达胸怀、严于律己与知错必改的自省精神。

③文化知识素质。文化知识素质是领导者素质的重要内容，领导者文化知识素质的优劣、高低，直接影响领导者主体能力的发挥。尤其在社会主义市场经济条件下，面对知识经济和高科技时代，如何驾驭市场经济，对领导者的文化知识素质提出了更高的要求。这些要求主要包括以下几个方面：知识面要宽，专业知识要精通，知识结构要合理，知识内容要更新，要有领导和管理方面的知识与经验。

④心理素质。心理素质是指人的动机、兴趣、态度、情绪、个性、气质等内在因素的总和，它是领导者做好领导工作的基本条件。一位优秀的领导者应具备以下心理素质：坚强的意志、稳定的情绪、优秀的个性以及崇高的事业心。

⑤身体素质。身体素质是领导者身体的自然状况，是领导者知识、道德、能力等其他素质的物质载体和自身进行领导活动的物质基础，是领导者获得事业成功的重要条件。如果领导者没有一个健康的身体，就难以胜任繁忙的领导工作，也会给改革事业带来不必要的损失。领导者良好的身体素质主要体现在以下几个方面：精力旺盛、体魄健康、年富力强。

2. 领导者能力的内容

领导者的能力要求与领导者的层级直接关联。领导者能力是指领导者在知识、经验、智慧的基础上形成的，顺利完成领导目标必须具备的基本的智能、才能和技能，是取得领导效能和领导政绩的直接因素。领导者的能力素质主要包括以下几个方面。

①统筹全局能力。领导活动的一个重要特点就是具有全局性和战略性。一位优秀的领导者应该善于从全局和整体出发来掌控领导工作的主动权。

②科学决策能力。科学决策是领导活动的基本内容，决策能力是领导者的主要能力。在领导活动中，领导者要不失时机地选择最佳目标，运用科学的方法进行科学决策，保证决策结果的科学性和正确性。

③知人善任能力。领导者的职责，一是决策，二是用人。领导者要用好人，必须做到知人善任，这是关系到领导工作成败的关键问题。

④组织协调能力。组织协调是领导者为了实现领导目标，通过采取对策和措施，协调处理好各种关系，以取得最佳领导效能的行为过程。在现实社会生活中，各种不协调的现象经常出现。为了消除社会组织内部的各种不协调因素，使其保持稳定和谐发展的状态，领导者必须集思广益，群策群力，处理好各种因素之间的关系，使其达到高度协调统一。

⑤随机应变能力。领导者所处的社会环境在不断地变化，并且常常会出现一些紧急的、突发的、意想不到的事件，在瞬息万变的市场经济条件下更是如此。这就要求领导者具备较强的随机应变能力，不断地研究新情况、新问题，并根据环境的变化，及时调整自己的思路和对策，做到处变不惊，头脑冷静，沉着应对，因势利导，以不变应万变。

⑥开拓创新能力。领导活动从本质上讲就是一种创造性工作，开拓创新是领导者的必备能力。它是进行现代领导工作的重要条件。

⑦感召能力。领导活动是一项大量人员参与的群体活动，必须有人员的积极参与才能取得成功。为此，领导者必须把人员动员起来，团结起来一道工作，这时就需要有较强的感召能力。

管理聚焦6-2

董雪是H信息公司的业务员。公司主要经营防盗软件，属于高科技企业，因其独特的市场占位，一直在行业中保持着很好的发展前景。董雪来公司已经3年了，业绩保持稳步增长，在业务员中是比较突出的。这次总经理的提拔决定让董雪觉得有点突然，因为作为董雪师傅的老张一直都没有获得公司的提拔机会。

老张在公司已经工作多年，在同事中有一定的威信，对董雪的关怀也是无微不至，无论是在工作上还是在日常生活上都给予她很大的帮助。但是近年来老张的业绩一直不是很理想。用老张自己的话说就是："老了，没有年轻人的拼劲了。"对总经理来说提拔董雪也有一些顾虑：尽管董雪是候选人中最优秀的一个，但是她比较内向，且尚不具有管理者应有的自信。总经理期待着董雪能够在今后的工作中不断提高。

提拔对董雪来说是很突然的，她不知道自己是否能胜任这个工作，所以很犹豫。为此总经理特意找董雪谈话。董雪在得到总经理的肯定及信任后很受鼓舞，便很高兴地接受了这个任命。但是令董雪担心的是老张和其他的同事对自己的看法。大家对总经理一直颇有微词，这次提拔使董雪成了老张的上司，虽然在得知这个消息后老张并没有表示什么看法，但是老张对董雪的态度明显冷淡了下来。

董雪经过反复思考决定有步骤地在其下属心目中树立起领导的形象。但她发现现实比想象的要难很多。要与原来的同事、朋友建立起新的工作关系并非易事，大家表面上表现出来的尊敬，其实是故意疏远。于是，她找每个人进行面谈，试图通过面谈来阐述她对部门今后工作目标的想法及计划安排，建立起她在同事中的威信。同时，她希望通过集思广益，让每个人提出对部门工作的意见和建议,然后由她集中起来,决定以后的努力方向。她还希望能够了解每个下属的个人目标,由此可以决定如何帮助、激励他们达到这些目标。她鼓励员工去寻找需要改进的地方,并把这些同他们的工作联系起来。由于她的努力和真诚,与大部分员工的谈话进行得都很顺利。但是老张在与她的谈话中表现出了超乎她想象的冷漠,他拒绝谈论他自己。尽管董雪表示还会一如既往地尊重他,并且希望到他的帮助,但老张还是表现得很敌视,这让董雪很苦恼。由于老张不合作的态度,谈话很快结束了。董雪决心以正确的步调开始她新的职业生涯。她一直在认真思考:一名优秀的领导者应具备什么样的素质?

6.2 领导的基本理论与实践

6.2.1 领导的基本理论

领导问题的研究是从20世纪30年代开始的,时至今日,领导理论发展已经经历了领导特质理论、领导行为理论、领导权变理论三个阶段。

1. 领导特质理论

人们在很早的时候就开始关注领导的特质。关于领导理论的研究开始于一项关于区分领导者与非领导者以及解释领导者的个人效力的遗传特性研究。高尔顿(Galton)认为领导者的特质是天生的。事实上,这种早期研究开启了领导特质范式的研究。

(1)早期领导特质理论。早期一些管理学家和心理学家感觉到领导者与被领导者有明显的不同,因此希望通过对领导者的观察与分析,尤其是通过对大量的成功的领导者的分析研究(收集关于他们的各种详细的资料,包括人口统计学和个人品质特征方面的资料,并对数以百计乃至千计的领导者的品质进行了测量,这些测量包括年龄、体质、智力、动机、主动性和自信心等各种参数),试图发现领导者特有的而被领导者缺乏的才能和品质,并在此基础上确定出判断领导者的标准,以此作为选拔领导者的依据。

在早期的理论和假说中,比较著名的有亨利的特质理论。亨利于1949年提出成功领导者应具有以下12种特质:成就欲强烈;敢于承担责任,干劲大,希望迎接工作的挑战;尊重上级,与上级关系好;组织能力强,把混乱的事组织得很有条理;决断力强,能在较短的时间内对各种备择方案加以权衡,迅速做出决断;思维敏捷,有较强的预测能力,能从有限的信息中预测出事物的发展动向;自信心强,对自己的能力有充分的自信,目标坚定,不受外界干扰;极力避免失败,不断接受新任务、树立新目标,驱使自己前进;讲求实际,重视现在,而不大关心不肯定的未来;眼睛向上,对上级亲近而对下级较疏远;对父母没有感情上的牵挂,而且一般不同父母住在一起;忠于组织,忠于职守。

吉塞利研究了13种领导者的人格特征,以及这些特征在领导才能中体现的价值(见表6-2)。

表 6-2 领导者的人格特征价值表

重要性	重要性价值	人格特征
非常重要	100	督察能力（A）
	76	事业心、成就欲（M）
	64	才智（A）
	63	自我实现欲（M）
	62	自信（P）
	61	决断能力（P）
	54	对安全保障的需要少（M）
	47	与下属关系亲近（P）
次重要	34	首创精神（A）
	20	不要高额金钱报酬（M）
	10	权力需求高（M）
	5	成熟程度（P）
最不重要	0	性别（男性或女性）(P)

注：在重要性价值中，100=最重要，0=没有作用；括号中的 A 表示能力特征，P 表示个性特征，M 表示激励特征。

（2）现代领导特质理论。20世纪70年代以来，由于社会环境发生了巨大的变化，知识经济对领导者提出了新的挑战，人们对领导者特质理论的研究又迅速升温。

世界著名管理大师德鲁克认为，一个有效的领导者必须具有以下五项主要学习习惯：善于利用时间；注重贡献，确定自己的努力方向；善于发现和利用人之所长；分清主次，集中精力；做有效的决策。美国学者詹姆士·M. 库赛基和贝瑞·波斯纳是著名的领导学专家，他们认为领导是每个人的任务，领导是人类组织中不可或缺的重要事务。他们从1980年开始调查近千家企业及政府行政部门，而后又在1987年和1995年进行了两次调查。他们发现排在前四位的领导特质是：诚实、有远见、懂得鼓舞人心、能力卓越。

第一，诚实。它是领导者和被领导者关系中最重要的因素。83%的人期望领导者诚实、讲信用、有道德、有原则。如果领导者对自己倡导的原则言出必行，那么下属就会心悦诚服地追随。

第二，有远见。一般称这种能力为有眼光、有梦想、能召唤、有目标或计划，它的信息或内涵都是很清楚的。如果领导者期望别人愿意加入他们的行列，那么他们必须知道目标何在，前景如何，也就是要有远见。

第三，懂得鼓舞人心。追随者期望领导者拥有满腔热情并充满活力，尤其是在困难时期对未来感到乐观，领导者若能表现得极其热忱和兴奋，显示出他个人对所追求目标的投入，就更能鼓舞人心。

第四，能力卓越。领导者必须有领导能力，这是指领导者必须具备运转工作的核心技术，尽管不同职业对领导者要求不同，但领导者必须具备职业要求的能力。

│管理聚焦 6-3│

魏文王问名医扁鹊："你们家兄弟三人，都精于医术，到底哪一位医术最好呢？"

扁鹊回答说:"大哥最好,二哥次之,我最差。"

文王再问:"但是为什么你最出名呢?"

扁鹊回答说:"我大哥治病,是治病于病情发作之前。由于一般人不知道他事先能铲除病因,所以他的名气无法传出去,只有我们家里的人才知道。我二哥治病,是治病于病情刚刚发作之时。一般人以为他只能治轻微的小病,所以他只在我们的村子里才小有名气。而我扁鹊治病,是治病于病情严重之时。一般人看见的都是我在经脉上穿针管来放血、在皮肤上敷药等大手术,所以他们以为我的医术最高明,因此名气响遍全国。"

文王连连点头称道:"你说得好极了。"

事后控制不如事中控制,事中控制不如事前控制,可惜大多数的事业经营者均未能体会到这一点,等到错误的决策造成了重大的损失才寻求弥补。弥补得好,当然是声名鹊起,但更多的时候是亡羊补牢,为时已晚。

对企业高级领导来说,最重要的才能莫过于做出正确的判断,这种特殊才能是计算机永远无法取代的。

2. 领导行为理论

20世纪40年代,研究者开始转向对领导者实际行为的研究。这方面比较有名的研究和理论主要有:利克特的支持关系理论、斯特格第的领导四象限理论、勒温的领导风格理论和布莱克的管理方格理论等。

(1)利克特的支持关系理论。利克特及其同事在对领导理论的研究中提出了支持关系理论。所谓支持关系理论,是指领导者要考虑到下属职工的处境、想法和希望,支持职工实现其目标的行动,让职工认识到自己的价值和重要性,认识到他们在工作中的经验和接触有助于实现他们的个人价值。

在支持关系理论中,利克特提出了四种管理方式:

①利用-命令式。主管人员发布命令,下属执行命令,在此过程中,很少让下属参与决策,主要用恐吓、威胁等方式督促下属,上下级之间的交流很少。

②温和-命令式。管理当局用奖励和威胁的方式来督促下属,尽管允许有限地自下而上传递信息,但最终控制权仍在最高层手里。中层和基层也有某些控制权,但会有严格的政策限制。

③商议式。主管人员对下属有一定的信任,但不完全信任,在做决策时征求、接受和利用下属的建议,也就是说下属对较低层次的问题有相当程度的决策权。企业管理人员主要运用奖赏,偶尔用处罚的方式来督促员工完成生产。

④集体参与式。主管人员对下属具有完全的信任,决策权分布于整个组织之中,较低层次的员工也能参与。这种方式不仅能让上下级之间进行信息交流,还可以使同级人员之间信息通畅,鼓励各级组织做出决定,并且在互相信赖和友好的气氛中完成决策。

利克特认为,在上述四种管理方式中,只有第四种才是最有效率的管理方式,并且他发现运用第四种管理方式的人大都是极为成功的领导者,这说明集体参与式的管理方式是符合时代潮流的。

（2）斯特格第的领导四象限理论。俄亥俄大学斯特格第等人在1945年提出了领导四象限理论。他们把领导的行为归结为两个方面：一为主动结构，指以工作为中心；二为体谅结构，指以人际关系为中心。一位领导者通常是这两个方面兼而有之的综合体。这两种因素不是互相排斥的，可以而且应该把它们结合起来。他们首创了象限图示法来表示主动结构与体谅结构这两个方面的多种结合情况（见图6-1）。

在第四象限中，领导者的工作关注度更高，对工作高度主动，而忽视对人的关心。在第二象限中，领导者最关心的是领导与部属之间的关系，互相尊重的气氛较浓，而对工作的关心程度略低。在第一象限中，领导者对二者均关心。在第三象限中，领导者对人和对工作都比较漠视。

领导四象限理论可以兼顾领导行为的两个方面。具体是哪一种比较好则视具体情况而定。

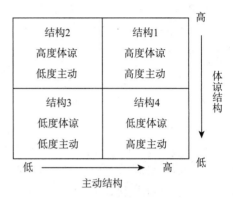

图6-1 领导四象限理论示意图

（3）勒温的领导风格理论。美国著名心理学家勒温和他的同事从20世纪30年代起就开始进行关于团队气氛和领导风格的研究。他们采用儿童模拟方法，以权力集中程度为基本的变量，把领导者在领导过程中表现出来的极端工作风格分为三种类型：一是专制型，权力集中在领导者个人手中；二是民主型，权力属于整个群体；三是放任型，权力分散在每个员工的手中（见表6-3）。

表6-3 勒温等人提出的三种领导风格

存在差异的方面	专制型	民主型	放任型
权力分配	权力集中在领导者个人手中	权力属于整个群体	权力分散在每个员工的手中，采取"无为而治"的态度
决策方式	领导者独断专行，所有的决策都由领导者自己做出，不重视下属成员的意见	群体参与决策，所有的决策通过集体讨论做出，领导者只是加以指导、鼓励和协助	每个员工具有完全的决策自由，领导者几乎不参与
对待下属的方式	领导者介入具体的工作任务中，对员工在工作中的组合加以干预，不让下属知道工作的全过程和最终目标	员工可以自由选择与谁共同工作，任务的分工也由员工的团队来决定，领导者允许下属员工了解整体的目标	领导者为员工提供必要的信息和材料，回答员工提出的问题
影响力	领导者以权力、地位等因素强制性影响被领导者	领导者以自己的能力、个性等影响被领导者，使被领导者主动听从领导者的指挥和领导	领导者对被领导者缺乏影响力
对员工评价和反馈的方式	采取"个人化"的方式，从主观上对员工的工作进行评价，采用惩罚性反馈方式	根据客观事实对员工进行评价，将反馈作为员工训练的机会	不对员工的工作进行评价和反馈

研究者在比较三种领导风格对群体的影响时发现：在放任型风格的领导下，群体工

作效率最低；在专制型风格的领导下，群体虽然能达到目标，但群体成员会出现消极态度和对抗情绪；而在民主型风格的领导下，群体工作效率最高，不但能达到目标，而且没有消极态度和对抗情绪。据此，研究者认定民主型风格是最好的领导风格。这在客观上否定了权变理论的基本假设，但事实上，接下来的研究表明：民主型领导风格也并不总能带来最高的工作效率，但总是与较高的工作满意度相关。需要说明的是，领导风格就是领导者在领导活动过程中表现出的行为特点或偏好，在不严格区分的情况下，也可称作领导作风。

（4）布莱克的管理方格理论。布莱克的管理方格理论是在俄亥俄州立大学提出的双因素模式基础上的进一步发展。它采用二维坐标——对人的关心和对生产的关心来说明领导方式。企业中的各种领导方式就是由这两种因素组合形成的（见图6-2。）

布莱克在方格图中以坐标方式表现各种组合方式，两个因素所在的坐标各有9个维度，因此可以形成81种组合，这就是所谓的"管理方格"，其中有5种典型的组合（领导方式）。

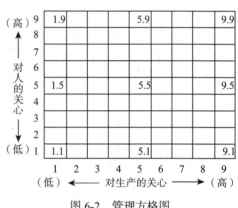

图 6-2 管理方格图

① 1.1 型领导方式。采用这种方式的领导者对工作和人都极不关心，这种领导方式是很少见的一种极端情况，领导者只做维持自己职务的最低限度的工作，常采取消极的、不关心的和不参与的态度，持着多一事不如少一事的态度，因而这种领导方式也被称为"贫乏型管理"。

② 9.1 型领导方式。领导者主要把重点放在对工作和作业的要求上，而忽略对人的关心。采用这种领导方式的领导者拥有很大的权力，强调对下属的控制，以便有效地完成工作，因而这种领导方式又被称为"任务型管理"。

③ 1.9 型领导方式。采用这种方式的领导者忽视工作的效果，对人极为关心，认为只要工作人员的需求获得满足，员工心情舒畅，生产效率和质量就会提高，因而这种方式也被称为"乡村俱乐部型的管理"。

④ 5.5 型领导方式。采用这种方式的领导者认为在管理中既要对工作关心，又要对人关心，这种领导方式处于中间状态，既不过于偏重人的因素，又不过于偏重生产的因素，但往往缺乏创新，因而被称为"中庸之道型管理"。

⑤ 9.9 型领导方式。采用这种方式的领导者对工作和人都极为关心，认为工作和人之间并没有必然的冲突。这种管理方式能够使组织的目标和职工的个人需求有效地结合起来，使工作成为组织成员之间自发、自愿的行动，从而获得较高的工作效率，因而被称为"战斗集体型管理"。在这种领导方式下，大部分下属能够做出积极和热情的反应，使得组织运营取得良好的效果。

3. 领导权变理论

领导行为理论忽略了情境因素，许多研究者在研究领导与绩效的关系时把情境因素考虑在内，这种把情境因素考虑在内的领导理论被称为权变理论。比较有代表性的有费德勒的领导权变模型、领导方式连续统一体模型、领导生命周期理论、途径–目标理论、领导者–参与模型等。

（1）费德勒的领导权变模型。费德勒经过多年的调查研究，提出了领导权变模型。他的权变模型是领导科学上最早的也是迄今为止最好的研究方法。该模型的核心是，领导绩效是领导方式和领导情境相互作用的产物。如果领导方式与领导情境相容，那么这种领导就是有效的；如果领导方式不能满足领导情境的需要，那么，这种领导将失去有效性。领导者必须是一位具有适应能力的人。费德勒的领导权变模型包含以下三部分内容。

首先，确认领导风格。费德勒对1 200个群体进行了广泛调查，他设计了一个"最不愿与之共事者"（least preferred co-worker，LPC）问卷，让领导者从所有过去与现在的同事中选取他认为不受欢迎、最难合作的人，并在一套截然相反的正向的形容词下面，根据对这些人的评价高低选取相应的分数。该方法通过调查表的评分高低来衡量领导者的个性，从而确定领导风格。最后，给出评分高的人属于关系导向型，是宽容且关心人的领导者，他们主要以人际关系为目标来激励自己，通过与其他人建立良好的人际关系来实现自我。给出评分低的人则是任务导向型的，是对人苛刻、以工作为中心的领导者，他们主要依靠任务和成就来激发自己的动机，凭借完成任务来实现自我。

其次，分析情境因素。费德勒认为决定领导绩效高低的情境因素有三个：领导者与被领导者的关系、任务结构、职位权力。

①领导者与被领导者的关系。费德勒认为这个因素是最重要的，因为职位权力和任务结构大多可以置于组织的控制之下，但是领导者与被领导者的关系不易控制，如果处理不好，可能影响下级对领导者的信任和爱戴。领导者和被领导者之间良好的人际关系意味着他们具有一种团队精神，相互支持，凝聚力强。

②任务结构。它用来反映工作任务的明确程度和人们对这些任务的负责程度。当下属成员对所承担任务的性质、目的、方法和绩效标准清晰明确时，领导者对工作质量较易控制。含义模糊不清的任务会带来一种不确定性，从而降低领导者对情境的控制度。

③职位权力。这是指领导者所拥有的对下属的雇用、解雇和奖惩等正式的与领导者职位相关联的权力以及领导者从上级和整个组织各个方面取得的支持程度。职位权力是领导者对其下属的实有权力。当领导者拥有一定明确的正式职位权力时，则更容易使群体成员遵从他的领导。拥有较多正式权力的领导者比那些权力少的人感觉更容易控制任务执行过程。根据这三个权变因素可以评估环境是否对领导者有利。费德勒指出，领导者与被领导者关系越好，任务结构化程度越高，领导者的职位权力越大，领导者拥有的控制力和影响力也就越大，环境对领导者越有利；反之，环境对领导者则不利。这三项权变因素组合起来，可以得到八种不同的情境类型，每个领导者可从中找到自己所处的

情境（见表6-4）。

表6-4 费德勒的领导权变模型中的领导情境类型表

情境类型	1	2	3	4	5	6	7	8
领导者与被领导者的关系	好	好	好	好	差	差	差	差
任务结构	明确	明确	不明确	不明确	明确	明确	不明确	不明确
职位权力	大	小	大	小	大	小	大	小
有效的领导风格	任务导向	任务导向	任务导向	关系导向	关系导向	不明确	不明确	任务导向

最后，进行领导与情境的匹配。如表6-4所示，每种类型的情境都对应一种最有效的领导风格。费德勒认为，在领导职位权力小、任务结构不明确、领导与下属的关系差的情境下，任务导向型的领导者将是最有成效的。在职位权力大、任务结构明确、领导者与被领导者关系良好的情境下，任务导向型的领导者也是最有成效的。但在中等有利的情境，关系导向型的领导者是最有成效的。总之，在最好或最差的情境下，应选择任务导向型的领导风格，反之，则应选择关系导向型的领导风格。

（2）领导方式连续统一体模型。领导方式连续统一体模型是美国管理学家坦南鲍姆等人提出的一种领导权变理论。这种理论认为，多种多样的领导方式形成了一个连续统一体。其中的两个极端是专制的领导方式和民主的领导方式，中间则是领导者权力和下属权力较为平衡的方式。并不存在着一种"最好的"领导方式，一切取决于领导者、被领导者和环境因素（任务性质、职权关系和团体动力）。在这个连续统一体中，按照领导者权力从大到小、下属权力从小到大的顺序，可以举出以下七种有代表性的模型：领导者做出决策并宣布决策；领导者说服下属执行决策；领导者提出计划，并允许下属提问题；领导者提出可以修改的暂定计划；领导者提出问题，征求建议，然后做出决策；领导者规定界限，让下属的团体做出决策；领导者允许下属在规定的范围内行使职权。在上述各种模型中，到底应该选择哪一种？对于这个问题不能凭主观回答，而要依据情况做具体的分析。

（3）领导生命周期理论。领导生命周期理论由美国管理学家科曼首先提出，后经赫西和布兰查德发展形成。该理论模型如图6-3所示。

①领导的有效性取决于工作行为、关系行为和下属的成熟程度，工作行为和关系行为组合形成四种领导方式：

第一，高工作、低关系——命令式。领导者对下属进行分工并具体指点下属应该干什么、如何干、何时干

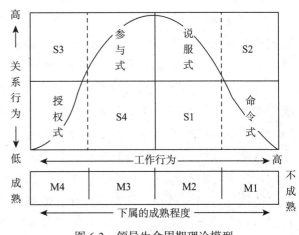

图6-3 领导生命周期理论模型

等，它强调直接指挥。

第二，高工作、高关系——说服式。领导者既给予下属一定的指导，又注意保护和鼓励下属的积极性。

第三，低工作、高关系——参与式。领导者与下属共同参与决策，领导者注重对下属的支持及内部的协调沟通。

第四，低工作、低关系——授权式。领导者几乎不加指点，由下属独立开展工作、完成任务。

②下属的成熟程度包括工作成熟度和心理成熟度，当下属成熟程度提高时，领导者应相应地改变自己的领导方式。

（4）路径－目标理论。路径－目标理论是领导权变理论的一种，由罗伯特·豪斯于20世纪70年代最先提出，路径－目标理论目前已经成为当今最受人们关注的领导观点之一。该理论认为领导的激励作用在于：第一，使绩效的实现与员工需要的满足相结合。第二，为实现有效的工作绩效提供必需的辅导、指导、支持和奖励。为此，豪斯确定了四种领导行为：一是指示式领导，让员工明确别人对他的期望、成功绩效的标准和工作程序；二是支持型领导，努力建立舒适的工作环境，亲切友善，关心下属的要求；三是参与型领导，主动征求并采纳下属的意见；四是成就导向型领导，设定挑战性目标，鼓励下属发挥自己的最佳水平。

路径－目标理论的核心在于，领导者如何帮助下属认清和设定自己的工作目标以及个人目标，并找到实现这些目标的途径，从而提高下属的工作能力，从更大的范围和程度上帮助下属达成目标，获得满足。

路径－目标理论提出了两类情境作为领导行为与结果之间关系的中间变量，即下属控制范围之外的环境（任务结构、正式权力系统和工作群体），以及下属个性特点中的一部分（控制点、经验和感知能力）（见图6-4）。

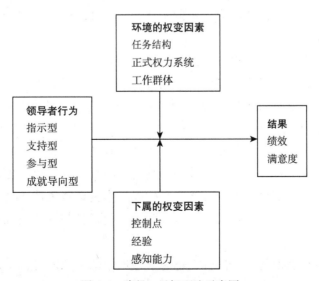

图6-4　路径－目标理论示意图

（5）领导者－参与模型。领导者－参与模型是由弗罗姆和耶顿于1973年提出的，该模型将领导行为与参与决策联系在一起。同时，该模型认为在纯粹的个人决策与完全的集体决策之间有五种决策方式，对应着五种领导方式：独裁1（A1）、独裁2（A2）、磋商1（C1）、磋商2（C2）和群体决策（G）。具体内容如下：

A1：领导者使用自己手头现有的资料独立解决问题或做出决策。

A2：领导者从下属那里获得必要的信息，然后独自做出决策。在从下属那里获得信息时，领导者可以告诉也可以不告诉他们目前的问题。在决策中，下属的任务是向领导者提供必要信息而不是提出或评估可行性解决方案。

C1：领导者与有关的下属进行个别讨论，获得他们的意见和建议。领导者做出的决策有可能受到下属的影响，但也有可能不受其影响。

C2：领导者与下属集体讨论有关问题，收集他们的意见和建议，领导者做出的决策可能受到也可能不受到他们的影响。

G：领导者与下属集体讨论问题，一起提出和评估可行性方案，并试图获得一致的解决办法。

领导者－参与模型后来由弗罗姆和亚瑟·加哥进行了修订。修订之后的模型十分复杂，而且进一步证实领导研究应指向情境而非个体，认为也许称为专制和参与的情境要比称为专制和参与的领导更讲得通。与豪斯的路径－目标理论相同，弗罗姆、耶顿和加哥都反对把领导者的行为看作固定不变的，他们认为，领导者可以根据不同的情境调整他的风格。

4. 现代领导理论

近年来，国外一些研究者在原来的理论基础上又提出了一些新的理论，其中比较有代表性的理论有：魅力型领导理论、交易型与转化型领导理论、愿景领导理论、变革型领导理论、创业型领导理论等。国内对魅力型领导理论和愿景领导理论的研究也比较关注。下面简要介绍魅力型领导理论与愿景领导理论，并附带提及领导－成员交换理论和领导归因理论。

（1）魅力型领导理论。德国社会学家韦伯于1947年对魅力进行了研究，并指出：魅力常被用来描述一个人的某种个性特征，此人被看作具有非凡的、任何其他人都无法得到的超自然的力量或特质。豪斯于1977年将魅力型领导者的性格概括为四个方面，即支配欲、自信、对他人施加影响的需要以及确信他们的信仰在道义上具有正当性。

关于魅力型领导的研究结果表明，魅力型领导者的个性特征是导致这种领导风格形成的主要因素，而最新的研究成果则显示，追随者的个性特征也在促使魅力型领导风格形成的过程中发挥着重要的作用。另外也有越来越多的证据表明，情境因素对魅力型领导风格的形成与效能产生显著影响。情境因素主要包括外部的危机和动乱，以及组织的内部条件。

如今魅力型领导的研究已经是组织行为学领域中的一个新热门话题。国外研究已经比较清晰，而国内研究还处在一个初级阶段，未来的研究可能需要关注组织环境和在中国特有文化下的有效性。组织环境对领导风格的形成和效能的影响十分重要，未来的研究应该将组织内部与外部情境变量融入魅力型领导理论的研究中。另外，魅力型领导理论也会受到中国文化的制约，我国传统文化与国外文化有着很大的差异，这是需要研究者注意的一个方面。

（2）愿景领导理论。纳努斯于1992年在其《愿景领导》（Visionary Leadership）一书中正式提出"愿景领导"一词，并强调在所有领导者影响中，领导者对愿景的影响最深远，同时许多有关领导的研究也发现有效的领导者往往是具有愿景的领导者。之后的十多年里，领导愿景引起了很多人的关注，他们都基于这样一个基本原理：通过远大的目标来极大地激励企业对发展强大的追求，使各级管理者朝着充满野心的甚至是"胆大妄为"的理想不断前进。

在战略实施的领导艺术研究中，英国学者约翰·L.汤普森在其著作《愿景领导：战略规划之新思路》中，给出了将市场和企业愿景相联系的五个要素：战略和目标、过程和制度、资源、关系和结构、文化和价值观，将五个要素联系起来的球状模型，就是愿景领导模型（见图6-5）。

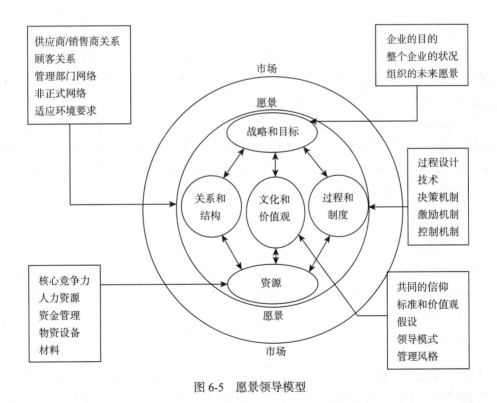

图6-5 愿景领导模型

目前关于愿景领导的研究还不是很多，对于愿景的定义也还没有统一。国外有人视愿景为一种领导方式，有的把愿景作为一种领导过程，还有学者视愿景为领导能力。霍伊尔于 1995 年提出达成愿景的三个基本元素：愿景陈述、任务陈述、目的陈述。国内有学者归纳相关文献后提出愿景领导的特征：①愿景本身必须是清晰、可信的；②愿景必须随环境改变并加以评估；③就组织未来发展而言，愿景提供了一个长期发展的计划与景象；④就现状而言，愿景凝聚了组织成员的理想，以此作为共同努力的方向；⑤共同愿景必须基于客户价值，并强调追求卓越表现，可以通过仪式、故事与实质象征来传达，以口号为号召。

在上述模型中，我们要关注各组成部分之间的相互作用。在很大程度上，文化和价值观由战略、目标、关系、结构、资源、过程和制度等决定。一个组织的结构、资源配置方式以及处理事情的过程和制度对其文化和价值观有着重要影响。这些要素反过来束缚组织的战略、目标以及愿景。在一个给定的组织环境中，愿景的建立是一个过程，通过这个过程，领导者能够清楚地描述组织将来的发展方向。实践企业愿景一般有以下阶段：①确定经营意志；②在企业全体人员中形成共识；③阶段性地逼近。

（3）领导-成员交换理论（LMX 理论）。20 世纪 70 年代，乔治·格里奥提出该理论并指出：由于时间压力，领导与下属中的部分人建立了特殊关系。这些下属成为"圈内人"，一般来说，领导者倾向于将个人特点（年龄、性别、态度）与自己相似、有能力、性格外向的下属选为"圈内人"。这些下属易受到领导者的信任，得到领导者更多的关照，也更有可能享有特权，得到更高的绩效评估等级，而且这部分人的离职率更低，对领导也更满意，而其他下属则是"圈外人"，他们占用领导的时间比较少。该理论认为，在领导者与下属进行相互作用的初期，领导者就暗自将其划入圈内或圈外，并且这种关系是相对稳定不变的。

（4）领导归因理论。这种理论指出，领导者对下级的判断会受到领导者对其下级行为归因的影响。但领导者对下级行为的归因可能有偏见，这将影响领导者对待下级的方式。同样，领导者对下级行为归因的公正性和准确性也将影响下级对领导者遵从、与领导者合作和执行领导者指示的意愿。

6.2.2 领导艺术

在管理实践中也一样，领导要有效地开展工作，不仅需要科学的理论作为指导，掌握基本的领导方法，而且要有高超的领导艺术，这样才能创造性地完成各项领导任务，达到预期的目的。

1. 领导艺术的内涵与特点

所谓领导艺术，就是领导者在管理活动中，为了实现一定的组织目标，在自身知识、经验的基础上，富有创造性地运用领导原则和方法的才能。也可以说，领导艺术就是创造性地灵活运用管理原理和领导方法，提高领导活动效果，促进组织实现目标的技能。

"领导艺术"既然称为"艺术"，就意味着它与领导方式、领导方法是不同层面的东西，它应该是一种超越了一般化领导方式和方法的、具有创造性的、达到完美程度的技巧性的领导方式和方法，或是具有艺术性的领导方式和方法。领导工作一旦达到艺术的高度，就会产生质的飞跃。因此，提高领导的艺术性，对于搞好领导工作具有重要意义。

领导艺术是一种无固定模式可循的既确定又不确定的领导技能，是领导者个人品德、才能、情感、知识、经验、气度等各种因素的综合反映。与领导方法相比，领导艺术表现出以下三个鲜明的特点。

①创造性。领导艺术之所以称为艺术，几乎全在于其创造性，其实质是领导者对领导方法的创造性运用，是领导者在科学思维方式的指导下的标新立异。如古人论行军打仗，把"实以虚之，虚以实之"作为迷惑敌人的一条原则。但三国时期，诸葛亮偏要"虚以虚之"，以空城计吓退了统兵十五万、兵临城下的司马懿。可以说，领导艺术的本质和核心就是创造性。或者在思路的选择上，别出心裁，反其意而为之；或者在判断上，独辟蹊径，发人之所未发；或者在行为方式上，选择机动、迂回，在没有路的地方走出一条新路。

②非模式性。领导方法是众多领导经验的总结和概括，具有一般性和共同性。领导艺术则主要是个人经验与智慧的积累、提炼和升华，具有鲜明的个性。领导艺术可以借鉴，但绝无现成的模式可以机械地照抄照搬，也很难单纯从讲台、书本上套用。领导艺术就是《宋史·岳飞传》中讲的"运用之妙，存乎一心"的艺术。因此，可以说领导艺术没有万能模式，同一种领导艺术，由不同的人掌握则效果各异，不同的领导艺术被同一个领导者应用，效果也会相差甚大。

③灵活性。领导艺术不是永恒不变的，是因人、因事、因时、因地而宜的。因此，领导者必须从实际出发，根据具体情况灵活运用，以适应不断变化的情况。1987年5月，大兴安岭发生特大森林火灾，火灾发生地的林场场部只剩一个还比较完好，事后调查，这个林场场长是个退伍军人，性格暴躁，很专制，有职工告状，上级在火灾发生前正准备撤销他的职务，而在火灾发生时他坚持按战时管理，砍伐隔离带，才得以保全林场，事后上级、职工都要求他继续当场长。

2. 领导职权划分与有效授权原则

（1）领导职权划分。明确了解职权划分的原则对适当地发挥组织作用是必要的。下级必须了解授予他的权限，清楚超出其职权范围的问题他应该向谁请示。虽然指挥系统不符合取得信息的要求也许还不至于出大问题，但是不符合决策的要求则常常会破坏决策系统，甚至危及管理本身。孔茨提出了领导职权划分的原则。

┊**管理聚焦6-4**┊

为了改善工作效率长期低下的问题，C县水利局实行了首长负责制，设立了一个局长和两个副局长。该局长为人正派，思想端正，工作经验丰富，判断决策能力强。他认为，既然是首长负责制，那就应该他一人说了算，因此有什么事也不与两个副局长商量。结果，共事一年，两个副局长对他怨声不断，导致局长与副局长间关系紧张，整个局里的工作不但不见起色，反而更糟糕。

①职权-管理层次的原则。职能界限原则加上分等级原则就构成职权-管理层次的原则。在某个组织层次上职权的存在显然是为了在企业权限范围内做出某种决策。因此就推导出职权-管理层次的原则，即维持预期的授权要求在其个人职权权限的范围内做出决策，而不要提交给组织结构中的上一级。换句话说，各级经理应该按照授予的职权做出他那一级的决策，只有职权界限限制他做出决策的问题才可以提交给上级。从职权-管理层次的原则上看，这一点是明显的，如果经理希望做出有效的授权从而减轻做决策的某些负担，那么他们就必须保证做到授权明确而且使下属了解职权，还要尽力避免代替下属做决策的诱惑。

②统一指挥的原则。越是单线领导，在发布的指示中产生冲突的问题就越少，个人对成果的责任感就越强。在讨论授权问题时，可以假设，除了不可避免的职权分裂的情况外，具体的自主权是由单一的上级授予其下属的。虽然一位下属有可能接受两名以上的上级人员的授权，而且从理论上说由他们承担责任也是可能的，但是为两名以上的上级人员服务显然会存在实际困难。职责从实质上说总是对个人而言的，由两名以上的上级给一个下属授权很可能产生职权与职责二者的矛盾。统一指挥的原则有利于澄清职权与职责的关系。

③职责绝对性的原则。由于职责作为一种应该承担的义务是不可能授予别人的，所以即使上级通过授权也不可能逃避他对下属的业务工作授权与委派任务的职责。同样，下属对上级负责也是绝对的，一旦他们接受了委派，就有义务去贯彻执行，而上级也不能逃避组织下属业务工作的职责。

④职务和职责同等性的原则。由于职权就是执行任务时的决定权，职责是完成任务的义务，所以其逻辑的必然结果就是职权应该与职责相符合。从这个明显的逻辑中可推导出这条原则，即职责不可能大于也不应该小于所授予的职权，确切地说，这种同等不是数学上的相等而是相当，因为职权和职责都与同一任务有关。

（2）有效授权原则。

①授权合理。这是指通过合理的程序，为实现合理的目的而进行的正当授权，是领导者授权应当首先坚持的基本原则。这一原则要求领导者在给其下属授权时做到适当。领导者把所有职权都紧紧地握在自己手中，事无巨细都亲自过问拍板，必然会变成一个事务主义者，相反，如果把职责都转让给下属，又会使自己成为一个"空头司令"，难免发生问题。这个原则是对授权的范围来说的，即授什么权、授多大权的问题。授权是一项政策性、原则性很强的严肃工作，对下属的授权既不能过轻，也不能过重，授什么权、授多大权都要有所把握。

②以能授权。能就是下级的能力。选定授权对象后，应注意根据其能力大小和个性

特征授予相应的权力。授权不是单纯的权力和利益的再分配，而是对下属德才素质有较为详尽的了解后，根据每个人的才能和特长授予相应的权力，保证权能相当。授权之前，领导者应对被委授的干部进行全面考察，对其要承担的工作的难易程度做仔细分析。一般来讲，工作难度应比承担工作者平时表现出的个人能力大些，使其产生压力感，这样完成工作后才有成就感。

③权责明晰。授权者应明白而确定地将权责授予受权者，这样不仅有助于下属完成其工作，更可避免为下属推卸责任提供借口。授权要保证被授权者权力与责任相一致，有多大权力就应担负多大责任，做到权责一体。当然，领导权力下授后，要随时指导、考核以及监督，若发现偏差，及时引导和纠正。

④适当控制。权力是领导的核心，领导者有可能因缺乏适当控制制度而造成授权的无效及授权的过度或不足，因此领导者在实施授权之前，必须先设置一套健全的监督、检查、考核制度，制定可行的工作标准和适当的报告制度，以便进行全过程的有效控制，在受权者不能胜任或偏离目标时及时补救或纠正。

⑤授权留责。领导者授权只是把一部分权力分散给下属，而不是把与"权"同时存在的"责"也分散下去。领导者把权力授予下级以后，下级如果在工作中出了问题，下级要负责，但同时，领导者也要负领导责任。授权刚刚启动，下属初次完成任务时，失败和错误总是在所难免的。领导者应该意识到自己对这些错误的后果有义不容辞的责任，应预见到并接受下属所犯的一些错误。

⑥层层授权。授权者与被授权者只能是单一的直接的上下级关系，即领导者只能对自己的直接下属授权，绝对不可越级授权，否则，必然造成中层领导干部的被动。

⑦相互信赖。授权本身就是信任的标志，监督控制是出于上级的责任、关心和爱护。领导者向下级授权以后，就应信任下级，不得干预下级在职权范围内独立处理问题的权力，更不能随意另行决定和下达指令。在目标和大政方针已定的情况下，对于工作方法和措施，下级根据具体情况灵活处理，往往比上级直接干预的效果要好得多。

3. 领导艺术的内容与表现

（1）有效授权。作为领导者，在授权之前一定要清楚授权的内容，把握住授权的根本方向，准确地将权力授予下属。授权一般包括两方面的内容：一是分派任务，即管理者将部分任务分派给下属，让下属独立完成；二是授予权力，即将权力授予下属，使之有权处理具体的某项任务，授予的权力随着任务的完成而消失。有时许多领导者在对授权的理解上存在着严重的误区，认为授权就等于将这部分职权放弃，其实，授权只是一种暂时性的行为，它随着工作的完成而消失，在此过程中，领导者还可以随时收回授予出去的权力，重新安排授予。所以，授权者授权不是对权力的放弃或转让，只是为了使下属能在替自己分担的工作中更好地掌握进程，暂时将部分权力让渡而已。

充分了解授权的特点有助于管理者对授权行为的进一步放开，也有助于管理者在授权时更好地掌握授权尺度。授权的特点有以下几个方面。

①授收自如。所有的授予出去的权力都可以随时收回，授予者不会永久性地丧失自

己的权力。

②授权具有范围。授权是直接上级将权力临时授予直接下级的一种行为，它暗含了授权的范围及不可逾越性。

③责任自负。权力授予不等于领导者将该工作最终后果的责任也转嫁出去，领导者应当对工作完成结果负责任。

④灵活性。领导者必须根据实际工作对授予权力的大小、范围、期限做出不同的规定，同时也需要根据各个下属的能力做不同的分配。

（2）领导协调。所谓领导协调，就是对可能影响组织和谐的各种矛盾和冲突进行调整、控制，使组织保持一种平衡状态以实现组织的预定目标。领导协调的对象包括：协调群体中的个人、协调组织中的群体、协调不同的组织。领导协调的类型可分为两类：①纵向协调，这是指组织内部上下层级之间的协调工作，一般通过指挥渠道来完成；②横向协调，这是指组织内同等层级之间的协调。领导协调的作用在于：第一，协调是积极的平衡；第二，协调是整合组织力量、实现组织目标的根本手段。

（3）冲突处理。冲突是指两个或两个以上的行为主体，由于在目标、认知与情感方面产生差异，在特定问题上采取相互排斥、对抗、否定等行为或情绪而形成的一种状态。冲突作为矛盾的一种存在形式，和其他事物一样，也存在着正面与反面、建设与破坏、有益与有害两个方面。

有益冲突是能够促进组织发展的冲突，如果没有这种冲突，组织就会停滞不前。有益冲突的有益性表现在五个方面：①群体内的分歧与对抗有助于形成一个各社会部门相互支持的社会体系；②让冲突暴露出来，恰如提供一个出气孔，使对抗的成员采取适当方式发泄不满，否则压抑怒气反而会酿成极端后果；③冲突增加内聚力，组织在外部压力下反而会更加团结，一致对外；④两大集团间的冲突可以显现出它们的实力，并最后达到权力平衡，结束无休止的斗争；⑤冲突可以促进联合，以求共存，或为了战胜更强大的敌人而结成同盟。

有害冲突是组织中具有破坏性的或阻碍组织目标实现的冲突。这种冲突会造成人力、物力和精力的分散，导致凝聚力下降，造成人际关系紧张与敌意，降低工作关心度与效率等。

针对传统冲突对策的不彻底性及消极看待和处理冲突的弊端，人们提出了"宣泄"理论和社会冲突论中的"安全阀"理论。齐美尔认为，矛盾和冲突不能掩盖、压制，而应让它表现、发生、显现出来，这将有利于不同观点、情绪的宣泄，使对立的人在心理上获得平衡，从而有利于矛盾的缓和与解决。

美国西点军校的《军事领导艺术》将领导者可以采取的解决冲突的方法归纳为五种：回避、建立联络小组、树立更高目标、采取强制办法、解决问题。

第一，回避。回避是领导处理冲突的一种消极办法。采用这种办法的前提是冲突还没有严重到损害组织的效能和正常运行。

第二，建立联络小组。对于日常交往与沟通不是很频繁的组织内的群体，当为了组织目标需要他们协同解决问题时，群体之间就可能产生冲突。在这种情况下，相互交往和沟通就显得尤为重要，建立联络小组可以促进双方了解，增强彼此沟通。

第三，树立更高目标。对那些存在着相互依赖关系的群体来讲，确立一个必须双方合作完成的更高目标，可以有效地解决冲突。

第四，采取强制办法。采取强制办法处理冲突是科层制组织内最常见的一种办法，其实质是领导利用组织赋予的权力从根本上强行解决冲突。

第五，解决问题。解决问题的办法是把冲突双方或代表召集到一起，让他们把分歧和工作中的实际难处面对面地讲出来，辨明是非，找出分歧的原因，通过双方的相互了解，促进相互体谅，最终选择一个双方都能满意的解决方案。

6.3 沟通与冲突管理

当代著名哲学家理查德·麦基翁（Richard McKeon）认为："未来的历史学家在记载我们这代人的言行的时候，恐怕难免会发现我们时代沟通的盛况，并将它置于历史的显著地位。其实沟通并不是当代新发现的问题，而是现在流行的一种思维方式和分析方法，我们时常用它来解释一切问题。"这段话非常精辟地展现了沟通在当代的状况和地位。

6.3.1 沟通概述

1.沟通的定义与目标

（1）沟通的定义。沟通是人们通过语言和非语言方式传递并理解信息、知识的过程，是人们了解他人思想、情感、见解和价值观的一种双向的互动过程。沟通是人和人之间进行信息传递的一个过程。在这个过程中，信息发送者和信息接收者都是沟通的主体，信息发送者同时也是信息源。沟通可以语言、文字或其他形式为媒介，沟通的内容除了信息外，还包括情感、思想和观点。

在沟通过程中，心理因素无论是对信息发送者还是对信息接收者都会产生重要影响，而沟通的动机与目的也往往直接影响信息发送者与接收者的行为方式。沟通过程可能是顺畅的，也可能会遭遇障碍。影响沟通效果的这些障碍既可能产生于心理因素，也可能源于不良的沟通环境。

|管理聚焦6-5|

在B市飞S市的机舱内，甜美大方的空姐张蔚推着餐车缓缓走来，她一边送餐，一边询问："先生，您是吃饭还是吃面？"生性爽直的周先生回答："要米饭。"空姐接着扭头问另一位邻座的李先生："先生，您要饭还是要面？"李先生愣了一下，面带愠色大声回答："要饭！"话音刚落，周围的乘客便哑然失笑："我们也要饭！"见此情景，张小姐的脸颊上顿时浮现出羞赧的红晕。由此可见，在沟通过程中，心理因素会对沟通双方产生重要影响。

简单地说，沟通应该涵盖以下五个方面：想说的、实际说的、听到的、理解的、反馈的。事实上，你想说什么与实际说了什么是有差异的。例如，有时人们说自己的表述有些词不达意，就是这种情况。另外，听众听到的与其理解的意思也存在差异，听众会从自身不同的角度出发去理解所听到的信息，然后做出反馈。这种差异会从其反馈中表现出来。理想的情况是，听众反馈的对该信息的理解恰好是信息发出者的初衷或信息发出者所期望的，但现实往往会不尽如人意。例如，在某单位召开的校长述职大会上，当各位单位领导发言完毕，进入大会的第二项议题时，主持人以洪亮的声音说道："我们接下来进入第二项议题，请各位领导下台就座。"话音刚落，会场一片哗然，这正说明了"说者无意，听者有心"。因此，沟通并不像想象的那样轻而易举，相反，它是一门技巧性很强的学问。只有通过正确认识沟通，不断加强学习和训练，才能真正领略沟通的真谛。

（2）沟通的目标。人们在进行不同的沟通活动中可能具有不同的目标，例如传递、说明、教育、娱乐、解释、劝导、宣传、号召等。根据沟通深度和难度的不同，沟通目标可以分为传递、理解、接受和行动。

①传递。传递是沟通最初级的目标，也是最容易达到的目标。只要信息的发出者能够使信息到达特定的个人或组织，就可以视为达到了沟通的目标，而并不追求信息一定对其他人或组织产生影响。当信息的发布者受法律等因素制约不得不发布某种信息或者信息的内容很简单时，信息沟通常常以传递作为目标，例如，各种类型的通知、公告就属于此类。

②理解。理解是较深层次的沟通目标，它要求信息的受众能够广泛、深入地了解信息的性质、含义、用途和影响。文化教育、娱乐，以及一部分解释、说明就属于这种性质的沟通。要达到使人能够理解的目标，就要求信息发出者在进行信息策划时，必须考虑符合信息受众习惯和能力的信息编码和表达方式。例如，从幼儿园到大学，学生们使用的教材中的图片资料越来越少，推理、论述越来越多，这就是考虑了不同读者接受能力和习惯的不同。

③接受。接受的含义是信息受众不仅要广泛、深入地理解信息的性质、含义、用途和影响，而且要认同信息的内容。接受的核心是态度上的趋同。很多解释、说明、劝导就是以接受作为沟通目标的。

④行动。行动是沟通的最高层次的目标，它要求信息受众不仅能够接收、理解、接受信息的内容，而且会受到该信息的影响而采取某种行动。一些劝导、宣传、号召活动往往是以说服某些人采取某种行动为目标的。例如，环保主义者通过各种形式宣传环保主张，号召人们改变生产、生活方式，以促进人类与环境的和谐发展。

2. 沟通的作用与意义

（1）沟通的作用。为什么要沟通？沟通是一种自然而然的、必需的、无所不在的活动。沟通与健康、知识一样，成为人们提及最多的话题之一。沟通就像空气和阳光，是个体生命中不可缺少的元素。沟通的主要作用如下。

①传递和获得信息。信息的采集、传送、整理、交换，无一不是沟通的过程。通过

沟通，交换有意义、有价值的各种信息，生活中的大小事务才得以开展。掌握低成本的沟通技巧、了解如何有效地传递信息，能提高个人的办事效率，而积极地获得信息更会增强个人的竞争优势。好的沟通者可以一直保持注意力，随时抓住内容重点，找出所需要的重要信息。他们能更透彻地了解信息的内容，拥有最佳的工作效率，从而节省时间与精力，获得更高的生产力。

②改善人际关系。社会是由人们相互沟通所维持的关系组成的网络，人们相互沟通是因为需要同周围的社会环境相联系。沟通与人际关系两者相互促进、相互影响。有效的沟通可以赢得和谐的人际关系，而和谐的人际关系又使沟通更加顺畅。相反，人际关系不良会使沟通难以开展，而不恰当的沟通又会使人际关系变得更糟。

（2）沟通的意义。沟通是人类组织的基本特征和活动之一，没有沟通，就不可能形成组织和人类社会。沟通是维系组织存在，保持和加强组织纽带，创造和维护组织文化，提高组织效率、效益，支持和促进组织不断进步发展的主要途径。善于沟通的人懂得如何维持和改善相互关系，更好地展示自我需要、发现他人需要，最终赢得更好的人际关系和成功的事业。

①沟通可以满足心灵的需求。委屈时找人倾诉，成功时有人分享。失去了沟通的机会，就会心理失调。因此，沟通一则满足自己对沟通的需求，二则满足他人对沟通的心理需求，使双方都感到愉快和满意。

②沟通是建立和谐人际关系的桥梁，好人缘是成就大事的必备因素之一。经常会听到这样的话："某人被重用，还不是因为他能说会道。"这也从侧面告诉人们，沟通是建立良好人际关系的基础。通过沟通，可以理解别人，可以建立各种不同的关系，关系的远近亲疏都得依赖沟通。

③沟通是有效决策的基础。通过沟通可以促进信息的交流，启迪彼此的智慧，为正确决策打下基础。

④沟通是取得理解与支持的法宝。当人们的想法和愿望与他人不一致时，更渴望得到他人的理解与支持。最直接的方法就是与他人沟通。在家庭中如此，在组织中也是如此。

3. 沟通的原则

沟通的原则能为达到沟通的目的起到导向作用，一旦方向搞错了，任凭你怎么努力也是难以达到目的的。沟通的原则具体如下。

①情绪中不沟通原则。由于人在情绪中往往容易失去理智，对事物不能做客观分析，所以情绪之中的沟通常常会失败。人在情绪中做出的决定往往也是冲动的，甚至是错误的。

|管理聚焦 6-6|

小郑的妈妈去参加儿子的家长会，会后得知儿子期中考试的成绩在班级里排倒数第三，妈

妈决定找儿子谈谈。谈之前,妈妈心想:不要骂他,好好和他谈谈为何成绩下滑得如此厉害。但是,话还没说几句,妈妈的火气就上来了:"你说,你上课有没有认真听讲,为什么老师强调的内容你都不会!我花那么多钱供你上学,你就拿这样的成绩回报我!不愿意学,就别上学了,去打工吧。"妈妈越说越气……请问,妈妈能达到沟通的目的吗?她犯了什么禁忌?

②真诚沟通的原则。所谓真诚沟通,指的是沟通时要真心实意、态度诚恳、不虚伪、不说假话。可以说,真诚是一种崇高的道德情感,是为人处世的根本,是与人沟通的先决条件,更是取信于人、获得纯洁友谊的基础。当然,每个人都会有不愿意实话相告的时候,这时你可以不说,但是不能为了避免矛盾而说假话。

| 管理聚焦 6-7 |

赵老师有几项工作急需完成和提交,便想请小钱帮忙,小钱说他家里有急事要赶回去,赵老师只好另请其他人帮忙。当赵老师做完工作走出校门时,恰好碰见小钱和其他同学看完电影回来,后来也发生了类似的情形。从此以后赵老师还能相信小钱吗?答案可想而知。所以,千万不能让"随意找借口"成为一种习惯,这样即使说真话别人也不会相信了。如果换作你,你会怎样拒绝赵老师呢?

③尊重的原则。无论在家庭中还是在社会里,每个人扮演的角色不同,但人格是平等的,彼此尊重体现了一个人的修养和道德水准。尊重他人是人际沟通中最起码的美德,也是友谊赖以维持的条件,更是建立良好人际关系的基础。要想得到他人的尊重,首先要学会尊重他人,只有这样才能与他人和睦相处、推心置腹、真诚相待。同学之间、朋友之间、同事之间相互尊重应该是多方面、多层次的。一是尊重人格和尊严。有损他人尊严的话不讲,伤感情的玩笑不开,有损他人名誉的流言蜚语不传。二是不能拿他人的生理缺陷开玩笑。尊重他人就一定要学会保护他人,否则就是极为卑鄙的行为,也是不道德、没有修养的表现。三是不要揭他人的"伤疤"和短处,学会维护他人的自尊心。

④不责备、不抱怨原则。责备、抱怨不能改变事实,反而只会招致怨恨,常常会使大家的士气大为低落,一点助益也没有。人是充满了情绪变化、成见、自负和虚荣的个体,应该尽量了解他人,设身处地为他人着想。

| 管理聚焦 6-8 |

老周是一家建筑公司的安全检查员。检查工地上的工人是否戴着安全帽,是他的职责之一。一开始,每当发现有工人在工作时不戴安全帽,他便会利用职位的权威命令工人改正:"把安全帽戴上。"其结果是,受指正的人常常显得不悦,而且等他一离开,就又把帽子摘掉。

后来，他决定改变方式。当他发现工人没有戴安全帽时，便会问是否帽子戴起来不舒服，或是尺寸不合适，并且用愉快的声调提醒工人它的重要性，然后要求他们在工作时戴上。这样的效果比以前好了很多，工人也不会因此而不高兴了。

4. 沟通的特征

沟通作为一种信息交流方式，具有以下特征。

（1）目的性。在沟通中，沟通双方都有各自的动机、目的和立场，都会设想自己发出的信息会得到什么样的回答。双方的动机、目的和立场可能相同，也可能不同。

（2）象征性。沟通可能是语言性的，也可能是非语言性的。非语言性沟通，如面部表情，以及语言性沟通，如书信、文章等，能够传达出表征的含义，均有一种象征性的作用。

（3）关系性。在任何沟通中，人们不只是分享内容，也显示着彼此的关系。

（4）互动性。一个良性的双向互动沟通必须包含三个行为，即说的行为、听的行为和问的行为。有效的互动沟通技巧就是由这三种行为组成的。

5. 沟通的种类

（1）语言沟通与非语言沟通。根据沟通符号的种类，沟通分为语言沟通与非语言沟通。最有效的沟通是语言沟通和非语言沟通的结合。语言沟通包括书面沟通和口头沟通。语言本身就是力量，语言技巧是最强有力的工具。语言可以帮助人们获得他人的理解，并使与他人的沟通成为可能。但表达能力绝不只是你的"口才"，非语言表达方式和语言同样重要，有时作用甚至更加明显。美国加利福尼亚大学洛杉矶分校（UCLA）研究者发现，在面谈中，55%的信息来自身体语言，38%来自语调，而仅有7%来自语言的内容。

（2）口头沟通与书面沟通。按照语言载体的不同，沟通分为口头沟通与书面沟通，最常用的信息传递方式是口头沟通。在生活中，可以通过面谈、小组讨论、演讲、电话会议等方式与人进行口头沟通，也可以通过电视、电影、录像来获得信息。口头沟通的优点在于快速传递和快速反馈，缺点在于失真的潜在可能性很大。书面沟通包括信函、各种出版物、传真、平面广告、网页、电子邮件、备忘录、报告和报表等任何传递书面文字或符号的手段，书面沟通有形而且可以核实。对复杂或长期的沟通来说，这一点尤为重要，但是书面沟通耗费时间较多。

（3）正式沟通与非正式沟通。根据是否具有结构性和系统性的特征，沟通分为正式沟通和非正式沟通。所谓正式沟通，就是按照组织结构规定的路线和程序进行的信息传递和交流，如组织间的信函往来、组织内部的文件传达和汇报制度等。沟通越正式，对内容的精准性和对听众定位的准确性要求就越高。但是正式沟通往往比较刻板，沟通速度很慢，层层传递之后存在着信息失真或扭曲的可能。所谓非正式沟通，就是运用组织结构以外的渠道进行的信息传递与交流，如员工私下交谈、朋友聚会时的议论以及小道消息等。非正式沟通具有迅速、交互性强、反馈直接、有创造力、开放、流动性强、较灵活等特点，可以提供正式沟通难以获得的"内幕新闻"。

（4）向上沟通、向下沟通与平行沟通。根据在群体或组织中沟通传递的方向，沟通分为向上沟通、向下沟通与平行沟通。向上沟通是指居下者向居上者陈述实情、表达意见，即通常所说的下情上达，如臣对君、子对父、下属对上司等。在向上沟通中，下级是主体。积极的向上沟通可以为员工提供参与管理的机会，减少因不能理解下达的信息而造成的失误，营造开放式氛围，提高企业创新能力。向下沟通是居上者向居下者传达意见、发号施令等，即通常所说的上情下达，此时上级是主体。要想沟通顺畅，上司要降低姿态，不要高高在上使下属畏惧，产生不愿沟通的反感。平行沟通是指同层级人员的横向联系，平行沟通的目的是交换意见，以求心意相通。对上、对下沟通比较容易找到合理的平衡点，平级之间容易产生"谁怕谁"的心态，对沟通十分不利。在此情况下，要想进行顺利的沟通，应先从自己做起，尊重对方，对方才会用同样的态度对待你。

（5）单向沟通与双向沟通。根据沟通是否进行反馈，沟通分为单向沟通与双向沟通。两者各有优缺点，应学会在不同的情况下选择合适的沟通方式（见表6-5）。单向沟通是指在沟通过程中，信息发送者负责发送信息，信息接收者负责接收信息，信息在全过程中单向传递。单向沟通没有反馈，如做报告、发指示、下命令等。双向沟通是指信息发出者和接收者之间进行双向信息传递与交流。在沟通中双方位置不断变换，沟通双方往往既是发送者，又是接收者。双向沟通中的发送者以协商和讨论的姿态面对接收者，信息发出以后还需及时听取反馈意见，必要时双方可进行多次商谈，直到双方都明确和满意为止。

表 6-5 单向沟通与双向沟通的比较

方面	比较
时间	双向沟通比单向沟通耗费更多的时间
信息准确度	在双向沟通中，信息发送与接收的准确度比单向沟通的要高
沟通者的自信度	相比于单向沟通，双向沟通的接收者更易产生平等感和参与感，更具自信心和责任心，信息发送者与接收者都比较相信自己对信息的理解
满意度	双向沟通的双方对沟通的满意度一般比单向沟通更高
噪声	双向沟通中与主题无关的信息较易进入沟通过程，即双向沟通的噪声比单向沟通要大得多

（6）自我沟通、人际沟通与群体沟通。从信息发送者和接收者的角度而言，沟通分为自我沟通、人际沟通与群体沟通。自我沟通是指人的思想、情感以及看待自己的方式。你是信息的唯一发送者和接收者，信息由思想和情感构成，大脑是渠道，这个过程可能会使你的所思所想时刻发生改变。在自我沟通中，你不用直接与他人接触，自己的经验会使你懂得如何与自己"交谈"。人际沟通是指人和人之间进行的信息和情感的传递与交流。它提供心理上、社会上和决策上的功能。在心理上，人们为了满足社会性需求和维持自我感觉而沟通；在社会上，人们为了发展和维持关系而沟通；在决策上，人们为了分享资讯和影响他人而沟通。人际沟通在形成组织规范、协调人际关系、实现组织目标

和加强组织领导方面是一个举足轻重的因素。群体沟通指的是组织中两个或两个以上相互作用、相互依赖的个体，为了达到基于各自目的的群体特定目标而组成集合体，并在此集合体中进行交流的过程。

6. 沟通中的障碍

在实际生活或工作中，沟通过程并非都是畅通无阻的，其结果也并非总是如人所愿。由于各种干扰源的存在，因此在沟通过程中会出现各种障碍，导致沟通失败或无法实现沟通目的。信息沟通中的障碍是指导致信息在传递过程中出现噪声、失真或中止的因素，主要包括以下几种。

（1）源于发送者方面的障碍。

①目的不明。发送者不清楚自己要说些什么，对自己要传递的信息内容、交流的目的不明确，这是沟通过程中遇到的第一大障碍，会导致沟通的其他环节无法正常进行。信息发送者喋喋不休，自己却不知所云，又怎能使听众驻足聆听呢？因此，信息发送者在信息交流之前必须明确目的，即"我要通过什么渠道，向谁传递什么信息并达到什么目的"。

②思路不清。无论是口头演讲还是书面报告，都要求思路清晰，条理分明，使人一目了然，心领神会。若信息发送者口齿不清、语无伦次、闪烁其词，或词不达意、文理不通、字迹模糊，都会产生噪声并造成传递失真，使信息接收者无法了解对方要传递的真实信息。

③选择失误。对传送信息的时机把握不准，缺乏审时度势的能力，会大大降低信息交流的价值。若信息沟通渠道选择失误，就会导致信息传递受阻，或延误传递的时机；若沟通对象选择错误，就会造成"对牛弹琴"、自讨没趣的局面，直接影响信息交流的效果。

④形式不当。当人们同时使用语言（书面或口头）和非语言（即肢体语言，如手势、表情、体态等）表达信息时，一定要相互协调，否则会使人"丈二和尚摸不着头脑"。如果人们要传递一些十万火急的信息，不采用电话、传真或互联网等现代化的快速方式，而通过邮寄信件的途径，那么接收者收到的信息往往会由于时过境迁而成为一纸空文。

（2）源于接收者方面的障碍。

①过度加工。接收者在信息交流过程中，有时会按照自己的主观意愿，对信息进行"过滤"和"加工"。如前面提到的，空姐想询问李先生的事情与她实际提出的问题是有出入的。李先生听到的询问话语与其理解也出现了严重的差异，他把选择性的问题"是要吃饭还是要吃面"理解成带有偏见意味的问话：要饭（乞讨）吗？于是，李先生的回答中透出一丝不快。又如，在组织中，在下属向上司的上行沟通中，由于某些下属投其所好，报喜不报忧，因此传递的信息往往在经过层层"过滤"后或变得支离破碎，或变得完美无缺；在决策层向管理层和执行层的下行沟通中，由于经过逐级领会而"添枝加叶"，因此传递的信息或被断章取义，或者面目全非，从而导致信息的模糊或失真。

②知觉偏差。信息接收者的个人特征，诸如个性特点、认知水平、价值标准、权力地位、文化修养、智商、情商等，将直接影响对被感知对象（即信息发送者）的正确认识。人们在信息交流或人际沟通中，往往习惯于以自己为准则，对不利于自己的信息要么视而不见，要么反应过度，甚至颠倒黑白，以达到防御的目的。

③心理障碍。由于信息接收者在人际沟通或信息交流过程中曾经受到过伤害或有过不快的情感体验，造成了其"一朝被蛇咬，十年怕井绳"的心理定式，对信息发送者心存疑惑、怀有戒备，或由于内心恐惧、忐忑不安，拒绝接受传递的信息，甚至抵制参与信息交流。

| 管理聚焦 6-9 |

1990年1月25日 19:49，阿维安卡52航班飞行在南新泽西海岸上空，此时飞机油量可以维持两个小时左右的航程，若一切正常，飞机在半小时后即可降落在纽约肯尼迪机场。

20:00，接到机场交通管理员的通知，要求航班在上空盘旋待命。

20:45，副驾驶向机场发出报告"燃料快用完了"。

21:24，阿维安卡52航班由于高度低且能见度差，无法保证安全着陆，因此第一次试降失败。当机场指示二次降落时，机组人员提到燃料将要用尽，飞行员却告诉管理员新分配的飞行跑道可行。

21:32，飞机的两个引擎失灵。

21:33，另外两个引擎也停止了工作。

21:34，阿维安卡52航班坠毁于长岛，这场事故中有73名乘客及机组人员罹难。

本案例中可能存在哪些沟通障碍？应如何改进？

6.3.2　沟通的要素与过程

1. 沟通的要素

人际沟通是人与人之间信息的传递、思想的沟通、情感的交流。其实，思想、情感也可以看作信息。因此，沟通就可以归结为信息的交流。因而，沟通遵循一般的信息沟通规律。信息沟通的一般要素与模式如图6-6所示。

从这个模式中可以看出，实现人际沟通的一般要素有以下几种。

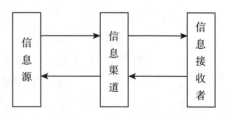

图6-6　信息沟通的一般要素与模式

（1）发出信息的人——信息源。没有信息源，就无法进行人际沟通。

（2）信息。信息是沟通的内容，人们进行沟通，要是没有内容，沟通的必要性就不存在了。

（3）信息渠道。信息渠道是信息传递的载体，即信息通过何种方式、用什么工具从信息源传递给接收者。信息一定是要通过一种或几种信息渠道，才能到达目的地——接收者。常用的信息渠道有对话、动作、表情、广播、电视、电影、报刊、电话、网络等。

（4）接收者。信息为接收者所接收，这是沟通的根本目的。如果没有接收者，沟通也不能实现。

（5）反馈。反馈是信息发送者和接收者之间的一种反应。信息发送者发送一则信息，信息接收者回应信息，使其进一步调整沟通内容，因此沟通成为一个连续的相互的过程。沟通中及时反馈是很重要的，反馈可以减少沟通中的误会，让沟通双方了解思想和情感是否在按他们各自的方式进行传递。

（6）障碍。障碍是沟通中阻碍理解和准确解释信息的因素。比如环境中的噪声，沟通双方的情绪、信念和偏见，以及跨文化沟通中对不同符号的解释等，都是沟通的障碍。

（7）环境。沟通发生的环境会影响沟通的效果。比如，在一个支持性小组中，圆形的座位排列方式能让小组成员之间的交流更顺利；在心理咨询室中，环境的布置也能直接影响来访者的心情。

2. 沟通的过程

沟通的过程包括信息策划、信息编码、信息传输、信息解码、信息反馈和沟通噪声（见图6-7）。

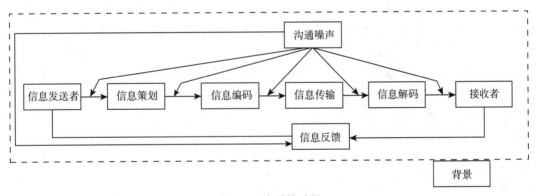

图6-7 沟通的过程

（1）信息策划。信息是沟通的基础，在头脑中形成清晰、完整、有条理的信息是良好沟通的开始。信息策划就是对信息进行收集、整理、分析的过程，信息策划过程反映着信息发送者的逻辑思维能力的高低和信息量的多少。很多人在沟通过程中或过程后经常会感到"我都不知道自己说了什么"，这种情况多半是由于信息质量不高造成的。按照信息是否能够被很容易地理解和掌握，可以将其区分为明示信息和默示信息。明示信息是指那些很容易被理解和掌握的信息，例如，"火可以灼伤人的身体"这一信息，即使几岁的小孩子也很容易理解和掌握。默示信息则是指不容易被理解和掌握的信息，例如，一个熟练的厨师可以很清楚地向别人讲解和展示一道菜的做法，但初学者往往感到很难掌握。一般来说，信息越明确，标准化程度越高，其明示程度越高，越有利于沟通。

|管理聚焦 6-10|

  小刘结婚后，因没有时间照顾家庭，常挨岳母的数落。不久，岳母患了半身不遂，几乎不能下床，她又哭又喊："我这辈子没做什么坏事，怎么让我得这不能动的病啊，还不如让我死了呢。"小刘回到家，除了给岳母端水喂药外，还耐心地劝她安心养病："妈，您可别胡思乱想。俗话说，天有不测风云，人有旦夕祸福。人吃五谷杂粮，哪有不生病的呢？病来了，就看您能不能扛住它。您是个要强的人，哪能让这点小病吓住呢？再说，现在医学这么发达，您这病肯定能治好的。"他的话像一剂良药，使岳母的精神好多了，没几个月，她就能下床尝试走动了。她逢人就说："多亏我的好女婿总给我吃'顺心丸'，我的病才好得这么快。"

  （2）信息编码。信息编码就是将信息以某种形式表达出来。信息沟通过程是从信息的发出开始的。发出的信息要纳入一定的形式之中才能予以传送，这称为编码。编码最常用的是口头语言和书面语言，除此之外还要借助于面部表情、声调、手势等身体语言和动作语言等（这些被称为非语言沟通）。信息编码在两个方面对沟通效果产生重要影响。一方面，编码方式会影响到信息占用信息载体的容量，例如书籍的字数、计算机文件的字节数等。一般来说，占用信息载体的容量越少，越有利于提高沟通的效果。例如，要实现视频文件的网上实时传输和播放，一是要提高网络信息传输速度，二是要利用数据压缩技术降低信息占用信息载体的容量。另一方面，编码方式会影响信息还原的质量，因为任何一种编码方式都会导致信息的损失，即失真，从而影响信息接收者对信息的接收。根据信息编码符号的不同，信息沟通分为口头沟通、书面沟通及非语言沟通等形式。非语言沟通补充和支持了语言沟通，但有时，非语言沟通也可能弱化或抵消语言沟通，如言行不一致的做法，势必冲淡语言沟通的效果。另外，在使用口头或书面语言来编码时，由于信息发送者自身语言表达能力的局限性、语意模糊不清或有意过滤信息（如报喜不报忧）等原因，往往会造成信息沟通的障碍。

  （3）信息传输。信息传输，即通过一定的传输媒介将信息从一个主体传递到另一个主体。信息传输可以通过一席谈话、一次演讲、一封信函、一份报纸、一个电视节目等来实现。不同的沟通渠道适用于传递不同的信息。例如，对员工工作绩效的评价，管理者在做了口头评估之后可以再提供一份书面材料。在现代通信技术迅速发展的今天，一个沟通渠道经常可以同时传送多种形式的信息，例如，电视电话会议和其他多媒体技术可把语言、文字、图像、数字等融合在一起传送，大大便利了复杂信息的传递。但是我们也应当看到，信息传递中的障碍也是经常出现的，如沟通渠道选择不当，或者沟通渠道超载，以及沟通手段出现问题等，都可能导致信息传递中断、信息失真或无法传递至信息接收者。因此有效的沟通离不开可靠的信息传递渠道。

（4）信息解码。解码，即将收到的信息符号加以理解，恢复为思想，用自己的思维方式去理解这一信息。信息解码包含两个层次，一是还原为信息发送者的信息表达方式，二是正确理解信息的真实含义。只有当信息接收者对信息的理解与信息发送者传递的信息的含义相同或近似时，才可能实现有效的信息沟通。缺乏共同语言、先入为主和心理恐惧等，都可能导致信息接收者对信息产生错误理解。在沟通过程中，不同个人、不同组织的解码方式会直接影响到沟通的效果。

（5）信息反馈。信息传递并不是沟通的最重要的目的，沟通的核心在于理解、说服和采取行动。信息接收者在获得信息后或根据信息采取行动后会根据自己的理解、感受和经验提出自己的看法和建议，这就是信息反馈。信息反馈在连续的沟通中具有非常重要的作用，它既是对上一次沟通结果进行评价的重要依据，也是进一步改进沟通效果的重要参考资料。

（6）沟通噪声。能够对信息传递过程产生干扰的一切因素都称为噪声。噪声对信息传递的干扰会导致信息失真。常见的沟通噪声源自以下方面：

- 价值观、伦理道德观、认知水平的差异；
- 健康状态、情绪波动以及交流环境的差异；
- 身份地位的差异；
- 编码与解码所采用的信息代码差异；
- 信息传递媒介的物理性障碍；
- 模棱两可的语言；
- 难以辨认的字迹；
- 不同的文化背景。

在沟通过程中，噪声是一种干扰源，它可能有意或无意地与信息交织在一起，影响编码或解码的正确性，导致信息在传送与接收过程中变得模糊和失真，从而影响正常交流与沟通。噪声是妨碍信息沟通的所有因素，它贯穿整个沟通过程。因此，为了确保有效沟通，通常要有意识地避开或弱化噪声源，或者重复传递信息以增加信息传递的强度。

6.3.3 组织冲突与管理

1. 冲突的内涵

在人类社会组织中，人与人、人与群体、群体与群体之间必然会发生这样或那样的交往和互动关系，在这些错综复杂的交往与互动过程中，人们会因为各种各样的原因产生意见分歧、争论、竞争和对抗，从而使彼此之间的关系出现不同程度、不同表现形式的紧张状态。

这种紧张状态被交往和互动的双方意识到时，就会发生组织行为学称为"冲突"的现象。有关冲突的定义多种多样，我们可以从以下几个方面来理解。

第一，冲突是不同主体或主体中的不同取向因为对特定客体处置方式的分歧，而产生的行为、心理的对立或矛盾的相互作用状态。

第二，管理冲突是行为层面的人际冲突与心理层面的心理冲突的复合。客观存在的人际冲突必须经过人们的感知和体验，当人们真正意识到不同主体行为间的内在冲突、内心矛盾后，才能感觉到冲突。

第三，冲突的主体可以是组织、群体或个人；冲突的客体可以是利益、权力、资源、目标、方法、意见、价值观、感情、程序、信息、关系等。

第四，冲突是一个过程，它是从人与人、人与群体、人与组织、群体与群体、组织与组织之间的相互关系和相互作用过程中发展而来的，它反映了冲突主体之间交往的状况、背景和历史。

2. 冲突的特性

（1）冲突的客观存在性。冲突的客观存在性是指任何组织、群体或个人都会遇到形形色色的冲突，冲突是一种不以人们意志为转移的社会现象，是群体或组织管理的本质内容之一，是任何社会主体都无法逃避的客观现实存在，社会主体在与冲突的遭遇互动中唯一的区别，只是冲突的类型、程度和性质的差异。

（2）冲突的主观知觉性。正如在冲突的内涵中表述的那样，客观存在的各种各样的冲突必须经过人们亲自去感知和体验。当客观存在的分歧、争论、竞争、对抗等现实状况反映成为人们大脑或心理中的内在矛盾斗争，导致人们进入紧张状态时，人们便能意识到冲突，感觉到冲突。所以冲突又具有主观的知觉性。

（3）冲突作用的两重性。冲突作用的两重性是根据冲突的相互作用观念，从冲突的影响角度对其一般特性的概括。抽象而言，冲突对于组织、群体或个人既具有建设性、有益性，有着产生积极影响的可能性，又具有破坏性、有害性，有着产生消极影响的可能性。

3. 冲突管理

（1）冲突管理的含义。发现冲突、认识冲突是分析冲突的前提，分析冲突是处理冲突的基础，而处理冲突、正确有效地管理冲突是研究冲突的目的和主体。

冲突具有客观存在性、主观知觉性和作用的两重性。任何个人、群体和组织都无法避免和忽视冲突的存在与影响，因此对待冲突的唯一正确的态度只能是正视冲突、管理冲突、趋利避害、为我所用。冲突管理有广义与狭义之分。广义的冲突管理包括冲突主体对于冲突问题的发现、认识、分析、处理、解决的全过程和所有相关工作，也就是对于潜在冲突（潜在的对立或不一致阶段）、知觉冲突（认识和个性化阶段）、意向冲突（行为意向阶段）、行为冲突（行为阶段）和结果冲突（结果阶段）的全过程进行研究管理。而狭义的冲突管理则着重把冲突的行为意向与冲突中的实际行为和反应行为作为研究对象，研究冲突在这两个方面的内在规律、应对策略和方法技巧，以便有效地管理好实际冲突。迄今所见的论述冲突管理的文献大多立足于狭义冲突管理的范畴。

随着组织或群体内部分工的日益细密、具体，外部环境的日趋复杂多变，竞争的日趋剧烈，技术和信息的日益进步，不同主体之间的相互交往与互动活动日趋频繁，多层次、多类型、多作用的冲突现象变得十分普遍，以及冲突问题越来越突出，冲突已经成为一种非常重要的组织现象和社会现象。因此，一个组织、群体或个人能不能学习、掌握和提高冲突管理的科学知识和艺术技巧，能不能及时、正确、有效地实施冲突管理，趋利避害地驾驭冲突，直接影响着自身目标的实现，关系到组织、群体和个人的生存与发展。

│管理聚焦 6-11│

1991 年 7 月成立的一家中日合资企业，销售额每年都增长 50% 以上。但公司内部却存在很多矛盾，这严重影响到公司绩效的提高。其中最重要的矛盾就是日本式的管理模式未必适合中国的员工。例如，在日本，没有额外报酬的加班工作是十分正常的现象。公司经常让中国员工长时间加班，这引起了大家的不满，也直接导致了一些优秀员工离开公司。由于公司的组织结构是直线职能制，部门之间的相互配合也很困难。例如，销售部经常抱怨研发部开发的产品没有满足顾客需求，生产部的效率太低导致销售部错过销售时机，而生产部则抱怨研发部开发的产品不符合生产标准，销售部门的订单无法达到公司规定的成本要求。

（2）冲突管理的基本原则。冲突管理的原则是值得认真研究的课题之一，这里将不同文献中普遍提到的原则归纳如下。

①倡导建设性冲突，避免破坏性冲突，把冲突控制在适当水平上。这是现代西方冲突理论文献中论述的最主要的冲突管理的原则。冲突既有积极影响的一面又有消极影响的一面，冲突水平过高和过低都会给组织和群体带来危害。

②实行全面系统的冲突管理，而不是局限于事后的冲突控制和解决冲突。传统的冲突管理把工作的重点放在冲突发生后的控制或解决上，比较被动、片面，实际冲突的形成、发展和影响是一个系统过程，冲突发生后的控制或解决只能说是冲突管理的一部分内容。

③不走极端，持中、贵和地处理冲突。这一原则源于中国传统文化的儒家思想，在现代冲突管理理论中也有所体现。在儒家思想中，所谓"持中"就是坚持"中庸之道"，凡事不能走极端，去其两端择其中以达和谐之境界。所谓"贵和"，就是和为贵、和为本、和为美、和而不同之意，以"和"统一差异性、多样性，以"和"作为解决矛盾的上策和根本。

④具体问题具体分析，随机应变处理冲突。这就是说不存在一成不变、适用于一切组织和一切情况的冲突管理理论和管理方法。必须针对具体的情况，根据所处的环境条

件，实事求是地分析问题、认识问题，灵活采用适宜的策略和方法，随机应变地处理冲突，力求提高冲突管理的有效性。

（3）冲突管理的基本策略。

①竞争策略（强制策略）。竞争策略又称为强制策略，是一种"我赢你输"、武断而不合作的冲突管理策略。奉行这种策略的人，往往只图达成自身目标和利益却无视他人的目标和利益，常常通过权力、地位、资源、信息等优势向对方施加压力，迫使对方退让、放弃或失败来解决冲突问题。这种策略难以使对方心悦诚服，一般不是解决冲突的最佳方法，但在冲突主体实力悬殊或在应付危机时较为有效。

②回避策略。回避策略是指既不合作又不武断，既不满足自身利益又不满足对方利益的冲突管理策略。奉行这一策略的人无视双方之间的差异和矛盾对立，或者保持中立姿态，试图将自己置身事外，任凭冲突事态自然发展，回避冲突的紧张和挫折局面，以"退避三舍""难得糊涂"的方式处理冲突问题。

③合作策略。合作策略指的是在高度合作精神和武断的情况下，尽可能地满足冲突主体各方利益的冲突管理策略模式。奉行这种策略的人必须既考虑自己的关心点得到满足的程度，又考虑他人的关心点得到满足的程度，尽可能地扩大合作利益，追求冲突解决的"双赢"局面。

④迁就策略。迁就策略又称为克制策略或迎和策略，指的是一种高度合作且武断程度较低（不坚持己见），当事者主要考虑对方的利益、要求，或屈从对方意愿，压制或牺牲自己的利益及意愿的冲突管理策略。

⑤妥协策略。妥协实质上是一种交易，也有人称之为谈判策略。妥协策略指的是一种合作性和武断性均处于中间状态，适度（居中）满足自己的和他人的关心点，通过一系列的谈判、让步，避免陷入僵局，"讨价还价"地部分满足双方要求和利益的冲突管理策略。妥协策略是一种被人们广泛使用的处理冲突方式，它反映了处理冲突问题的实利主义态度，有助于改善和保持冲突双方的和谐关系。

| 管理聚焦 6-12 |

2004年3月25日，上海传出消息，广为人知的抗过敏药物"息斯敏"可导致人产生心血管系统方面的副作用甚至死亡，全国范围的大医院大多放弃使用这种药物。3月26日，生产销售"息斯敏"的西安杨森公司对媒体称，公司已经在进行息斯敏说明书的修改工作，因为修改需要一定时间，从2003年10月开始，西安杨森公司一直在向医生和药师通报将更改息斯敏说明书一事。

事后证明，2004年1月12日以后生产的息斯敏，都是使用的新的说明书。西安杨森公司称，生产企业应根据药品的临床使用情况，对其使用方法进行持续改进。自1992起在国外就陆续有西安杨森的息斯敏导致不良反应的报道。1999年，美国强生公司表示停止生产息斯敏，息斯敏正式退出美国市场。2002年12月3日，中国国家药品不良反应监测中心公布了包括息斯敏在内9种药品存有不良反应的安全隐患报告。至2004年2月13日,国家药监局批准了西安杨森公司修改息斯敏说明书的申请。2004年3月,西安杨森公司在发布的说明中提到,他们是根据产品临床使用情况,对息斯敏说明书进行了修改,并表示每日3毫克是治疗季节性过敏性鼻炎的有效剂量。2004年4月7日,西安杨森公司表示不准备回收旧产品以及更换旧产品说明书。社会各界对西安杨森公司的这种做法纷纷提出质疑。

6.4 激励

6.4.1 激励概述

1. 激励的概念

所谓激励,就是组织通过设计适当的外部奖酬形式和工作环境,以一定的行为规范和奖惩措施,借助信息沟通,激发、引导、保持和规范组织成员的行为,以有效地实现组织及其成员个人目标的系统活动。这一定义包含以下几方面的内容。

(1)激励的出发点是满足组织成员的各种需要,即通过系统的设计、适当的外部奖酬形式和工作环境,满足企业的外在性需要和内在性需要。

(2)科学的激励工作需要奖励和惩罚并举,既要对员工表现出来的符合企业期望的行为进行奖励,又要对不符合企业期望的行为进行惩罚。

(3)激励贯穿于企业员工工作的全过程,包括对员工个人需要的了解、个性的把握、行为过程的控制和行为结果的评价等。因此,激励工作需要耐心。赫茨伯格说,激励员工要做到锲而不舍。激励工作需要耐心。

(4)信息沟通贯穿于激励工作的始末,从对激励制度的宣传、对企业员工个人的了解,到对员工行为过程的控制和对员工行为结果的评价等,都依赖于一定的信息沟通。企业组织中信息沟通是否通畅,是否及时、准确、全面,直接影响着激励制度的运用效果和激励工作的成本。

(5)激励的最终目的是在实现组织预期目标的同时,也能让组织成员实现其个人目标,即达到组织目标和员工个人目标在客观上的统一。

2. 激励的重要性

(1)激励有利于组织目标的实现。组织目标的实现需要资金、设备和技术等多种因素的支持,但最关键的是人。组织的目标是靠人的行为来实现的,而人的行为则是由积极性推动的。若没有人的积极性或积极性不高,再雄厚的资金、再先进的技术都无法保证组织目标的真正实现。美国通用磨坊食品公司前总裁弗朗克斯曾说:"你可以买到一个人的时间,你可以雇用一个人到指定的岗位工作,你甚至可以买到按时或按日计划的技术操作,但你买不到热情,你买不到主动性,你买不到全身心的投入。"激励却能做到这些,从而有利于组织目标的实现。

(2)激励有利于开发人的巨大潜能。人除了日常表现的能力之外,还存在着许多的尚未表现或发掘出来的能力，这就是潜能，人的潜能是惊人的。美国哈佛大学教授詹姆士的一项研究发现：一般情况下，人们只需要发挥21%～30%的能力就能应付自己的工作，但如果给予他们充分的激励，其能力就能发挥到80%～90%，甚至更高，并能在工作中始终保持高昂的热情。从而可以看出，平时状态中的能力只相当于激励状态下的1/3或1/4，或者说，激励能激发人的三四倍于平时能力的潜能，由此可见激励的重要性。

（3）激励有利于引导组织中个人目标与组织目标的统一。组织中的个人有其个人目标和个人需要，这是保持其行为的基本动力。个人目标和组织目标之间既有一致性又存在着许多差异，这就产生了矛盾。当个人目标与组织目标一致时，个人目标的实现将有利于促使组织目标的实现，但当两者发生背离时，个人目标往往会干扰甚至阻碍组织目标的实现。个人通常希望组织能满足其更多的需求，而组织则常常要求组织成员付出更多的努力，只有这两方面结合起来，才有可能有效地实现组织目标。因此，激励的目的在于从既定的组织目标出发，寻求组织与个人在目标、行为上的内在一致性，从而达到两者之间在行为及其效果上的良性循环。

（4）激励有利于提高组织成员的社会责任感和自身素质。通过对优秀人物和先进事件的表扬及奖励，以及对不良行为的批评和惩罚，激励能起到一种示范作用，引导组织成员提高自己对社会要求和组织要求的认识，树立正确的人生观、是非观、价值观等，并用以监督和约束自己的思想和行为。激励还具有激发成员荣誉感和羞耻感、培养成员积极的进取心和坚强意志的作用。

激励的目的在于满足个体的需求，进而释放个体潜能，最终达成组织目标（见图6-8）。

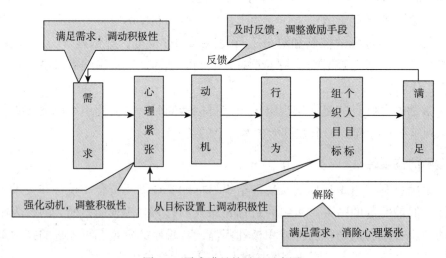

图 6-8　需求满足的过程示意图

6.4.2　激励理论

管理学家与心理学家在研究人的基本动机激发模式的基础上，从不同角度提出了激励理论，大体上可分为三大类。

（1）内容型激励理论，着重研究激发动机的诱因。由于理论的内容都围绕着如何满足需要进行研究，故又称为需要理论。其中主要包括马斯洛的需求层次理论、赫茨伯格的双因素理论、麦克利兰的成就需要理论、奥德菲的 ERG 理论等。

（2）过程型激励理论，着重研究从动机的产生到采取具体行动的心理过程。这类理论都试图弄清人们对付出努力、功效要求和奖酬价值的认识，以达到激励的目的。这类理论主要包括弗鲁姆的期望理论、波特－劳勒综合激励模型、亚当斯的公平理论等。

（3）行为改造型激励理论，着重研究激励目的的理论，激励的目的是改造和修正行为。这类理论主要包括斯金纳的操作条件反射理论、海德的归因理论、亚当斯的挫折理论等。

1. 内容型激励理论

马斯洛的需求层次理论、赫茨伯格的双因素理论以及麦克利兰的成就需要理论等内容型激励理论在第 2 章已经介绍过，这里只介绍奥德菲的 ERG 理论。

ERG 理论是奥德菲根据已有试验和研究，于 1969 年提出的一种内容型激励理论，这一理论系统地阐述了一个关于需要类型的新模式，发展了马斯洛和赫茨伯格的理论。他把马斯洛的需求层次压缩为三种需要，即生存需要、相互关系需要和成长需要。

①生存（existence，E）需要，指的是全部的生理需要和物质需要，如衣、食、住，组织中的报酬，对工作环境和条件的要求等。这一类需要大体上和马斯洛需求层次中的生理需求、部分安全需求相对应。

②相互关系（relatedness，R）需要，是指人与人之间的关系、联系的需要。这一需要类似于马斯洛需求层次中的部分安全需求、全部归属需求以及部分尊重需求。

③成长（growth，G）需要，是指一种要求得到提高和发展的内在欲望。它不仅要求充分发挥个人的潜能以有所作为和成就，而且包含开发新能力的需要。这一需要与马斯洛需求层次中的部分尊重需求和整个自我实现需求相对应。

奥德菲认为这三种需要之间没有明显的界线，它们是一个连续体。这一理论限制性较少，易于应用。ERG 理论的特点表现在它对各种需要之间的内在联系进行了有说服力的阐述：

①各个层次的需要得到的满足越少，则这种需要就越为人们所渴望。例如，满足生存需要的工资越低，人们就越希望得到更多的工资。

②较低层次的需要满足得越充分，人们对较高层次的需要往往就会越强烈。例如，E、R 需要得到了充分的满足，G 需要就会突出出来。

③较高层次的需要满足得越少，人们对较低层次需要的渴求也就越多。

奥德菲还认为，在任何一段时间内，人可以有一个或一个以上的需要发生作用；由低到高的顺序也并不一定那样严格，可以越级上升。ERG 理论自提出后，除了奥德菲自己做的实验测定外，几乎还没有人对他的理论做过直接研究，也没有什么具体例证足以支持或否定这一理论。不过，有很多人认为这一理论比马斯洛的理论更切合实际。

2. 过程型激励理论

（1）波特-劳勒综合激励模型。波特-劳勒综合激励模型是由美国行为科学家莱曼·波特（L. W. Porter）和爱德华·劳勒（E. E. Lawler）提出的一种激励理论。波特–劳勒综合激励模型是他们在1968年的《管理态度和成绩》一书中提出来的。其具体内容是，一个人在做出成绩后，会得到两类报酬：一种是外在报酬，另一种是内在报酬。波特–劳勒综合激励理论在20世纪60年代至70年代是非常有影响的激励理论，在今天看来仍有相当大的现实意义。不要以为设置了激励目标，采取了激励手段，就一定能获得所需的员工行动和努力，并能使员工满意。而是要形成激励→努力→绩效→奖励→满足，并从满足中回馈努力的良性循环。然而，模型本身还是有一些缺陷的：一是模型的概念有局限性，事实上当工资与员工激励相关时，该项研究会过分强调工资；二是在检验结论时，模型采用的是横截面检验，而非追踪研究，这也会导致高估模型的效度。

（2）亚当斯的公平理论。公平理论由美国心理学家斯塔西·亚当斯于20世纪60年代提出，主要目的是研究在社会比较中个人所做贡献与所得报酬之间如何平衡的问题，研究报酬的公平性对人们工作积极性的影响。

公平理论认为，当一个人做出了成绩并取得报酬以后，他不仅关心自己所得报酬的绝对量，而且关心自己所得报酬的相对量。也就是说，每个人都会自觉或不自觉地把自己所得的报酬与投入的比率与他人的收支比率或自己过去的收支比率相比较。其中报酬是指如工资、奖金、提升、赏识、受人尊敬等物质方面和精神方面的所得，投入是指工作的数量和质量、技术水平、努力程度、能力、精力、时间等。参照对象通常是自己的同事、邻居、亲朋好友和其他与自己状况相当的人，也可能是自己的过去。

尽管公平理论的基本观点是普遍存在的，但在实际运用中很难把握，因为个人的主观判断对此有很大的影响。因此管理者在运用公平理论时应当更多地注意绩效与报酬之间的合理性。同时，应帮助当事人正确认识自己与其他人的投入和报酬。

3. 行为改造型激励理论

行为改造型激励理论是研究如何改造和转化人的行为，变消极为积极的一种理论。对这个问题各学派存在着不同的看法，大体可归纳为三类：第一，人的行为是对外部环境刺激做出的反应，只要通过改变外部环境刺激（即创造一定的操作条件），就可达到改变行为的目的，如操作条件反射理论；第二，人的内在思想认识指导和推动人的行为，通过改变人的思想认识就可以达到改变人的行为的目的，如归因理论；第三，只有通过外部环境刺激与改变内部思想认识相结合，才能达到改变人的行为的目的，如挫折理论。

（1）斯金纳的操作条件反射理论。操作条件反射理论是由美国心理学家斯金纳提出来的，是指通过不断改变环境的刺激因素来达到增强、减弱或消除某种行为的过程。主管人员可以采用四种强化手段来改变下级的行为。

①积极强化。在积极行为发生以后，立即用物质或精神鼓励来肯定这种行为。在这种刺激作用下，个体感到对他有利，从而增加以后的行为反应频率。

②惩罚。在消极行为发生之后，使实施者受到经济上或名誉上的损失，或取消某些为人所喜爱的东西，从而减少这种行为的发生。

③消极强化或逃避性学习。当一个特定的强化能够防止产生个人所不希望的刺激，就称之为消极强化或逃避性学习。消极强化和积极强化的区别在于，工人努力从工作、从组织中获取报酬，这是积极强化，而工人努力工作是为了逃避不希望得到的刺激结果，如防止受到上级的批评，这是消极强化。当然，在这两种情况下，积极行为都能得到加强。

④消失。消失是撤销对原来可以接受的行为的强化，由于一定时期内连续不强化，这种行为将逐步降低频率，以致最终消失。

主管人员可以根据下属的不同行为情况而采用不同的强化方式，它主要分为连续的和间歇的两种。连续强化是指每次发生的行为都受到强化。间歇的强化是指非连续的强化，它又包括四种形式：固定间隔、可变间隔、固定比率、可变比率。

主管人员在应用强化手段改造行为时应遵循以下几条原则：

- 要设立一个目标体系。主管人员应把总目标分解成分目标和分阶段目标，每完成一个分目标和分阶段目标都及时给予强化，以便增强下属信心，逐步实现总目标。
- 要及时反馈和及时强化。主管人员要使下属尽快知道自己的行为结果并及时强化，使下属得到及时的鼓励和鞭策。
- 要使奖酬成为真正的强化因素。奖酬是否成为强化因素要看行为发生次数的增减。为此，主管人员应重视物质奖励和精神奖励相结合，奖励不宜过于频繁，奖励的方式要新颖多样。
- 要多用不定期奖励。定期奖励成了人们预料中的事，会降低强化作用，而不定期奖励的非预料和间歇的强化效果更好。
- 奖惩结合，以奖为主。
- 奖酬要不断有所增长。
- 因人制宜采取不同的强化模式。

（2）海德的归因理论。归因理论最初是在研究社会知觉的实验研究中提出来的，但以后随着对归因问题研究的深入和发展，归因理论所研究的内容也就逐渐超出了社会知觉的范围。概括来看，归因理论主要研究以下三个方面的问题：

- 对人们心理活动的归因，即人们心理活动的产生应归结为什么原因；
- 对人们的行为的归因，即根据人们外在的行为和表现对其内在的心理活动进行的推论，这是社会知觉归因的主要内容；
- 对人们未来行为的预测，即根据人们过去的行为表现预测他们以后在有关情景中将会产生什么行为。

归因理论家假设人们是理性的，能够认识、理解与其环境有关的因果结论。海德还认为，内在力量（对能力、努力及耐劳精神等个人因素的归因）和外在力量（对有关的规章制度及组织、气氛等环境因素的归因）的综合作用，决定着人的行为，并强调对行为起重要作用的只是那些被感知到的因素，而非存在的全部因素。人们对内在因素和对外在因素的比重在感觉上的不同，会影响他们的行为表现。正是这种不同的归因观念对工作动机的激发具有重要意义。轨迹控制是指人们对自己行为所造成的结果究竟是受外因还是内因控制的一种认识。当人们感到主要是受内因的控制时，他们会觉得可以通过自己的努力、能力或技巧来影响行为的结果；当人们感到主要是受外因的控制时，他们会觉得行为的结果非自己所能控制，而是受外力的摆布。这种被感知的轨迹控制会对人们的满足和绩效带来不同的影响。

归因理论及轨迹控制在管理领域中主要研究以下两方面的问题：人们的某种行为究竟归结为外因还是内因；人们对获得成功或遭遇失败的归因倾向。心理学家韦纳认为，人们把自己的成功和失败主要归结于四个方面的因素：努力、能力、任务难度和机遇。这四种因素又可按内外因、稳定性和可控性进一步分类：从内外因方面来看，努力和能力属于内因，而任务难度和机遇则属于外因；从稳定性来看，能力和任务难度属于稳定因素，努力与机遇则属于不稳定因素；从可控性来看，能力和努力是可控因素，而任务难度和机遇则超出个人控制范围。人们把成功和失败归因于何种因素，对以后的工作态度和积极性有很大影响。例如，把成功归因于内因，会使人感到满意和自豪，而归于外因，会使人感到幸运和感激。把失败归于稳定因素，会降低人们以后工作的积极性，而归因于不稳定因素，人们可能会提高以后工作的积极性。总之，运用归因理论来增强人们的积极性对取得成就有一定的作用，特别是对科研人员的作用更明显。这说明通过改变人的思想认识可以达到改变人的行为的目的。

（3）挫折理论。挫折是指人们从事有目的的活动，在环境中遇到障碍和干扰，其需要和动机不能获得满足的情绪状态。它是一种普遍存在的社会心理现象，任何人的一生都不可能是一帆风顺的。这不仅因为客观事物是纷繁复杂、不断发展变化的，人们对其认识要有一个不断深化的过程，而且因为达到目标也要有一个积聚力量、创造条件的过程。所以在这个过程中遇到一些障碍和干扰是难免的。某个目标能否实现，某个需要和动机能否得到满足，既取决于这个目标、需要和动机是否具备实现的客观条件和环境，也取决于人们的主观认识与客观事物相吻合的程度。挫折是客观存在的。

动机受挫随时可能发生。这种挫折，有时是短期的，有时是长期的，有的比较严重，有的比较轻微。通常，一个人遭受挫折后，在生理上、心理上均会产生种种反应，而反应的强烈程度和方式则往往因所受挫折的性质、强度及个体自身当时的情况而异。一个人的行为受挫后，目标不能达成，动机无法兑现，需要得不到满足，在个体和环境之间便产生了冲突，导致内心的紧张，心理上的不安，乃至陷入痛苦之中。此时，个体会自觉或不自觉地采取一种防卫性的对抗行为，以适应行为受挫后的新情况。行为受挫后所产生的防卫行为，其效果可能是积极的，具有建设性的，也可能是消极的，具有破坏性的。这些行为，按其建设性和破坏性的倾向可做如下排列：升华、增加努力、重新解释、补偿、折中、反向行为、合理化、推诿、退缩、逃避、表同、幻想、抑制、回归、侵略、放弃等。

挫折既是坏事,也是好事。挫折一方面使人失望、痛苦,使某些人消极、颓废,甚至一蹶不振,有可能引发粗暴的消极对抗行为,导致矛盾激化,还可能使某些意志薄弱者因此丧失生活的希望等。另一方面,挫折又可能会给人以教益,使犯错误者猛醒,认识错误,接受教训,改弦更张。它可以砥砺人的意志,使人更加成熟、坚强。它还能激励人发奋努力,从逆境中奋起。之所以把挫折理论归于激励范畴,是因为成功与挫折是个体行为的两种可能的结果。目标达成时要积极引导以保持激励的效果;遭受挫折时更应保护人们的积极性,使人们不产生消极和对抗行为。一个有效的主管人员,必须深入了解心理防卫机制,了解挫折后产生防卫性行为的实质,努力做好下属的心理辅导,从而增加积极的建设性行为,消除消极的破坏性行为。为消除行为受挫可能带来的消极影响,国外常见的几种做法有:及时了解、排除形成挫折的根源,提高下属和职工的挫折承受力,或采用"精神发泄"疗法等。

6.4.3 激励实践

1. 激励形式与类型

现代管理者的一个明显的特点就是重视激励在管理活动中的作用,努力通过激励的手段去把组织目标变成组织成员个人的目标。但是,人的需要的复杂性和多样性,决定了激励方式也必须是多种多样的。可以说,没有任何一种激励方式是对所有人都有同样价值和同样效力的。

(1)激励形式。

①物质激励与精神激励。虽然二者的目标是一致的,但是它们的作用对象却是不同的。前者作用于人的生理方面,是对人物质需要的满足,后者作用于人的心理方面,是对人精神需要的满足。随着人们物质生活水平的不断提高,人们对精神与情感的需求越来越迫切。比如,期望得到爱、得到尊重、得到认可、得到赞美、得到理解等。

②正激励与负激励。所谓正激励就是当一个人的行为符合组织的需要时,通过奖赏的方式来鼓励这种行为,以达到持续和发扬这种行为的目的。所谓负激励就是当一个人的行为不符合组织的需要时,通过制裁的方式来抑制这种行为,以达到减少或消除这种行为的目的。正激励与负激励作为激励的两种不同类型,目的都是要对人的行为进行强化,不同之处在于二者的取向相反。正激励起正强化的作用,是对行为的肯定;负激励起负强化的作用,是对行为的否定。

| 管理聚焦 6-13 |

美国 IBM 公司有一个"百分之百俱乐部",员工只要完成个人年度任务,就会被批准成为

该俱乐部的会员,而且员工会被邀请携家人一同参加隆重的集会。结果,公司的员工都将获得"百分之百俱乐部"的会员资格作为第一目标,努力工作以获得这个资格。由此看出,公司不要吝啬给予员工奖励,这些奖励可以换来员工对公司的认可感,从而激励员工更加努力地工作。

③内激励与外激励。所谓内激励是指由内在报酬引发的、源自工作人员内心的激励。所谓外激励是指由外在报酬引发的、与工作任务本身无直接关系的激励。内在报酬是指工作任务本身的刺激,即在工作进行过程中所获得的满足感,它与工作任务是同步的。追求成长、锻炼自己、获得认可、自我实现、乐在其中等内在报酬引发的内激励,会产生一种持久性的作用。外在报酬是指工作任务完成之后或在工作场所以外所获得的满足感,它与工作任务不是同步的。如果一项又脏又累、谁都不愿干的工作有一个人干了,那可能是因为完成这项任务的人将会得到一定的外在报酬,如奖金或其他额外补贴,一旦外在报酬消失,他的积极性可能就不存在了。所以,由外在报酬引发的外激励是难以持久的。

（2）实践中的常见激励类型。

在具体实践中,管理者可根据以上激励形式的要求来选择激励类型。根据不同的对象,灵活地采取不同的激励类型和把握不同的激励力度。尽管在具体的管理活动中采取何种激励类型,取决于管理者的灵感和水平,但以下几种激励类型是管理者可以参照的基本类型。

①目标激励。目标一般是指那些通过奋斗能够获得的成就或结果。目标是分层次的,它不仅有大小之分,而且有远近之分,但无论是什么目标都是由人们的某种需要引起的,所以它本身就具有激励作用,可以直接激发出人的行为的动力。在现实生活中,当人们受到富有挑战性目标的刺激时,就会迸发出极大的工作热情,特别是对那些事业心很强的人来说,总是愿意接受进一步目标的挑战,在实现目标的过程中大显身手。一个领导者如果能适时恰当地提出目标,不仅能极大地激发下属的工作热情和积极性、创造性,而且能够统一人们的思想和行动,使绝大多数人向着一个目标努力奋斗。

②物质激励。物质需要和物质利益不仅是维持生存的基本条件,而且是个人在各方面获得发展的前提。物质激励就是通过满足个人物质需要和物质利益,激发人们的积极性和创造性。按劳取酬以及多种多样的物质奖励是物质激励的基本方式。当然,在各种激励手段中,物质激励处于较低层次,具有一定的局限性。一般来说,当人的物质利益得到适当满足后,人们在精神方面的需求就会占主要地位。这时,就应该因势利导,加强精神激励。

|管理聚焦 6-14|

美国著名的艾森豪威尔将军是第二次世界大战中的指挥官,在诺曼底登陆前,有一次新闻记者在他打高尔夫球时采访他:"前线战事紧急,您怎么还有心情在这里打球啊?"艾森豪威尔说:"我不忙,我只管3个人,大西洋的蒙哥马利,太平洋的麦克阿瑟,喏,还有在那边

捡球的马歇尔。"诺曼底登陆是第二次世界大战的转折点，难道他真的只管3个人吗？其实不是，艾森豪威尔手下有百万大军。他只是懂得如何让下属参与管理。当然，在这之前要启发、教育、培养他们，在他们有了一定的能力之后再让他们参与管理。

③任务激励。人都是有一定的志向和抱负的，是愿意为自己追求的事业付出努力的，并在这种追求中获得精神上的满足。任务激励就是建立在这种心理基础之上的，其特点就是让个人肩负与其才能相适应的重任，满足其事业心和成就感。当然，任务激励容易把人们引向个人奋斗和追求自我实现的道路，使个人脱离集体、脱离组织，特别是个人目标与社会目标、组织目标不一致时，可能会出现个人与组织对立的倾向。这时，就需要管理者因势利导地把个人志向引导到组织目标上来，并使个人志向与组织目标最大限度地结合起来。任务激励的关键也就在于把组织目标变成个人的追求，变成组织成员乐于接受的任务，使个人在实现组织目标的过程中获得成就感。

④荣誉激励。它在实质上是一种精神激励。它是对为组织存在和发展做出过较大贡献的人给予一定的荣誉，并将这种荣誉以特定的形式固定下来。这样，不仅可以激励这些获得荣誉的人，而且可以对其他成员产生激励作用。因为，人具有希望得到社会或集体尊重的心理需要，任何形式的荣誉都会使获得者经常以这种荣誉鞭策自己，同时又可以为其他人树立学习的榜样和奋斗的目标，促使他们去追求这种荣誉。荣誉激励具有巨大的感召力和影响力，甚至可以促使人们为某项特殊的荣誉而自愿献身。所以，荣誉激励可以成为管理者手中的一个制胜法宝。

⑤信任激励。它是情感激励的一种方式。同事之间特别是管理者与被管理者之间的相互信任是一种巨大的精神力量，这种力量不仅可以使人们结成一种坚强的战斗集体，而且能极大地激发出每个人的积极性和主动性。信任之所以能激发人们的积极性，主要是因为信任能使人产生尊重感、亲密感、荣誉感和责任感，能使人把自己的前途命运与集体和社会的前途命运紧密联系在一起，从而产生为集体、为社会努力工作的积极性。

⑥奖惩激励。它就是强化激励，包括正强化和负强化。正强化是通过对人们的某种行为给予肯定和奖赏，使其巩固保持，发扬光大。日常工作中的表扬、奖励等就属于正强化。负强化是通过对人们的某种行为给予否定和惩罚，使其减弱、消失。批评、惩处、罚款等就属于负强化。通常，如果一种刺激对个人有利，则相应的行为会重复出现；若对其不利，则相应的行为就会减弱直至消失。因此，管理者可以通过物质奖励和精神奖励的方式强化那些符合组织目标的行为，通过惩罚的方式削弱那些不符合组织目标的行为。正强化和负强化是相对而言的，负强化可以增强正强化的功能，而不进行正强化本身也是一种负强化，一种行为如果在多次出现时都得不到应有的奖励，就会自然地减弱和消失。所以，在管理活动中，管理者需要灵活地运用正强化和负强化的方式，使人们的行为符合组织目标。

⑦数据激励。它是一种通过数据对比方式把先进与落后反映出来，以达到鼓励先进、激励后进的做法。心理学家们认为，明显的数据对比能够使人产生深刻的印象，激发强

烈的感想。这是因为，人都是有自尊心的，而自尊心正是激发人们积极向上的内在因素。数字激励正是利用人们的这种自尊心，将存在于人们之间的工作成果上的差别以数字形式鲜明地表现出来，从而实现对人们行为的定向引导和控制。

⑧情感激励。一个领导能否成功，不在于有没有人为你打拼，而在于有没有人心甘情愿地为你打拼。一个关切的举动、几句动情的话语，比高官厚禄的作用还要大上千百倍。

⑨竞争激励。人都有争强好胜的心理。在企业内部建立良性的竞争机制，是一种积极的、健康的、向上的引导和激励。管理者摆一个擂台，让下属分别上台较量，便能充分调动员工的积极性、主动性、创造性和争先创优意识，全面地增强组织活力。

⑩文化激励。企业文化是推动企业发展的源动力。它对企业发展的目标、行为有导向功能，能有效地提高企业的生产效率，对企业的个体也有强大的凝聚功能。优秀的企业文化可以改善员工的精神状态，熏陶出更多的具有自豪感和荣誉感的优秀员工。

2. 激励要点

无论采取何种激励措施，都是为了调动组织成员的积极性，管理者应当特别注意激励的效力。

①激励方式应恰当。应注意选择适当的激励方式，根据不同的人、不同的环境条件，采取不同的激励方式。激励方式不当，不仅不能达到激励的目的，反而会产生副作用。

②激励的强度要适中。不管是物质激励还是精神激励，如果过多，势必会造成激励麻痹，使激励效果减弱。相反，当激励强度不够时，虽然人们会把激励看得非常珍贵，但由于获得它过于艰难，就会产生逃避激励的问题。

③激励行为本身应当规范化、制度化。虽然激励行为本身是每时每刻地发生在管理活动之中的，几乎管理者的一言一行都包含着激励的因素，但是，重大的、明显的激励行动应当规范化和制度化，哪些行为属于激励的范畴，何时开展一次集中的激励活动，都应当以制度的形式被规范下来，使人们的期望能在恰当的时候以恰当的形式和恰当的力度得到实现。如果人们的期望在预定的时间内没有实现，就会出现负向激励。同样，激励的力度不够，也会演化成负向激励。

④激励应当公开、公平。通常说赏罚分明，其实赏罚分明是以公开公平为前提的。良好的情感关系能够激发人们的工作热情，产生甘心奉献的愿望和努力工作的动力。

◆ 本章小结

本章包括领导理论与实践、沟通与冲突管理、激励理论与实践三大板块内容。首先，通过理解领导的定义，了解和把握领导的基本内容和职能，进而明确了管理与领导的联系与差异；其次，通过了解领导的基本理论，明确了领导艺术的内容与表现；再次，对于组织中领导与员工之间的沟通协调进行简单的介绍，明确了沟通的原则与特征、沟通的要素与过程，介绍了冲突的内涵与特性，以及组织如何对冲突进行管理。最后，简单介绍了内容型激励理论、过程型激励理论与行为改造型激励理论，在此基础上分析了实践中的激励形式与类型。

复习思考题

1. 阐述领导特质理论并识别其局限性。
2. 请谈谈领导方式连续统一体模型。
3. 简述管理方格的构成及其五种典型的领导风格。
4. 简述路径-目标理论。
5. 简述领导生命周期理论。
6. 简述领导的内容与职能。
7. 分析管理与领导的联系与差异。
8. 作为领导,有哪些能力与素质要求?
9. 简述沟通的目标、作用与意义。
10. 简述沟通的要素与沟通过程。
11. 组织如何进行冲突管理?
12. 简要分析三类激励理论(内容型激励理论、过程型激励理论、行为改造型激励理论)。
13. 联系实际谈谈激发人们积极性的管理技巧。

总结案例

物业公司的激励

浙江某房地产集团旗下有一家物业经营管理公司,在成立初期,公司很注重管理的规范化和员工的积极性,为此制定了一系列较科学、完善的薪酬管理制度,在短短的两年时间内,公司的业务额就增长了110%,员工数量也超过220人。但公司的薪酬管理制度还是沿用之前的,并没有进行调整。领导原以为随着公司规模的扩大,经营业绩也应该增长,但事实上,出现了不断滑坡的现象,与此同时,客户的投诉也在增多,员工渐渐失去了工作热情,部分技术、管理骨干离开公司,其他人员也出现不稳定的预兆。例如,公司工程部经理在得知自己的收入与后勤部经理的收入几乎持平时,感到不公平,他认为工程部经理这一岗位相对而言,工作难度更大、责任更重,应该在薪酬上有所区分,所以,工作时就产生了消极的想法,后来就辞职了。员工的流失以及员工工作缺乏热情,导致该公司的经营一度陷入困境。在这种情况下,该公司的领导意识到问题的严重性,经过深入了解和诊断,发现根本原因在于公司的薪酬体系,而且关键的技术骨干的薪酬也明显低于市场水平,对外缺乏竞争力。公司的薪酬结构也不尽合理,对内缺乏公平,从而导致技术骨干和部分中层管理人员流失。针对这一具体问题,公司在进行充分市场调研和分析的基础上,调整了原有的薪酬制度,制订了新的与企业战略和组织架构相匹配的薪资方案,极大地激发了员工的积极性和创造性,公司发展终于恢复了良好势头。

资料来源:根据调研材料整理。

讨论题:

1. 该物业经营公司在调整前,其运营与管理出现了什么问题?结合激励理论谈谈问题的具体内容。
2. 比较该企业调整前后的状况,企业是否只能选择薪资激励作为最佳调整方案?
3. 企业激励在实践上表现为哪些方面的内容?

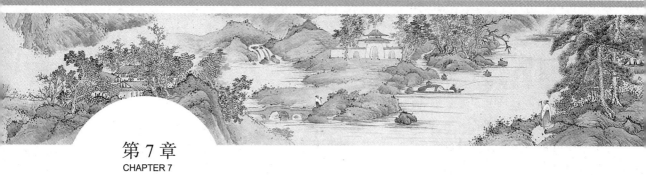

第 7 章
CHAPTER 7

管 理 控 制

§ 本章知识结构

管理控制
- 管理控制概述
  - 管理控制的内涵、内容、目标与特点
  - 管理控制系统与管理控制的类型
  - 管理控制的过程
  - 管理控制的策略
- 内外部控制与组织绩效评价
  - 外部控制的内涵与内容
  - 企业社会资本
  - 内部控制的概念、要素和活动
  - 管理者控制的问题及有效途径
  - 组织内部绩效评价的内容及方法
- 控制的方法与手段
  - 预算的性质与作用
  - 预算控制的形式与手段
  - 预算控制的风险
  - 库存控制和质量控制
  - 管理信息控制
  - 其他控制方法
- 危机与公关管理
  - 危机的内涵及其特点
  - 危机管理的含义、特性与基本要素
  - 危机预警机制
  - 企业危机管理的理论与实践
  - 网络危机的特点及管理策略

第7章 管理控制

§ 学习目标

- 理解管理控制的内涵和内容，了解管理控制的目标与特点。
- 掌握管理控制系统、管理控制的类型与过程。
- 了解管理控制的策略。
- 理解外部控制的内涵和内容，掌握内部控制的概念、要素和活动。
- 掌握组织绩效评价的内容和方法。
- 理解危机管理的含义、特性与基本要素。
- 掌握企业危机管理对策，理解网络危机的特点以及管理策略。

§ 引例

星巴克公司的危机管理

2018年3月29日，某公众号撰写了一篇名为《星巴克最大丑闻曝光，全球媒体刷屏！我们喝进嘴里的咖啡，竟然都是这种东西……》的文章。文章中宣传了如"喝星巴克咖啡致癌，是被隐瞒了8年的真相……""美国洛杉矶法院的一纸裁定，可以说是直接判了星巴克死刑"等对星巴克不利的内容。

事实上，3月29日，洛杉矶高等法院法官裁定包括星巴克在内的咖啡供应商必须在加利福尼亚州销售的咖啡产品上贴上癌症警告标签，因为咖啡在焙烧过程中产生的化学物质会致癌。法官Elihu Berle在3月28日表示，"原告提供的证据表明，咖啡增加了对胎儿、婴儿、儿童和成人的伤害风险"，而"被告咖啡供应商没有在审判中提出适当的理由来反驳这一点"。

据悉，这场诉讼由非营利组织毒理学教育和研究委员会根据州法律提起，已历时多年。这场诉讼的被起诉方包括90多家公司，其中有7-Eleven和包括星巴克在内的十几家大型咖啡公司。

企业应对

对于这次危机，星巴克的反应显得相对平静，只通过媒体记者的采访给出回应，而非主动回应。星巴克对此事总共做出了两次回应。第一次在3月31日，有媒体向星巴克求证时被告知："该裁决并不针对星巴克一家，而是针对整个咖啡行业。目前，全美咖啡行业协会已就裁决发布公告，坚称咖啡是安全饮品，法院裁决误导公众。"第二次在4月1日，星巴克给了媒体一份完整的声明。

声明中说："星巴克始终坚持为顾客提供高品质且安全可靠的食品与饮料，并致力于让顾客感受优质的星巴克体验。"

应对分析

星巴克在这次危机公关中的应对从表面上看是比较被动的。星巴克选择不主动回应，而是通过媒体转述给公众。尤其在回应中，大部分是转述全美咖啡行业协会的相关公告，而自己回应的部分只有"星巴克始终坚持为顾客提供高品质且安全可靠的食品与饮料，并致力于让顾客感受优质的星巴克体验"这种话。

从最初的回应来看，星巴克一早就明白问题来自判决，而非添油加醋的公众号。问题的关键是咖啡致癌，而非星巴克致癌，这一问题影响的是全行业，而星巴克作为知名咖啡企业无辜地代表了整个咖啡行业。既然不是星巴克自身的问题，星巴克也就没有必要为此专门出面回应。因而，星巴克选择在幕后，而由相关行业协会和食品安全权威机构辟谣。

危机公关结果

这场危机来得很快，去得也很快，有关的权威媒体几乎一面倒地开始对此进行辟谣，舆情很快就平息了下来。之后有媒体到星巴克门店实际调查发现，星巴克咖啡的销售几乎不受此次事件的影响。而最初披露该事件的某公众号却迅速被封，已无法关注。有媒体对此公众号深入挖掘，发现这家公众号劣迹斑斑，此前就发过不少谣言。在近10次的推送中，已有数篇文章被微信认定为违规，遭到删除。

资料来源：盘点优秀公关（https://www.meihua.info/article/3421597798384640）。

7.1 管理控制概述

7.1.1 管理控制的内涵、内容、目标与特点

1. 管理控制的内涵和内容

（1）管理控制的内涵。现代组织的管理离不开控制，控制是管理工作的重要职能之一。所谓控制就是监督组织各方面的活动，保证组织实际运行状态与计划保持动态适应的过程。劳伦治和墨顿认为，管理控制系统的根本目的就是帮助管理层完成组织目标，为他们提供一个正式方案以便于选择合适的控制变量、制订良好的短期计划、按照确定的控制变量记录短期计划的实际完成程度、对出现的偏差进行诊断分析。

关于管理控制的内涵，不同的管理控制学派或不同的管理控制专家可能有着不同的观点。安东尼（Anthony）认为，管理控制是指管理者通过影响组织中其他成员以实现组织战略的过程。所以管理控制的目的是保证组织战略的执行，进而实现组织的目标。管理控制系统包括战略计划、管理控制和任务控制，这三个方面彼此独立又相互关联，都与计划和控制相关。马恰列洛（Maciariello）等认为，我们可以将整个组织看作一个控制系统，"控制"是控制系统的特征或属性，管理控制包括战略控制和经营控制。因为管理控制与用于驾驭组织以实现其目标的管理系统的设计相关，所以管理控制还包括计划、组织和领导这些管理的职能。麦钱特（Merchant）等认为，管理控制系统就是指所有有助于管理者确保组织战略和计划实施的一切工作。一个设计有效的管理控制系统能影响员工的行为，使其按照组织期望的行为行事，从而提高组织目标实现的可能性，这也是管理控制系统的首要功能。控制系统具有两个基本的职能——战略控制和管理控制。从上述管理控制的内涵和目标的不同界定中可以总结出它们的共同点：一是管理控制的最终目标是通过控制协调过程达成组织目标；二是管理控制的研究都涉及战略的形成与实施。它们的主要差异实际上是对管理控制职能和管理控制主体的理解有所不同，本书将从管理控制的职能和管理控制的主体角度考虑管理控制的内涵，以下是对管理控制的内涵做出的广义、中义和狭义三种解释。

① 广义的管理控制。从管理控制的职能上看，广义的管理控制是指发挥管理的职能，特别是控制职能。管理控制包括战略控制和经营控制。因为管理控制与被用于驾驭组织以实现其目标的管理系统设计相关，因此管理控制还包括计划、组织和领导这些管理的职能。著名战略管理研究大师威廉·纽曼认为，管理控制系统的内涵是管理的控制职能，控制是管理的基础，管理控制涉及管理的全部领域。这种管理控制的特点是既包括定量控制又包括非定量控制，或是定量控制与非定量控制并重。从管理控制的主体上看，广义的管理控制包括：以董事会为主体的公司治理控制或战略计划、以管理者为主体的管理控制和以员工为主体的任务控制或作业控制。三种控制各自发挥不同的作用，但共同为实现组织战略目标服务。

② 中义的管理控制。从管理控制的职能上看，中义的管理控制是指由确定标准、评价业绩、纠正偏差构成的管理控制系统。因为管理控制强调的是对战略执行的控制，而对战略执行过程的控制是通过确定标准、评价业绩、纠正偏差构成的管理控制系统来实现的。这种管理控制的特点是强调定量控制，或是以定量控制为主。从管理控制的主体上看，中义的管理控制是指管理者影响组织中其他成员以实现组织战略目标的过程。管理控制的本质是管理者实施控制来保证组织目标的实现，因此，中义的管理控制以管理者控制为主，同时兼顾董事会控制及员工的控制。

③ 狭义的管理控制。从管理控制的职能上看，狭义的管理控制是指管理会计中的责任会计。这种管理控制的特点是强调货币计量控制，或是以货币计量控制为主。从管理控制的主体上看，狭义的管理控制是指以管理者为主体的管理控制，不包括作业控制及战略控制等。

管理控制的三种内涵，目前都有专业学者在进行研究。通常，广义内涵由管理学者进行研究居多，中义内涵由战略及财务学者进行研究居多，狭义内涵由会计学者研究居多。

控制在管理中的作用体现为两个方面：一是检验作用，它可以检验各项工作是否按预定计划进行，还可以检验计划的正确性和合理性；二是调节作用，在计划的执行过程中，它可以帮助组织对原计划进行修改，并调整整个管理过程。

（2）管理控制的内容。管理控制的内容应当贯穿业务工作的全部流程，对采购、物流、生产、销售、人力资源管理、行政、财务管理等各项工作的监测与控制都属于管理控制的内容。美国管理学家斯蒂芬·罗宾斯将控制的内容归纳为五个方面，具体如下。

① 对人员的控制。人是生产力中最活跃的因素之一，企业的生产经营活动要顺利进行，离不开对人员的控制。管理者根据公司的业务特点、员工的不同特质采用不同的管理控制机制。在现代公司管理中存在着物质激励、制度规范、团队合作、技术监督、文化熏陶等各种各样的控制方式，企业借助计算机信息化技术，实现对企业人员全方位、多角度、高要求的控制。

② 对财务的控制。财务控制是指财务控制人员通过财务法规、财务制度、财务定额、财务计划目标等对财务活动、现金流转等进行指导、组织、督促和约束，确保公司财务

目标实现的管理活动，这不仅是财务管理的基本职能，也是管理控制的重要环节。公司董事会是财务控制的主体，它通过一套完善的激励和约束机制，实现公司财务价值最大化的目标。

③对作业的控制。作业指的是从劳动力、原材料等资源到最终产品和服务的转换过程。对作业的控制指的是以作业为企业管理的起点和核心，以作业成本法为基础，把企业看作最终为满足顾客需要而设计的一系列作业的集合体，通过不断改进和优化企业的作业链来提升价值创造，促进企业经营目标的顺利实现。

④对信息的控制。随着计算机信息技术的快速发展，一个组织想要在激烈的竞争中保持优势，必须对迅速变化的环境做出有效反应，因此，如何迅速得到并利用市场信息和内部信息变得愈发重要。管理信息系统就是辅助公司进行信息控制的集成化人机系统，涉及信息的收集、传输、加工、储存、更新和维护，用于支持高层决策、中层控制、基层运作，提升信息管理水平。

⑤对组织绩效的控制。管理控制是绩效管理的理论基础，而绩效管理则是企业实施管理控制的一种手段。对企业绩效的控制，经历了从基于技术控制、官僚控制的绩效管理，到基于协和控制的团队绩效管理的转变。协和控制思想强调成员之间通过相互协商创造出一种控制自己工作行为的机制，形成一种强有力的自我控制，这种控制非常适合对成员自主性以及创造性的要求比较高的组织。基于协和控制的绩效管理控制会对组织绩效的提高产生积极影响。

2. 管理控制的目标和特点

（1）管理控制的目标。管理控制的目标涉及以下两个方面。

①限制偏差的积累。一般来说，任何工作的开展都难免出现一些偏差。虽然小的偏差和失误不会立即就给组织带来严重的损害，但在组织运行一段时间后，随着小差错的积累，最终就可能对计划目标的实现造成威胁，甚至给组织酿成灾难性的后果。防微杜渐，及早地发现潜在的错误和问题并进行处理，有助于确保组织按预定的轨迹运行下去。有效的管理控制系统应当能够及时地获取偏差信息，及时地采取纠正措施，以防止偏差的累积而影响组织目标的顺利实现。

②适应环境的变化。组织计划和目标在制定出来后总要经过一段时间的实施才能够实现。在实施过程中，组织内部的条件和组织外部的环境可能会发生一些变化，如组织内部人员和结构的变化、新的政策和法规的出台等，这些变化不仅会妨碍计划的实施进程，甚至可能影响计划本身的科学性和现实性。因此，任何组织都需要构建有效的控制系统，以帮助管理者预测和把握内外部环境的变化，并对这些变化带来的机会和威胁做出正确、有力的反应，使组织调整后能适应新环境。

（2）管理控制的特点。

①目的性。同其他管理工作一样，控制工作也具有明确的目的性。管理控制无论是着眼于纠正执行中的偏差还是适应环境的变化，都是紧紧地围绕组织的目标进行的，总

是受到一定的目标指引，服务于达成组织特定目标的需要。控制工作的意义就体现在，监督组织活动中各项职能工作的效果，促使组织更有效地实现其根本目标。

②整体性。控制的整体性具有多个方面的含义：首先，管理控制覆盖组织活动的各个方面，各个层次、各个部门、各个单位的工作，以及企业生产经营的各个不同阶段等，这些都是管理控制的对象。组织中可以有对于人员的控制、财务的控制、作业的控制、信息的控制、组织绩效的控制五大方面。其次，在管理控制中需要把整个组织的活动作为一个整体来看待，使各个方面的控制能协调一致，达到整体优化。最后，管理控制应该成为组织全体成员的职责，而不单单是管理者的职责，应当让全体成员参与到管理控制中来。

③动态性。管理控制的基本形式之一就是跟踪控制，其控制标准和方法随外部环境和内部条件的变化而变化。同时，管理控制手段和成效都是基于外在环境与组织发展方向的。所以，管理控制是动态演化的控制。

④人本性。管理控制不可忽视其中的人性因素。控制不仅仅是监督，更重要的是指导和帮助，管理控制应该成为提高员工工作能力的工具。只有当员工认识到纠正偏差的必要性并具备纠正能力时，偏差才会真正被纠正。通过控制工作，管理者可以帮助员工分析偏差产生的原因，端正员工的工作态度，指导他们采取纠正措施。这样做既能达到控制的目的，又能提高员工的工作能力和自我控制的能力。

7.1.2 管理控制系统、管理控制的类型与过程

1. 管理控制系统

组织内的所有活动都可以被认为是将各种资源由输入到转换再到输出的过程。任何系统的运行均是输入—转换—输出的过程。为了避免系统在运行过程中产生偏差，或在系统产生偏差时能及时地发出警告并进行修正，系统中一般会设置有效的控制机制以保证系统的正常运作。这种控制机制可以视为控制系统，在管理学领域中的控制系统一般被定义为，向管理者提供有关组织战略和结构能否有效地发挥作用这一信息的正式的目标设定、监督、评估和反馈系统。当出现偏差时，有效的控制系统就会向管理者发出警告，并给他们留出对机会和威胁做出反应的时间。

控制系统在考核输入—转换—输出各个阶段的业绩时，按照这三个阶段对控制工作进行分类，便形成了三种基本的控制类型：输入阶段的预先控制、转换阶段的过程控制、输出阶段的事后控制（见图7-1）。

2. 管理控制的类型

（1）根据确定控制标准值的依据不同，管理控制可以分为程序控制、跟踪控制、自适应控制与最佳控制。

①程序控制。程序控制的标准值根据时间确定。程序控制的机器人严格按照预定的程序进行运作，某个动作的开始和结束都根据给出的时间值来控制。

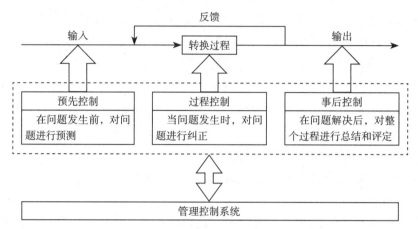

图 7-1　管理控制系统图

②跟踪控制。其控制标准值是根据控制对象跟踪的先行量制定的。先行量可以是固定的量值，也可以是变化的量值。以狗追兔子为例，狗在追兔子的过程中，狗跟着兔子的运动随时改变自己的追捕方向，使自己与兔子保持最短的距离。狗的行动轨迹就形成了一条追捕路线。兔子是先行量，追捕曲线是跟随量，而追捕路线就是控制标准值。

③自适应控制。自适应控制没有明确的先行量，其控制标准值是过去已达状态的函数，即控制标准值是根据过去的经验建立起来的，如工程技术中的学习机器人就是一种自适应控制的机器人，通过学习过去的经验，对活动中遇到的各种情况采取相应的行动。

④最佳控制。最佳控制是以目标的最大值或最小值作为控制标准，如用最低成本控制生产规模，用最大利润率来控制投资规模。

（2）根据控制信息的性质不同，管理控制可以划分为反馈控制与前馈控制。

①反馈控制。反馈控制主要是对后果的反馈，是指在某项工作或流程结束后，管理者将实际结果与既定目标进行比较，并对两者的偏差进行调整的过程。反馈控制能够消除工作中的偏差，效果明显，是控制工作的主要形式。产成品的质检、人事的考评、对各类财务报表的分析稽查等都属于反馈控制的内容。但反馈控制只发生在结果产生之后，对错误工作已经发生的危害无能为力，此外，从发现偏差到采取措施更正偏差之间有一定的时间差，时滞局限性影响了纠正作用的有效发挥。

②前馈控制。前馈控制指的是在生产经营活动开始之前，根据已有信息预计未来工作过程中可能出现的问题，提前采取措施以避免问题产生的控制活动。在前馈控制工作中，常利用计划评审法、网络分析法等技术手段，事先把收集到的各类最新信息进行整理，并在此基础上进行预测，把计划目标同预测结果相比较，根据差异调整、修改计划，使预计结果与计划目标相吻合。前馈控制包括对资金、原材料、人力资源等的控制，能有效控制风险，是行之有效的管理办法。

（3）根据控制形式的不同，管理控制可以划分为正式控制与非正式控制。

①正式控制。正式控制是通过正式的组织结构和制度实施，对员工行为进行规范化

的控制。制度控制是正式控制的主要途径,以实现标准化和考核业绩为目的,利用规则、政策、标准来实现,具体包括动态考核与核算制度、督导制度、独立灵敏的监督组织、责任追究制度、风险容量和风险容忍度设计等内容。

②非正式控制。非正式控制是对正式控制的补充,是以信任、奖励、文化等方式实施的控制。非正式控制以心理契约理论、组织公民行为理论、组织信任理论、组织支持理论作为思想基础,当正式控制本身缺陷导致风险存在的时候,就需要依靠非正式控制使员工更愿意按照企业的宗旨、目标行事。这对于塑造良好的工作关系、提高组织绩效、增加组织承诺有着重要的意义。

(4)按照控制系统考核业绩的阶段对控制工作进行分类,便形成了3种基本的控制类型,即输入阶段的预先控制、转换阶段的过程控制、输出阶段的事后控制。

①预先控制,也称事前控制或前馈控制,是在问题发生前做出预测,防止问题在随后的转换中出现的控制。预先控制集中注意进入组织的各种资源或工作的投入。它可以防止组织使用不合要求的资源,保证组织投入的资源在数量上和质量上达到预定的标准,在整个活动开始之前剔除那些在事物发展进程中难以挽回的先天缺陷。这里的资源是广义的,包括人力、物力、财力、信息、时间、技术等所有与活动有关的因素。预先控制以未来为导向,在工作开始之前对工作中可能产生的偏差进行预测和估计,采取防范措施,以便在实际偏差产生之前,管理者就能运用各种手段对可能产生的偏差进行预防。

预先控制有许多优点。首先,预先控制是在工作开始之前进行的控制,因而可防患于未然,避免事后控制对于已铸成的差错无能为力的弊端。其次,预先控制是针对某项计划行动所依赖的条件进行的控制,不针对具体人员,不会造成心理冲突,易于被员工接受并付诸实施。但是,实施预先控制的前提条件也较多。它要求管理者拥有大量准确可靠的信息,对计划行动过程有清楚的了解,懂得计划行动本身的客观规律性,并要随着行动的进展及时了解新情况和新问题,否则就无法实施预先控制。由于预先控制所需的信息常常难以获得,所以在实践中还必须同时依靠其他两类控制方式。

②过程控制,也称事中控制、现场控制或同步控制,是在系统进行到转换过程中,即企业生产或经营的过程中,对活动中的人和事进行指导和监督,以便管理者在问题出现时能及时采取纠正措施。

这类纠正措施作用于正在进行的计划执行过程。过程控制的职能是对正在进行的活动给予监督与指导,以保证活动按规定的政策、程序和方法进行。监督是按照预定的标准检查正在进行的工作,以保证目标的实现。指导是管理者针对工作中出现的问题,根据自己的经验指导下属改进工作,或与下属共同商讨纠正偏差的措施,以便使工作人员能正确地完成规定的任务。制造活动的生产进度控制、每日情况统计报表、学生的期中考试都属于这种控制。

过程控制一般在现场进行,管理者亲临现场观察就是一种最常见的现场控制活动,它是一种主要为基层主管人员所采用的控制工作方法。主管人员通过深入现场亲自监督检查,指导和控制下属的活动。它包括的内容有:第一,向下级指示恰当的工作方法和工作过程；第二，监督下级的工作以保证计划目标的实现；第三，当发现不合标准的偏差时，立即采取纠正措施。

③事后控制。当系统最后阶段输出产品或服务时，来自系统内部对产生结果的总结和系统外部顾客与市场的反应，都是在计划完成后进行的总结和评定，具有滞后性的特点，但可为未来计划的制订、活动的安排以及系统持续的运作提供借鉴。

事后控制把注意力主要集中在工作结果上，通过对工作结果进行测量、比较和分析，采取措施，进而矫正今后的行动。如企业对不合格产品进行返工，发现产品销路不畅而减产、转产或努力促销等，都属于事后控制。

事后控制类似于"亡羊补牢"。它的最大弊端是在采取纠正措施之前，活动中出现的偏差已在系统内造成无法补偿的损失，例如已输出的废品所耗费的原材料、工时等已无法补偿。

上述三种控制方式互为前提、互相补充。在实际工作中，不能只依靠其中的一种控制方式，而是必须根据实际情况综合使用这三种控制方式，对各种资源的输入、转换和输出进行全面的全过程控制，以提高控制效果。

| 管理聚焦 7-1 |

提高质量是名牌战略的核心，转变质量方面的价值观是海尔全面质量管理的精髓。在当时，中国的企业还是将产品分为一等品、二等品、三等品及等外品，也就是说产品只要能用就可以上市。张瑞敏等人认为，如果让有缺陷的产品出厂，那么所有产品都会失去生命力。于是他明确指出：有缺陷的产品就等于废品。改变企业面貌和方向的最难点是人的观念问题。1985年4月，张瑞敏主持了一个展示会，会上的展品是本厂新近生产的76台劣质电冰箱，全厂职工轮流参观了一个星期，尽管这些冰箱完全可以按照当时的等级分类出厂上市，尽管这些冰箱的价值等于整个工厂员工3个月工资的总和，但最后张瑞敏还是让这些不合格产品的直接责任人当众砸毁产品。正是这起"砸冰箱事件"在很大程度上提高了全厂员工的质量意识和名牌意识。在企业蒸蒸日上时，海尔又提出了"创中国冰箱名牌""无私奉献、追求卓越"的企业精神。

（5）根据控制来源不同，可以把控制划分为三种类型，即正式组织控制、群体控制和自我控制。

①正式组织控制。正式组织控制是管理者通过设计和建立起来的一些正式机构或规定来进行的控制。像规划、预算和审计等部门就是正式组织控制的典型例子。组织可以通过规划来指导组织成员的活动，通过预算来控制消费，通过审计来检查各个部门或个人是否按照规定进行活动，并针对发生的问题提出更正措施。例如，按照规定对在禁止吸烟的地方抽烟的职工进行罚款，对违反操作规程者给予纪律处分等，都属于正式组织控制的范围。

②群体控制。群体控制是基于群体成员的价值观念和行为准则,由非正式组织发展和维持的。非正式组织有自己的一套行为规范。尽管这些规范并没有明文规定,但非正式组织中的成员都十分清楚这些规范的内容,知道如果自己遵循这些规范,就会得到奖励。这种奖励可能是其他成员的认可,也可能是强化了自己在非正式组织的地位。如果违反这些行为规范就可能遭到惩罚,这种惩罚可能是遭受排挤、讽刺,甚至是被驱逐出该组织。例如,建议一个新来的职工自动把产量限制在一个群体可接受的水平,就是群体控制的一个例子。群体控制在某种程度上左右着职工的行为,如果处理得好,则有利于达成组织目标,如果处理得不好,那么将会给组织带来很大的危害。

③自我控制。自我控制是个人有意识地去按某种行为规范进行的控制活动。例如,一个职工不愿意把公家的东西据为己有,可能是由于他具有诚实、廉洁的品质,而不单单是怕被抓住遭惩罚。这是有意识的自我控制。自我控制能力取决于个人本身的素质。具有良好修养的人一般自我控制能力较强,顾全大局的人比仅看重自己局部利益的人有较强的自我控制能力,具有较高层次需求的人比具有较低层次需求的人有较强的自我控制能力。

以上三种控制有时是一致的,有时又是互相抵触的。这取决于组织对其成员的教育和吸引力,或者取决于组织文化。有效的管理控制系统应该综合利用这三种控制类型,并使它们尽可能和谐,防止它们互相冲突。

3. 管理控制的过程

(1) 准备工作。控制环境是指对管理控制的效果起到促进或削弱的因素,企业在进行管理控制工作时,首先应当对内部条件和外部环境进行研究和分析。各个企业的控制工作虽然有相近的原则和内容,但由于各个企业对这些原则的使用、内容的融合不同,在控制工作过程中,要根据企业具体的经营活动情况、各项工作的业务流程来详细设计。此外,受到时间、人力、成本的制约,控制工作不可能细致入微、面面俱到,企业应该选取重点业务,设置业务流程关键控制点,明确具体控制活动。在此基础上,通过制定决策权限表,确定职权范围、工作内容、分工界限,将控制工作明确到岗位和个人,为实现良好的控制效果打下基础。

(2) 设定业务标准。在明确重点业务流程的起点、终点以及循环过程后,企业应当制定衡量各项业务绩效的标准,通常包括费用标准、资本标准、收益标准等。为了避免主观性和个人对控制过程的影响,组织对控制标准应尽量采取数字化和定量化,但是对于某些不能用数量来衡量的方面只能采取定性的控制标准,如企业的信誉、人员的发展、工作能力等。

在这个阶段,管理者常设定业务标准以作为评估整个企业各个部门的评估标准,如管理者决定实施低成本战略,那么就需要考核组织中所有层次的效率,制定考核的业绩标准,这一标准常为定量化的运营成本,即与生产产品和服务相关的实际成本,包括与员工相关的全部成本。有时这样的业绩标准也可作为评估管理者个人能力的指标。由于企业内部实施的控制标准成千上万，所有管理者都负有选择最佳评估标准的责任，所以管理者在确定控制标准时，必须本着能提高企业在市场上的竞争优势的原则，综合选取业绩标准来评估所属部门的业绩，不能只注重效率和质量，忽视顾客的真正需求和产品创新。

如果管理者采用目标管理（MBO）方法，那么工作目标是明确的、可证实的和可度量的。在这种情况下，这些目标就可以作为衡量工作绩效的标准。如果不采用 MBO 方法，那么控制标准就是管理者制定的具体衡量指标。

控制工作的范围很广泛，因而为进行控制制定的标准也可以有多种。控制标准可以是一些定量化的指标，如劳动生产率、工时定额、原材料消耗定额、利润、销量、资金利用率、资金利润率、产品合格率等。确定这类指标通常使用统计分析法，根据组织拥有的资料来确定，故又称统计性标准。控制标准还可以体现为定性指标，如企业公共关系、组织成员的素质、组织气氛等。制定这类标准，一般使用经验估计法。它是根据管理人员的经验判断而建立的估计性标准，一般是在缺乏充分的数据资料时采用，通常带有管理人员的主观色彩。比较理想的控制标准是可考核的标准。通常，所制定的控制标准应满足以下几个方面的要求：

- 要使标准便于对各个部门甚至每个人的工作进行衡量，当出现偏差时，能找到相应的责任单位或责任人；
- 建立的具体标准都应该有利于组织整体目标的实现；
- 标准应与未来发展相结合，应有利于组织的长期发展；
- 标准要根据工作而定，不能根据完成工作的人来制定；
- 标准应是经过努力可以达到的，标准过高，人们将因为无法实现而放弃努力，标准太低，人们的潜力难以充分发挥；
- 标准应具有一定的弹性，当环境发生变化时有一定的适应性，遇到特殊情况能够做到例外处理。

控制标准的产生有些是源于组织内部，而有些则受组织外部因素的影响。尤其是在当前越来越强调质量和顾客满意程度的情况下，顾客对组织标准的制定有着越来越大的影响，是组织必须突出考虑的重要方面。

（3）衡量实际成效。在业务开始进行后，通过比较可以确定实际工作绩效和标准之间的偏差。在很多工作过程中，受客观资源、环境以及人为因素的制约，偏差是难以避免的，因此组织需要确定可以接受的偏差范围。这个阶段是要将实际工作成绩与控制标准进行比较，并做出客观的评价，从中发现二者的偏差，为进一步采取有效的控制措施提供全面准确的信息。为了确定实际工作的绩效如何，管理者首先要收集必要的信息，然后开始比较和衡量。这时应该考虑的是衡量什么与如何衡量这两个问题。

确定好衡量什么是实现有效控制的关键。在计划实施过程中并不是所有的步骤都要进行控制，而是选择一些关键点作为控制点，以控制关键点来控制全局，一般来说，控制关键点是计划实施过程中起决定性作用的点，或是容易出现偏差的点，起转折作用的点，变化大而又不容易掌握的点，有示范作用的点。所以选择控制关键点的过程是快捷、准确实施有效控制的过程。那么控制关键点如何选择，即衡量什么可与相应的控制标准进行比较，这是首要解决的问题。

在管理者决定衡量什么的时候，很大程度上是依据人们的追求。比如，衡量管理者的领导能力，可以从员工的满意度、营业额、出勤率等定量与定性多方面进行衡量；衡量政府机关公务员的工作效能，可以将作风设置为控制关键点，整顿机关工作人员的工作作风，并实施控制监督。

如何衡量关注的是针对实际情况实施的具体方法，即通过什么渠道收集必要的信息来进行衡量。管理者在衡量实际工作绩效时，常采用四种收集信息的方法：个人观察、统计报告、口头汇报和书面报告。这四种方式各有千秋，但是，它们一旦综合起来使用就能大大提高信息来源的可靠性。

（4）鉴别并分析偏差。在衡量实际绩效后，若没有偏差发生，或偏差在规定的容许范围之内，则该控制过程只需前两个阶段即可完成。但是如果有偏差，且超出容许范围，就要采取措施加以纠正。在控制过程前两个阶段完成后，便可以将衡量结果与所建立的标准进行比较，鉴定出偏差的大小和方向。

比较的结果可能是实际工作的绩效高于、低于或正好符合标准。如果实际工作与标准相符，便没有任何偏差产生。然而，在某些管理活动中，偏差是在所难免的，而且也不需要做到完全没有偏差。因此基于工作标准确定出一个可接受的偏差范围是非常重要的。

（5）采取纠正措施。如果通过比较发现了工作偏差，管理者应该采取纠正行动，这种纠正行动可以是对工作细节的调节与把控，也可以是对整体工作流程的改善，目标是消除偏差、弥补损失、达到标准。管理者应当根据反馈结果，及时向各职能部门提出建议和改善措施。此外，如果工作偏差是因标准制定不规范而引起的，则管理者应当根据实际情况修订标准，如每年更新一次相关规范和制度，在实践的基础上不断完善控制工作的标准。

当没有偏差或偏差在容许范围之内时，便不需要采取任何纠正措施。对这样一个成功的控制循环也应分析其中的原因，以便积累经验，为今后的控制活动提供借鉴。同时，管理者还应向具体工作人员及时反馈信息，必要时可给予适当的奖励，激励他们继续努力工作。如果发现存在超出容许范围的偏差，就应该认真分析偏差产生的原因。在实践中，管理者出于各方面的原因时常只采取一些临时性的纠正措施，而不去分析偏差产生的真正原因。这种治标不治本的做法也许会收效一时，但对以后的工作往往容易产生不良影响。出现超出允许范围的偏差表明工作未能按预期取得进展。为了能从根本上解决问题，管理者必须把精力集中于查清问题的原因上，既要查内部因素，也要查外部环境的影响，寻找问题的本质，以求治本之策。其实，问题之中孕育着机会，查明问题原因本身就代表着成就。在分析偏差原因的基础上，针对那些可以控制的因素采取相应的纠正措施，把实际工作拉回到计划的轨道上来。导致偏差的原因是多种多样的，造成实际工作结果出现偏差的原因可以归纳为以下几类。

①计划操作的原因。它是指由于计划执行者自身的原因而造成偏差，如工作不认真等。这时可采取一些措施加以纠正，如重申规章制度，明确责任，明确激励措施，调整工作人员，加强员工培训等。

②外部环境发生重大变化的原因。如国家政策法规发生变化，国际政治风云突变，自然灾害突然发生，某个关键合作伙伴突然破产，某起突发事件等，这些因素往往是不可控的，只能在仔细研究分析的基础上采取一些补救措施，以尽量减少不良影响，然后改变策略，避开锋芒，另辟蹊径。

③计划不合理的原因。它是指计划制订时不切合实际，标准是基于错误的假设和预测制定的。在设定目标时，管理者应注意既不能把目标定得太高，也不能将目标设置得过低，这样会导致不利的影响，更谈不上有效控制了。太高的目标，如过高的利润目标、过高的市场占有率目标，根据具体情况根本实现不了，这样轻则挫伤员工的积极性，重则面临整个计划失控，甚至葬送整个企业；太低的目标，低估自己的实力，起不到对员工的激励作用，这时就应根据企业或组织的具体情况进行调整，制订出切实可行的计划。

控制标准出现以下三种情况时应对应采取不同的措施。

①控制标准本身没有问题，环境也没有发生大的变化，偏差是由组织和领导工作不力等造成的。对于这类偏差，应采用的措施是纠正工作行为。在这种情况下，管理者有较大的能动性。

②控制标准本身没有问题，但由于环境发生了较大的变化，使原本适用的标准不合时宜。例如，银行大幅度提高贷款利率，可能会使组织计划期内的资金筹措目标不能实现。这些由组织外部环境因素造成的偏差，对一个特定组织来说，是管理者无法控制的。因此，管理者可以采取修改控制标准，甚至调整组织的计划目标的措施，使之与组织的外部环境相适应。

③控制标准本身不合理，过高或过低。这时必须对控制标准进行修改。如果是由计划本身的不合理或不完善造成的，就有必要对计划本身甚至目标进行修改，然后根据修正了的计划制定出合理的控制标准。管理控制的过程如图 7-2 所示。

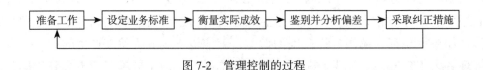

图 7-2 管理控制的过程

7.1.3 管理控制的策略

1. 授权下的控制策略

在实行分权管理的组织中，管理者向下属授予必要的权力，由下属做出决策，但对下属的工作情况并不是放任不管的，管理者要能了解工作的情况，对授权进行控制。

（1）改变控制的方式。实行分权时，管理者应从注意作业细节转向注意取得的成果，放弃对某个人和细节的控制，逐渐依靠对成果的评价。报告的期限应放宽，放弃使用日报表。例如，一个在利润分散化基础上经营的作业分部，高层管理所需的主要报告应是其月度损益说明书和资产负债表。

（2）应用例外原则。随着授权程度的增大，要建立一些警告信号式的控制。例如，管理者可委托某个下属来帮助他注意即将出现的问题，在情况正常时不受一般控制信息的干扰，而当脱离标准的偏差超过某项规定时，管理者可得到提醒，应用计划工作中的例外原则加以控制。

（3）加强自我控制。当主管人员将更多的职权授予下属，下属对控制的责任增大。工作细节的控制将更多地依靠下属，下属必须控制自己的活动。同时，企业要重新设计信息流，使下属能获得进行自我控制所需的信息。

（4）多辅导，少命令。管理者不再注意日常作业的细小问题，不再试图解决大量现场存在的问题，自然会减少发出的命令。管理者和其下属之间要建立起一种辅导性关系。上级的辅导是努力帮助员工完成工作任务，而采取纠正措施的主动性应来自下属。

（5）创造有利的环境。为授权的任务制定出明确的目标，并为考核这些目标完成的情况制定出考核办法；明确企业的哪些政策、组织、管理方法和规定是必须遵守的，哪些可看作推荐性做法；对需要上级事先批准的行动必须明确说明；选拔、培养和激励能够正确行使职责的下属人员；管理者本身也要调整行为，与被授权的下属建立相互配合、相互信任的关系。

2. 在控制中使用参谋人员

参谋人员能协助直线人员完成管理工作。在制定控制标准中常常使用参谋人员。这是因为制定标准可能需要特殊的技能，而且花费时间。当控制正式化和具体化时，参谋人员就很可能是积极的参与者。但附加给参谋人员的控制职责将使参谋人员与企业中其他人员的关系复杂化。被控制人员常常会觉得标准不合理和控制压力不合理。为此，可采取的补救措施有：

（1）管理人员在标准付诸实施前，应更多地注意对标准的评价，更多地与执行标准的人员一起讨论标准的合理性；

（2）应使参谋人员认识到，他们的贡献在于向组织等级结构中上上下下的人员提供良好的建议，而又不侵犯直线管理人员的合法职能。

3. 通过领导行动加强控制

对被控制的人来说，实施的标准向他们指明了什么是必须做好的工作，什么是无关紧要的工作。主管人员对控制对象的密切关注，会使控制标准得到更好的执行，使控制收到更好的效果。

4. 设计用于控制的沟通网络

为了确保良好的控制，需要建立一个正式沟通网络，使管理者及时获得必要的信息，提高控制的实效。

组织中存在大量的控制，产生各种不同的信息反馈，一般认为，反馈环越短越好，控制数据应首先反馈给作业人员，使控制直接与管理者或作业人员相联系。因为自我控制是采取纠正行动的最好的方式。

5. 平衡控制的结构

在制定控制标准时，管理者应从整体出发，考虑所有的控制对工作的总体影响。因为任何一项控制的效益都将部分地取决于其他控制的运行情况。在运用这一策略时应注意以下两点。

（1）注意控制手段的间接作用。对工作的某个方面的控制可能会导致对其他方面的忽视。在设计控制时必须注意其直接影响，同时也必须注意其间接影响。如果某项控制可能产生间接的不良影响，就需要建立一项辅助性的控制。

（2）控制结构要与计划层次结构相配合。实行目标管理的组织中，存在目标系统，组织的总目标是由各部门的分目标组成的，部门目标又是由个人目标组成的。组织的控制体系结构要适应目标系统结构。一个根据各单位目标考核工作绩效的控制结构，将提供一种一体化的机制，使企业中各种不同的计划统一起来，完成企业的总目标。

6. 将控制与新计划相联系

在控制过程中，有两类控制标准：一是在工作过程中表明工作进行情况的各种控制信号；二是工作完成后，对成果进行评价的记分牌。控制信号多用于现场控制，一般不会导致计划的修订。而记分牌多用于计划控制和反馈控制中，根据对工作成果的评价，可能会引起计划的重新制订和修改，在这种情况下，控制报告将成为新计划的基础。

| 管理聚焦 7-2 |

沃尔玛集团花费了大量时间和资源来阐明沃尔玛集团各个子公司的愿景和战略。基于该愿景，各个子公司也为每个部门制定了详尽的战略。

公司的管理层意识到沃尔玛集团的预算和计划体系无法提供可靠的预测。管理控制体系没有正确估计技术、产品以及成为市场上的有力的竞争者所需的进程。公司需要一种灵活的工具，该工具可以模拟现实情况并对商业环境中的变化做出快速的反应。这一工具便是"新计划过程"。

新计划过程是一种报告和控制手段，在这个过程中，公司一年中至少要准备四次长期预测和短期预测，同时还要关注目标和当前的经营计划。新计划过程不强调预算安排，甚至会传递"不需要预算"的观念。

沃尔玛的管理控制是通过测量各个部门的业绩指标来进行的，这些指标以图形的形式显示在计分卡上。而业绩指标应该是关联且易于测量的,而且它们应该包含货币或非货币的参数。而且,它们在短期和长期中,应该与财务业绩或资本使用之间有直接或间接的联络。每个业绩指标都对应一个相应的目标。目标设定过程应首先明确定义部门的理想状况,然后引导部门向着理想状况发展。关键的成功因素指标变成可测量的目标。而且这些目标应该是有可能实现的、便于理解的、能够分化为次要目标且能够使用于公司不同部门的,每个目标都有达成的最后期限。

长期预测每个季度进行一次,短期预测按月进行细分。长期预测是针对未来两年的,因此,包括过去两年在内,关注范围应为五年。用此方法可以警示沃尔玛的管理层即将发生的变化,并选取相应的行动策略。

通过不断将实际业绩与预期业绩进行比较,沃尔玛始终可以保证制订一套行动计划来实现既定的目标。

7.2 内外部控制与组织绩效评价

7.2.1 外部控制

1. 外部控制的内涵

组织外部控制的控制主体与控制客体处于不同的组织。对企业来说,外部控制指的是除企业本身以外,其他组织对企业进行的管理控制,主要是指政府、金融中介机构、服务机构等对企业的控制。比如政府部门对企业进行的财政控制、税务控制、政府审计控制,以及会计师事务所对企业的审计控制等。

组织外部控制就是管理者通过游说、劝导、协作、合作、并购等各种手段调整和影响环境因素,以使组织实际运行状况与计划保持一致的过程。

从企业组织的角度来看,外部控制最主要的环境影响因素包括政府决策行为以及供应商、销售商、金融机构等利益相关者的行为,由此发展出对应的两类主要外部控制思路。

尽管组织外部控制与内部控制的控制对象相同,都是企业的生产经营过程,但两者存在明显的差异。

(1)控制者的身份不同。外部控制是由企业外部的组织和个人所进行的控制,这是之所以称之为"外部控制"的根本原因。而内部控制则是由企业内部的部门或人员所进行的控制。

(2)控制目的不同。一般来说,内部控制的目的在于风险防范,而外部控制的重点在于确保企业经营的合法性、合规性和真实性,风险防范和经营效果是其次的。外部控制是由外部人员实施的,以社会利益或宏观利益诉求为出发点。

(3)控制要求不同。内部控制是企业自愿的,而外部控制带有一定的强制性。比如,会计信息披露的合法性检查和控制,是国家有关部门基于宏观资本市场的正常运转所实施的控制行为,企业只要是上市公司就必须接受这种控制。

(4)控制标准不同。内部控制的控制标准是有关的内部控制管理规范,而外部控制的控制标准是国家的有关法律和法规。对于内部控制的管理规范,比如企业内部控制规范、商业银行内部控制指引、上市公司内部控制指引等都属于职业组织颁布的技术性规范,不具有显然的法律意义。而对外部控制来说,公司法、证券法以及有关上市公司和国有企业管理的各种条例等,这些都是具有较高层次和较强约束力的法律法规。

2. 外部控制的内容

(1)来自经济监管部门的控制。这是外部控制的主要部分,国内这些部门主要有证监会、银保监会、中国人民银行、国资委、财政部门、税务部门等。这些部门的共同特点是代表国家行使经济监督职责,但是其监督对象和内容不完全相同。比如,证监会监督的对象主要是资本市场中的参与者,其中的重点是上市公司和各种证券交易机构,而银保监会则主要监管银行、保险机构与其他金融机构。

(2)来自债权人的控制。为了保证贷出资金的安全,债权人有很大的积极性通过借贷市场来监督并间接控制企业的经营活动,对经营者能力的大小、信誉的高低、以往业绩的好坏以及努力的程度进行考察,对经营者使用资金的情况以及创造持续现金流的能力进行监督。并且,如果企业出现反常情况而可能危及债权人的利益时,债权人就可以依据国家的有关法规介入企业的管理,实施对企业经营决策和管理过程的控制。

(3)来自股东的外部控制。在现代企业制度下,由于所有权和经营权的分离,企业股东不参与企业的日常经营,因而也不实施直接控制,然而,由于股东是企业的所有者,对于重大融资决策、兼并收购和其他重大投资决策等,股东仍然可以利用股东大会或其他形式对企业实施控制。

3. 企业社会资本

企业作为一个市场型组织,其成败往往与经营者是否拥有广泛的社会交往和联系紧密相关。通过这种交往和联系,企业可以获得价值连城的信息,捕捉机遇,获取稀缺的资源,争取风险小、获利大的项目,从而在越来越激烈的竞争中扬长避短,立于不败之地。这些交往和联系是一种企业资本,即企业的社会资本。企业社会资本是以社会关系网络为载体的一种促进合作的资源,可分为企业内社会资本和企业外社会资本,但一般强调后者,是外部控制应关注的一个部分。

(1)企业社会资本的概念与分类。随着社会学概念与经济学概念的交叉和渗透,社会资本已成为经济与企业管理理论的研究热点之一。社会资本是新经济社会学中的核心概念,它是以社会关系网络为载体的一种促进合作的资源。美国社会学家科尔曼是第一位有影响力地提出社会资本理论框架的学者,他对社会资本进行了比较系统的研究。他把社会资本界定为个人拥有的社会结构资源,认为社会资本是根据其功能来定义的,和其他形式的资本一样,社会资本是生产性的,能够使某些目的的实现成为可能。罗纳德·伯特提出了著名的结构洞理论,认为社会资本是一种结构竞争优势的隐喻,他把社会资本定义为一种能接近资源和控制资源的结构。林南从社会资源的角度研究社会资本,他指出社会资本是投资于社会关系并希望在市场上得到回报的一种社会资源,是一种镶嵌在社会结构中并可以通过有目的的行动来获得流动的资源。普特南认为社会资本是一种组织特点，如信任、规范和网络等，它是生产性的，能够通过对合作的促进提高社会效率。综上所述，社会资本的各种观点之间虽然有所差异，但都认为社会资本是一种社会资源。

企业的社会资本是指那些能够被企业所控制的，有利于企业实现其目标和目标活动的，嵌于企业网络结构中的显在的和潜在的资源集合。不是所有的关系资源始终会作为企业的社会资本而存在，只有那些在一定条件下能够有利于企业目标实现的网络资源才能称为企业的社会资本。企业目标的变化、外在环境的变化都会使得关系资源的社会资本性质发生改变。企业社会资本作为资本的一种新形式，具有资本的特征，实质上属于资源的范畴，企业社会资本可替代或补充其他资源。作为一种替代，企业有时可通过紧密的联系弥补人力或金融资本的缺乏。在更多的情况下，企业社会资本可补充其他形式的资本。例如，企业社会资本可通过减少交易费用来提高经济资本的效率。在皮埃尔·布尔迪厄识别的几种形式的资本中，经济资本是最为易变的，它可较为容易地转换为人力资本和社会资本。对比而言，社会资本直接转换为经济资本的可转换率较低，因为社会资本不仅具有易变性，而且具有黏质性。总而言之，社会资本落在宽泛且异质的资源范畴之中。企业社会资本的主体是企业而非个人。

企业社会资本理论可分为企业内社会资本理论和企业外社会资本理论，企业外社会资本指企业从外部获取稀缺资源的能力，企业在成长过程中，不断融合社会金融资本和人力资本，企业能否有效融合社会金融资本和人力资本是企业能否成长壮大的关键，而企业对它们的融合是以社会网络资本为中介的，社会文化资本通过交往与交易中共识规则的达成和互助行动的预期来影响企业的成长效率。在此基础上，企业在成长过程中除了有不断融合的社会金融资本和人力资本外，还有社会信息资本，在现实生活中网络传递的信息比从市场上获得的信息更密集，比等级沟通获得的信息更自由。企业内部社会资本指的是企业内部员工间和部门间的信任和行为规范，从理论上讲，企业内部社会资本可以提高生产要素组合的效率，增加人力资本和实物资本的回报。企业内部社会资本就像企业机器的润滑剂，有利于加强企业成员的信任与合作，促进企业各部间的沟通与协调。所以强大的企业内部社会资本可以大大降低企业内的监督成本和信息成本，提高工作效率，增强企业核心竞争力。

（2）企业社会资本的功能。

①降低企业经营风险。随着市场竞争的日益加剧，企业所处的经营环境也变得更为复杂。如果企业遭遇一些突发性的事件或是企业在经营中稍有不慎，就有可能造成无法挽回的后果，这无疑加大了企业的经营风险，而企业的社会资本在一定程度上可以起到降低企业经营风险的作用。例如，现在很多企业在经营中都会面临所谓的财务风险，短期内的资金短缺可能会将企业推向破产的边缘。如果企业能够和银行、供货商等利益相关者保持较好的关系，使银行允许延期支付债务，让供货商同意推迟支付货款，那么企业就有可能在非常时期获得宝贵的喘息之机，避免由此引发的经营风险。

②增强企业创新能力。在当今高度竞争的市场环境中,创新是企业保持竞争优势的基础和根本动力。由于知识经济时代的到来,一方面,新产品、新技术的生命周期日益缩短,市场要求的创新频率在不断加快,另一方面,新产品的开发与应用所需的投资日益增大。在这种情况下,依靠传统企业闭门造车的方式从事创新活动已远远不能满足企业和市场的要求。企业只有在充分发挥其自身创造能力的同时,积极与外界合作,才能不断地创新与发展,例如,建立在信任基础上的与合作伙伴和供应商保持良好的、积极的关系就是推动企业创新的重要动力。

③积累企业声誉资本。声誉资本是决定企业成功与否的重要因素之一。近年来美国一些诸如默克、时代华纳等的知名大公司纷纷传出业绩造假丑闻,导致公司的股价大跌。这些例子都说明声誉对企业的影响日趋重要。随着网络的日渐普及,媒体对企业声誉的影响力也在不断加强,培育企业良好的声誉资本变得越来越紧迫,而企业社会资本的培育就有助于企业声誉资本的积累。企业社会资本产生于企业社会网络中不同主体间的信任与合作,因此,在企业社会资本的培育过程中,企业也逐渐在网络成员中树立了良好的声誉,并能通过网络向社会传递,最终有助于企业声誉资本的积累。

④增加企业市场机遇。企业的成功有赖于各种重要资源的有效组合,如生产资源、政府行政资源等。企业的社会资本作为一种特殊的资源,可以帮助企业获得所需的各种市场资源,如从网络伙伴那里得到有价值的市场信息,或者建立重要的联系等,促进企业市场份额的扩大和经营绩效的提高。

⑤降低企业交易成本。在市场交易的过程中,由于信息不对称、机会主义行为等原因,不可避免地存在着交易费用。这些交易成本对企业无疑是一种负担,而企业社会资本可以有效地降低交易成本。企业的社会网络建立在信任与合作的基础上,网络中的成员已经培育起良好的伙伴关系,发生在网络中的交易信息不对称的状况较少,机会主义行为发生的概率也较小,由此便降低了相应的交易成本。除此之外,企业社会资本还有助于企业获取更多的市场信息,增加企业的市场机遇,减少企业的搜寻成本。

(3) 企业社会资本与竞争优势。企业社会资本是对社会资本主体的企业化,对企业社会资本的研究主要有两方面,即企业内部社会资本和企业外部社会资本。企业内部社会资本是由企业内部的员工、管理者、部门、团队之间的社会关系网络形成的社会资本,企业外部社会资本是企业在外部关系网络中形成的社会资本。

企业是各种资源(资金资本、人力资本、知识资本、信息等)的集合体,是为了实现一定的目标而形成的一个组织。从企业内部社会资本层次看,企业是一个制度化的组织,个人要进行有效的交流和共享企业内部专业化的技术知识,就必须有一个共同的知识网络。企业内部的社会资本就可以促进这一知识网络的建立,企业内部的社会资本所形成的信任规范、位置、结构等可以提高企业内部信息的交流与传递的效率。从企业外部社会资本层次看,企业处在由无数组织体形成的一个网络中,企业的竞争优势就是企业在这个网络中的位势,这种位势可以分为横向和纵向两种。横向位势指横向企业间的关系,这些企业是在企业的生产经营过程中形成的同等的合作伙伴关系,可以通过社会资本形成某种形式的社会关系，容易将各自拥有的互补资源结合在一起，加速技术、信息、知识的转移与扩散，也有利于降低技术成本和创新风险。纵向位势指企业上下游之间形成的供应链关系，企业通过对供应链上价值链的分析，可以根据自身的资源确定核心能力所在。相关文献研究表明，企业的社会资本具有促进企业内外部的知识信息及其他资源的流动、提高效率、降低成本、促进创新等效果，正是企业社会资本产生的这些效果，提升了企业的竞争优势。

7.2.2 内部控制

1. 内部控制的概念

内部控制是企业发展和组织效率提高的产物，内部控制的内涵和外延都随着企业组织形态进化、社会环境的发展而发生了深刻的变化。参照《企业内部控制基本规范》，可将内部控制理解为，它是一项整体性的工作，是企业的各个成员都应该实施和参与并努力实现本单位的内部控制目标的过程。

（1）明确对内部控制的责任。内部控制的制定与实施不仅仅是领导层的义务，更是每一个员工的职责。明确全民参与的观点，使企业员工主动地维护内控制度，而不仅仅是被动执行。

（2）内部控制应贯穿在企业经营管理过程之中。企业的经营过程是指通过规划、执行与监督等基本的管理过程对企业进行管理。作为企业经营的一部分，内部控制绝对不能凌驾于企业正常业务之上，它是为了监督企业生产经营能够按照预期目标有计划地进行，不能取代管理。

（3）内部控制是一个动态机制。正如其他的经营管理活动，内部控制也是一个动态、持续的过程。内控制度制定完成后，实施不是去机械地执行，而是随着企业经营管理环境的变化不断完善，沿着发现问题 – 信息反馈 – 解决问题 – 效果评估 – 逐步修正的路径循环往复地进行。

（4）以风险为导向。企业管理核心板块之一便是风险防控，因为风险是现代社会中每个企业都会面临与遇到的问题，它通过直接影响企业的稳定性，来区分企业的竞争能力。对此，几乎任何组织单位不论盈利与否，都无法摆脱风险对其各层级的冲击（不论该组织层级合理与否），因此领导者要分层次关注风险状况，并在合理可行的前提下准备有针对性的应对措施。

2. 内部控制的要素

（1）控制环境。控制环境是指所有控制方法与方式得以运行和存在的环境，它是一切内控构成要素中最为基础的部分，包括社会经济形势、国家政治法律、当下会计准则及利益相关方等外部环境，以及企业董事会、所有员工、内审机构及关联组织等内部环境。控制环境对于塑造企业文化、提供纪律约束机制和影响员工控制意识有重要的作用，是其他一切要素的核心。

（2）风险评估。风险评估指企业在生产经营过程中及时识别和系统科学地分析生产经营活动中影响企业内控目标实现的相关风险，合理判断和确定风险并积极采取应对策略的企业内控管理过程，包括风险识别和风险分析两大板块，以及目标设定、风险识别、风险分析和风险应对四个步骤。存在于企业的风险可能来自企业内部，也可能来自企业外部。企业要分类管理风险及应对风险应采用的措施，因为风险是有可控和不可控之分的。企业还要在可控、可承受风险中进行分级，并相应地进行分级评估，以便于企业针对不同级次采取不同处理方法和应对方案。

（3）控制活动。控制活动是为了合理地保证经营管理目标的实现，指导员工执行管理指令，管理和化解风险而采取的政策和程序，包括高层检查、直接管理、信息加工、实物控制、确定指标、职责分离等。企业各部门与各级员工均会有不同的控制活动，例如核准、授权、查证、评估等，主要的控制措施有不相容职务分离控制、财产保护控制、绩效考评控制等。不同性质、规模的企业，其控制活动也会有所不同。控制活动是有不同层级的，这些层级是根据企业的组织结构及内控状况进行划分的。控制活动是靠内部员工来实现的，因此要合理安排人员，保证执行者的权责分离，尽可能避免利益冲突。

（4）信息和沟通。信息和沟通是指企业及时、准确地收集和传递与内部控制相关的有效性信息，并确保信息在企业内部以及企业与外部之间进行及时而有效沟通的企业内控管理过程，它主要包括信息质量、沟通制度、信息系统、反舞弊机制等。信息与沟通存在于内部控制的各个阶段与各个方面，管理者与执行者都需要用它来监督整个体系的运转，进而及时地设计并调整运行，从而为内控提供保障。企业要对获取的信息进行甄别分类，建立起信息沟通制度，将所有内外部信息按照管理职责与权限对相关单位进行传达。

（5）监督。监督指的是企业自行对内部控制的建立与执行状况的真实性和合理性进行监督检查，并科学认真地评估内部控制的有效性，一旦发现企业的内部控制存在缺陷，及时做出相关处理并加以改进和完善的企业内控管理过程。它包括不间断的监察与无偏私的评估，二者相互独立却又相互支撑。要实现不间断的监察就需要将监督落实到生产经营过程中，形成一定的制度与习惯。无偏私的评估的实现取决于制度设立的有效性，能使内部控制情况自下而上地进行反映。

以上五个要素通过相互独立的运作实施与相互配合的共同运作打造了完整的内部控制体系，进而对企业产生重要的影响与意义。其中，控制环境是基础性的因素，任何其他行为都是始于环境且基于环境；风险评估是任何行为的出发点，帮助企业意识到风险的存在进而开始控制行为；控制活动是核心，只有将各种活动落到实处才能达到真正想要的目标及效果；信息和沟通是有效的保障机制，时刻确保一切活动朝着计划的方向发展；监督的存在保证了内控是一个循环的环形机制。

3. 内部控制活动

内部控制活动是指企业根据风险应对策略，采用相应的控制措施，将风险控制在可承受范围之内，是实施内部控制的具体方式。常见的控制措施有：不相容职务分离控制、授权审批控制、会计系统控制、财产保护控制、预算控制、运营分析控制和绩效考评控制等。企业应当结合风险评估结果，通过手工控制与自动控制、预防性控制与检查性控制相结合的方法，运用相应的控制措施，将风险控制在可承受范围之内。

（1）不相容职务分离控制。所谓不相容职务，是指那些如果由一个人担任既可能发生错误和舞弊行为，又可能掩盖其错误和舞弊行为的职务。

（2）授权审批控制。授权审批是指企业在办理各项经济业务时，必须经过规定程序的授权批准。授权审批控制要求企业根据常规授权和特别授权的规定，明确各岗位办理业务和事项的权限范围、审批程序和相应责任。

（3）会计系统控制。作为一个信息系统，会计对内能向管理层提供经营管理的诸多信息，对外可以向投资者、债权人等提供用于投资等决策的信息。会计系统控制主要是通过对会计主体所发生的各项能用货币计量的经济业务的记录、归集、分类、编报等进行控制。

（4）财产保护控制。财产保护控制是指为了确保企业财产物资的安全和完整所采用的各种方法和措施。财产是企业资金、财物及民事权利义务的总和，按是否具有实物形态，分为有形财产（如资金、财物）和无形财产（如著作权、发明权），按民事权利义务，分为积极财产（如金钱、财物及各种权益）和消极财产（如债务）。财产是企业开展各项生产经营活动的物质基础，企业应采取有效措施，加强对企业财产物资的保护。

（5）预算控制。预算是企业对未来一定时期内经营、资本、财务等各方面的收入、支出、现金流的总体计划。预算控制是内部控制中使用得较为广泛的一种控制措施。通过预算控制，将企业的经营目标转化为各个部门、各个岗位乃至个人的具体行为目标。预算控制作为各个责任单位的约束条件，能够从根本上保证企业经营目标的实现。

（6）运营分析控制。运营分析，曾被称为经营分析，但实际上运营活动是比经营活动范畴更广，更能够全面涵盖企业活动的提法。运营分析是对企业内部各项业务、各类机构的运行情况进行独立分析或综合分析，进而掌握企业运营效率和效果的情况，为持续的优化调整奠定基础的过程。企业运营分析的方法包括定性分析法和定量分析法。定性分析法有专家建议法、专家会议法、主观概率法和德尔菲法。定量分析法有对比分析法、趋势分析法、因素分析法和比率分析法。运营分析控制要求企业建立运营情况分析制度，综合运用生产、购销、投资、筹资、财务等方面的信息，通过各种分析方法，定期开展运营情况分析，发现运营中存在的问题，及时查明原因并加以改进。

（7）绩效考评控制。绩效考评是对企业及个人占有、使用、管理与配置企业经济资源的效果的评价。绩效考评是一个过程，即首先明确企业要做什么（目标和计划），然后找到衡量工作做得好坏的标准并进行监测（构建指标体系并进行监测），发现做得好的（绩效考核），进行奖励（激励机制），使其继续保持或做得更好，进而完成更高的目标。更为重要的是，发现不好的地方，要通过分析找到问题所在，进行改正，使工作做得更好（绩效改进）。这个过程就是绩效考评的过程。企业为了完成这个管理过程而构建起来的管理体系，就是绩效考评体系。

7.2.3 管理者控制

1. 管理者控制的问题

(1) 代理风险与内部人控制现象。现代企业活动的本质就是一种"委托－代理"关系。企业股东作为所有者是企业活动的委托人，管理者则是代理人。代理人是自利的"经济人"，具有不同于公司所有者的目标，具有机会主义的倾向。于是，企业管理人员可能会背离所有者的目标，产生代理风险。常见的代理风险表现为：①管理者通过使用私立账户、造假账、违反规定报销等手段，挪用公司资金，贪污企业资产；②管理者在产品定价、产品销售、原材料和机器设备采购、选择供应商和销售商、投资及融资等方面损害企业利益，自己收取回扣，出卖公司经济技术情报，收取贿赂；③管理者挥霍公款，过度职务消费；④管理者工作不努力，决策不负责，盲目冒险，投机经营，行为短期化，为了个人收入最大化，不惜运用其掌握的经营决策权力，追求企业短期利润最大化，忽视甚至损害企业的长远发展；⑤代理人为了提高社会地位片面追求企业规模扩张。

代理风险的根源有：①"委托－代理"过程中双方利益不一致。各自追求的目标有差异，行为的动机或激励不统一。②责任不对等。企业的代理人掌握着企业的经营控制权，但不承担盈亏责任，企业的委托人失去了企业经营控制权，但最终承担盈亏责任。这种责任的不对等，极大地削弱了对代理人的制约，增加了决策失误的危险性。③信息不对称。委托人不直接从事生产经营，不可能像代理人那样掌握企业生产经营的信息。④契约不完全。企业"委托－代理"关系是一种契约关系，委托人能否通过签订一份完善的合同，有效约束代理人的行为，维护自己的利益不受代理人的侵犯呢？这是不可能的。因为世界上没有完美无缺、无所不包、无所不能的契约，由于企业经营的不确定性、信息的局限性，合同总会有漏洞，有考虑不周、估计不到的地方。而且，如果合同把什么都规定死了，代理人也就无法自主经营，实际上也就不是真正的"委托－代理"制了。

(2) 公司治理结构与基本模式。内部人控制是指公司高层管理者事实上或依法掌握公司的剩余控制权，以使其利益在公司决策中得到充分的体现，从而损害所有者利益的行为。公司治理结构是有关所有者、董事会、高级执行人员、高级管理者及其他利益相关者之间权力分配和制衡关系的一种制度安排，表现为明确界定股东大会、董事会、监事会和管理人员职责与功能的一种企业组织结构。公司治理结构的模式有市场导向型和网络导向型两种。但无论什么模式都难以绕过内部人控制。现实中要建构有效的公司治理结构是件很困难的事。这主要是因为经营活动的风险性决定了必然赋予管理者相当程度的随机处置权，使他们能灵活机动地处理和调整企业的经营活动。随机处置权的赋予必然构成对管理者控制的障碍。在企业战略经营方向和内容的调整上，管理者日常运用的随机处置权会引起积累性效应，积小权成大权，使得公司战略性决策必然依赖于企业日常经营管理。此外，企业所有者对管理者有着职位上的依赖，管理者可以给他们带来经济上的报酬，但企业所有者却难以改变管理者的报酬水平或剥夺其职务，因为这往往取决于企业的规模、企业管理者市场的供求状况、管理者知识和能力的异质性程度等多种因素。

2. 管理者控制的有效途径

如果市场竞争是充分的，那么市场竞争机制就是一种对管理者控制的有效机制。市场竞争对企业管理者的控制主要通过两方面来实现：一方面，市场竞争能够在一定程度上揭示有关企业管理者能力和努力程度的信息，而这些信息原本是企业管理者的私人信息。市场竞争这种信息显示机制为企业管理者报酬机制、控制权机制和声誉机制作用的发挥提供了信息基础。另一方面，市场竞争的优胜劣汰机制对企业管理者的控制权形成一种威胁，低能力或低努力程度的企业管理者随时都有可能被淘汰，而战胜对手、寻求自我价值的实现是企业管理者激励力量的来源。对管理者行为的市场竞争约束涉及企业管理者市场、资本市场和产品市场。

（1）企业管理者市场能够造成管理者之间的竞争，使管理者始终保持生存危机感，并在很大程度上显示出经营者的能力和努力程度。

（2）资本市场的约束机理一方面表现为股票价值对企业管理者业绩的显示，另一方面则直接表现为兼并、收购或恶意接管等资本市场运作对经营者控制权的威胁。企业资本结构的变化，尤其是以破产程度为依托的负债的增加会在一定程度上有效约束经营者的机会主义行为。

（3）产品市场的约束机理在于来自产品市场的利润、市场占有率等指标在一定程度上显示了企业管理者的经营业绩，产品市场的激烈竞争所带来的破产威胁会制约经营者的偷懒行为。市场机制的局限是它假设了充分竞争的存在。在垄断的产品市场上，企业得不到有关竞争者的利润等方面的信息。资本市场的存在在一定程度上会产生降低长期投资积极性、破坏管理者职位稳定性的结果。

7.2.4 组织绩效评价

组织绩效评价是一种结果控制方式，包括组织外部绩效评价与组织内部绩效评价两种。组织外部绩效评价包括社会与政府等对组织（例如对国有企业）的绩效评价，主要是对企业家或企业主要负责人的结果控制，目前已建立相关的标准，例如中华人民共和国财政部（以下简称财政部）颁布的《企业效绩评价操作细则（修订）》《金融企业绩效评价办法》《金融类国有及国有控股企业绩效评价实施细则》，国务院国有资产监督管理委员会（以下简称国资委）颁布的《中央企业综合绩效评价管理暂行办法》等。组织内部绩效评价是对组织内所有团队、部门、岗位或个体进行的结果控制。接下来将具体介绍组织内部绩效评价的内容和方法。

1. 组织内部绩效评价的内容

绩效评价不应该被错误地认为是一年一次的形式化填表工作，但可以简单地概括为"管理者和员工就工作目标与如何实现目标达成共识"的过程。企业管理者把绩效评价定义为一种衡量、评价、影响员工工作表现的正式系统,以此来揭示员工工作的有效性及其未来工作的潜能,从而使员工本身、组织乃至社会都受益。从这一角度来说,绩效评价是组织人力资源管理当中的重中之重,更是组织发展中的一把不可或缺的"双刃剑"。

绩效评价的内容直接关系到绩效评价方法的选择问题,绩效评价的内容也就是绩效的内容。绩效可以简单地归纳为组织内的团队、部门与员工在一定时间与条件下完成某个任务所取得的业绩、成效、效果、效率和效益。在实际工作中,绩效的表现形式多种多样,但最后都可以归结为任务完成情况、工作效率和工作效益三个方面。任务的完成情况涉及员工在特定时间内任务完成的质量和数量;工作效率是员工在工作过程中对企业及自身资源的利用效率,企业资源包括时间资源、物质资源、资金、设备、信息知识资源及人力资源等,自身资源包括员工自身的工作方式、工作能力及工作态度等;工作效益是员工的工作给企业创造的经济价值,经济价值包括直接经济价值和间接经济价值,间接经济价值包括对企业整体工作效率的改善,以及对企业未来发展的良性影响等。

| 管理聚焦 7-3 |

白熊和灰熊喜食蜂蜜,都以养蜂为生。它们都有一个蜂箱,养着一样多的蜜蜂。有一天,它们决定比赛看谁的蜜蜂产的蜂蜜多。

白熊认为,蜜蜂每天对花的"访问量"决定了蜂蜜的产量。因此,它购买了一套昂贵的绩效管理系统来衡量蜜蜂的来访。在白熊看来,蜜蜂接触的花的数量就是其工作量。每个季度结束后,白熊就告示每只蜜蜂它们的工作量。同时,白熊还设置了奖励制度,奖励"访问量"最高的蜜蜂。但它从不告知蜜蜂们,它是在与灰熊比赛,它只是让它的蜜蜂比赛访问量。

灰熊和白熊想的不一样。灰熊认为蜜蜂能产多少蜂蜜,关键在于它们每天可以采回多少花蜜,花蜜越多,酿出的蜂蜜也越多。所以它直接告诉它的蜜蜂:它正在和白熊比赛,看看谁的蜜蜂生产的蜂蜜更多。它花了很少的钱购买了一套绩效管理系统,系统会每天测量每只蜜蜂采回花蜜的数量和整个蜂箱每天酿出蜂蜜的数量,并公布测量结果。它也建立了一个奖励制度,奖励当月采回花蜜最多的蜜蜂。如果一个月内的蜂蜜总产量高于上个月,那么所有蜜蜂都会得到不同程度的奖赏。

一年过去了,两只熊查看最后的比赛结果,白熊的蜂蜜不及灰熊的一半。

为什么白熊的蜂蜜不及灰熊的一半?灰熊与白熊的管理方法有什么不同?这个故事对你有什么启发?

2. 组织内部绩效评价的方法

组织内部绩效评价的方法很多,本书只简单介绍 MBO 导向的绩效管理、关键绩效指标、平衡计分卡和 360 度反馈评价。

(1) MBO 导向的绩效管理。目标管理(management by objective,MBO)导向的绩效管理,就是通过对实现企业目标的关键性指标的选择,将考评过程与管理过程相统一,在对关键环节实施管理和控制的基础上，利用绩效管理机制充分调动员工的积极性和创造性，激发企业内部组织的经营活力，从而实现组织内管理和经营的统一。

这种方法的优点在于，MBO 导向的绩效管理是将绩效考评与目标管理过程融为一体的一种绩效管理方法，在目标管理的计划、执行、检查和反馈中，进行绩效管理的计划、指导、考评和激励过程，并形成一个完整的闭环。在对关键环节进行控制和管理的基础上，充分发挥牵引和激励作用，提高组织的经营活力，实现管理和经营的统一。

其缺点有：①制订各个部门、各个岗位工作计划需要花费管理者和员工大量的时间和精力；②它在企业制度上有严格的要求，要求企业员工有为实现企业目标做贡献的意愿，并要求在此基础上建立制度和程序，以保证 MBO 导向的绩效评价制度的连续性和规范性；③对企业队伍的素质要求高，需要企业人员具备较高的个人素质和学习能力，具备良好的团队合作意识。

（2）关键绩效指标。关键绩效指标（key performance indication，KPI）是通过对组织内部某个流程的输入端、输出端的关键参数进行设置、取样、计算、分析，以衡量流程绩效的一种目标式量化管理指标，是把企业的战略目标分解为可运作的愿景目标的工具，是企业绩效管理系统的基础。KPI 是现代企业中受到普遍重视的业绩考评方法。KPI 的精髓，或者说对绩效管理的最大贡献，就是它指出了企业业绩指标的设置必须与企业的战略挂钩。"关键"两字的含义是指在某个阶段一个企业在战略上要解决的最主要的问题。

关键绩效指标的主要优点有：①避免了因战略目标本身的整体性和沟通风险而造成的传递困难，为各级管理者提供了客观的标准和角度，帮助他们制定基于战略和支持战略的各级目标；②使各级管理者意识到自身和本部门在组织战略实现中的位置和职责，这有助于打破部门本位主义，使管理者从整个组织的角度正确看待自己。

关键绩效指标的主要缺点有：①虽然它正确地强调了战略的成功实施必须有一套与战略实施紧密相关的关键业绩指标来保证，但没有进一步将绩效目标分解到企业的基层管理及操作人员的层面；②它也没能提供一套完整的对操作具有指导意义的指标框架体系。

（3）平衡计分卡。平衡计分卡（balanced score card，BSC）是围绕企业的长远规划，建立的由与企业目标紧密联系、体现企业成功的关键因素的财务指标和非财务指标组成的业绩衡量系统。这个系统有助于企业实现战略目标，帮助企业去寻找成功的关键因素，建立综合衡量的指标，从而促成企业竞争的成功和战略目标的实现。平衡计分卡作为一种战略绩效管理及评价工具，主要从四个角度来衡量企业绩效。

①财务角度：企业经营的直接目的和结果是为股东创造价值。尽管由于企业战略的不同，企业在长期或短期对于利润的要求会有所差异，但毫无疑问，从长远的角度来看，利润始终是企业追求的最终目标。

②客户角度：在现今这个客户至上的年代，如何向客户提供所需的产品和服务，从而满足客户需要，提高企业竞争力，已经成为企业能否获得可持续性发展的关键。客户角度正是从质量、性能、服务等方面来考验企业的表现。

③内部流程角度：企业是否建立起合适的组织、流程、管理机制，在这些方面存在哪些优势和不足。

④学习与创新角度：企业的成长与员工和企业能力素质的提高息息相关，而从长远角度来看，企业唯有不断学习与创新，才能实现长远的发展。

平衡计分卡的优点有以下几点。

①财务与非财务指标的平衡。平衡计分卡既包括了营业收入、利润等财务指标，又包括了如客户保持率、员工满意度等非财务指标。

②结果指标与动因指标的平衡。例如，客户满意度指标能够促使企业扩大销售，从而提高企业的利润。在这里，利润是一种结果指标，而客户满意度指标就是它的动因指标。

③长期与短期的平衡。平衡计分卡既包括了成本、利润等短期指标，又包括了客户满意度、员工满意度等长期指标。

④外部评价指标与内部评价指标的平衡。例如，客户满意度指标是外部评价指标，而培训合格率、培训次数等是内部评价指标。

⑤客观评价指标与主观评价指标的平衡。例如，利润、投资回报率等是客观指标，而客户满意度、员工满意度等则是主观指标。

⑥各衡量角度之间贯穿因果关系。在一个结构合理的平衡计分卡中，四个角度的目标和衡量指标既保持一致又互为因果，彼此之间存在紧密的因果关系，系统地传达企业的策略。

平衡计分卡的缺点如下。

①平衡计分卡的优秀增加了使用它的难度。引用一位使用平衡计分卡失败的人力资源专员的话，那些"没有明确的组织战略、高层管理者缺乏分解和沟通战略的能力与意愿、中高层管理者缺乏指标创新的能力和意愿"的组织不适合使用平衡计分卡。

②平衡计分卡的工作量极大。除了要对战略具有深刻理解外，还需要消耗大量精力和时间把它分解到部门，并找出恰当的指标。而落实到最后，指标可能多达15～20个，这在考核与数据收集时，也是一个不轻的负担。

③不适用于个人。并不是说平衡计分卡不能分解到个人，而是对于成本和收益，没有必要把它分解到个人。对个人而言，绩效考核要易于理解，易于操作，易于管理。而平衡计分卡不具备这些特点。在平衡记分卡这个体系内，不同企业可根据不同情况设计不同的评价指标。而且评价指标体系要能够体现企业在这一时期的经营目标、战略选择、技术特征和企业文化等方面的特征。

（4）360度反馈评价。360度反馈评价最早是由被誉为"美国力量象征"的典范企业英特尔提出并加以实施的。它是指从员工自己、上司、同事、下属、顾客等各个角度全方位地了解个人绩效、沟通技巧、人际关系、领导能力、行政能力等。通过这种理想的绩效评估，被评估者不仅可以从自己、上司、下属、同事甚至顾客处获得多种角度的反馈，也可以从这些不同的反馈中清楚地知道自己的不足、长处与发展需要，使以后的职业发展更为顺畅。

360 度反馈评价的优点包括：

- 公司中越来越多的工作是由团队而不是由个人完成的，个体更多地服从领导小组的管理，而不是单个领导的管理；
- 360 度反馈可以使员工对自己如何被管理和对待施加一定的影响，而不是完全被动；
- 360 度反馈更加全面客观地反映了员工的贡献、长处和发展的需要；
- 通过强调团队和顾客，推动全面的质量管理；
- 从员工周围的人那里获取反馈信息，可以增强员工的自我发展意识；
- 综合性强，因为它集中了多个角度的反馈信息，可以减少偏见对考核结果的影响，信息质量可靠。

360 度反馈评价的缺点包括：员工可能会相互串通起来集体作弊；来自不同方面的意见可能会发生冲突；信息量大，统计工作量大，分析困难。

7.3 控制的方法与手段

组织管理实践中有着多种控制方法，管理人员除了利用现场巡视、监督或分析下属依循组织路线传送的工作报告等手段进行控制外，还经常借助预算控制、库存控制、质量控制、管理信息控制、财务控制、比率控制、审计控制、标杆控制和程序控制等方法。

7.3.1 预算控制

在管理控制中使用最广泛的一种控制方法就是预算控制。预算是以数量形式表示的计划。预算的编制是作为计划过程的一部分开始的，而预算本身又是计划过程的终点，是一种转化为控制标准的数量化的计划。我国与西方国家所用的"预算"概念，在含义上有所不同。在我国，"预算"一般是指经法定程序批准的政府部门、事业单位和企业在一定期间的收支预计，而西方国家的预算概念则是指计划的数量说明，不仅包括金额方面的反映。预算控制最清楚地表明了计划与控制的紧密联系。在许多组织中，预算编制工作往往被简化为一种在过去基础上的外推和追加数量的过程，而预算审批则更简单，甚至不加研究调查，仅以主观想象为根据任意削减预算，从而使得预算完全失去了应有的控制作用，偏离了其基本目的。正是由于存在这种不正常的现象，所以只有促使新的预算方法发展起来，才能使预算这种传统的控制方法恢复活力。

1. 预算的性质与作用

预算就是用数字编制未来某个时期的计划，也就是用财务数字或非财务数字来表明预期的结果。这表明：

（1）预算是一种计划。编制预算的工作是一种计划工作。预算的内容可以概括为：

①"多少"——为实现计划目标的各种管理工作的收入（或产出）与支出（或投入）各是多少；②"为什么"——为什么必须收入（或产出）这么多数量，以及为什么需要支出（或投入）这么多数量；③"何时"——什么时候实现收入（或产出）以及什么时候支出（或投入），必须使得收入与支出取得平衡。

（2）预算是一种预测。它是对未来一段时期内的收支情况的预计。作为一种预测，预算数字的方法有统计方法、经验方法和工程方法。

（3）预算主要是一种控制手段。编制预算实际上就是控制过程的第二步——设定业务标准。由于预算是以数量化的方式来表明管理工作的标准，因此本身就具有可考核性，有利于根据标准来衡量实际成效（控制过程的第三步），鉴别并分析偏差（控制过程的第四步），并采取纠正措施（控制过程的第五步），消除偏差。无疑，编制预算能使确定目标和拟定标准的计划得到改进。但是，预算的最大价值其实在于它对改进协调和控制的贡献。当为组织的各个职能部门都编制了预算时，也就为协调组织的活动提供了基础。同时，由于对预期结果的偏离将更容易被查明和评定，预算也为控制中的纠正措施奠定了基础。所以，预算可以帮助改进计划和协调，并为控制提供基础，这正是编制预算的基本目的。

2. 预算控制的形式与手段

（1）预算控制的形式。预算控制的形式可以根据以下内容进行划分。

①根据时间可分为静态预算与弹性预算。静态预算是指为特定的作业水平编制的预算。弹性预算是指在成本按性质分类的基础上，以业务量、成本和利润之间的相互关系为依据，按照预算期内可能实现的各种业务水平编制的有伸缩性的预算。

②根据基准可分为增量预算与零基预算。增量预算又称基线预算，是以上一年度的实际发生数为基础，再结合预算期的具体情况加以调整，很少考虑某项费用是否必须发生，或其预算额有没有必要这么大。零基预算不受前一年度预算水平的影响。它对现有的各项作业进行分析，根据其对组织的需要和用途，决定作业的取舍，根据未来一定期间生产经营活动的需要和各项业务的轻重缓急，对每项费用进行成本－效益分析和评定分级，从而确定其开支的必要性、合理性和优先顺序，并依据企业现有资金的实际可能，在预算中对各个项目进行综合性费用预算。

（2）预算控制的内容。预算控制的结果最终是以一整套预计的财务报表和其他附表呈现出来的。按照不同的内容，可以将预算控制分为经营预算、投资预算和财务预算三大类。

①经营预算。经营预算是指针对企业日常发生的各项基本活动的预算。它主要包括销售预算、生产预算、直接材料采购预算、直接人工预算、制造费用预算、单位生产成本预算、推销及管理费用预算等。

②投资预算。投资预算是对企业的固定资产的购置、扩建、改造、更新等，在可行性研究的基础上编制的预算。它具体反映在何时进行投资、投资多少、资金从何处取得、

何时可获得收益、每年的现金净流量为多少、需要多少时间回收全部投资等。由于投资的资金来源往往是任何企业的限定因素之一，而对厂房和设备等固定资产的投资又往往需要很长时间才能回收，因此，投资预算应当力求和企业的战略以及长期计划紧密联系在一起。

③财务预算。财务预算是指企业在计划期内反映有关预计现金收支、经营成果和财务状况的预算。它主要包括现金预算、收益预算、资产负债预算。必须指出的是，前述的各种经营预算和投资预算中的资料，都可以折算成金额反映在财务预算内。这样，财务预算就成了各项经营业务和投资的整体计划，也称为"总预算"。

3. 预算控制的风险

预算工作中存在着一些使预算控制失效的危险倾向。

（1）预算过于烦琐带来的风险：由于对极细微的支出也做了详细的规定，因此主管人员管理自己部门的必要自由就丧失了。所以，预算究竟应当细微到什么程度，必须联系授权的程度进行认真酌定。过细过繁的预算等于使授权名存实亡。

（2）让预算目标取代组织目标带来的风险，即发生目标置换的风险：在这种情况下，主管人员只是热衷于使自己部门的费用尽量不超过预算的规定，却忘记了自己的首要职责是千方百计地去实现企业的目标。例如，某个企业的销售部门为了不突破产品样本的印刷费预算，在全国的订货会上只向部分参加单位提供了产品样本，因此丧失了大量的潜在用户，失去了可能的订单。

7.3.2 生产过程控制

生产过程控制是生产系统的主要组成部分。生产过程控制的目标是以最低成本及时生产出数量和质量都符合要求的产品。生产过程控制中一个最基本的活动就是在生产过程中监督和指导员工。生产过程控制包括根据订单计划生产批量、安排产品的生产顺序、进行生产监督直到产品生产完成以及协助管理控制的执行。

随着现代技术的快速发展，生产计划和控制集成了一个系统。计划部分就是生产路径设计、作业计划和生产指令。在生产路径设计中，需要确定生产作业的具体顺序，即从接受原材料一直到产品生产的完成这一生产过程的路径。作业计划指的是在生产过程中作业的时间安排，即开始生产的时间、完成生产的时间，以及在开始和完成之间的各种作业的开始时间和完成时间。生产指令并不只是简单发布开始生产的命令，它还包括从销售部门得到顾客订单到对生产部门的要求之间的一系列转换过程。

控制部分包括按要求进行生产。这些生产活动包括生产订单的实际发放、跟踪生产进度和采取纠偏措施。这些活动又被称为调度、控制和纠偏措施。调度是将实际工作任务单派发给员工，准许他们开始工作。控制活动是与调度紧密相连的，包括跟踪观察生产作业的准备（如原材料和零件的供应、工具分派等）、生产过程（开始和完成时间、数量、工作流等）、进度报告、向管理高层汇报任何相对于标准和计划的显著偏差。在出现偏差时,遵照高层管理者的建议,采取相应的纠偏措施。

一些生产控制工具,诸如甘特图、计划评审技术、关键路径法都被广泛应用于生产过程控制。甘特图是以图的形式来说明生产作业计划和对各类生产部门或机器设备工作的控制。从这些图中,可以很容易地看出哪个部门或机器是按照作业计划工作的,哪些是落后于作业计划的。计划评审技术是以箭头描绘的图形来表示各类活动及其之间的联系、活动占用的时间和成本。该图有助于确定关键路径,从而更有效地完成目标。

下面简单介绍与投入活动相关的库存控制方法,以及与产出相关的质量控制方法。

1. 库存控制

对库存的控制主要是为了减少库存,降低各种占用,提高经济效益。管理人员使用经济订购批量(economic order quantity,EOQ)模型计算最优订购批量,使所有费用达到最小。这个模型考虑三种成本:一是订购成本,即每次订货所需的费用(包括通信、文件处理、差旅、行政管理费用等);二是保管成本,即储存原材料或零部件所需的费用(包括库存、保险、折旧等费用);三是总成本,即订购成本和保管成本之和。当企业在一定期间内的总需求量或总订购量一定时,若每次订购的量越大,则所需的订购次数就越少,若每次订购的量越小,则所需的订购次数越多。对第一种情况而言,订购成本较低,但保管成本较高;对第二种情况而言,订购成本较高,但保管成本较低。通过经济订货批量模型,可以计算出订购量为多少时,总成本(订购成本和保管成本之和)最小。图 7-3 为经济订购批量示意图。

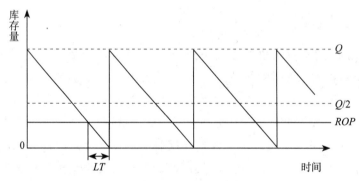

图 7-3　经济订货批量下的库存变化量

经济订货批量模型的库存成本项目包括:①订货次数 $=D/Q$;②订货费用 $=S(D/Q)$;③平均库存 $=Q/2$;④平均库存费用 $=H(Q/2)$;⑤库存物料成本 $=Dp$。其中,D 表示年需求量;S 表示单位订货费或调整准备费(元/次);Q 表示一次订货量;H 表示单位维持库存费用(元/件),$H=ph$,p 为单价,h 为资金效果系数。

从图 7-3 中可以看出,系统中最大库存量为 Q,最小库存量为 0,不存在缺货。当库存量下降到再订货点 ROP 时,就按照固定订货量 Q 发出订货。经过订货提前期 LT,库存量下降为 0,此时新货刚好到库,库存立即上升到 Q。

在 EOQ 模型中，C_S 为零，C_P 与订货量大小无关，故：$C_T=C_H+C_R+C_P=H(Q/2)+S(D/Q)+Dp$。

式中，C_T 表示年库存总费用，C_H 表示维持库存费用，C_R 表示补充订货费用，C_P 表示购买加工费，C_S 表示缺货损失费。年维持库存费用随订货批量 Q 增加而增加，年订货成本随 Q 增加而下降，而物料成本（采购成本）Dp 是一条水平线。因此年总成本是一条向下凹的曲线。对上式求导可得：$Q=EOQ=\sqrt{\dfrac{2DS}{H}}$。

在最佳订货批量下，再订货点 ROP 的计算：$C_R+C_H=\sqrt{2DSH}$。

不难看出，经济订货批量随单位订货费 S 增加而增加，随单位维持库存费 H 增加而减少。一般而言，价格昂贵的物品通常订货批量小，难以采购的物品订货批量比较大。

【例7-1】已知：年度总需求 $D=12\,000$（只），提前期 $LT=3$（天），订货费用 $S=11$（元/次），单位成本 $C=14$（元），库存维持费用率 $h=24\%$，该公司每周营业 5 天，全年工作 52 周（其中有 6 天节假日不上班），求经济订货批量和再订货点。

解：已知 $H=Ch=14\times24\%=3.36$（元），则经济订购批量：

$$Q=EOQ=\sqrt{\dfrac{2DS}{H}}=280.31（只）\approx 280（只）$$

首先根据题意求出平均每个营业日的需求率 $d=12\,000/(52\times5-6)=47.24$（只/天），又知订货提前期为 3 天，所以再订货点 ROP 为：

$$ROP=LT\times d=3\times47.24=141.72（只）\approx 141（只）$$

因此，经济订购批量为 280 只，再订货点为 141 只。

通常，企业除了最优订购批量外，为了预防万一会保留一个额外的储存量，这个储存量被称为安全库存。日本企业发明了一种准时制库存系统（just-in-time inventory systems，JIT-IS），其目标是实现零库存。它的基本思路是企业不储备原材料，一旦需要时，立即向供应商提出，由供应商保质保量按时送到，保证生产继续进行。

JIT 的具体做法如下：企业收到供应商送来的装有原材料的集装箱，卸下其中的原材料准备用于生产装配，同时把集装箱中的"看板"（日语中为卡片或标牌的意思）交回给供应商，供应商接到"看板"后立即进行生产，并将新生产出来的原材料再送来。如果双方衔接得好，当供应商第二次送来原材料时，上次的原材料应刚好用完。准时制库存系统可以减少库存，降低成本，提高效益。但是，这种方法对供应商提出了很高的要求。供应商必须在规定的时间内，按照规定的质量和数量，将原材料或零部件生产出来，并且准确无误地运输到规定的地点。但是，许多研究指出，准时制库存系统事实上将库存及带来的风险转嫁给了供应商，供应商所能做的是自己消化或再次转嫁给那些为自己供货的供应商。另外，准时制库存系统对企业选择和控制供应商提出了更高的要求。

2. 质量控制

所谓的质量有广义和狭义之分。狭义的质量指产品的质量，而广义的质量除了涵盖产品质量外，还包括工作质量。产品质量主要指产品的使用价值，即满足消费者需要的功能和性质。这些功能和性质可以具体化为下列五个方面：性能、寿命、安全性、可靠性和经济性。工作质量主要指在生产过程中，围绕保障产品质量而进行的质量管理工作的水平。

迄今为止，质量管理和控制已经经历了三个阶段，即质量检验阶段、统计质量管理阶段和全面质量管理（total quality management，TQM）阶段。质量检验阶段出现在20世纪20～40年代，工作重点在产品生产出来之后的质量检查上。统计质量管理阶段出现在20世纪四五十年代，管理人员主要采用统计方法作为工具，对生产过程加强控制，提高产品的质量。全面质量管理阶段出现在60年代以后，其主张如图7-4所示。

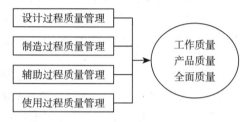

图 7-4　全面质量管理的主张

TQM 推行的关键点在于：

① 永远进取。TQM 认为没有最好，只有更好。

② 提高质量。TQM 采用最广泛的质量定义，它不是只关注最终的产品，而是重视与最终的产品有关的一切。

③ 精确衡量。TQM 运用质量统计方法衡量实际绩效，与标准进行比较，从而纠正偏差。

④ 授权雇员。TQM 主张授权于生产线上的工人和技术管理人员，动员和鼓励他们参与质量管理工作。

全面质量管理是全过程、全面、全阶段的质量控制，全过程质量控制如图7-5所示。

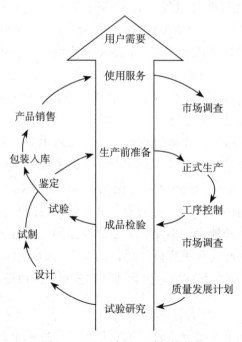

图 7-5　TQM 全过程质量控制图

7.3.3 管理信息控制

随着信息时代的到来,信息在管理控制中发挥的作用越来越大。能否建立有效的管理信息系统,及时有效地收集、处理、传递和使用信息,是衡量管理控制系统的标志之一。管理系统模型表明,沟通对于执行管理职能和将组织与其外部环境联系起来是必不可少的。管理信息系统提供了这种沟通和联系,使得管理职能的顺利执行成为可能。

管理信息系统存在于任何一个组织中,这是因为每个组织自身都有一套传输、处理信息的渠道,只不过传统的管理信息系统多是通过手工操作运行的,有一系列的弊端:处理速度缓慢,常常要等到结果出来后经过很长时间才能得到,如用手工编制年度会计报表,有时在次年的三月都做不出来,严重影响了其他工作;不能根据变化迅速调整计划或做出预测结果;不能得到适时信息;查询工作操作不便,如库存情况查询,常常通过盘点才能查清楚;工作程序的不合理和出错率高居不下等,也是手工操作所不能避免的。

现代管理信息系统是计算机技术和管理技术的集成,是根据组织的业务流程和信息需要综合构成的,它以解决组织中面临的问题为目标,使基层办公人员提高工作效率,并能向各级管理部门提供所需的信息,据此做出决策,增强管理人员的决策水平和快速反应能力。高效率的管理信息系统能大量收集、存储相关信息,并根据要求长时间保存;能迅速对信息进行加工,使信息更加精练、准确、集中;能快速传递信息,同时,计算机网络技术的发展使得在线服务和远程控制成为可能。图 7-6 是管理信息系统内部的运行结构。

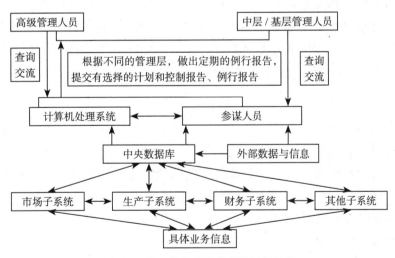

图 7-6 管理信息系统内部的运行结构

现代管理信息系统不仅具有优势,也使管理者的工作发生了一些变化。首先是信息的获得渠道有了变化,管理者可以在信息系统上直接获得大量的第一手信息。根据这些信息能够快速做出决策或改变计划,应变能力增强,控制反馈速度提高。组织的结构可以向扁平化发展，管理层减少，管理幅度加大，同时控制力度却不会削弱。其次，管理者和下属的信息交流渠道也增多了，他们不必事事面对面地交流，汇报和指令都可以通过该系统双向传递，尤其在双方距离较远时，可以节省大量的时间和金钱。当然，建立管理信息系统要有一笔不小的投资，对管理者及员工的计算机操作水平也有一定的要求，这些在初期应加以考虑。

7.3.4 其他控制方法

1. 财务控制

一般来说，财务方面的控制，也就是从财务的角度控制那些直接影响利润和利润率的因素。常用的方法是损益控制法和盈亏平衡分析法。

（1）损益控制法。损益控制法是根据一个企业的损益表，对其经营和管理成效进行控制的方法。损益表提供了企业在一定期间内收入、支出及利润的具体情况，从而有助于从收入和支出方面说明影响企业利润的直接原因。损益控制的实质，是对利润和直接影响利润的因素进行控制。损益控制法要求每个主要单位和部门都要详细列出各自收入和费用，并定期计算损益状况，与预算、上年同期、历史平均水平等进行比较分析，从中发现偏差及产生的原因，采取相应的纠偏措施，保证利润的获得。

一般来说，损益控制法适用于实行分权制或事业部制的企业，它将受控制的单位看作利润中心。同样，那些以职能制和专业化原则组织起来的企业，在其内部各个部门之间也可实行损益控制。

（2）盈亏平衡分析法。盈亏平衡分析也称量本利分析，是根据销量、成本和利润三者之间的相互依赖关系，对企业的盈亏平衡点和盈利情况的变化进行分析的一种方法。盈亏平衡分析在控制工作中的作用主要有：预测实现目标利润的销量；分析各种因素变动对利润的影响；进行成本控制；判断企业经营的安全率。

2. 比率控制

企业中常用的比率有两大类：财务比率和经营比率。财务比率主要用于说明企业的财务状况，经营比率主要用于说明企业经营活动的状况。

企业的财务状况综合地反映了企业生产经营的情况，通过对企业财务状况的分析可以迅速、全面地了解一个企业过去和现在的经营业绩、偿债能力、发展能力、抗风险能力等，预测企业财务状况的变动趋势。

常用的财务比率有四类：

- 反映盈利能力的财务比率，如总资产利润率、资本利润率、销售利润率等；
- 反映偿债能力的财务比率，如自有资本比率、流动比率、速动比率、资产负债率等；
- 反映企业营运能力的财务比率，如总资产周转率、应收账款周转率、存货周转率等；
- 反映发展能力的财务比率，如销售增长率、资本积累率等。

常用的经营比率主要有：①市场占有率。它也称为市场份额，是指企业的某种产品在该种产品的市场销售总额中所占的比重。②相对市场占有率。它包含两种，一种是企业的销量占该企业所在市场中占排名前三的竞争对手的销量总和的百分比，另一种是占最大的公司的销量的百分比。③投入 – 产出比率。比如日（工时）劳动生产率、单位产品原材料消耗率、单位产品工资率等。

3. 审计控制

审计是对会计工作的检查和监督。

（1）外部审计。外部审计是由外部机构选派的审计人员对企业财务报表及其反映的财务状况进行的独立的评估。外部审计实际上是对企业内部虚假、欺骗行为的系统检查。外部审计的目的是检查财务记录的可靠性和真实性。

（2）内部审计。内部审计是提供现有控制程序和方法以有效保证达成既定目标和执行既定政策的手段。内部审计的目的是检查财务计划遵循与否，并提出改进建议。

（3）管理审计。管理审计是对企业所有管理工作及绩效进行的全面系统的审计。

管理审计的内容包括以下几个方面。

- 经济功能：企业对社会的贡献；
- 企业组织结构：组织结构的效率；
- 收入的合理性：盈利在数量和质量上的稳定性；
- 研究与开发：研发新产品和新技术的状况；
- 财务结构：财务结构的合理性；
- 生产效率：产品的质量和数量；
- 销售能力：销售系统和销售人员的能力；
- 管理层：管理人员知识、能力、素质评价。

4. 标杆控制

标杆控制是以在某项指标或某个方面实践上竞争力最强的企业或行业中的领先企业或组织内的某个部门为基准，将本企业或本部门的产品、服务管理措施或相关实践的实际状况与基准进行定量化的比较，在此基础上制定、实施改进的策略和方法，并持续反复进行的一种管理方法。

5. 程序控制

程序是对操作或事务处理流程的一种描述、计划和规定。

企业中常见的程序有：决策程序、投资审批程序、会计核算程序、操作程序、工作程序等。凡是连续进行的、由多道工序组成的、重复发生的管理活动或生产活动，都可以通过制定程序来控制其处理过程。

程序控制应遵循以下原则。

（1）确保程序的计划性。程序实际上就是计划，程序的设计必须考虑到有助于整个企业目标的实现和效率的提高。

（2）把程序作为一个系统。一个程序是包括许多活动的有机过程，在设计程序时，必须将各种程序的重复、交叉和矛盾降到最低。管理者要追求企业整体效益的最优，而不是局部的最优。

（3）使程序精简到最低程度。管理者要在可能得到的效益、必要的灵活性和增加的控制费用之间权衡得失利弊。

（4）程序要有权威性。程序能否发挥作用，一方面取决于它执行得是否严格，另一方面取决于设计得是否合理。

（5）对程序实施进行检查监督。管理者要把程序以手册或其他文字形式分发给必须依此办事的人员，使员工理解为什么这些程序的每个步骤都是必要的，以及设计这些程序要达到的目的，并教会员工如何在程序的指导下工作。通过内部审核等活动，定期检查程序的实施情况，特别是对因违反程序而造成的事故和损失，应认真追究，严肃处理。

7.4 危机与公关管理

现代社会是一个竞争日益激烈的多元化社会，经济生活复杂多变。任何企业都处在风云莫测的环境中，危机从诸多方面影响着企业。因此，作为企业的经营者，不仅要有竞争观念，而且要有危机观念，不仅要有危机管理意识，而且要掌握风险管理的概念与内容，把这些技巧融入日常的职责和行动中去，从而在其企业或自身工作面临危机时，能从容应对，赢得生存的机会。管理者想要有效地对危机进行管理，就必须了解危机的形成过程。危机是由不平衡和混乱状态引发的特殊情况。

7.4.1 危机管理概述

1. 危机的内涵及其特点

危机是指系统内部及系统与外部环境之间的不平衡状态。它的外延是系统内外的各种矛盾关系，当这种矛盾激化时将演化成为恶性突发事件。危机的定义通常包括四层内容：第一，危机是一种事件；第二，危机是一种对组织构成重大威胁和危害的事件，它妨碍组织基本目标的实现；第三，危机是一种突发性的事件，往往出乎组织的预料；第四，危机是一种急迫性的事件，它给予组织决策和回应的时间很短，对组织的管理能力提出了很强的时间性要求。

危机的特点包括以下几个方面。

（1）威胁性。危机最大的共性是它的威胁性，任何危机都会对过去的稳定状态构成一定的威胁，而这种威胁既可能造成对生命和财产安全的威胁，又可能对社会的秩序、稳定造成威胁。例如，企业产品的质量问题是对企业经营的威胁。

（2）破坏性。不论什么性质和规模的危机事件，都必然不同程度地给组织及组织中的个体造成政治、经济和精神上的破坏和损失。危机造成的破坏主要有：人员伤亡、财产损失、声誉损害、公信力下降、忠诚度降低、生产力和竞争力下降、利润和盈利能力下降等。

（3）突发性和急迫性。危机往往是在人们意想不到、没有准备的情况下爆发的，也就是说，在危机发生之前，很少有人意识到会发生危机，这也是一般危机的共性。2001年美国"9·11"事件、2003年发生的"非典"等都是如此。由于危机来得突然，又有很强的冲击力和破坏力，因此往往使人措手不及。如果处理不当可能会给组织带来巨大的破坏，需要公众（或下属）和管理部门及时拿出对策，化解危机，消除影响，减少损失，因此危机又具有紧迫性。

（4）不确定性。不少重大危机在刚开始出现时往往没有多少人去注意它，但最后却会导致意想不到的结局。这表明危机的产生具有不确定性。另外，几乎所有的危机在爆发时，人们都无法获取全面的信息，因此对于危机的性质、危机未来的发展，人们往往不能准确把握，这也使得危机因其不确定性而更具破坏力。

（5）无序性。由于危机的发生是突然的，并且大多是在该组织或某个领域中首次发生的，因此从一开始就表现得难以把握。其无序性表现在两个方面：一方面，因为从未发生过，处理起来无章可循，是非程序化决策的问题；另一方面，随着环境中某些因素的变化而变化，无特定发展方向。

（6）隐蔽性。危机在真正转化为具体事件之前往往已经有苗头潜伏其中，通常也把这种潜伏的危机称为风险。危机的这种隐蔽性特征造成危机难以防范，但另一方面也表明，如果能及时发现并有效地化解风险，就易于将危机消除在萌芽之时。

（7）公开性。在现代社会，大众传播业的发展及其对危机信息的舆论关注程度，加上信息传播渠道的多样化、范围的全球化，使危机情境迅速公开化，成为公众关注的焦点。

（8）扩散性。扩散性是就公共危机影响的过程和波及范围而言的，由于危机的发生和发展具有动态的特点，因此，其影响的过程和危害便常常具有扩散的特点。涟漪反应或连锁反应就是扩散性的例证，一个危机的出现往往会引发一连串危机的产生。

2. 危机管理的含义、特性与基本要素

（1）危机管理的含义。在西方国家的教科书中，通常把危机管理（crisis management）称为危机沟通管理（crisis communication management），原因在于，加强信息的披露与公众的沟通、争取公众的谅解与支持是危机管理的基本对策。危机管理是指企业组织或个人通过危机监测、危机预警、危机决策和危机处理，避免、减少危机产生的危害，甚至将危机转化为机会的管理活动。

危机管理所涉及的主要有五个方面：

- 危机管理者对危机情境防患于未然，并将危机影响最小化。

- 危机管理者未雨绸缪，在危机发生之前就做出响应和恢复计划，对员工实行危机处理培训，并为组织或社区做好准备，以应对未来可能出现的危机及其冲击。
- 在危机情境出现时，危机管理者需要即时出击，在尽可能短的时限内遏制危机。
- 当危机威胁紧逼，冲击在即时，危机管理者需要面面俱到，不能忽视任何一个方面。这意味着此时要使用与危机初始期不尽相同的资源、人力和管理方法。
- 危机过后，管理者需要对恢复和重建实行管理。这也意味着此时使用的资源、人力和管理方法会与危机初期和中期有所不同。

危机管理的本质是危机管理需要一个既权威又民主的决策程序，在此环境中激发出一个富有弹性但又极具力度的决定。在危机发生时，能否临危不乱保持冷静的头脑，是衡量企业领导人素质的一条重要标准。企业领导人的执行是对其下属工作的最好担保，而这种执行源自平时的准备。

危机管理的关键是捕捉先机，在危机危害组织前对其实行控制。制订危机处理计划有助于组织的生存和发展。

（2）危机管理的特性。

①阶段性。企业面临的危机包含了灾难、意外的发生，或是与产品相关的失败等。若没有完整的危机管理计划，一旦发生危机，将对企业造成莫大的伤害。很多企业危机在浮上台面之前，几乎都有些许的征兆出现，让企业经营者有迹可循。危机的爆发一般都会表现阶段性的特征。

②不确定性。危机出现与否和出现的时机是无法完全掌控的。所以，管理层的应变能力和组织的平日危机处理计划与演练，能够降低危机的不确定性对企业带来的影响，协助企业内其他人员积极应对危机的出现。

③时间的急迫性。危机往往突然降临，决策者必须做出快速处置措施与响应。在时间有限的条件下，如何获取所有相关的信息，做出准确的决策以遏制危机的扩大，是企业管理者必须注意的事项。1967年阿波罗宇宙飞船失火，造成三名航天员罹难，1986年挑战者号宇宙飞船爆炸，这些事情发生极为迅速，美国NASA一时之间还不清楚到底出了什么错误导致意外的发生，但各大传媒以及社会大众对于这些意外事件的重视，使得NASA必须立即进行事件调查并对外说明。

④双面效果性。危机不见得必然会危害企业的生存。在危机发生后，其负面影响效力大小也取决于如何去面对危机、处理危机。处理不当就会使企业受到不利影响或因此被淘汰。相反，危机管理得宜将会为企业带来一个新的契机或转机，甚至能够更进一步地提升企业员工的士气。

（3）危机管理的基本要素。危机管理具有两大基本要素：危机预警和危机处理。

①危机预警。最好的危机管理是对危机实行预警，避免危机的发生。危机管理注重的不但包括危机爆发后的各种危害，而且包括爆发前的征兆。危机的爆发对企业的损害是十分巨大的，而且危机对企业的影响只会越来越严重。所以，企业必须建立起健全的

危机预警机制。

②危机处理。第一，危机处理的准备。一旦危机预警不能发挥作用，那么就应该做好准备，实行危机处理。企业应定期或不定期地举行防灾演习，目的就是让员工能够在危机出现时，不至于惊慌失措。第二，危机确认。危机确认包括准确地将危机归类和收集与危机相关的信息，以确认危机水平。企业在危机归类时往往只注意技术层面，而忽视公众的感觉。而往往危机的根源就在于公众的感觉。在危机水平的确认方面应该多收集关于"对公众影响"方面的信息，在危机发生时要听取各种人的看法。第三，危机控制。危机控制需要根据不同的情况确定工作的优先次序，这要求做出一些艰难的决定，并且要迅速。第四，危机解决。在危机解决中，最关键的是速度。如果能即时、有效地化解危机，就能够避免危机给企业造成的损失。

3. 危机预警机制

危机预警是指企业根据外部环境与内部条件的变化，对企业未来的风险实行预测和报警。

（1）企业建立危机预警机制的意义。企业通过危机预警，可增强企业的免疫力、应变力和竞争力，保证企业处变不惊，做到防患于未然。当前市场竞争日趋激烈，企业更需要建立危机预警机制。

（2）预警系统。

①风险及风险评估。企业实行危机预警，最佳的切入点就是风险与风险评估。

第一步，风险分析。实行风险分析一般遵循以下步骤：首先确认风险，确认威胁、危险以及可能出现的问题是什么，其次确认如何才能最好地管理这些风险，最后才开始行动。实行风险分析，必须清楚风险的来源，风险的来源不外乎以下几种：内部来源，如企业内部结构及企业所处的场地；附近来源，如本企业附近的企业；外部来源，如周围社区。企业危机管理者通过风险分析，在企业内制订相对应的措施和计划，把风险从企业的内部向外部转移。

第二步，风险评估。风险评估在优先级的确定方面具有价值。列出以优先级为基础的清单，管理者根据清单在系统中检查薄弱环节，迅速地确定危机造成破坏的地方。通过对风险影响程度的评估，确定区域、建筑、过程、设备和人员配备的等级顺序，从而能够迅速做到：第一，检查什么受到了破坏；第二，提供损失的初步估计及做出反应所需资源的估计；第三，确认不需要考虑的或很少需要考虑的区域。

②企业危机预警信号。绝大多数企业危机的爆发都有一定的征兆，企业的管理层如能即时捕捉到这些信号，就能使企业的运行避开危机。企业的危机预警信号有：销售额与利润、人力资源和客户等。

③危机预警范式。企业危机预警的范式有：行业危机预警企业危机、重大事件预警企业危机和企业危机预警行业危机等。

第一，行业危机预警企业危机。当整个行业发生危机时，企业就很难避免危机，行业危机一般会引发企业危机,每个行业危机都可能成为该行业中的企业的危机预警信号。若不重视行业危机,企业就很难对危机实行预警。

第二,重大事件预警企业危机。重大事件会使整个经济的发展陷入停滞状态,也就一定会给企业以打击。此外,重大事件也会打击消费者和投资人的信心,则企业不但要面对销售额的下降,还要面临企业筹资和融资的难题。当重大事件发生后,企业能做的就是启动危机预警和处理系统,尽量将危机的损害降到最低。

第三,企业危机预警行业危机。当行业中的某个企业陷入危机,也就意味着整个行业有可能会出现危机,从而也可能导致同行业其他企业出现危机,这给同行业其他企业发出信号,提醒它们即时调整公司战略,将危机的损害降至最低或避免危机的发生。

7.4.2 企业危机管理的理论与实践

1. 希斯的 4R 危机管理理论

(1) 4R 危机管理理论的提出。美国危机管理专家罗伯特·希斯(Robert Heath)在《危机管理》一书中率先提出 4R 危机管理理论,包括缩减力(reduction)、预备力(readiness)、反应力(response)、恢复力(recovery)四部分内容。企业管理者需要主动将危机工作任务按 4R 危机管理理论划分为四类,减少危机的攻击力和影响力,使企业做好处理危机的准备,尽力应对已发生的危机,并从中恢复。

| 管理聚焦 7-4 |

从 2004 年 1 月开始,亚洲部分地区暴发禽流感,主要经营炸鸡和鸡肉汉堡的麦当劳连锁店生意每况愈下。麦当劳迅速成立了危机管理小组,起草了《麦当劳有关禽流感问题的媒体 Q&A》《关于麦当劳危机处理的对外答复》《麦当劳有信心有把握为消费者把关》三份文件,并在第一时间提供给媒体。2 月 5 日,中国麦当劳在北京举行了新闻发布会。北京市商务局领导、农业大学营养专家和畜牧业专家应邀到麦当劳店做了示范性品尝。2 月 20 日,麦当劳宣布将于 21 日在北京、上海、广州、深圳、杭州、苏州和无锡 7 个市场上同时推出非鸡肉产品——"鳕鱼汉堡"。麦当劳制订了一系列完善的应急计划,要求供应商的每批供货都要出具由当地动物检疫部门签发的《出县境动物产品检疫合格证明》和《动物及动物产品运载工具消毒证明》,以证明所有的供货来自非疫区且未携带禽流感病毒。

(2) 4R 危机管理理论的内容。

①缩减力。危机缩减管理是危机管理的核心内容。降低风险、减少时间浪费、摊薄不善的资源管理,可以大大缩减危机的发生及冲击力。缩减危机管理策略主要从环境、结构、系统和人员这几个方面去着手。

一是环境。准备就绪状态意味着人们都要做好应对危机的预备工作,因而缩减危机策略能够建立和保证与环境相适宜的报警信号，这些策略也可能会重视改进对环境的管理。

二是结构。缩减危机策略包括保证物归原处，以及保证人员会操作一些设备。在某些时候，还要根据环境需要进行改进。同时，也要保证设备的标签无误，说明书正确且易读易懂。

三是系统。在保证系统位置正确或有所富余的情况下，管理者能够运用缩减危机策略确定哪些防险系统可能失效，并进行相应的修正和强化。

四是人员。当反应和恢复阶段的人员能力强，能够有效控制局面的时候，人员就成为降低危机发生概率和缩减其冲击的一个关键因素。这些能力是通过有效的培训和演习获得的。这些培训能提高人的预见性，让人们熟悉各种危机情况，提高他们有效解决问题的技能。缩减策略还包括建设性地听取汇报，这种汇报是决定如何改进反应和恢复措施，甚至试图找到消除或减少危机之道的一种集思广益的决策方式。

通过以上分析，可以找到贯穿于危机管理的一条主线，即好的管理，尤其是有效的危机管理，是从组织产生时就开始的。这些好的管理包括评估其面临的危机及其可能造成的冲击。危机缩减管理要内置于环境、结构、系统和人员中，与它们浑然一体。一旦环境、结构、系统、人员这个不断更新和变化的过程存在，危机缩减就应该成为这个过程中不可分割的一部分，而且危机缩减管理要成为组织的核心作业。

将以上这些管理活动作为组织持续运转和管理的一部分，有利于组织降低风险和威胁，降低危机冲击所致的成本，提高永续经营、不断繁荣的概率。这是许多企业没有重视的工作，但它却能够极大地降低危机的成本与损失。它包括企业对内部管理和外部环境进行的风险评估，一旦发现某个方面存在风险，就采取有效的方法对其进行管理。同时，企业要努力提高领导和员工的素质，使企业中的每个成员都具有危机管理的意识，使企业即使面对危机，也能把它压制在最小范围内。

②预备力。预警和监视系统在危机管理中是一个整体。它们监视一个特定的环境，从而对每个细节的不良变化都会有所反应，并发出信号给其他系统或负责人。预警系统的功能有：危机始发时能更快反应（不良变化被注意到并传递出去），保护人和财产（通过发布撤离信号和开通收容系统），激活积极反应系统（如抑制系统）。

完善的企业危机预警系统可以很直观地评估和模拟危机可能造成的灾难，以警示相关者做出快速和必要的反应。劳伦斯·巴顿提出了"危机预防和反应：计划模型"。该模型显示出，小组是怎样从评估各种可能影响人员安全和运作的危机开始，继而运用各种技能和资源来降低此类危机发生的概率的。预警系统能够按两个不同的维度分成五类。系统可以分为动态的或静态的、移动的或固定的。第五类是包含以上四类因素的一个集合系统。对于预警的接受和反应，因人而异，这主要取决于每个人的经验和信念以及预警中的内容变化程度，主要参考因素包括信息的清晰度、连贯性、权威性，以及过去预警的权威性、危机或灾难发生的频率。当接受者发现信息清楚明了，多个来源支撑该信息且来源可靠时，他们会快速反应，否则可能会忽视预警或处于等待和进一步观望的状态，这样就有可能失去选择或执行反应的最佳时机。

危机管理经验认为，在被预警的受众人群中，有 20% 的人会做出与预警相悖的选择和反应。这些人有可能是因为未接收到预警，或者喜欢自己亲自证实消息，认为自己比危机预警中的建议懂得更多，或害怕结果等。对于这些人，管理者要采取特别的措施对他们加以控制，并预备一些潜在和必要的施救方案来解决实际危机。

预备管理主要是进行危机的防范工作，企业可挑选各方面的专家，组成危机管理团队，制订危机管理计划，进行日常的危机管理工作。同时，为了能清楚地了解危机爆发前的征兆，企业需要一套完整而有效的危机预警系统。通过训练和演习，使每个员工都掌握一定的危机处理方法，使企业在面对危机时可以从容应对。

③反应力。反应力强调在危机已经来临时，企业应该做出什么样的反应以策略性地解决危机。危机反应管理所涵盖的范围极为广泛，如媒体管理、决策制定、与利益相关者进行沟通等，都属于危机反应管理的范畴。

在反应力这个层面，企业首先要解决的是如何能够获得更多的时间以应对危机；其次是如何能够更多地获得全面真实的信息以便了解危机波及的范围，为危机的顺畅解决提供依据；最后是在危机来临之后，企业如何降低损失，以低的成本将危机消除。

这是企业应对危机时的管理策略，一般可以分为四个步骤：确认危机，隔离危机，处理危机，总结危机。在处理危机时，合理地运用沟通管理、媒体管理、企业形象管理等方法可以收到事半功倍的效果。

④恢复力。一是指在危机发生并得到控制后着手后续形象恢复和提升；二是指在危机管理结束后的总结阶段，为今后的危机管理提供经验和支持，避免重蹈覆辙。危机一旦被控制，迅速挽回危机所造成的损失就上升为危机管理的首要工作了，在进行恢复工作前，企业先要对危机产生的影响和后果进行分析，然后制订出针对性的恢复计划，使企业尽快摆脱危机的阴影，恢复以往的运营状态。同时，企业要抓住危机带来的机遇，进行必要的探索，找到能使企业发展得比危机前更好的方法。

2. 危机管理的 PPRR 模型

（1）什么是 PPRR 理论。PPRR 理论是危机管理中应用比较广泛的理论，是由预防（prevention）、准备（preparation）、反应（response）和恢复（recovery）四个阶段组成的危机管理通用模式。后来，美国国家安全委员会（NSC）将 PPRR 模型修改为：缓和（mitigation）、准备（preparation）、反应（response）、恢复（recovery）。所以这一模型又称 MPRR 模型。

（2）PPRR 模型的步骤与内容。

①预防。高明的危机管理在于危机爆发前就加以预防，任何导致危机的可能性都要予以排除，从而做到防患于未然。预防包括以下几个环节：首先是分析危机的环境，对管理范围内的政治、社会、经济、自然等条件进行评估。其次，找出可能导致危机的关键因素，并尽可能提早加以解决。

②准备。一方面要制订应急计划。提前设想危机可能爆发的方式、规模，并且准备好多套应急方案，一般要以最坏打算为底线。另一方面，建立危机预警机制，依靠这种参照指标来加以检验。这项工作没做好，很可能导致本来程度轻的、局部的危机，改变性质，蔓延为严重的、全局性的危机。

③反应。对危机做出适时的反应是危机管理中最重要的组成部分。防患于未然易说难做，很多事情非人力所能控制。危机一旦发生，就需要注意以下几点。

首先是遏制危机。管理部门要在困难的情况下为决策者提供及时、准确且必要的信息，从而为迅速出击、解决危机创造条件。

其次，要注意隔绝危机，避免其蔓延，将危机限定在一定范围之内。隔绝的一种途径是通过有效的危机反应机制防止危机扩大或扩散。

最后，就是加强媒体管理，防止谣言流传、虚假信息散布影响决策。这要注意与封锁消息、隐瞒信息加以区分。在传统的报纸、杂志、电视、广播等信息传播渠道的基础上，随着网络的扩张，大众传媒在塑造价值观念、强化公众意识、反映和引导社会舆论等诸多方面都发挥着巨大的作用。当今信息技术及传播手段的多元化趋势，正在催生与之相适应的舆论引导方式。

英国危机公关专家里杰斯特提出著名的危机处理 3T 原则：一是以我为主提供情况（tell you own tale）；二是尽快提供情况（tell it fast）；三是提供全部情况（tell it all）。

④恢复。危机过后，需要对恢复或重建进行管理。恢复和重建不仅针对危机中所受到的财产损失，还要关注受害人的精神损失，尤其要避免重蹈覆辙，将会发生危机的漏洞弥补起来。

在危机管理的 PPRR 模型中，2P（预防与准备）比 2R（反应与恢复）重要，做好 2P 是做好 2R 的基础。如果没有做好 2P，2R 只能尽人事；相反的，做好 2P，即使 2R 没做好，危机的危险损害还能够得到基本的控制，这就是常说的"预防重于治疗"的道理。不过，并不是所有的危机都能够预防，如果危机发生于外部环境，例如，"9·11"事件就是美国政府预测不到的"意外"，不在人们预防与准备的规划中。换言之，无从预知的意外在第一次发生时，根本做不到第一个 P（预防），后续的第二个 P（准备）当然也做不到，这时只能依赖平常的危机处理机制做好 2R。

3. 企业危机管理对策

企业在生产经营中面临着多种危机，并且无论哪种危机发生，都有可能给企业带来致命的打击。企业通过危机管理对策把一些潜在的危机消灭在萌芽状态，把必然发生的危机的损失降到最低。虽然危机具有偶然性，但是危机管理对策并不是无章可循。通过对企业危机实践的总结，企业危机管理对策主要包括如下几个方面。

（1）做好危机预防工作。危机产生的原因是多种多样的，不排除偶然的原因，多数危机的产生有一个变化的过程。如果企业管理人员有敏锐的洞察力，根据日常收集到的各方面信息，能够及时采取有效的防范措施，那么就完全可以避免危机的发生或使危机造成的损害和影响尽可能降到最低。因此,危机预防是危机管理的首要环节。

①树立强烈的危机意识。企业进行危机管理应该树立一种危机理念,营造一种危机氛围,使企业的员工面对激烈的市场竞争,充满危机感,将危机的预防作为日常工作的组成部分。首先,对员工进行危机管理教育。让员工认识到危机的预防有赖于全体员工的共同努力。全员的危机意识能提高企业抵御危机的能力,有效地防止危机发生。在企业生产经营中,员工时刻把与公众沟通放在首位,与社会各界保持良好的关系,消除危机隐患。其次,开展危机管理培训。危机管理培训的目的与危机管理教育不同,它不仅在于进一步强化员工的危机意识,更重要的是让员工掌握危机管理知识,提高危机处理技能,加强面对危机的心理素质,从而提高整个企业的危机管理水平和能力。

②建立预防危机的预警系统。预防危机必须建立高度灵敏、准确的预警系统。信息监测是预警的核心,随时搜集各方面的信息,及时加以分析和处理,把隐患消灭在萌芽状态。

预防危机需要重点做好以下几类信息的收集与监测:一是随时收集公众对产品的反馈信息,对可能引起危机的各种因素和表象进行严密的监测;二是掌握行业信息,研究和调整企业的发展战略和经营方针;三是研究竞争对手的现状,进行实力对比,做到知己知彼;四是对监测到的信息进行鉴别、分类和分析,对未来可能发生的危机类型及其危害程度做出预测,并在必要时发出危机警报。

③建立危机管理机构。这是企业危机管理有效进行的组织保证,它不仅是危机处理时必不可少的组织环节,而且在日常危机管理中也是非常重要的。在危机发生之前,企业要做好危机发生时的准备工作,建立起危机管理机构,制定出危机处理工作程序,明确主管领导和成员职责。成立危机管理机构是发达国家的成功经验,是顺利处理危机、协调各方面关系的组织保证。危机管理机构的具体组织形式,可以是独立的专职机构,也可以是一个跨部门的管理小组,还可以由在企业战略管理部门设置的专职人员来代替。企业可以根据自身的规模以及可能发生的危机的性质和概率灵活决定。

④制订危机管理计划。企业应该根据可能发生的不同类型的危机制订一整套危机管理计划,明确怎样防止危机爆发,一旦危机爆发立即做出什么样的针对性反应等。事先拟定的危机管理计划应该囊括企业多方面的应对预案。在计划中要重点体现危机的传播途径和解决办法。

(2)进行准确的危机确认。危机管理人员要做好日常的信息收集、分类管理,建立起危机防范预警机制。危机管理人员要善于捕捉危机发生前的信息,在出现危机征兆时,尽快确认危机的类型,为有效的危机控制做好前期工作。

(3)危机处理。

①有效的危机控制。危机发生后,危机管理机构应快速调查事件原因,弄清事实真相,尽可能把真实的、完整的情况公布于众,各个部门要保证信息的一致性,避免公众的各种无端猜疑。配合有关调查小组的调查,并做好应对有关部门和媒体的解释工作以及事故善后处理工作。速度是危机控制阶段的关键,决策要快速,行动要果断,力度要

到位。

②迅速拿出解决方案。企业应以最快的速度启动危机处理计划。每次危机各不相同，应该针对具体问题，随时修正和完善危机处理对策。主动、真诚、快速反应、公众利益至上是企业应对危机最好的策略。企业应该掌握宣传报道的主动权，通过召开新闻发布会，向公众告知危机发生的具体情况和企业解决问题的措施等内容，发布的信息应该具体、准确，随时接受媒体和有关公众的访问，以公众利益至上的原则解决问题。还可以利用权威性机构解决危机，在处理危机时，最好邀请权威人士辅助调查，以赢取公众的信任，这往往会对企业危机的处理起到决定性的作用。

（4）危机的善后工作。危机的善后工作主要是消除危机处理后的遗留问题和影响。危机发生后，企业形象受到了影响，公众对企业会非常敏感，要靠一系列危机善后管理工作来挽回影响。

①进行危机总结、评估。对危机管理工作进行全面的评价，包括对预警系统的组织和工作程序、危机处理计划、危机决策等各方面的评价，要详尽地列出危机管理工作中存在的各种问题。

②对问题进行整顿。多数危机的爆发与企业管理不善有关，通过总结评估提出改正措施，责令有关部门逐项落实，完善危机管理内容。

③寻找商机。危机给企业创造了另外一种环境，企业管理者要善于利用危机探索经营的新路子，进行重大改革。这样，危机可能会给企业带来商机。

总之，危机并不等同于企业失败，危机之中往往孕育着转机。危机管理是一门艺术，是企业发展战略中的一项长期规划。企业在不断谋求技术、市场、管理和组织制度等一系列创新的同时，应将危机管理创新放到重要的位置上。一个企业在危机管理上的成败能够显示出它的整体素质和综合实力。成功的企业不仅能够妥善处理危机，而且能够化危机为商机。

7.4.3 企业的网络危机管理

随着互联网科技的迅猛发展，在网络环境下产生的企业危机更是频繁发生，对企业和社会产生了深远的影响，甚至一些企业被湮没在网络危机之下。网络作为新兴媒体，较之传统媒体表现出传播快速、内容丰富、交互共享性强等优势，在企业危机事件的处理中扮演着越来越重要的角色。这一新兴媒体的出现，在给企业带来潜在危机的同时，也为危机事件的解决和管理开辟了一条新的道路，它的传播优势为顺利解决危机事件提供了一个良好的平台。

1. 网络危机的特点

（1）突发性。危机的突发性包含两个方面：一是不可预测性；二是诱导性。

（2）急速传播性。网络拉近了人与人的距离，消息爆炸式增长。互联网，尤其是移动互联网作为传播媒介，其廉价性、快速性让危机信号可以轻易急速地蔓延开来。

（3）巨大危害性。一个在现实中可能比较小的突发事件，由于处理不当，就会在网络的传播过程中无限放大，演化成企业的巨大灾难。

（4）危机事件评论权的转移性。这是与传统危机事件最显著的区别。在传统媒体环境中，只有媒体才有信息发言权，信息必须通过筛选后才能发布和传播。而在网络环境中，任何人都可以在网上批判一个著名企业，而他的批评言论还有很大的机会被广泛传播。网络舆论的平等性、互动性、快速性和集中性，使其很容易占据社会意见的中枢地位，甚至影响政府机构的决策。

（5）危机传播的两面性。虽然网络危机会给企业带来巨大的危害，也会加大管理者的管理难度，但是网络特性也会给企业带来一些正面影响。当企业发生品牌危机时，以前的企业可能要做许多的电视广告、报纸广告或是其他的一些促销活动，这些渠道的代价会比较高，而且传播速度会比较慢，延长了消费者对企业品牌的不信任感的存在时间。有了网络，企业可以第一时间将最准确、最权威的信息告诉顾客，这样成本低，时效性好，并且能够很快激发消费者对企业的信心，有助于企业长期健康稳定的发展。

2. 网络危机的管理策略

网络既可能是危机的发源地，也可能是危机的灭火器。网络的强互动性、大信息量、高效率化都为企业危机的解决带来了更多的机会。网络危机应对策略应在危机管理的大框架内进行。

（1）网络危机的预警策略。

- 设立网络安全专员；
- 建立网络危机监测体系；
- 建立、健全网络危机应急预案。

（2）网络危机的处理原则。在企业的网络预警策略没有发挥正常作用或危机不可避免时，就必然要面对网络危机的处理问题。网络危机的处理基本上遵循危机公关的5S原则，包括承担责任原则（shouldering the matter）、真诚沟通原则（sincerity）、速度第一原则（speed）、系统运行原则（system）和权威证实原则（standard）。5S原则是企业处理危机事件的理论依据和准则。

（3）网络危机的应对策略。网络的特点决定了它对企业、政府甚至个人具有一定的威胁性，但是如果网络得到有效利用，它也将是解决危机的重要途径和手段，甚至在危机之后能够帮助企业进一步提升品牌形象。企业有效利用网络的方法有以下几点：

- 重视网络媒体；
- 及时在网络上公开危机事件的各种信息；
- 整合各种网络资源并综合运用；

- 重视意见领袖的作用；
- 重视网络口碑的建设。

本章小结

本章主要从管理控制概述、内外部控制与组织绩效评价、控制的方法与手段以及危机与公关管理四个方面对企业的管理控制进行了阐述。首先，明确了管理控制的内涵、内容与目标，介绍了管理控制的类型与策略；其次，从企业内外部控制出发，描述了企业社会资本提升、管理者控制以及组织内部绩效评价等内容；再次，介绍了预算控制等控制方法；最后，明确了危机的内涵和特点，介绍了企业一般危机和网络危机的管理。

复习思考题

1. 谈谈管理控制的类型。
2. 谈谈如何选择管理控制的关键点。
3. 组织内部绩效评价的方法有哪些？
4. 联系实际谈谈控制活动产生偏差的原因有哪些。
5. 简要分析管理控制的过程。
6. 联系实际谈谈管理控制的策略。
7. 简要分析组织外部控制的基本内容。
8. 分析企业社会资本的功能。
9. 简要分析组织内部控制活动的基本内容。
10. 简要分析管理者控制的有效路径。
11. 组织有哪些控制方法与手段？具体内容是什么？
12. 组织如何进行危机公关处理？分析企业网络危机管理的策略。

总结案例

宏大公司的管理控制

宏大公司是一家小型家用电器企业。2010年，该公司不过是一个人员不足500人、资产仅3 000万元且濒临破产的一家小企业。截至2015年，该公司总资产已达到15亿元，该公司在这五年中取得如此显著发展的原因主要是公司内部的管理创新。具体包括：

第一，生产管理创新。宏大公司对产品设计设定了高起点和严格要求，依靠公司设置的关键质量控制点对产品的生产过程实施全程监控。同时，采用PDCA和PAMS方法不断提高产品质量，并加强员工的生产质量教育和岗位培训。

第二，供应管理创新。宏大公司根据性能、技术含量和对成品质量的影响程度，将所需购买的原材料、辅助材料和外购零件分为A、B和C三类，并设置了不同类型的原材料、辅助材料和外购零件的特定质量控制标准，进而帮助供应商满足质量控制要求。

第三，服务管理创新。宏大公司在制定售前决策前，会经过大量的市场调研和市场分析活动。除此之外，它通过与经销商的合作，找到了为消费者提供优质服务的最佳途径。公司还建立了高素质的服务团队，购买了先进的维修设备，建立了消费者投诉制度和用户档案制度，开展了多种形式的售后服务，从而提升了消费者满意度。

资料来源：根据调研材料改写。

讨论题：

1. 案例中的控制类型有哪些？请分别指出，并说出各自的特点。

2. 宏大公司设置不同类别的原辅材料和零部件的具体质量控制标准这一做法属于哪类控制标准？为什么？

3. 案例中，公司设置关键质量控制点这一做法体现了有效控制原则中的哪一项？为什么？

第 8 章
CHAPTER 8

创 新 管 理

§ **本章知识结构**

创新与管理
- 创新概述
  - 创新的含义、分类与基本内容
  - 影响创新的因素
  - 创新的基本原理
  - 创新的过程
  - 创新活动的过程管理和组织管理
  - 创新能力的内涵
  - 个人、团队及组织的创新能力培养
- 技术创新
  - 技术创新的概念、内容和来源
  - 技术创新的战略选择
  - 技术创新的关键驱动因素
  - 技术创新的类型
  - 技术创新的不确定性
  - 创新风险的基本特征
- 管理创新
  - 管理创新的含义
  - 管理制度创新的必要性
  - 管理制度创新的原则
  - 管理创新的过程和主要内容
  - 组织创新的概念与原则
  - 组织创新的内容及外部影响因素
  - 商业模式的内涵
  - 商业模式创新的动力、途径和方法
  - 互联网时代的管理创新

§ 学习目标

- 理解创新的含义、分类以及创新的基本内容、影响因素。
- 掌握创新的过程、创新活动的过程管理和组织管理。
- 掌握创新能力的内涵和创新能力的培养。
- 掌握技术创新的内容、来源、战略选择,以及关键驱动因素与类型。
- 了解技术创新的不确定性、创新风险的基本特征。
- 掌握管理制度创新的必要性与原则。
- 理解组织创新的概念、原则、内容和外部影响因素。
- 了解商业模式的内涵,掌握商业模式创新的动力、途径和方法。
- 了解互联网时代的管理创新策略。

§ 引例

比亚迪的蜕变

比亚迪是一家致力于"用技术创新,满足人们对美好生活的向往"的高新技术企业,它成立于1995年2月,经过20多年的高速发展,已在全球设立30多个工业园,实现全球六大洲的战略布局。技术创新使比亚迪从电池供应商成功打入汽车市场,并成为新能源汽车行业的引领者,而后又凭借纯电动大巴技术打入美国市场并站稳脚跟。

早在2009年,结合强大的铁电池技术、整车研发能力和产业垂直整合能力,比亚迪宣布正式进军纯电动客车领域。2010年,首辆纯电动客车在湖南长沙基地下线。2011年,借助深圳第26届世界大学生夏季运动会的契机,200辆纯电动公交车投入运营,成为全球首批大规模商业化运营的纯电动客车。

"云轨"是比亚迪继IT、汽车、新能源之后的第四个产业,也是继太阳能、储能电站、新能源汽车之后的第四个绿色梦想,对于城市打造立体化交通、补充现有交通体系具有重大而深远的意义。为此,比亚迪组建了1 000多人的研发团队,历时5年,投入50亿元,做了大量的研发工作,克服了外界难以想象的困难,成功打造了云轨,成为中国首家也是全球为数不多的百分之百拥有跨座式单轨自主知识产权的企业。2016年10月13日,比亚迪"云轨"在深圳全球首发,以立体化交通模式解决城市拥堵与污染,进一步满足城市需求,助力我国城市交通实现从"车轮上的城市"向"轨道上的城市"转型升级。至此,比亚迪已成为我国城市绿色交通的"全能选手",正在为建设绿水青山、蓝天白云的美丽中国而持续努力。

随着国内市场的不断深化,比亚迪也在逐步扩大海外市场。从2010年开始,比亚迪在海外市场上不断拓展自己的可再生能源产品,包括新能源车、太阳能产品、储能产品及LED灯等。面对市场培育、经营压力等困难,比亚迪在美国市场的开拓之路异常艰辛。本地品牌和欧、日、韩系汽车早已将市场瓜分完毕,传统燃油车要想进入困难重重。为此,比亚迪决定选择将纯电动大巴作为打开美国市场的敲门砖。为了确立技术品质优势,比亚迪挑战了被称为"魔鬼测试"的Altoona测试。2014年6月9日,在持续行驶2.4万千米、历经116天的"锤炼"后,比亚迪K9成为史上第一辆完成该测试的12米纯电动大巴。这为比亚迪获取美国市场订单扫除了障碍。2014年9月,美国长滩运输署重启电动巴士招标，比亚迪再一次如约而至，在竞标环节中以压倒性优势胜出，并创下美国最大的纯电动大巴订单纪录。这让比亚迪在美国市场的发展进入快速上升期，它自主研发的电动卡车和储能产品也逐渐在美国市场站稳了脚跟。2016年7月，比亚迪携手洛杉矶港口，利用储能系统+纯电动重型卡车，打造了全球首个"绿色港区"，实现了港口运输的零排放。

正是技术创新的驱动，使比亚迪的发展充满"惊险的跳跃"：从"造电池的"摇身变为"造汽车的"，然后举起新能源大旗。尽管每次蜕变前后都引起了广泛、持久、巨大的争议，但比亚迪最终总是震撼业界、惊艳公众。如果说当年单一的电池厂商是"手掌中的比亚迪"，那么在新能源汽车领域的成就让人们看到"车轮上的比亚迪"，而"轨道上的比亚迪"的横空出世，开辟了城市绿色交通的新路径。

资料来源：1. 比亚迪社会责任报告，2019.
2. 陈秀娟. 比亚迪开启新模式[J]. 汽车观察，2017 (5)：64-65.

8.1 创新概述

8.1.1 创新的含义、分类与基本内容

1. 创新的含义

（1）创新的含义。什么是创新？简单地说就是利用已存在的自然资源或社会要素创造新的社会需要的内容的人类行为。

在经济学中，创新的概念源于美国经济学家熊彼特，他在1912年出版的《经济发展概论》中提出：创新是指把一种新的生产要素和生产条件的"新结合"引入生产体系。它包括五种情况：生产一种新的产品，用一种新的生产方法，开辟一个新的市场，掠取或控制原材料和半成品的一种新来源，实现一种新的工业组织。熊彼特的创新概念包含的范围很广，涉及技术性变化的创新及非技术性变化的组织创新。到20世纪60年代，新技术革命迅猛发展。美国经济学家华尔特·罗斯托提出了"起飞"六阶段理论，将创新的概念发展为"技术创新"，又把"技术创新"提高到"创新"的主导地位。

美国国家科学基金会（National Science Foundation，NSF）也从20世纪60年代开始发起并组织对技术变革和技术创新的研究，它在其1969年的研究报告《成功的工业创新》中，将创新定义为技术变革的集合，认为技术创新是一个复杂的活动过程，是从新思想、新概念开始，通过不断地解决各种问题，最终使一个有经济价值和社会价值的新项目得到实际成功应用的过程。20世纪70年代后期，对技术创新的界定大大拓宽了，在NSF的《1976年：科学指示器》报告中，技术创新被定义为"就是将新的或改进的产品、过程或服务引入市场"。

著名学者弗里曼（Freeman）把创新对象基本上限定为规范化的重要创新。他是从经济学的角度考虑创新的。他认为，技术创新在经济学上的意义只是包括新产品、新过程、新系统和新装备等形式在内的技术向商业化实现的首次转化。他在1973年发表的《工

业创新中的成功与失败研究》中认为,"技术创新是一个技术的、工艺的和商业化的全过程,其导致新产品的市场实现和新技术工艺与装备的商业化应用"。其后,他在1982年的《工业创新经济学》修订本中明确指出,技术创新就是指新产品、新过程、新系统和新服务的首次商业性转化。

管理学家德鲁克认为,管理就是界定组织的使命,并组织和激励人力资源去实现这个使命的过程。企业的目的只有一个,就是创造顾客。由于企业的目的是创造顾客,所以企业有且只有两个基本功能,即市场营销和创新。创新就是赋予资源以新的创造财富能力的行为,是市场或社会上的某种变化,但不是某种发明,不是主观的,而是客观的,是作用于外界的。它为客户带来更大的价值,为社会带来更多的财富。检验创新的标准永远是它为客户做了什么以及是否创造了价值。

创新是指通过创造或引入新的技术、知识、观念或创意创造出新的产品、服务、组织、制度等新事物并将之应用于社会以实现其价值的过程,价值包括经济价值、社会价值、学术价值、艺术价值等。

这一创新概念涉及三层含义:新的技术、知识、观念或创意的形成、产生或引入;利用新的技术、知识、观念或创意,设计、生产或形成新的产品、服务、组织、制度、流程或管理方式等新事物;通过新产品等新事物的社会化实现其价值,所追求的价值并不仅限于经济价值。

(2)创新与维持的关系及其作用。作为管理的基本内容,维持与创新对系统的存在是非常重要的。维持是保证系统活动顺利进行的基本手段,也是系统中大部分管理人员,特别是中层和基层的管理人员要花大部分精力从事的工作。根据物理学的相关原理,原来基于合理分工、职责明确而严密衔接起来的有序的系统结构,会随着系统在运转过程中各部分之间的摩擦而逐渐地从有序走向无序,最终导致有序平衡结构的解体。管理的维持职能便是要严格地按预定的规划来监视和修正系统的运行,尽力避免各子系统之间的摩擦,或减少因摩擦而产生的结构内耗,以保持系统的有序性。没有维持,社会经济系统的目标就难以实现,计划就无法落实,各个成员的工作就有可能偏离计划的要求,系统的各个要素就可能相互脱离,各自为政,各行其是,从而整个系统就会呈现出一种混乱的状况。所以,维持对于系统生命的延续是至关重要的。

但是,仅有维持是不够的。任何社会系统都是一个由众多要素构成的,与外部不断发生物质、信息、能量交换的动态、开放的非平衡系统。而系统的外部环境是在不断地发生变化的,这些变化必然会对系统的活动内容、活动形式和活动要素产生不同程度的影响。同时,系统内部的各种要素也是在不断发生变化的。系统内部某个或某些要素在特定时期的变化必然要求或引起系统内其他要素的连锁反应,从而对系统原有的目标、活动要素间的相互关系等产生一定的影响。系统若不及时根据内外变化的要求,适时进行局部或全局的调整,则可能被变化的环境淘汰,或为改变了的内部要素所不容。这种为适应系统内外变化而进行的局部和全局的调整,便是管理的创新职能。系统的生命力取决于社会对系统贡献的需要程度和系统本身的贡献能力,而系统的贡献能力又取决于系统从社会中获取资源的能力、利用资源的能力，以及对社会需要的认识能力。要提高系统的生命力，扩展系统的生命周期，就必须使系统提高内部的这些能力，并通过系统本身的工作增强社会对系统贡献的需要程度。系统不断改变或调整取得和组合资源的方式、方向和结果，向社会提供新的贡献，这正是创新的主要内涵和作用。

综上所述，作为管理的两个基本职能，维持与创新对系统的生存发展都是非常重要的，它们是相互联系、不可或缺的。创新是维持基础上的发展，而维持则是创新的逻辑延续，维持是为了实现创新的成果，而创新则是为更高层次的维持提供依托和框架。任何管理工作，都应围绕着系统运转的维持和创新而展开。只有创新没有维持，系统会呈现无时无刻无所不变的无序的混乱状态，而只有维持没有创新，系统则缺乏活力，犹如一潭死水，适应不了任何外界变化，最终会被环境淘汰。卓越的管理是实现维持与创新最优组合的管理。

| 管理聚焦 8-1 |

在100多年前的英国，农民需要使用拖拉机来提高效率，但是他们负担不起昂贵的价格，银行业也不愿借钱给他们。另一方面，所有供应拖拉机的商家也面临滞销。

当时，一位供应拖拉机的商家发现，农民的收入是根据季节而定的，只有在农产品出售后，才会有资金。这个商家让农民先用拖拉机提高工作效率，收入增加了，每季拿一部分收入还款，两三年下来就能还清债务。

2. 创新的分类

（1）按创新的规模以及创新对系统的影响程度来划分。

①局部创新：指在系统性质和目标不变的前提下，系统活动的某些内容、某些要素的性质或其相互组合的方式，系统的社会贡献的形式或方式等发生变动。

②整体创新：整体创新往往改变系统的目标和使命，涉及系统的目标和运行方式，影响系统的社会贡献的性质。

（2）按创新与环境的关系来划分。

①防御型创新：它是指由于外部环境的变化对系统的存在和运行造成了某种程度的威胁，为了避免威胁或由此造成的系统损失扩大，系统在内部展开的局部或全局性调整。

②攻击型创新：在观察外部世界运动的过程中，敏锐地预测到未来环境可能提供的某种有利机会，从而主动地调整系统的战略和技术，以积极地开发和利用这种机会，谋求系统的发展。

（3）按创新发生的时期来划分。

①系统初建期的创新：系统的组建本身就是社会的一项创新活动。组建本身就要求有创新的思想和意识，创造一个全然不同于现有社会（经济组织）的新系统，寻找最满意的方案，取得最优秀的要素，并以最合理方式的组合，使系统进行活动。

②运行中的创新：它存在于系统组建完毕开始运转以后。系统的管理者要不断地在系统运行的过程中寻找、发现和利用新的创业机会，更新系统的活动内容，调整系统的结构，扩展系统的规模。

|管理聚焦 8-2|

1990年上市的刮胡刀工业史上最成功的新产品——吉列"感应"刮胡刀，之所以可以实现更干净的剃须效果，是因为使用了浮动刀刃。此设计能更加适应男性脸庞弧度并实现"浮动"效果，完全突破了当时固定刀刃的设计。从产品设计的角度来看，它是由23个零件组成的，比当时5个零件组成的大部分抛弃式刮胡刀复杂得多。

把刀刃粘在钢棒上造价高昂且可靠性低，对大批量制造来说是个挑战。为了解决这个问题，吉列公司工程师经过多次试验，与设备厂商展开合作并共同开发出一种每秒可做93次高精度点焊的激光点焊机。这种点焊机的速度超过了当时所有激光点焊机的速度，并且配套搭载了同时开发出的刮胡刀头。该刮胡刀头用误差只有正负0.002英寸的精密模具制造，可转载到任何刮胡刀上。

历经7年，研发投入达到7 500万美元，设备耗资1.25亿美元。这烦琐而精密的刀刃拼装新工艺，也被称为其他竞争对手难以效仿的阻碍。

（4）按创新的原动力来划分。

麦肯锡全球研究院采用"原型"分析模式，通过对国内外30多个行业企业的创新活动研究，提出了创新的四大基本类型：效率驱动、客户中心、工程技术和科学研究。这四种创新原型从不同的视角更细致入微地审视了企业的创新活动和表现，可为企业的创新战略提供清晰的思路和决策依据。

①效率驱动型创新。效率驱动型创新是指通过改进流程来降低成本、缩短生产时间、提高产品质量，即通过对现有生产流程的梳理、完善和改进，在质量、成本、速度、服务等效率评价指标上取得新的突破。效率驱动型创新源于生产知识和规模，对资本和劳动力密集型行业尤为重要。

②客户中心型创新。客户中心型创新是指通过产品、服务或业务模式上的进步来解决消费者的问题。此类创新主要源于消费者洞察，找出消费者未被满足的需求，针对性地开发新的产品、服务与业务模式，然后依据市场反馈不断进行修改和更新。客户中心型创新的关键在于对消费者的洞察。

③工程技术型创新。工程技术型创新是指整合、吸收供应商和合作伙伴的技术，设计开发新产品。工程技术型创新源于企业自身的知识储备以及供应商和技术合作伙伴，是科研与实践技艺的结合，通常需要专利保护。工程技术型创新体现了"自主创新+协同创新"的特点。企业在自主创新的基础上，利用外部主体的知识和资源协同创新，从而提高创新效率，降低创新成本。知识产权保护是工程技术型创新的核心，是企业将工

程技术转化为商业价值的重要前提。

④科学研究型创新。科学研究型创新是指企业和学术研究人员合作，通过研究成果的商业转化，获取商业价值。生物、医药、电子等均为高度依赖科学研究型创新的行业，此外，科技含量比较高的行业，如互联网企业，也应把科学研究型创新视为企业创新能力的关键因素。科学研究型创新是企业未来发展的保障，特别是基础研究方面的创新，不仅会带动一批新兴产业的崛起，而且能促进社会经济发生重大变革。

3. 创新的基本内容

（1）目标创新。组织每个具体的经营目标需要适时地根据市场环境和消费需求的特点及变化的趋势加以整合，每一次调整都是一次创新。

（2）技术创新。主要内容如下：①要素创新与要素组合创新，包括材料创新和设备创新，要素组合创新包括生产工艺和生产过程的时空组织方面。②产品创新，包括品种创新、产品结构创新两类。品种创新就是要求企业根据市场要求的变化，根据消费者偏好的转移，及时地调整企业的生产方向和生产结构，不断地开发出用户欢迎的适销的产品。产品结构创新是组织不断地改变原有品种的基本性能，对现在的生产地生产的各种产品进行改进和改造，找出更加合理的产品结构，从而具有更强的市场竞争力。产品创新是企业技术创新的核心内容。

| 管理聚焦 8-3 |

20世纪60年代末，第一款石英手表由瑞士手表协会研究中心设计。可惜有关瑞士手表业的决策者对于石英技术的前景预测不到位，并且，单是从感情上讲，这些决策者对于经过百年积累才逐渐成长壮大起来的精密机械表，因其种种优势而表示并不愿意就此放弃。这则消息被一家日本手表厂商获悉，厂商首先是对此做了一个细致的分析，他们预料到，机械表已经发展到了极限，很难再有科技上的重大突破，因此，他们将关注点转向了石英表，因为在那时石英技术刚刚露出头角。

与此同时，日本手表业界早早就反思了以往与"钟表王国"——瑞士之间竞争的经验与教训，看到了自己的劣势是精密的机械工业的基础不如瑞士，因此，他们认为应该早日调转方向，取长补短，将自己电子工业的优势快速地运用到手表工业中来。鉴于此，日本手表业界从关注石英技术便开始秘密地购买与收集相关资料和信息，加速开发与研究还未解决的生产与技术上的问题。最终，以石英振荡为时源，以微型电池为动力源的一种新型的电子手表在20世纪70年代初期便开始大规模地投放国际市场。

（3）制度创新。制度创新是从社会经济角度分析组织各成员间的正式关系的调整和变革，包括产权制度、经营制度、管理制度三个方面的创新。组织制度创新的方向是不断调整和优化组织所有者、经营者和劳动者之间的关系，使各个方面的权力和利益得到充分的体现。

（4）组织机构和结构的创新。其目的在于更合理地组织管理人员的努力，提高管理劳动的效率。

（5）环境创新。它不是指企业为适应外界变化而调整内部结构或活动，而是指通过企业积极的创新活动去改造环境，引导环境朝着有利于企业经营的方向发展。

4. 影响创新的因素

影响创新成功的因素有很多，主要包括领军人物、创新团队、知识储备、科学仪器、工业技术、创新体制、创新文化、人才培养。对于最后两个方面，这里不做介绍。

（1）领军人物。创新的成功涉及很多因素，首先就是人才，人才是第一要素，创新的关键在于人才。

（2）创新团队。创新需要把多方面的知识结合起来去实现某个目标，去解决某个问题，需要团队作业，也就是将一个团队的知识背景合成在一起，进行跨学科、跨领域的攻关，这样才能够取得成功，以领军人才为中心形成一个紧密合作型的公关团队，进行互相交流、互相促进，才能取得创新成功。因此，团队非常重要。

（3）知识储备。除了领军人物、创新团队，想要取得创新成功还要有一个条件，那就是知识储备，组织应该有很庞大的科技文献的收藏机构，不仅是用于单纯的搜寻，还要把这些东西用很简短的语言提炼出来，让各个企业参考利用，也更方便科研人员的利用。没有一定的知识平台，想要完成创新也是很难的。

（4）科学仪器。科学仪器设备非常重要，"巧妇难为无米之炊"，没有好的科学仪器设备，对于想要有重大发现、大的突破、大的创新，其实是比较困难的。

（5）工业技术基础。如果很多工业基础技术跟不上来，没有一般元器件，或者很难弄到，创新就很麻烦。提升创新能力，其实与是否有很好的工业技术基础直接相关。

（6）创新体制。创新需要一个好的保护体制，有了这样的保护体制与机制，能确保创新者获得收益，提升创新的积极性。

8.1.2 创新的基本原理

创新的原理是依据创新思维的特点，对人们进行的无数创新活动的经验性总结，是对客观反映的众多创新规律的综合性归纳。创新的原理能为人们更好地认识创新活动、更好地运用创新方法、更好地为解决创新问题提供条件。本书仅介绍常见的十种创新的原理。

（1）综合原理。综合是在分析各个构成要素基本性质的基础上，综合其可取的部分，使综合后形成的整体具有优化的特点和创新的特征。

（2）组合原理。这是将两种或两种以上的学说、技术、产品的一部分或全部进行适当叠加和组合，用以形成新学说、新技术、新产品的创新原理。组合既可以是自然组合，也可以是人工组合。在自然界和人类社会中，组合现象是非常普遍的。爱因斯坦曾说："组合作用似乎是创造性思维的本质特征。"组合创新的机会是无穷的。有人统计了20世纪以来的480项重大创造发明成果，经分析发现：20世纪三四十年代是以突破型成果为主而以组合型成果为辅；20世纪五六十年代则两者大致相当；从20世纪80年代起，组合型成果占据主导地位。这说明组合原理已成为创新的主要方式之一。

（3）分离原理。分离原理是把某个创新对象进行科学的分解和离散，使主要问题从复杂现象中暴露出来，从而厘清创造者的思路，抓住主要矛盾。在发明创新过程中，分离原理提倡将事物打破并分解，鼓励人们在发明创造过程中，冲破事物原有面貌的限制，将研究对象予以分离，创造出全新的概念和全新的产品。比如隐形眼镜是眼镜架和镜片分离后的新产品。

（4）还原原理。还原原理要求善于透过现象看本质，在创新过程中，能回到设计对象的起点，抓住问题的关键点，将最主要的功能抽取出来并集中精力研究其实现的手段和方法，以取得创新的最佳成果。任何发明和革新都有其创新的原点，创新的原点是唯一的，寻根溯源找到创新原点，再从创新原点出发去寻找各种解决问题的途径，用新的思想、新的技术、新的方法重新创造该事物，从本原上面去解决问题，这就是还原原理的精髓所在。

（5）移植原理。这是把一个研究对象的概念、原理和方法运用于另一个研究对象并取得创新成果的创新原理。"他山之石，可以攻玉"就是该原理能动性的真实写照。移植原理的实质是借用已有的创新成果进行创新目标的再创造。创新活动中的移植依照重点不同，可以是沿着不同物质层次的"纵向移植"，也可以是在同一物质层次内不同形态间的"横向移植"，还可以是把多种物质层次的概念、原理和方法综合引入同一创新领域中的"综合移植"。新的科学创造和新的技术发明层出不穷，其中有许多创新是运用移植原理取得的。

（6）换元原理。换元原理是指创造者在创新过程中采用替换或代换的思想或手法，使创新活动内容不断展开、研究不断深入的原理，通常指在发明创新过程中，设计者可以有目的、有意义地去寻找替代物，如果能找到性能更好、价格更省的替代品，就是一种创新。

│ 管理聚焦 8-4 │

　　法国科学家卢米埃尔一直在研究如何使电影胶片以每帧24幅画面做移动、暂停、再移动的间歇运动。有一次他在观察缝纫机工作时突然得到启发，缝纫针在扎入布料时布料不动，而缝纫针提起离开布料时，布料才移动一定距离。卢米埃尔将这种原理移植到电影放映机中，解决了如何使电影胶片做间歇运动的难题。轴承是一种常用的机械零件，延长轴承寿命一般采用加强润滑以减少轴承中零件的摩擦来实现。有人将电磁学中同性电荷相斥的原理移植到轴承的结构中，开发出轴承与轴不接触的悬浮轴承，这大大延长了轴承的寿命，并提高了其品质。

（7）迂回原理。在很多情况下，创新会遇到许多暂时无法解决的问题。迂回原理鼓励人们开动脑筋，另辟蹊径。不妨暂停在某个难点上的僵持状态，转而进入下一步行动或进入另外的行动，带着创新活动中的这个未知数，继续探索创新问题，不钻牛角尖，不走死胡同。因为有时通过解决侧面问题或外围问题以及后继问题，可能会使原来的未知问题迎刃而解。

管理聚焦 8-5

　　英国天文学家威廉·赫歇尔在1781年发现了天王星。经过长期观察，他发现天王星的运行轨道总是与计算结果有所不同，他和其他许多天文学家根据这种迹象判断：天王星外应该还有一颗尚未发现的行星。在经过长时间的搜寻未果后，天文学家们决定采用迂回的办法，根据天王星受到的摄动量来计算这颗未知行星的质量、轨道和运行参数。经过大量的计算并与天王星摄动量的比较，基本上确定了未知行星的运行参数，于是又重新有目的地进行搜寻。1846年9月18日，法国天文学家勒维烈终于发现了这颗科学家长期探索的未知行星——海王星。

（8）逆反原理。逆反原理首先要求人们敢于并善于打破头脑中常规思维模式的束缚，对已有的理论方法、科学技术、产品实物持怀疑态度，从相反的思维方向去分析和思索，探求新的发明创造。实际上，任何事物都有着正反两个方面，这两个方面同时相互依存于一个共同体中。人们在认识事物的过程中，习惯于从显而易见的正面去考虑问题，因而阻塞了自己的思路。如果能有意识、有目的地与传统思维方法"背道而驰"，往往能得到极好的创新成果。

管理聚焦 8-6

　　留声机是人们根据电话机的工作原理制作出来的。排风扇和抽油烟机实际是将电风扇反向安装制成的。传统电冰箱的布置是上急冻、下冷藏，广东万宝集团生产的电冰箱将其颠倒过来，做成上冷藏、下急冻，由于经常需要存取物品的冷藏柜位置升高，人们使用起来比较舒适和方便，而且急冻柜与制冷机距离缩短，这样既节省了电能，又降低了生产成本。

（9）强化原理。强化就是对创新对象进行精炼、压缩或聚焦，以获得创新的成果。强化原理是指在创新活动中，通过各种强化手段，使创新对象提高质量、改善性能、延长寿命、增加用途。

（10）群体原理。科学的发展使创新越来越需要发挥群体智慧才能有所建树。早期的创新多是依靠个人的智慧和知识来完成的，随着科学技术的进步，"单枪匹马、独闯天下"地去完成像人造卫星、宇宙飞船、空间试验室和海底实验室等大型高科技项目的开发设计工作是不可能的，这就需要创造者们能够摆脱狭窄的专业知识范围的束缚，依靠群体智慧的力量，依靠科学技术的交叉渗透，使创新活动从个体劳动的圈子中解放出来，焕发出更大的活力。

（11）完满原理。完满原理又可称为完全充分利用原理。凡是理论上未被充分利用的，都可以成为创造的目标。创造学中的"缺点列举法""希望点列举法""设问探求法"

都是在力求完满的基础上产生出来的。平常所说的"让效率更高,让产品更耐用更安全,让生活更方便,让日子更舒服,让产品标准化、通用化,物尽其用,更上一层楼",都是在追求一种完满。充分利用事物的一切属性是完满创造原理追求的最终目标,也是创造的起点。实际上要全面利用事物的属性是非常困难的,但追求完满的理想使人从来没有停止过这种努力。完满作为一种创新原理可以引导人们对于某个事物或产品的整体属性加以系统的分析,从各个方面检查还有哪些属性可以被再利用,引导人们从某种事物和产品中获取最大、最多的用途,充分提高它们的利用率。

| 管理聚焦 8-7 |

日本川球公司和新日铁公司在对炼钢炉渣进行分析后发现,将炉渣加上环氧树脂,可生产渗水性很好的铺路材料,也可制作石棉,或用来制作植物生长的培养基。日本不二制油公司利用豆腐渣生产食物纤维,用于生产面包、甜饼和冰激凌的原材料。日挥公司用经高温、高压处理的木屑,制造燃料用酒精。所有这些创造发明无不体现出人们对事物或产品充分利用的追求。即使这样,也很难说这些事物或产品的属性被充分利用了。

8.1.3 创新的过程、创新活动的过程管理和组织管理

1. 创新的过程

(1) 寻找机会。从组织系统的内外部寻找机会。

①就系统外部来说,有可能成为创新契机的变化主要有:一是技术的变化,它可能会影响企业资源的获取,生产设备和产品的技术水平。二是人口的变化,它可能会影响劳动市场的供给和产品销售市场的需求。三是宏观经济环境的变化。迅速增长的经济背景可能会给企业带来不断扩大的市场,而整个国民经济的萧条则可能降低企业产品需求者的购买能力。四是文化与价值观念的转变,这可能会改变消费者的消费偏好或劳动者对工作及其报酬的态度。

②就系统内部来说,引发创新的不协调现象主要包括:一是生产经营中的瓶颈,它可能会影响劳动生产率的提高或劳动积极性的发挥,因而始终困扰着企业的管理人员。二是企业意外的成功和失败,如派生产品的销售额激增,其利润贡献不声不响地、出人预料地超过了企业的主营产品。

| 管理聚焦 8-8 |

梅西公司是 20 世纪 50 年代纽约最大的百货商店,一贯认为时装销量占总销量的 70% 才算正常,家电销售是公司不予重视的部分。突然一段时间,家电销售旺盛,且占到公司销售

总额的60%。面对如此意外的好事,公司总裁反而苦恼起来。他将此视为不正常的状态,不是顺势而为,而是拼命想把家电销售增长的优势压下去,以提高服装销量的比例。结果在20年里,梅西公司一直未有大的发展,直到1970年,新的管理者进入梅西公司,改变了经营策略,接受家电产品的销售贡献,梅西公司才迅速繁荣起来。

(2)提出构想。敏锐捕捉机遇,透过现象究其本源,分析和预测其发展趋势,估计其给组织带来的积极或消极后果,大胆提出创新构想。

(3)迅速行动。没有行动的思想会自生自灭,一味追求完美意味着丧失时机,所以,一次脚踏实地的行动远比束之高阁的无数完美方案有价值得多。

(4)坚持不懈。创新存在风险,可能失败,创新的过程是不断尝试、不断失败、不断提高的过程。据统计,新产品开发成功的概率大约为20%,而这20%的成功创造了80%的发展空间。爱迪生说过:"我的成功是从一路失败中取得的。"

| 管理聚焦8-9 |

郝新军教授和赖伟民教授曾在北京大学资源大厦一楼的上岛咖啡厅中交流探讨。席间,赖教授感叹:"最近承担的教学任务太重,很难有时间进行课题研究,更难有时间深入企业实地调研。"郝教授回应道:"同感!甚至有时无法一一解答全国学员的学习疑问和管理问题,非常遗憾!"郝教授进而设想:"我们两个的全国学员以企业高管者居多,数量近十万,可否合办一个学员联谊会之类的组织,集中解答学员问题,促进学员交流联谊呢?"

此言一出,赖教授拍案而起:"好主意!莫不如利用网络技术,办一个网站,不仅服务学员,还能成为现代管理领域的学习、研讨、交流平台。"郝教授亦两眼放光:"太好了!就以我俩的姓氏'郝''赖'为名,叫'好赖网'吧!"于是,好赖网 www.okbad.org 诞生了!

2. 创新活动的过程管理

(1)创新过程管理的因素。成功的创新活动管理包括以下几个主要方面:从战略的角度看待创新和创新管理,开发和运用有效的实施机制和结构,为创新开发提供一个支持性的组织环境,建立和维持有效的外部联系。

(2)创新过程管理的阶段。在实际中,问题不在于要不要进行创新,而在于如何成功地进行创新。从成功和失败的创新经历中,总结与吸取经验教训是重要的。因此,针对环境的不确定性,组织做出快速、正确的反应是重中之重。由于创新是一个不确定的复杂过程,创新的成功有一定的偶然因素,但是,如果企业要获得真正的成功,那么别无选择,只能实施持续稳定的创新过程管理。研究表明,创新的成功是建立在企业的学习能力和重复这些行为的能力之上的。

如何管理创新过程?考虑到创新的本质是不断更新组织提供的产品或服务,不断改进生产和传递产品或服务的方式,因此每个企业面临的挑战的本质是相同的。企业应通过创新获得竞争优势,在激烈的市场竞争中生存发展。通常,企业的创新管理过程包括如下五个阶段。

①审视和调查。在这一阶段中，企业要对自身内部环境和外部环境进行审视和调查，从中找出潜在的创新信息。潜在创新信息可能来自：多样化的需求、其他研究活动带来的新机会、新的法律形成的压力，以及竞争对手行为模式的变化等。企业必须对上述潜在创新信息带来的激励做出快速的反应。

②战略选择。企业应对上述潜在的创新刺激进行战略选择，并将企业的资源投入有战略意义的创新项目中去。因此，问题的关键在于企业必须识别最有战略意义的创新项目，把握那些能够形成竞争优势的最优机会。

③提供资源。为企业的战略选择提供资源，即为企业的创新提供知识资源。企业获取知识资源的方式有两种：研发和技术转移。在这个阶段中，企业有时能够购买现成的资源或从已有的研究成果中找到所需的资源，有时为了找到适当的资源必须进行广泛的调查。

④实施创新活动。经过这个阶段，企业要将创新构思变成最后的创新产物，即外部市场的新产品和服务，或是企业内部使用的工艺和方法。

⑤反思。这个阶段的主要内容是，反思前几个阶段，总结成功和失败的经验教训，从而帮助企业找到改进创新管理的方式，并从中获取相关的知识。

3. 创新活动的组织管理

（1）正确理解和扮演创新组织中管理者的角色。管理者在创新面前不必扮演规章制度的"守护神"角色，不对创新尝试中的失败吹毛求疵，不轻易奖励那些不创新、不冒险的人，带头创新，创造有利于创新的组织氛围，并积极鼓励、支持、引导组织成员进行创新。

（2）创造促进创新的组织氛围。大张旗鼓地宣传创新，激发创新，形成人人谈创新、时时想创新、无处不创新以及不创新则无地自容的组织氛围。

（3）制订有弹性的计划。创新需要思考，思考需要时间，所以需要对所谓的满负荷工作制进行反思，例如 IBM、3M、杜邦公司等公司允许职工用 5%～15% 的工作时间来开发他们的兴趣和设想。组织要对创新过程的规划、创新时段的计划、创新资源的投入、创新成果的期望留有余地。

（4）正确地对待失败。创新的过程是一个充满了失败的过程，失败是正常的，甚至是必须的，组织应该允许失败，支持失败，甚至鼓励失败。美国 3M 计算机设备公司的企业哲学是："我们要求公司的人每天至少要犯十次错误，如果谁做不到这一条，就说明谁的工作不够努力。"

（5）建立合理的奖酬制度。组织要注意物质奖励和精神奖励相结合，奖励不能视作"不犯错误的报酬"，奖励制度要给每个人都有不同程度的成功的希望。

8.1.4 创新能力及其培养

1. 创新能力的内涵

一般来说，能力是指人们表现出来的解决问题可能性的个性心理特征，是完成任务、达到目标的必备条件。能力直接影响活动的效率，是活动顺利完成的最重要的内在因素。按照中华人民共和国人力资源和社会保障部（以下简称人社部）发布的《核心能力测评大纲——创新能力》的定义，创新能力是"在前人发现或发明的基础上，通过自身的努力，创造性地提出新的发现、发明和新的改进、革新方案的能力"。本书认为，创新能力是指创新者、创新团队、创新机构乃至更大的经济或社会实体进行创新的能力。参照前述创新定义，创新能力亦有三重含义：一是形成或产生新的思想、观念或创意的能力；二是利用新的思想、观念或创意创造出新的产品、流程或组织等各种新事物的能力；三是应用和实现新事物价值的能力。创新能力由多种能力构成，它们包括学习能力、分析能力、想象能力、批判能力、创造能力、解决问题的能力、实践能力、组织协调能力以及整合多种能力的能力。

2. 个人、团队及组织的创新能力培养

（1）个人创新能力的培养。对于一个人，他能否在创新实践中提高创新能力并走向事业成功，不但取决于他的专业素质及创新能力，也取决于他的合作或协作能力，以及他所在机构的创新制度安排及创新文化。

在一个缺乏创新文化的氛围里，个人创新能力是无法得到充分发挥的。同样地，一个没有合作或协作精神的创新者，其失败的概率也远远高于成功的概率。相反，在一个生机勃勃的创新组织及文化氛围里，个人创新能力就有可能得到最大限度的发挥。

个人创新能力包括学习、观察、想象、抽象、分析、类推、建模、展现、协作、更换思考维度、更换认识模式以及综合思考等方面的能力。创新者个人可以同时用以下三种方式进行锻炼，以提高自己的创新能力。

①自我锤炼。它是指以"我"为行为主体而展开的创新能力锻炼过程。专业知识和专业技能只是个人创新能力的基础。个人创新能力更主要地表现在创新思维的掌握和运用上，只有能够熟练运用创新思维，才能够熟练运用专业知识和技能解决有难度的问题，实现创新目的。因此，自我锤炼不但是一个不断充实自己专业知识和技能的过程，而且是一个学习和运用创新思维的过程。学习和运用创新思维，其最大的奥妙在于思想的碰撞、移植和借用，在于思考问题的角度乃至思维方式的变换。创新的灵感几乎总是产生于思想的碰撞、移植和借用过程之中。

②在协作中锤炼。它是指以"我们"为行为主体而展开的创新能力锻炼过程。在此过程中，创新者个人通过参与有组织的创新实践来提升自己的创新能力，但其思考问题的角度不再是"我"而是"我们"。群体意识淡漠的人是很难甚至无法完成这种修炼过程的。因此，一个真正的创新者必须时刻保持开放且宽容的心态，善于表达或表现自己的思想、构想或见解，同时善于倾听他人意见，善于参加共同探讨、研究和行动。

③在学习中锤炼。创新是探索性和实践性极强的活动，而个人的创新机会和创新实践是十分有限的，因此通过学习专家学者总结的理论和方法及他人的创新实践来提高自己的创新能力便成为一个行之有效的方式。通过学习成功的创新案例，特别是通过学习借鉴创新环境大致相同情况下的成功案例，对提高个人和团队的创新能力很有帮助。创

新案例中有个人和团队的思维与行动特点，也有个人和团队在创新活动中的经验教训，因此可以分别从"我"和"我们"的角度去揣摩和借鉴。

（2）团队创新能力的培养。创新团队是介于创新组织与创新者个人之间的创新行为单元或创新主体，其创新能力并非指该团队成员个人创新能力的总和，而是指团队作为一个整体而具有的创新能力。创新团队创新能力的发挥，如同创新者个人一样，也需要有适宜的创新制度安排和创新文化氛围。另外，团队的整体创新能力取决于团队的编队形式、工作方式和效率。在特定的目标指向下，创新团队也存在多种编队理念和方式。在此，可以将编队理念及方式分为以下两种基本类型：一是强调思想互动，这种编队理念及方式常见于小型科研团队的组建过程；二是强调纵向管理，这种编队理念及方式常见于企业部门大型研发团队的组建过程。在第一种类型中，创新团队由核心人物以及环绕在核心人物周围的其他创新成员构成，所有成员均享有较为充分的信息互换权利。在第二种类型中，整个创新团队可以划分出一些子创新团队，而创新团队负责人及子团队负责人合在一起则构成核心团队，整个创新团队呈现出金字塔结构，只有核心团队成员才享有较多信息互换权利。第一种类型的优势在于，它能够最大限度地给予成员以展开创新思维的空间，而第二种类型的优势在于，它注重纵向管理，能够获得较高的管理效率和较大的控制空间。

创新团队整体创新能力既取决于创新团队成员之间以及团队与外部环境之间的信息互换、思想互动及协作的强度和有效性，也取决于创新团队的管理、评估以及激励机制。有了良好的信息互换、思想互动机制，创新成员的个人创造力就有了充分发挥的空间，而有了有效的管理机制和激励机制，非创新或反创新的文化潜规则或制度就将得到改变，创新者的创造热情就将得到充分激发，其创造力就将得到有效整合，形成强大的创新合力。

（3）组织创新能力的培养。对一个企业或科研机构来说，通过持续学习和开展各种创新活动提升其创新能力，是该企业或科研机构迈向创新型组织的重要途径。一方面，组织创新、制度创新等各种创新要求该机构重新构建它与外部环境之间的关系，在组织与环境之间建立起适当的资源流动和人才流动机制，同时在组织内部着手进行创新制度安排及创新文化建设，确立创新理念并将之落到实处。需知道，创新制度及创新文化是一切创新项目赖以实施的"试验场"，是持续创新的基础。另一方面，创新组织在实施各种具体创新活动时，要善于发现和聚集创新人才，并针对创新项目进行创新人才编队，形成强有力的创新团队，实现创新目的。

①以组织建设提升整体创新能力。在致力于创新型组织建设的过程中，至少要做好以下几个方面的工作：第一，确立组织的基本价值理念并予以制度化。组织之所以称为组织，是因为有其基本价值理念。确立价值理念的基本方式就是将其制度化——以制度形式表达基本价值理念。第二，确立创新价值理念并予以制度化。创新价值理念是变不可能为可能的关键所在，是一个企业或科研机构的生存之道和发展之道，只有建立适于创新活动的资源分配原则、组织实施原则和评价原则，创新活动才能够顺利展开。第三，领导要具备多方面的创新素质，要有全局观念和对未来的预见能力。第四，创新人才是

创新的灵魂,要善于发现创新人才,充分发挥他们的创新能力并使之形成合力。

②通过创新实践培养多方面的创新人才,提升整体创新能力。创新由新知识或创意的形成或引入、新产品等新事物的设计和制作以及新产品等新事物的社会化应用这三个环节组成。因此,创新需要这三个环节的专门人才乃至综合型人才。第一个环节的人才有着梦想家的气质、多方面的知识储备和全局观念,他们善于捕捉和产生新思想或创意,对创新组织的创新潜力有着全面且适当的了解,他们是创新蓝图的绘制者。第二个环节的人才是工程师型的实干家,他们有精深的专业知识、设计才能和实践经验,能够将创新蓝图转化为具体的产品、成果或工艺。第三个环节的人才在创新成果的社会化应用方面有着特殊优势,是企业家型的实干家。梦想家拥有敏锐的创新意识和全局观念,而实干家拥有化梦想为现实的能力并且对创新风险有着敏锐的意识和承受力。创新的品质、等级和成败主要取决于不同类型的创新人才的能力发挥以及相互之间的合作。因此,一个创新组织应善于发现、聚集、合理使用这三个环节的人才,并选择兼具梦想家和实干家素质的人才作为创新组织或机构的领导者或决策者。

8.2 技术创新

8.2.1 技术创新的概念、内容、来源及战略选择

1. 技术创新的概念

从广义上说,技术创新是一个促成发明实现的全过程,包括从最初的发现,直到最后商业上的成功。美国经济学家曼斯菲尔德认为,技术创新是一项发明的首次(商业化)应用,但有人说,技术创新是技术机会与市场机会的结合。任何在工艺和产品上的改进,并将其成功地引入生产并使之商业化的过程,都叫技术创新。但科学研究、发明创造、专利等不等于技术创新。这种说法较为明确,但不是很全面。还有人说广义的技术创新除产品和工艺创新外,还包括与之相适应的组织创新、管理创新和市场开拓等。这种说法除了未包括获得原材料或半成品的新供给来源以外,几乎囊括了创新的全部内容。经济合作与发展组织(OECD)认为,技术创新指的是新产品的产生及其在市场上的商业化和新工艺的产生及其在生产过程中应用的过程。美国国会图书馆研究部认为,技术创新是一个从新产品或新工艺的设想产生到市场应用的完整过程,它包括设想的产生、研究开发、商业化生产到扩散这样一系列的活动。这两种说法比较确切一些。

从狭义上说,技术创新主要指产品创新和工艺创新。综合分析研究各家之说,可以认为技术创新主要是指新产品和新工艺构想的产生(获取)、研究开发、投入或应用于生产、进入市场销售以实现商业利益的技术经济活动。技术创新活动主要由产品创新和工艺创新两部分构成。产品创新主要是指在技术上有变化的产品的研究、开发、生产及商业化,包括生产全新产品、显著改进产品。工艺创新主要是指对全新的或有显著改进的生产方法的研究、开发及应用,包含改进新工艺、新设备等。

2. 技术创新的内容

（1）要素创新。

①材料创新。材料既是产品和物质生产手段的基础，也是生产工艺和加工方法作用的对象，材料创新或迟或早会引致整个技术水平的提高。

②手段创新。它主要是指生产的物质手段的改造和更新。生产手段的创新主要包括两方面的内容，一方面是将先进的科学技术成果用于改造和革新原有的设备，另一方面是用更先进、更经济的生产手段取代陈旧、落后、过时的机器设备。

（2）产品创新。产品是企业的象征，企业所提供产品的受欢迎程度是企业市场成败的主要标志。产品创新包括新产品的开发和旧产品的改造。产品在企业经营中的作用决定了产品创新是技术创新的核心和主要内容。

（3）要素组合方法的创新。利用一定的方式将不同的生产要素加以组合，这是形成产品的先决条件。要素的组合包括生产工艺和生产过程两个方面：一方面是生产工艺创新，包括生产工艺的改革和操作方法的改进；另一方面是生产过程创新，包括设备、工艺装备、在制品以及劳动在空间上的布置和在时间上的组合。

上述几个方面的创新，既是相互区别的，又是相互联系、相互促进的：材料创新会引起产品物质结构的调整，产品的创新必然要求产品制造工艺的改革，工艺的创新必然要求生产过程中利用这些新的工艺方法的各种物质生产手段的改进，机器设备的创新也会带来加工方法的调整或促进产品功能更加完善，工艺或产品的创新也会对材料的种类、性能或质地提出更高的要求。各类创新虽然侧重点各有不同，但任何一种创新都必然会促进整个生产过程的技术改进，从而带来企业整体技术水平的提高。

3. 技术创新的来源

（1）意外的成功或失败。不论是意外的成功，还是意外的失败，一经出现，企业就应正视其存在，并对其进行认真的分析，努力搞清楚并回答这样几个问题：究竟发生了什么变化？为什么会发生这样的变化？这种变化会将企业引向何方？企业应采取何种应对策略才能充分地利用这种变化，以使其成为企业发展的机会？

（2）企业内外的不协调。企业应当仔细观察不协调的存在，分析出现不协调的原因，并以此为契机组织技术创新。分析出的原因可能包括：宏观或行业经济景气状况与企业经营绩效的不符，假设和实际的不协调，对消费者价值观的判断与消费者的实际价值观不一致等。

（3）过程改进的需要。意外事件与不协调是从企业与外部的关系这个角度来进行分析的，过程改进的需要则与企业内部的工作有关。由这种需要引发的创新是对已存在的过程（特别是工艺过程）进行改善，把原有的某个薄弱环节去掉，以利用新知识、新技术重新设计的新工艺、新方法作为替代，从而提高效率，保证质量，降低成本。

（4）行业和市场结构的变化。企业是在一定的行业结构和市场结构条件下经营的，行业结构主要指行业中不同企业的相对规模和竞争力结构以及由此决定的行业集中度或分散度，市场结构主要与消费者的需求特点有关。行业结构和市场结构一旦出现了变化，企业必须迅速对其做出反应，反应及时就会产生创新的机会。

（5）人口结构的变化。人口因素对企业经营的影响是多方位的，作为企业经营中的资源与产品的终端用户，人口的数量、年龄结构、收入构成、就业水平及受教育程度等直接影响企业的创新。

（6）观念的改变。消费者观念上的改变影响着不同产品的市场销路，为企业提供着不同的创新机会。以观念转变为基础的创新必须及时组织才可能给企业带来发展和增长的机会。

（7）新知识的产生。一种新知识的出现将为企业创新提供异常丰富的机会。与其他类型的创新相比，知识性创新具有最为漫长的前置期。知识创新不是以某个单一因素为基础的，而是以几种不同类型的知识的组合为条件的。

4. 技术创新的战略选择

技术创新的战略及其选择的内容如下。

（1）创新基础的选择。

创新基础的选择可能导致整个行业的技术革命，特别是基础研究导致的创新可能为整个行业和生产提供一个全新的基础。创新基础的选择需要解决在何种层次上组织创新的问题。创新基础有两种类型：一是基础研究，要求企业能够提供长期的、强有力的资金及人力上的支持，并且有着较大的风险；二是应用性研究，只需企业利用现有的知识和技术去开发一种新产品或探寻一种新工艺。

（2）创新对象的选择。

- 产品创新：要使产品在结构或性能上有所改进；
- 生产手段创新：借助外部力量并与组织内部相结合；
- 工艺创新：提高产品质量，降低产品成本。

（3）创新水平的选择。

它主要是相对其他企业而言的，是决定先发制人还是后发制人的问题。创新水平有两类：①先发制人，在行动上先人一步，目的是在市场竞争中高人一筹；②后发制人，采用追随的战略，目的也是制人，而非受制于人。后发制人战略的优点有：分享先期行动者投入大量费用而开发出的行业市场，根据基本稳定的需求进行投资，在率先行动者技术创新的基础上组织进一步的完善，使之更加符合市场的要求。

（4）创新方式的选择。

①利用自己的力量独家开发。这种创新方式不仅要求企业拥有数量众多、实力雄厚的技术人员，而且要求企业能够调动足够数量的资金，独自占有收益和承担风险。

②与外部的生产、科研机构联合起来共同开发。这种创新方式会帮助企业集中更多的资源条件进行更为基础性的创新研究，并共同承担由此引发的各种风险。

8.2.2 技术创新的关键驱动因素与类型

1. 技术创新的关键驱动因素

（1）技术发展驱动。技术发展驱动技术创新最早是由熊彼特于20世纪50年代提出来的。熊彼特认为，技术创新或多或少是一种线性过程，从来自应用研究的科学发现到技术发展和企业中的生产行为，以及最终新产品进入市场都是逐步向前推进的。熊彼特还指出，新技术的发明和出现驱使企业家进行技术创新。

（2）市场需求驱动。1966年，美国经济学家施穆克勒（Schmookler）首先提出了"需求拉动模型"，该模型强调市场需求的拉动是技术创新的主要驱动力。美国麻省理工学院的梅耶斯（Myers）和马奎斯（Marquls）教授在1969年所做的一项重要的实证工作支持了施穆克勒的观点，两位教授对5个产业的567项技术创新项目进行了抽样调查，发现其中3/4的技术创新是以市场需求为出发点的，另外1/4的技术创新则以技术本身的发展为出发点。最后梅耶斯和马奎斯得出结论，在技术创新中，市场需求是一个比技术发展更重要的驱动因素。

（3）技术发展和市场需求联合驱动。20世纪80年代后期，莫厄里（Mowery）和罗森伯格（Rosenberg）认为，技术创新可以是由技术发展驱动的，也可以是由广义需求驱动的，成功的技术创新往往是二者共同作用的结果。加拿大学者芒罗（Mumro）和诺雷（Noori）对加拿大900多家企业的技术创新进行了调查，调查发现18%的技术创新靠技术发展驱动，26%的技术创新靠市场需求驱动，56%的技术创新靠技术发展与市场需求共同驱动。

（4）政府政策驱动。1995年，克里斯坦森（Christensen）以计算机行业为例，认为一项新技术只有在合适的政策环境下才能生存和发展。2008年，冈萨雷斯（Gonzalez）和康斯薇洛（Consuelo）指出，企业技术创新离不开政府对企业技术创新活动的财政支持。罗默（Romer，1990）认为，最好的政策是对技术创新进行直接补贴。波特（Porter，1995）认为合理设置环境政策能够刺激企业技术创新。

（5）企业家精神驱动。熊彼特认为，技术创新的主要驱动力量是企业家，而企业家精神的最根本特质就是推动创新。德鲁克也认为企业家精神的一项特殊功能就是创新，企业家精神的核心为技术创新精神。企业家精神可以带动一种革新行为，这种行为为现有资源赋予了新的创造财富的能力。其他学者也认为，企业家精神对技术创新有重要的驱动作用。从以上文献梳理中可以看到：技术创新驱动因素经历了从单一因素到多元因素演化的过程；国外学者侧重于考察各独立因素对技术创新的驱动关系，而缺乏整合性研究；对驱动企业技术创新的深层次因素需要继续探讨，尤其对于企业技术创新内部驱动因素有待进一步研究。

2. 技术创新的类型

熊彼特在1912年的《经济发展理论》中指出，创新是指把一种从来没有过的关于生产要素的"新组合"引入生产体系。技术创新要引进或产生新的要素，产生这些要素的方式以及创新程度的不同使得技术创新有不同的分类。按创新程度分类，技术创新可以分为渐进性创新和突破性创新；按创新对象分类，技术创新可以分为产品创新和工艺创新。

（1）渐进性技术创新和突破性技术创新。

渐进性技术创新是指对现有技术改进引起的渐进的、连续的创新，而突破性创新也称重大创新或突变性创新，是指技术有重大突破的技术创新，它常常伴随着一系列渐进性的产品创新和工艺创新，并在一段时间内引起产业结构的变化。例如，一些护肤品提高技术水平，增加了SOD蜜的纯度以及添加了草本精华，这都是渐进性的创新。它们建立在原来产品的基础之上，对原来的产品进行改善，并没有实质性的突破。而从报纸、杂志到电视再到计算机则是一系列的突破性创新，它们从根本上突破了原有的技术根基，深层次地改变了人们的娱乐生活。

判断一种创新是渐进性还是突破性不像想象的那么简单。渐进性创新是基于持久性技术的创新，是从对企业的现有产品用户关注的产品服务性能方面来改进产品服务的。就创新项目本身的技术特性而言，创新项目可能具有技术上的跳跃性和突破性，但是无论这种改进多么困难，跨度多么大，只要其性能改进的方向依然是其主流用户要求的性能改进方向，那么其依然属于渐进性创新。例如Intel的微处理器，无论其研发多么困难，性能提高多少，只要这种创新依然是让微处理器运行速度更快，那么这样的创新就属于渐进性创新。突破性创新是基于突破性技术的创新，是那些并不是按照企业主流用户的需求性能改进方向进行的创新，也可能是暂时还不能满足企业主流用户的创新。突破性创新不一定是难度很大的创新，其主要特点在于，产品的改进并不在原有的性能改进方向上，所以突破性创新产品可能暂不符合企业现有客户的需要，但可能找到重视其性能的某个小市场新的客户群体，而且一般是低端用户。因为突破性创新产品一般具有不同于现有技术的功能属性，这些属性在开始时可能是不被现有客户重视的属性。

（2）产品创新和工艺创新。

产品创新是指在产品技术变化的基础上进行的创新。企业开发出新产品，比如说宝洁公司推出舒肤佳，或是对原有商品的改进，比如说iPhone 11s在iPhone 11的基础上添加了许多新功能，这也是产品创新的一种新模式。服务创新也是产品创新的一种，例如生态农业观光旅游就是服务创新。工艺创新又称过程创新，是指在生产（服务）过程技术变革基础上的技术创新，它包括新工艺、新设备及新的管理和组织方法。

产品创新和工艺创新都是为了提高企业的社会经济效益，但二者途径不同，方式也不一样。产品创新侧重于活动的结果，而工艺创新侧重于活动的过程；产品创新的成果主要体现在物质形态的产品上，而工艺创新的成果既可能体现在劳动者、劳动资料和劳动对象上，也可能体现在各种生产力要素的结合方式上；产品创新的生产者主要是为用户提供新产品，而工艺创新的生产者也是创新的使用者。产品创新的模式包括率先创新、模仿创新两种。率先创新是指企业依靠自己的努力，自主掌握核心技术，率先进入市场。而模仿创新是指企业通过模仿其他企业的创新模式，吸取其他企业成功与失败的经验，或引进相关的核心科技。

8.2.3 技术创新的不确定性与风险

技术创新过程中充满了不确定性与风险,它们在一定程度上阻碍了技术创新的顺利进行。

1. 技术创新的不确定性

任何新技术在其诞生之初都面临着两个不确定性,即技术前景的不确定性和市场前景的不确定性。

这两种不确定性事实上是任何新技术的固有特性。能否尽快克服这两种不确定性就成为决定由发明到创新之间时期长短的关键因素。

随着世界范围内的新技术革命的发展,各国家和地区,尤其是美、欧、日等发达国家和地区纷纷制订本国或本地区的科学技术发展计划,采取措施加快本国科学技术的发展和高新技术成果产业化的进程,以抢占21世纪世界经济增长的制高点。

2. 创新风险的基本特征

第一,技术创新风险是可管理的投机风险。纯粹风险是指只有损失机会而无获利机会的风险,如火灾、地震等。其后果只有两种可能,即有损失或无损失。投机风险是指既有损失可能又有获利可能的风险,其后果有三种可能:盈利、损失、不盈不亏。

①技术创新风险属于投机风险。创新主体希望通过成功的技术创新获取期望的利益。但是技术创新活动在外部因素和内部因素的作用下,最终有三种可能的结果:一是创新成功,实现了预期的目标;二是技术创新没有达到理想的效果,仅使投入与收益基本持平;三是创新失败,未能实现预期目标,甚至无法回收前期投入的资金。所以在风险类型上,技术创新风险属于投机风险。

②技术创新风险是一种动态风险。这种风险具有复杂性,即技术创新系统的外部因素或内部因素的变动,如经济、社会、技术、政策、市场等因素的变动,以及研究开发、市场调研、市场营销等方面的管理不到位,均可能导致风险的发生。

③创新风险在某种程度上是可以防范和控制的。技术创新活动是一种有目的、有组织的技术经济活动。通过对技术创新系统的组织管理,尤其是树立风险意识,完善风险管理,则能够在一定程度上防范和控制风险损失的发生和发展,使受控的技术创新活动向预期目标发展。

④技术创新风险导致的失败结果在某些条件下是可以改变的。

⑤技术创新风险是可管理的风险。

第二,技术创新风险是一个理性过程中的风险。

第三,技术创新过程中的不确定性因素逐步递减。

从创新主体企业的角度看,技术创新风险至少包括技术风险、市场风险、财务风险、政策风险、生产风险和管理风险。

8.3 管理创新

8.3.1 管理创新概述

1. 管理创新的含义

管理创新是指对组织管理思想、管理方法、管理工具和管理模式的创新，它是组织面对技术和市场的变化做出的相应的改进和调整。一般来讲，管理既是一门科学，也是一门艺术，它既有自然的工具属性，又有一定的社会属性，因此，所谓管理创新是指在市场经济条件下，在科学理论的指导下，运用现有的资源，依据现代科学技术的发展态势，研究并利用新的生产经营过程，对传统管理模式及相应的管理方式和方法进行改造、改进和改革，并重新选择和构建新的管理方法和制度的配套系统工程。

组织管理指在组织运营过程中发挥计划、组织、领导和控制等各项职能，充分利用各种资源，适应内外部环境发展需要，最终实现组织运营目标的一系列工作。管理创新是组织管理科学的精髓。

2. 管理制度创新的必要性

（1）管理制度外部环境的变化。现实的环境是不确定和复杂的。建立在传统管理学范式上的管理制度安排已经不能很好地适应组织变革与创新的需要。这些制度忽略了外部市场对于组织的压力，无法将外部市场的竞争信息有效地传送到组织内部并在员工间传递，结果造成组织员工对市场不敏感，组织的创新和应变能力较弱等问题。因此，运用控制论、系统论、耗散结构论、协同论、突变论等前沿理论、方法和手段来建立适应复杂环境发展的企业管理制度就成为一种迫切需要。

（2）组织中小型化。以往企业管理制度往往是大中型企业需要着重考虑的问题，中小型企业由于自身的特点，其管理制度一般而言较为简单，也较为固定。但在新的经济形势下，中小企业的生存环境发生了变化，中小企业相对大企业来说，必须快速地揣摩新的经济走势，调整生产和销售渠道，学习新的管理经验等。这对管理制度的创新有了更高的要求。

（3）创业型经济的发展。创业型经济是与传统管理经济不同的新经济形态。首先，它要求人们转变思维方式，形成创业精神导向的观念和行为。其次，创业经济要求管理创新，建立创业管理范式。传统的管理范式以大型工业为基础，通过计划、组织、领导、控制等职能来实现组织绩效目标，追求的是稳定和秩序。而创业管理范式则是以发现和识别机会为起点，以创新、超前行动和勇于承担风险为主要特征，强调机会导向，强调创业过程中组织与资源间的关联和耦合。创业经济中管理制度的重点不再是控制和稳定，而应以创新、机会为导向，鼓励个性的发展和团队的协作。

（4）客户经济的出现。迈克尔·哈默认为，客户经济是客户占有优势地位的经济。客户经济对管理制度创新提出了新要求，要求以客户价值实现为主导进行资源配置，具体表现为：①在客户经济的主导下，处于价值链上的不同企业组合在一起，共同以顾客为中心，为顾客创造价值。企业的管理制度不仅要重视企业内部管理，还要重视价值链的协同管理，重视顾客价值网络中的各利益相关者之间的关系管理。②随着企业的资源外取、虚拟化经营、网络化、战略联盟的普及，组织与组织的边界日益模糊，组织的所有权控制逐渐淡化，以虚拟、契约和经济控制的管理控制高于所有权控制。企业的管理制度也要适应这种要求，实现与外部资源和外部组织的连接。

3. 管理制度创新的原则

（1）合法性。组织各项管理制度的制定必须符合法律法规的要求，否则，制度将不具备可实施性。组织管理创新要规范组织运营，规避经营风险，否则会给企业运营带来一定的风险。

（2）可操作性。任何制度的设计和制定，其最终目的是用于规范组织的日常工作。因此，组织制度的可操作性是进行制度评估的重要因素。

（3）系统性。组织制度是一个完整体系，在设计制度时必须通盘考虑，明确某个具体制度在整个制度体系中的位置，防止出现内容重叠，甚至前后矛盾的现象。

（4）与企业管理创新相结合。管理制度是企业整体运营的重要组成部分，只有把组织的制度管理和管理创新相结合，才能做到管得住、管得好。

（5）与组织实际经营相结合。组织制度的设计要与组织的实际经营管理相结合，避免制度与实际不融合，从而使得制度没有可操作性。不同的组织，其经营管理模式是不同的，经营管理背景也存在一定的差异。因此，在进行组织制度设计时要遵循的一个很重要的原则就是，设计的制度必须和实际状况相融合，这也是检验制度是否具有可行性的唯一标准。

（6）权责平衡。在制定制度的过程中，要清楚地知道权利和责任的问题。一味强调权利会导致权利的泛滥及权利的过度使用，而如果过度强调责任，则会导致制度执行中的抵触情绪，容易使制度变成"墙上制度"。因此，组织要尽量做到权责平衡，只有这样才能使制度的可接受性更强。

（7）高效、简单。高效、简单是进行制度设计的一个目标性原则，因为组织管理制度创新很多是与员工和组织的利益直接相关的，如绩效考核制度。虽然复杂的制度也可以达到管理的目的，但是管理成本很高，因此，在进行组织制度设计时要尽量把制度简单化。

4. 管理创新的过程

管理创新过程是一个渐进的过程，是从无到有，从认识到认知，从认知到创新的过程，它分为以下四个阶段。

第一，员工对企业原有管理模式的不满或企业遭遇到前所未有的发展危机，导致组织和员工在认识上与原有管理理论思想的冲突。

第二，因为认识到企业现有管理手段、方法的落后，而对新的管理理念和成功经验主动认知，有借鉴和学习的意愿。这个过程需要大量的理论基础和案例的支持，从这些经验中汲取有利的部分，并应用到新的管理体系之中。

第三，创新过程的实施阶段。这个阶段是将组织中不满的因素、先进的管理理论和成功的创新案例组合到一起，加以总结、提炼、加工，在重复、渐进的不断尝试中寻求一个最佳创新方案。

第四，创新后的管理体系要得到组织内部和外部的一致认可，包括对创新内容的适应过程、创新过程中消极因素的规避问题、创新收益的评价等各方面有利和不利因素的综合分析及认可过程。

管理创新的最初阶段首先要得到组织内部的一致认可，这是管理创新得以执行的基本前提，创新的管理需要拥护者，并且需要在最短时间内取得成果来证明创新的有效性。即使有些创新需要很长的时间，但是有理论认证的创新也能增加创新者和支持者的信心。管理创新还要得到外部的认可，即要得到创新体系之外的各种因素的承认。外部认可是当创新过程中得不到数据的及时有效证明时，为了获得支持以保证持续创新的一种手段。

管理创新要得到外部的认可可以通过以下几种方式：

- 一些权威的学者可从企业那里获得翔实的第一手管理创新资料，将组织的创新应用到研究和教学之中，形成一个实践课题。
- 在组织创新的初始阶段，可以为咨询公司提供成功案例的总结。
- 通过媒体的宣传扩大创新的影响力，并用创新过程中的成功案例加以催化。

行业内部通过交流和协作，对创新中的有效性成果进行复制和借鉴。管理创新得到内部和外部认可是创新得以继续的保障，这样的创新过程才是最可靠的。

5. 管理创新的主要内容

组织管理创新是一项复杂的系统工程。从系统的观点来看，组织管理创新是指组织的管理者不断根据市场和社会变化，利用新思维、新技术、新方法、新机制，创造一种新的更有效的资源组合范式，以适应和创造市场，促进组织管理系统综合效益的不断提高，达到以尽可能少的投入获得尽可能多的综合效益的目的的具有动态反馈机制的全过程管理。组织管理创新作为一项系统工程至少应包括以下八个方面的内容。

（1）管理理念创新。为实现理念的创新，必须做以下转变：管理绩效的评价标准要从是否遵循上司意志转变为综合效益的完成量；管理的内容要从管理方式是否需要强化、管理形式是否需要更加严格转向岗位职责、工作流程、规章制度的科学性和有效性以及对于资金、人才、时间、物质的使用效率的实质性控制；管理方式要从家长专断型的随意管理转向基于广泛咨询的、遵循决策程序的科学管理，从事无巨细的越级干预到注重决策和预算的权责明确的层级管理；管理的机制要从对组织员工的形式化约束转向建立互动式自我教育与激励型行为规范；管理的目的要从单纯完成利润目标转向对内维持和谐稳定的一致性，对外增强持续不断的适应性；管理的心态也要从追求一劳永逸转向动态和持续创新。

（2）战略创新。运营战略是对组织长远发展的全局性谋划。组织的运营战略大体可以分为三个层次：总体战略、经营单位战略和职能部门战略。组织管理者应树立"战略随着环境走，能力跟着战略走"的观念，采取战略分析、战略制定、战略选择、战略实施等步骤，通过 SWOT 法对组织的运营收益、风险、利益相关者的反应、市场前景等做出评价，并领导、组织、管理好运营战略创新的过程。

（3）管理组织创新。组织形式不是一成不变的，必须根据组织发展和市场竞争的需要进行调整和创新。尤其在企业管理创新过程中必须重视增加组织的柔性，探讨更高效、更灵活的组织结构方式，如建立跨职能机动团队。此外，还要认识到直线职能制、事业部制、矩阵结构、集团组织结构等都是具体组织结构形式，各有所长，要根据组织发展战略、发展阶段、组织形态和规模变化加以选择。

（4）制度创新。有了良好的组织结构，还需要有科学的规章、严密的程序作保障。目前国内还有相当一部分组织管理职责设计比较粗糙，管理环节之间缺乏明确的程序，规章制度常常停留在纸面上，职工民主管理往往流于形式，决策随意、制度不严、无章可循、有章不循、违章不究的现象时有发生。在这种情况下，既需要对组织的基础管理进行"补课"，又需要根据组织运营战略对管理规范和业务流程进行调整与动态更新，使组织在采购、研发、生产、销售、财务以及后勤保障等各个环节中都建立起合理的规范和工作流程，把创新渗透于各个环节，作为经常性的主要管理职责，从而适应市场竞争的要求。

（5）管理技术与方法创新。组织是一个复杂的非线性的大系统，在组织内流动着劳务、资金、信息、能源等资源。要提高竞争能力，必须使所有资源在一种科学、合理并且先进的管理模式下运行，这种模式的实质就是以市场需求为导向、以系统工程观念为指导、以现代管理技术和方法为支撑的综合的、系统集成的、整体优化的管理系统。信息产业的兴起和市场的国际化发展，从根本上动摇了 20 世纪的管理技术，有关生产的新概念、新方法层出不穷。工业发达国家已经进入了以广泛应用计算机辅助管理和精益生产为代表的现代管理阶段，而我国大多数组织尚处于经验管理阶段，当务之急是应用计算机技术进行管理，实现组织管理的信息化。

（6）企业文化创新。经济竞争的最高层次是文化竞争，而文化具有传承性，由旧文化转型为新文化，一方面必须重新整合并赋予旧的组织文化以新的内涵，另一方面必须紧紧盯住世界组织文化创新的趋势。组织必须拥有最高尚的人格理想、最高级的社会理想和最道德的行为理想，成为新文化的开拓者。

（7）管理模式创新。管理模式是管理内容、管理方法、管理手段和管理形式的有机统一。在市场经济下，组织管理创新的模式有两种，一是以改进产品和服务为主的市场适应模式，二是以创造产品和服务为主的市场创造模式。发达国家常采用市场创造模式，而我国的企业常采用市场适应模式。国内组织的管理模式创新围绕如何适应市场来调整管理内容、管理方法、管理手段和管理形式，并使它们有机地结合起来。

（8）人力资源管理创新。人力资源是组织中唯一不断增值的资源，必须加强开发和管理。目前的人力资源管理往往侧重于人员招聘、员工合同管理、考勤与绩效评估、薪酬和培训等与组织内部有关的事项，忽略了个人自身价值的实现和对市场与顾客的关注。人力资源管理创新应做好以下工作：使人力资源部门成为组织最核心的部门，设立人力资源总监，组建一个学习型组织，使员工得到公平合理的报酬，使员工得到自我发展的机会和自愿献身的职业。

8.3.2 组织创新

1. 组织创新的概念与原则

任何组织机构在经过合理的设计并实施后，并不是一成不变的。它们如生物的机体一样，只有随着外部环境和内部条件的变化而不断地进行调整和变革，才能顺利地成长、发展，避免老化和死亡。应用行为科学的知识和方法，把个人的成长和发展期望与组织目标结合起来，通过调整和变革组织结构及管理方式，使其能够适应外部环境及组织内部条件的变化，从而提高组织活动效益的过程，就是所谓的组织创新，也称组织开发。

组织创新是不以人的意志为转移的客观过程。引起组织结构变革的因素通常是：外部环境的改变、组织自身成长的需要以及组织内部生产、技术、管理条件的变化等。实行组织变革就是根据变化了的条件，对整个组织结构进行创新性的设计与调整。组织创新指的是组织因受外部环境冲击，配合内部环境需求，调整内部若干状况以维持自身平衡状态，从而使组织生存和发展下去的一种调整过程。它是对创新性技术的运行产生影响的一种社会组织方式，也是原组织认同体和形成目的及意识的认同体对成员权、责、利等关系的一种重构。

组织创新的特点体现在组织对资源的配置方式上，包括对人力、财力和物力资源及其结构的安排，因此，组织创新也是资源的组合方式的改变。组织创新的特点具体有：①组织创新实质上是各种的社会组织之间横向的联合；②组织创新的活动在很大程度上依赖于企业的目标以及经济技术的实力；③组织创新主要表现在企业功能的完善上，也就是说引入一些新的组织因素，并进行内部结构调整，使企业功能不断完善，组织创新是对企业内部结构不断优化的过程。

组织创新是组织进行的一项有计划、有组织的系统变革过程。它应当遵循以下基本原则：①必须按照组织管理部门制订的计划来进行；②应当使组织既能适应当前的环境要求和组织内部条件，又能适应未来的外部环境要求以及未来的内部条件的变化；③应当预见到知识、技术、人员的心理和态度的变化，以及工作程序、行为、工作设计和组织设计的变化，并根据这些变化，采取相应的措施；④在提高组织的效率和个人工作绩效的基础上，促使个人和组织的目标达到最佳配合。

2. 组织创新的内容

（1）组织创新的基本内容。组织因环境因子与组织管理需求的变动等而变动。组织创新一般可涉及以下方面。

①功能体系的创新,即根据新的任务目标来划分组织的功能,对所有管理活动进行重新设计,包括对职位和部门设置进行调整,改进工作流程与内部信息联系等。

②管理体制的创新,包括管理人员的重新安排、职责权限的重新划分及各种规章制度的变革等。上述开发工作往往需要经历一定的时间,从旧结构到新结构不是一个断然切换的简单过程,一般需要经历较长的过渡、转型时期。所以,作为领导者要善于抓住时机,发现组织变革的征兆,及时地进行组织开发工作。以企业为例,企业组织结构老化的主要征兆有:企业经营业绩下降,企业生产经营缺乏创新,组织机构本身病症显露,职工士气低落,不满情绪增加等。当一个企业出现上述征兆时,企业应当及时进行组织诊断,以判断企业组织结构是否有开发创新的需要。

(2)组织结构及战略方面的创新。以组织结构和战略为主的创新给组织创新的产生提供了机制上和方向上的保障,有利于实现组织在面向市场时的需求。外部的动态环境希望组织能够打破原有的刚性条框限制,使之趋向柔性。柔性的战略思维主要强调企业能在快速变化的环境中把握机会、创造机会,即希望通过战略创新形成全新战略环境。组织结构的扁平化能够让组织员工和外部环境及市场更近,通过市场来激发员工的创新意识。组织创新虽然表现在组织功能方面的完善和内部结构的优化上,但不单单局限在企业本身,它也是各种社会组织共同参与的过程。

| 管理聚焦 8-10 |

在上海通用20多年的发展历程中,柔性化管理已经成为上海通用的一道亮丽风景。目前,中国几乎所有的汽车工厂都是采用一个车型、一个平台、一条流水线、一个厂房的制造方式。唯有上海通用是另类,上海通用最多可以一条线上共线生产四种不同平台的车型。这种生产方式就是柔性化生产方式,它在国内汽车企业里是绝无仅有的。柔性化生产能为厂家和消费者最直接带来的就是时间和金钱。上海通用的别克GS、别克赛欧就是很好的证明。以柔性化生产线为基础,其严格而规范的采购系统,科学而严密的物流配送系统,以市场为导向高度柔性化的精益生产系统,以及以客户为中心的客户关系管理,共同构成了上海通用的柔性化生产管理的支撑体系,使上海通用成为GM(通用汽车公司)全球范围内柔性最强的生产厂家,也成了企业柔性化管理的经典范例。

(3)文化方面的组织创新。经济社会以知识作为主要资源,企业是否有创造、使用和传播知识的才能,是企业生存发展的关键因素。管理活动的重点正从实物资本过渡到知识和人力资本。现代的组织创新其实是希望去创造新的共同愿景,主要方法是营造出自我学习和自我分析的组织氛围。大量研究发现,拥有合适的组织文化氛围有助组织充分利用优势。所以,以文化为中心的组织创新主要以改变成员工作理念、信念及公司使命为出发点,以此来改变人员态度和人员间的关系,开发和共享员工的知识,以提升组织绩效。总之，组织创新不仅是战略和结构的改变，最后还要实现文化的全面更新，也就是说不仅要打破组织结构的形式，还应该对成员观念和行为进行更新，使组织资源及能力发挥放大的效应。

3. 组织创新的外部影响因素

从组织的外部环境因素来看，市场的变化和组织所处的政治经济及社会文化环境等都会影响组织创新的整个过程。

（1）市场的变化。市场变化是组织创新的首要外部因素，其中最重要的是需求变化。组织作为市场中的供给方是为满足需求而存在的。另一重要的市场变化是竞争变化，激烈的竞争往往使组织更倾向于成为适应市场的创新型组织，并通过更低成本和更高质量取得竞争优势。此外，资本与劳务市场的变化也能激发创新。例如，许多发达国家的资本市场结构很容易激发创新，某些风险资本专门寻找有发展前途的小型创新公司，实行高风险、高回报率的投资策略。

（2）政治经济及社会文化环境。政治经济与社会文化环境是推动组织创新的重要外部因素。企业经营规模的不断扩大和技术层次的不断提高，使得管理理念与文化价值观的更新日趋急迫，成为组织创新的必要条件。而管理理念与文化价值观在很大程度上受到政治经济与社会文化环境变化的制约，例如，政府的政策、法令、法律、规划、战略等，都直接对组织创新行为具有指导意义和约束力。

组织创新过程是一个系统，不仅会受到组织内部个体创新特征、群体创新特征和组织特征的影响，还会受到整个社会经济环境的制约。组织创新行为会直接影响组织绩效，包括市场绩效、竞争能力、盈利情况、员工的态度等。组织创新往往从技术与产品开发入手，逐步向生产、销售系统、人力资源、组织结构发展，进而进入战略与文化的创新，表现为一种渐进创新的过程。

8.3.3 商业模式创新

1. 商业模式的内涵

商业模式是一种包含了一系列要素及其关系的概念性工具，用以阐明某个特定实体的商业逻辑。它描述了组织能为客户提供的价值以及公司的内部结构、合作伙伴网络和关系资本等借以实现（创造、推销和交付）这一价值并产生可持续盈利收入的要素。按照IBM 商业研究所和哈佛商学院克里斯坦森教授的观点，商业模式就是一个企业的基本经营方法。它包含四个部分：用户价值定义、利润公式、产业定位、核心资源和流程。商业模式可以被定义成：为实现客户价值最大化，把能使企业运行的内外各要素整合起来，形成一个完整的高效率的具有独特核心竞争力的运行系统，并通过最优实现形式满足客户需求、实现客户价值，同时使系统达成持续盈利目标的整体解决方案。商业模式是一个非常宽泛的概念，通常所说的跟商业模式有关的商业词汇有很多，如运营模式、盈利模式、B2B 模式、B2C 模式、"鼠标加水泥"模式、广告收益模式等，不一而足。商业模式虽然是一种简化的商业逻辑，但依然需要用一些元素来描述这种逻辑。

- 价值主张。企业通过其产品和服务向消费者提供价值，而价值主张可以确认企业对消费者的实用意义。
- 消费者目标群体。公司所瞄准的消费者群体具有某些共性，从而使企业能够针对这些共性创造价值。
- 分销渠道。它是指企业用来接触消费者的各种途径，其重点在于企业如何开拓市场，它涉及企业的市场和分销策略。
- 客户关系。它是指企业同其消费者群体建立的联系，通常所说的客户关系管理就与此相关。
- 价值配置。它主要涉及资源和活动的配置。
- 核心能力。它是指企业执行其商业模式所需的能力和资格。
- 合作伙伴网络。某个企业为有效地提供价值并实现其商业化而与其他企业形成的合作关系网络。它描述了企业的商业联盟范围。
- 成本结构。它是指使用的工具和方法的货币描述。
- 收入模型。它是指企业通过各种收入流来创造财富的途径。

一个企业只有深入了解企业的商业模式和组成商业模式的不同元素之间的关系，才能在自己的商业模式被复制前重新审视并创新。商业模式作为管理学领域的一个新的研究热点，已经引起学术界和企业界的广泛关注。从国外的相关研究文献来看，商业模式研究已经从最初对商业模式定义、构成要素、分类的研究转向对商业模式创新的研究。

2. 商业模式创新的动力

商业模式创新是在一定的动力驱动下进行的一种创新活动。在国外商业模式创新研究中，很多学者都或多或少地在新技术市场化推动力、市场环境压力、市场机会拉动力三个方面谈到了商业模式创新的动力问题。

（1）新技术市场化推动力。新技术要想转化为适应市场的产品和服务，就必须应用合适的商业模式。所以，新技术的市场化是商业模式创新的动力之一。1997 年，克里斯坦森对突破性技术的市场化进行了研究。他认为，与持久性技术相比，突破性技术是一种比较激进的技术创新，在原有的商业模式中将其市场化是不可行的，必须采用一种全新的商业模式来使应用突破性技术的产品能够实现市场化。此时，商业模式的创新就是为了新技术的市场化而进行的。Gambardella 和 McGahan 于 2009 年以生物制药企业为例对其技术授权进行了研究。他们认为，上游企业开发出特定应用性的技术，只能将其出售给为数有限的几个下游企业，使上游技术创新企业的利润受到限制，并在谈判中失去讨价还价的权力。为了摆脱这种不利局面，上游企业投资开发出具有普遍应用性的技术。要使这种技术能够市场化，就必须对原有的商业模式进行创新。新技术的市场化固然要依托创新的商业模式，但不可否认的是，技术企业的商业模式创新要以技术创新为前提。

（2）商业环境压力。商业环境瞬息万变，极不稳定，为了适应商业环境的变化，企业的商业模式也必须处于不断创新之中。马尔霍特拉（Malhotra）认为，传统组织的商业模式是被事先分类的计划和目的驱动的，目的是保证建立在一致性、集中性、依存性基础上的最优化和效率。为了适应动态的、不连续的、激进变革的商业环境，就必须进行商业模式的创新。索斯纳（Sosna）等也对商业模式创新的推动力进行了研究。他们认为，特定商业模式的持续性是不确定的，市场的变化（如新的创新者、竞争者和规则出现时）会导致现有的商业模式过时或缺乏盈利性。所以，从长远来看，持续不断的商业模式创新对每个企业来说都是一种重要的能力。目前的商业模式创新主要是在商业环境变化的压力下进行的，虽然很多学者都认同这一点，但商业环境影响商业模式创新的内在机制仍未得到有效的解释。

（3）市场机会拉动力。商业模式创新有时是为了抓住特定的市场机会进行的。Lindgardt 等人认为，商业模式创新能够帮助企业明确在经济倒退时特定的商业机会。他们通过以往的研究得出结论，那些在经济倒退时期表现出色的公司都是利用危机提供的机会重新焕发生机，而不仅仅是靠财务或运作上的创新。他们进一步得出结论，在经济危机时期，公司内部更容易对商业模式创新的大胆举动取得一致性的认知。在这一特殊时期，挖掘市场机会更能解释企业商业模式创新行为的动机，但是否在经济危机时期，公司内部就更容易对商业模式创新行为达成一致性意见，还有待进一步验证。总的来看，学者们在商业模式创新动力方面的研究取得了一定的进展，认识到了企业商业模式创新是在一定的动力驱动下进行的，但大多数学者的研究仍然偏重于某个方面。由于研究目的、研究视角、研究领域的不同，不同学者对企业商业模式创新动力的认识还存在着较大差别。企业商业模式创新的动力固然有很多个，但归根结底，其核心动力只有一个，那就是实现企业的盈利，其他动力只是核心动力的表现形式。

3. 商业模式创新的途径

商业模式创新是一项复杂的系统工程，所以商业模式创新途径会因创新者视角的不同而有所不同。早期商业模式创新途径的研究主要侧重于对商业模式组成要素创新的研究。随着学者对商业模式认识的不断深入，他们开始从系统的角度来看待商业模式创新，研究视角逐渐丰富起来。

（1）商业模式组成要素视角的商业模式创新。许多学者从商业模式组成要素入手展开对商业模式创新的研究。他们有的强调通过改变商业模式组成要素之间的关系来实现商业模式创新。例如，威尔（Weill）等人强调了改变商业模式组成要素之间的关系的重要性，提出了"原子商业模式的概念"，并指出每个原子商业模式都具有战略目标、营收来源、关键成功因素和必须具备的核心竞争力这四个特征，通过改变原子商业模式的组合方式就可构成新的商业模式。更多的学者侧重于研究商业模式组成要素本身的创新而导致的商业模式的创新。例如，奥斯特沃德（Osterwalder）指出，在商业模式这一价值体系中，企业可以通过改变价值主张、消费者目标群体、分销渠道、客户关系、价值配置、核心能力、合作伙伴网络、成本结构和收入模型等因素来激发商业模式创新。约翰逊（Johnson）认为，商业模式由顾客价值命题、盈利模型、关键资源、关键过程四个要素组成。这四个要素涵盖了企业经营的方方面面，企业商业模式创新可以围绕这四个要素的创新来实现。林加特也认为商业模式创新可以通过商业模式组成要素的创新来实现。他指出，商业模式包括价值命题和运营模式两个要素，每个要素又分别包含若干个子要素。商业模式组成要素创新虽然对商业模式创新的实践具有一定的指导意义，但研究者往往强调商业模式某个或某几个组成要素的创新，对商业模式创新的系统性考虑不够，而且学者对商业模式的组成要素也没有达成共识，这给商业模式组成要素创新研究带来一定的难度。另外，这种方法虽有益于商业模式部分方面的创新，却无法达到商业模式整体创新的目的。

（2）系统视角的商业模式创新。随着商业模式创新研究的深入，学者开始超越商业模式组成要素创新的研究，从系统视角来研究商业模式创新。作为全球商业模式创新与设计研究的领先学者，阿米特（Amit）和佐特（Zott）认为商业模式是一个由互相联系的若干活动组成的系统，这个系统可能越过了企业的边界，使企业和它的商业伙伴共同创造价值，而企业可以从中分享一部分价值。他们认为，商业模式这个活动系统的设计者需要考虑两个方面的因素，一方面是设计组成因素，具体包括内容、结构和治理，另一方面是设计主题，具体包括新颖性、锁定性、互补性和效率，这部分描述了商业模式活动系统价值创造的源泉。阿米特和佐特从两个维度（组成要素和设计主题）出发把商业模式看成一个活动系统，这虽然弥补了从商业模式组成要素视角研究商业模式创新的片面性的缺点，但总的来说，从系统视角研究商业模式创新的文献还较为少见，研究有待进一步深化。

（3）价值链视角的商业模式创新。有些学者从较为独特的视角——价值链视角来研究企业的商业模式创新。玛格丽塔（Magretta）认为，新的商业模式就是隐藏在所有商业活动下的一般价值链上的变量，价值链由两个部分组成：一是所有与生产有关的活动，如设计、购买原材料、制造的环节；二是所有与销售有关的活动，如寻找并接触顾客、交易、分销渠道和售后服务等。进而，玛格丽塔得出结论：一个新的商业模式可能起始于一个产品的创新，也可能起始于一项流程的创新。价值链视角的研究虽然较为新颖和独特，且对企业来说更为实用，但研究者并未提出价值链视角的商业模式创新的具体实施方法，这是后续研究需要解决的问题。

（4）战略视角的商业模式创新。米切尔（Mitchell）等从竞争战略视角出发对商业模式创新进行了研究。他们认为，大多数企业所应用的竞争战略不外乎四种：建立在低成本基础上的低价格、更吸引人的产品和服务、更多的选择和信息、密切的客户关系。而最成功的公司就是那些能够将持续、有效的战略和强有力的商业模式创新结合在一起作为发展基础的公司。他们还根据商业模式创新程度的不同将商业模式创新分为商业模式提高和替代。

关于组织商业模式创新途径的研究在逐步深入和细化，学者研究的视角也越来越多样化，并取得了很多成果。但是，除了商业模式组成要素视角的研究以外，从其他三种视角展开研究的学者还相对较少。

4. 商业模式创新的方法

商业模式创新是当今企业获得核心竞争力的关键。沃尔玛、亚马逊、Zara、Netflix、瑞安航空和 ARM 等企业都是因为它们独特而具有竞争力的商业模式而异军突起，在各自竞争激烈的行业成为领袖的。在 21 世纪前 10 年成功跻身于财富 500 强的 27 家企业中，有 11 家是通过商业模式创新而取得成功的。

虽然商业模式创新很重要，但挑战也很大。由于商业模式是无形的，远不如产品创新那么具体，而且它也是一个相对较新的概念，所以，围绕商业模式的讨论缺乏统一性和准确性，造成了很多认识上的误区。比如，有人认为它就是轻资产和取代产品创新的便利方法。

用户价值定义是为目标用户群提供的价值，其具体表现是给用户提供的产品、服务及销售渠道等价值要素的某种组合。利润方程包括收入来源、成本结构、利润额度等，产业定位是企业在产业链中的位置和充当的角色。关键流程包括组织的生产和管理流程，而关键资源则是组织所需的各类有形和无形的资源。商业模式创新就是对组织以上的基本经营方法进行变革。一般而言，商业模式创新有三种方法：改变收入模式、改变产业模式和改变技术模式。

①改变收入模式。改变收入模式就是改变一个组织的用户价值定义和相应的利润方程或收入模型。这就需要组织从确定用户的新需求入手。这并非市场营销范畴中的寻找用户新需求，而是从更宏观的层面重新定义用户需求，即去深刻理解用户购买你的产品需要完成的任务或要实现的目标是什么。其实，用户要完成一项任务需要的不仅是产品，而是一个解决方案。一旦确认解决方案，也就确定了新的用户价值定义，并可依次进行商业模式创新。国际知名电钻企业喜利得（Hilti）就从此角度找到了用户新需求，并重新确认了用户价值定义。喜利得一直以向建筑行业提供各类高端工业电钻著称，但近年来，全球激烈竞争使电钻成为低利标准产品。于是，喜利得通过专注于用户需要完成的工作，意识到他们真正需要的不只是电钻，而是在正确的时间和地点获得处于最佳状态的电钻。大多数用户缺乏对大量复杂电钻的综合管理能力，经常造成工期延误。因此，喜利得随即改变它的用户价值定义，不再出售电钻，而是转为出租电钻，并向用户提供电钻的储存、维修和保养等综合管理服务。为提供此用户价值定义，喜利得变革了其商业模式，从硬件制造商变为服务提供商，并把制造向第三方转移，同时改变盈利模式。戴尔、沃尔玛、道康宁、Zara、Netflix 和瑞安航空等都是通过这种方法来进行商业模式创新。

②改变产业模式。这是最激进的一种商业模式创新，它要求一个企业重新定义本产业，进入或创造一个新产业。例如，IBM 通过推动智能星球计划和云计算，重新整合资源，进入新领域并创造新产业，如商业运营外包服务和综合商业变革服务等，力求成为企业总体商务运作的大管家。亚马逊也是如此，它正在进行的商业模式创新向产业链后方延伸，为各类商业用户提供物流和信息技术管理的商务运作支持服务，并向它们开放自身的

20个全球货物配发中心,它还大力进入云计算领域,成为提供相关平台、软件和服务的领袖。其他如高盛、富士和印度的Bharti Airtel等也都在进行这类的商业模式创新。

③改变技术模式。正如产品创新往往是商业模式创新的最主要驱动力,技术变革也是如此。企业可以通过引进激进型技术来主导自身的商业模式创新,例如当年众多企业利用互联网进行商业模式创新。目前最具潜力的技术是云计算,它能提供诸多新的用户价值,从而为企业提供商业模式创新的契机。另一项重大的技术革新是3D打印技术。一旦这项技术成熟并能商业化,它将帮助诸多企业进行深度商业模式创新,如汽车企业可用此技术替代传统生产线来打印零件,甚至可采用戴尔的直销模式,让用户在网上订货,并在靠近用户的场所将所需的汽车打印出来。

8.3.4 互联网时代的管理创新

随着网络时代的到来,人们有了新的思想观念和生活态度,许多组织的运作规则也因此改革,组织的管理方法和管理模式的创新变得至关重要,故步自封将导致组织无法立身于社会经济发展的洪流中。

1. 组织进行管理创新的必要性

在互联网时代,组织进行管理创新有其必要性。

(1)适应市场和消费者需求变化的需要。在以前网络不发达、信息渠道不畅通的年代,消费者处于相对劣势的地位。但是,处于21世纪市场经济的大环境下,消费者已经占据了主动权,消费者购买同类产品时可以选择的范围更加广泛。因此,互联网时代的管理者需要适应商业环境的快速变化,需要通过互联网及时地收集商业情报,掌握竞争对手的动向,并制定可行的商业策略。信息时代的到来使人们的消费观念也发生了改变。所以还需要做好市场调查与客户沟通,明确客户需求,把握消费者市场风向,这样才能够获得市场份额。

(2)组织结构要适应时代需要。组织的发展同时取决于自身的能力和外在环境。如果组织内部组织结构完善,管理者对组织的管理有效,组织就可以达到战略目标。但是,在互联网时代,传统的组织结构已经跟不上市场的脚步了,信息不能及时有效地传递,组织就会失去竞争市场上的主动性,那么在实际管理过程中会遇到很多障碍。因此,组织需要建立适应互联网时代需要的新颖的组织结构。

(3)人力资源管理出现变化。人才是一个组织有效发展的必不可少的因素,在如今的互联网时代,组织的员工需要跟上社会的发展,利用互联网高效率地完成日常工作。所以,组织管理者在招聘员工时要选择具有较强的社交能力,善于使用网络、电子邮件以及协作性技术的人才。

2. 互联网时代的管理创新策略

(1)培养创新型科技人才。在互联网的时代下,组织要定期地对员工进行互联网知识的培训，保证员工掌握基本的互联网技术，让员工以互联网的视野不断拓宽自己的思维，为组织寻求更多创造利益的机会。同时，组织的许多工作需要在互联网上进行，组织需要教会员工如何优化工作，以及提高工作效率和质量等技巧，以此来实现组织的最优效益，保证互联网与组织管理模式完美的结合，共同为组织服务。

|管理聚焦 8-11|

小米公司一直秉持着互联网时代要贴近客户，要走进客户的心里，组织就必须缩短与消费者间的距离，要与消费者融合到一起的想法。只有融合到一起才能跟消费者互动，才能把消费者变成小米产品的推动者，变成小米的产品设计研发人才。要实现这些就要使组织扁平化，并尽量简化。这就是互联网时代很重要的一个理念，叫"简约、速度、极致"。

小米的组织基于扁平化管理，7个合伙人各管一个板块，形成一个自主经济体。小米组织架构基本上就是三级，核心创始人——部门领导——员工，"一竿子插到底"地执行。不会让团队过大，团队一旦达到一定规模就要拆分，变成项目制。从这一点来讲，小米内部完全是灵活的，一切围绕市场，围绕客户价值，大家进行自动协同，然后承担各自的任务和责任。在小米，除了7个创始人有职位，其他人没有职位，都是工程师。所以在这种扁平化的组织架构下，你不需要去考虑怎么能升职这样的杂事，一心扑在设计上就可以了。

此外，网络技术是让各种思想与营销手段成为可能的基石，无论是网站还是微信都需要一定的技术支持。所以组织也要培养自己的技术人才，只有技术得到保证，才能在网络营销与树立品牌的路上走得更远。

（2）减少管理层次，优化组织管理模式的结构。面对"互联网+"时代的到来，管理模式比较健全的组织并不代表能适应目前的市场环境。随着互联网的广泛运用，组织与组织之间、组织与消费者之间不再需要繁杂的沟通，只需要在互联网上就能了解到其他组织和消费者的需求。因此，在组织的工作项目中，只需要通过互联网就能知道项目进行的程度，同时在互联网上也能进行数据的交流，保证项目的每一个环节的紧密和协调。所以，组织需要改变传统的运营结构，减少管理层次，实现组织结构的扁平化和信息化。通过互联网加强组织运营的协调性，提升组织生产商品的效率与质量。

（3）提升组织管理模式创新的理念。在组织的发展过程中，组织只有树立正确的组织管理模式理念，才能保证组织在互联网视野下不断前行。在传统的组织管理理念中，组织难以掌握消费者的消费愿望，所以很多时候会造成货物堆积或缺乏货物。随着互联网的应用，组织员工只需要通过互联网就能知晓当前消费者的消费愿望，然后有目的地去生产消费者所需的商品，在一定程度上减少了商品的浪费，也保证了组织的经济效益。所以，组织在今后的运营中，需要不断地改善和创新组织管理理念，将组织的生产与互联网紧密地结合在一起，充分了解消费者的需求，不断为消费者生产有用的商品，这会提升组织的竞争力。

本章小结

本章包括三部分内容：创新概述、技术创新和管理创新。首先，通过创新这一概念联系到了创新能力和创新活动的相关内容；其次，通过对技术创新的来源、关键驱动因素以及不确定性的描述引出了创新风险的基本特征；最后，从管理制度的创新出发，介绍了组织商业模式创新的动力、途径、方法，以及互联网时代的管理创新策略。

复习思考题

1. 简述商业模式创新的途径。
2. 简述组织创新的外部影响因素。
3. 试述管理制度创新的原则。
4. 联系实际谈谈组织管理制度创新的必要性。
5. 简要分析创新的基本原理。
6. 简述创新的过程。
7. 简述个人、团队及组织的创新能力培养。
8. 简述技术创新的关键驱动因素与类型。
9. 简要分析组织管理创新的过程。
10. 简要分析组织管理创新的主要内容。
11. 简述互联网时代的管理创新策略。

总结案例

大疆：无人机行业的霸主

大疆是中国唯一一家在美国等发达国家没有对标对象的高科技公司。为什么大疆能成功？原因在于其工程师文化，即对产品的极致追求。一个值得注意的细节是，大疆来深圳12年，在深圳办公地点超过10个，12年来深圳核心地段房价上涨超过10倍，现金充沛的大疆却只有一处自有物业。

2016年，大疆作为唯一的申请人拍下南山区留仙洞一处工业用地。该用地准入产业为无人机，政府要求竞拍人在深圳注册并具有独立法人资格，从业年限不得少于5年，而全球能满足这样要求的只有大疆。这宗地便成了大疆日后的全球总部，也是大疆在深圳唯一的物业。

工程师打下的C端江山

在大疆的思维模式里，好的工程师要用最好的技术做最好的产品。产品不是为了市场而做的，当产品做到极致、人无我有时，市场和商业机会随之而来。驱使工程师前进的是喜好和倾向。2014年，《经济学人》将大疆无人机列在"全球最具影响力的15个机器人产品"之中。

还是香港科技大学学生时，汪滔就带着Robocon（亚太大学生机器人大赛）颁发的飞控系统奖金，在深圳一处仓库开始了创业。"大疆能成功的关键是做建设。大疆做的事情在很长时间里都没人看好，为什么要做这个东西？有什么用？但工程师文化的关键就是不用利益驱动，而是追求自己的兴趣，将技术钻研到极致，而市场和商业机会是对钻研的回报。"大疆公关总监谢阗地称。

汪滔创业之初的研究方向是飞控。在飞控成熟之后，大疆走出舒适区开始制作无人机，并很快成为无人机行业的霸主，2017年大疆销售额达到180亿元人民币。

与创业公司传统的融资方式不同，大疆不会标榜商业模式，也不会向投资者讲故事。弗若斯特沙利文曾如此总结："大疆的成功在于开创了非专业无人驾驶飞行器市场。"相对低廉的价格使无人机飞入寻常百姓家，横扫北美市场，占据全球超过七成市场份额。

但在大疆看来，大疆之所以胜出靠的不是价格，价格只是水到渠成的事。"大疆自建生产制造体系，初心并不是为了控制成本，而是在产业链不够成熟时，一些制造环节想要达到大疆的技术要求，只能靠自己。对大疆的工厂来说，如何控制成本还不是最大的挑战，最关键的是如何控制弹性，能快速调整生产不同的产品，并持续提升品质。要弹性，就意味着不会把成本踩到底。"谢阗地称。

无人机的关键在于精准旋停，环境感知和姿态调整的精准性决定了一款无人机的成败，这也是大疆核心技术所在，大疆解决了无人机在空中的环境感知和姿态调整问题。

大疆控制了无人机生产的每个环节，机身可拆分的所有零部件均由大疆自主生产。

拓展 B 端市场

大疆面临的问题是如何拓展无人机的新用户。

在行业市场，越来越多竞争对手涌入这个领域。在某种意义上，消费机和行业机没有明确界限，消费机可同样用于消防、测绘等行业。但一些细分行业对无人机提出了更高要求，如植保领域。

2015年11月，大疆发布标准作业载荷10kg、定价为52 999元的MG-1，正式进军植保机市场。大疆进军植保领域3年，也连续3年下调植保机价格，2017年年末发布的MG-1P植保机，建议零售价后来调整为26 188元，直降10 000元。

"大疆发布第一款植保机前，行业是按载重收费的，载重1公斤的1万元，10公斤的则高达10万元，我们是把行业不合理的利润空间抹去了。专业飞手在全国就两万多人，而且主要集中在大地块，这块市场可能已经饱和了。而小块地，他们是不愿意去的，因为利润不够高。MG-1P面向的就是那些利润不够高的市场，大疆愿意以不营利的方式去培育这块市场。"大疆农业相关人士表示。

行业应用、企业服务的逻辑在于销售和服务，要求公司深入客户收集需求，反馈至公司进行开发。这和大疆的工程师文化显然背道而驰。大疆正走出实验室，因地制宜地进行地推。在东北等农田广阔地区的村头地尾，大疆"土味广告"已经越来越多。

大疆也在2018年表示，将在2019年投入1 000万元建设1 000家农业无人机门店，再投入1 000万元补贴全国飞防应用推广会和演示会。

同时，大疆工程师也不断深入农业领域，收集果农等的需求反馈并开发。大疆展示了在行业应用上的决心。对大疆来说，消费机的丰厚利润能够对冲植保机带来的短暂亏损，让大疆能够专心去培育这块市场，并帮助中国农业转型升级。

资料来源：根据来源于新浪财经（http://finance.sina.com.cn/roll/2019-01-29/doc-ihqfskcp1277293.shtml）的资料改编。

讨论题：
1. 大疆成为无人机行业霸主靠的是什么？
2. 大疆的创新主要表现在哪些方面？结合创新的含义谈谈大疆创新的具体内容。
3. 大疆创新的核心要素体现在哪些方面？

参 考 文 献

[1] 史密斯.管理学中的伟大思想：经典理论的开发历程[M].徐飞，路琳，译.北京：北京大学出版社，2010.

[2] 古拉蒂，等.管理学（原书第2版）[M].杨斌，译.北京：机械工业出版社，2018.

[3] 周三多，等.管理学：原理与方法[M].7版.上海：复旦大学出版社，2018.

[4] 陈传明，周小虎.管理学原理[M].2版.北京：机械工业出版社，2012.

[5] 罗宾斯，等.管理学（第13版）[M].刘刚，等译.北京：中国人民大学出版社，2017.

[6] 希尔，麦克沙恩.管理学[M].李维安，周建，译注.北京：机械工业出版社，2009.

[7] 威廉姆斯.管理学（原书第2版）[M].谢永珍，于伟，等译.北京：机械工业出版社，2011.

[8] 刘刚.现代企业管理精要全书（生产管理·营销管理卷）[M].海口：南方出版社，2004.

[9] 刘刚.现代企业管理精要全书（战略管理·资本运营卷）[M].海口：南方出版社，2004.

[10] 刘刚.现代企业管理精要全书（人力资源·组织结构卷）[M].海口：南方出版社，2004.

[11] 汪继红.管理学原来这么有趣：颠覆传统教学的18堂管理课[M].北京：化学工业出版社，2015.

[12] 川崎，莫雷诺.创新的法则：新产品、新服务的创造和营销[M].俞宣孟，译.上海：上海译文出版社，2001.

[13] 吴何.现代企业管理[M].2版.北京：中国市场出版社，2015.

[14] 黄速建，黄群慧.现代企业管理：变革的观点[M].北京：经济管理出版社，2002.

[15] 芮明杰.管理学：现代的观点[M].3版.上海：格致出版社，2015.

[16] 西蒙.管理行为（珍藏版）[M].詹正茂，译.北京：机械工业出版社，2013.

[17] 纽曼，萨默.管理过程[M].李柱流，译.北京：中国社会科学出版社，1995.

[18] 雷恩.管理思想的演变[M].赵睿，等译.北京：中国社会科学出版社，1986.

[19] 哈默，钱皮.改造企业：再生策略的蓝本[M].杨幼兰，译.台北：台湾牛顿出版股份有限公司，1983.

[20] 赫尔雷格尔，等.组织行为学[M].余凯成，等译.北京：中国社会科学出版社，1989.

[21] 德鲁克.卓有成效的管理者[M].许是祥，译.北京：机械工业出版社，2019.

[22] 查兰.领导梯队：全面打造领导力驱动型公司（原书第2版）[M].徐中，等译.北京：机械工业出版社，2016.

[23] 三谷宏治.商业模式全史[M].云雷，杜君林，译.南京：江苏凤凰文艺出版社，2016.

[24] 奥斯特瓦德，皮尼厄.商业模式新生代（经典重译版）[M].黄涛，郁婧，译.北京：机械工业出版社，2016.

[25] 大前研一.商业模式教科书[M].宋刚，译.北京：机械工业出版社，2018.

[26] 弗伦克尔，等.创新的基石：从以色列理工学院到创新之国（原书第2版）[M].庄士超，译.北京：机械工业出版社，2017.

[27] 野中郁次郎，等.创新的本质[M].林忠鹏，等译.北京：人民邮电出版社，2020.

[28] 德尚.成为创新领导者：高级管理人员如何激励、引导和维持创新[M].陈劲，贾筱，译.北京：电子工业出版社，2019.

[29] 斯科奇姆.创新与激励[M].刘勇，译.上海：格致出版社，2010.

[30] 王小军.管理学入门[M].北京：中国法制出版社，2016.

[31] 米西科.五色管理学：掌控未来的顶级思维[M].郭秋红，译.北京：中国友谊出版公司，2019.

[32] 方向东.每天读点管理学和领导学[M].北京：中国华侨出版社，2018.

[33] 韦里克，等.管理学：全球化、创新与创业视角（第十四版）[M].马春光，译.北京：经济科学出版社，2015.

[34] 包政.管理的本质[M].北京：机械工业出版社，2018.

[35] 吴照云.管理学[M].6版.北京：中国社会科学出版社，2019.

[36] 韦里克.管理学：全球化与创业视角（精编中国版）[M].北京：经济科学出版社，2012.

[37] 张玉利，等.管理学季刊.北京：经济管理出版社，2016（1-4），2017（1-4），2018（1-4），2019（1-4），2020（1）.

[38] 孙永正.管理学[M].北京：清华大学出版社，2011.

[39] 鲁，拜厄斯.管理学：技能与应用（第13版）[M].刘松柏，译.北京：北京大学出版社，2013.

[40] 贝特曼，等.管理学：构建新时代的竞争优势（第5版）[M].王雪莉，译.北京：中国财政经济出版社，2004.

[41] 赵涛，等.管理学[M].5版.天津：天津大学出版社，2019.

[42] 焦淑斌，杨文士.管理学[M].5版.北京：中国人民大学出版社，2019.

[43] 林志扬，等.管理学原理[M].5版.厦门：厦门大学出版社，2019.

[44] 张远凤.德鲁克管理学[M].北京：北京燕山出版社，2017.

[45] 麦基.管理学：聚焦领导力[M].赵伟韬，译.上海：格致出版社，2015.

[46] 邢以群.管理学[M].4版.杭州：浙江大学出版社，2016.

[47] 雷恩，贝德安.管理思想史（第6版）[M].孙健敏，等译.北京：中国人民大学出版社，2012.

[48] 史密斯，希特.管理学中的伟大思想：经典理论的开发历程（典藏版）[M].徐飞，等译.北京：北京大学出版社，2016.

[49] 布里克利，等.管理经济学与组织架构（第4版）[M].张志强，等译.北京：人民邮电出版社，2014.

[50] 贝尔，等.成为学习型管理者：赋能组织（第3版）（修订版）[M].周迪，郭心蕊，译.北京：电子工业出版社，2019.

[51] 古德史密斯，等.领导力精进：成就极致领导力的21个管理细节[M].刘祥亚，译.上海：文汇出版社，2019.

[52] 克雷纳.管理百年（珍藏版）[M].闫佳，译.北京：中国人民大学出版社，2013.

[53] 安铁龙，兰芳.组织管理与领导力[M].天津：南开大学出版社，2017.

[54] 福斯特，等.组织管理决策[M].罗薇华，等译.上海：上海远东出版社，2004.

[55] 刘绍荣.平台型组织：数字化时代传统企业面向平台型组织变革的系统框架[M].北京：中信出版社，2019.

[56] 布拉德福特，伯克.重新定义组织发展：回归OD本源，驱动商业成功[M].赵潇楠，等译.北京：电子工业出版社，2020.

[57] 罗宾斯，等.组织行为学（第16版）[M].孙健敏，等译.北京：中国人民大学出版社，2016.

[58] 亨德里克斯.组织的经济学与管理学：协调、激励与策略[M].胡雅梅，等译.北京：中国人民大学出版社，2007.

推荐阅读

中文书名	作者	书号	定价
创业管理（第4版）（"十二五"普通高等教育本科国家级规划教材）	张玉利等	978-7-111-54099-1	39.00
创业八讲	朱恒源	978-7-111-53665-9	35.00
创业画布	刘志阳	978-7-111-58892-4	59.00
创新管理：获得竞争优势的三维空间	李宇	978-7-111-59742-1	50.00
商业计划书：原理、演示与案例（第2版）	邓立治	978-7-111-60456-3	39.00
生产运作管理（第5版）	陈荣秋，马士华	978-7-111-56474-4	50.00
生产与运作管理（第3版）	陈志祥	978-7-111-57407-1	39.00
运营管理（第4版）（"十二五"普通高等教育本科国家级规划教材）	马风才	978-7-111-57951-9	45.00
战略管理	魏江等	978-7-111-58915-0	45.00
战略管理：思维与要径（第3版）（"十二五"普通高等教育本科国家级规划教材）	黄旭	978-7-111-51141-0	39.00
管理学原理（第2版）	陈传明等	978-7-111-37505-0	36.00
管理学（第2版）	郝云宏	978-7-111-60890-5	45.00
管理学高级教程	高良谋	978-7-111-49041-8	65.00
组织行为学（第3版）	陈春花等	978-7-111-52580-6	39.00
组织理论与设计	武立东	978-7-111-48263-5	39.00
人力资源管理	刘善仕等	978-7-111-52193-8	39.00
战略人力资源管理	唐贵瑶等	978-7-111-60595-9	45.00
市场营销管理：需求的创造与传递（第4版）（"十二五"普通高等教育本科国家级规划教材）	钱旭潮	978-7-111-54277-3	40.00
管理经济学（"十二五"普通高等教育本科国家级规划教材）	毛蕴诗	978-7-111-39608-6	45.00
基础会计学（第2版）	潘爱玲	978-7-111-57991-5	39.00
公司财务管理：理论与案例（第2版）	马忠	978-7-111-48670-1	65.00
财务管理	刘淑莲	978-7-111-50691-1	39.00
企业财务分析（第3版）	袁天荣	978-7-111-60517-1	49.00
数据、模型与决策	梁樑等	978-7-111-55534-6	45.00
管理伦理学	苏勇	978-7-111-56437-9	35.00
商业伦理学	刘爱军	978-7-111-53556-0	39.00
领导学：方法与艺术（第2版）	仵凤清	978-7-111-47932-1	39.00
管理沟通：成功管理的基石（第3版）	魏江等	978-7-111-46992-6	39.00
管理沟通：理念、方法与技能	张振刚等	978-7-111-48351-9	39.00
国际企业管理	乐国林	978-7-111-56562-8	45.00
国际商务（第2版）	王炜瀚	978-7-111-51265-3	40.00
项目管理（第2版）（"十二五"普通高等教育本科国家级规划教材）	孙新波	978-7-111-52554-7	45.00
供应链管理（第5版）	马士华等	978-7-111-55301-4	39.00
企业文化（第3版）（"十二五"普通高等教育本科国家级规划教材）	陈春花等	978-7-111-58713-2	45.00
管理哲学	孙新波	978-7-111-61009-0	49.00
论语的管理精义	张钢	978-7-111-48449-3	59.00
大学·中庸的管理释义	张钢	978-7-111-56248-1	40.00